中国交通运输专家专著系列·甩挂运输丛书

甩挂运输操作技术与方法

李红启　高洪涛　著

中国物资出版社

图书在版编目（CIP）数据

甩挂运输操作技术与方法 /李红启，高洪涛著 .—北京：中国物资出版社，2012. 3

（中国交通运输专家专著系列 . 甩挂运输丛书）

ISBN 978 - 7 - 5047 - 4179 - 0

Ⅰ. ①甩…　Ⅱ. ①李…②高…　Ⅲ. ①公路运输—交通运输管理　Ⅳ. ①U491

中国版本图书馆 CIP 数据核字（2012）第 031647 号

策划编辑	马　军	**责任印制**	何崇杭　王　洁
责任编辑	马　军	**责任校对**	孙会香　梁　凡

出版发行	中国物资出版社		
社　　址	北京市丰台区南四环西路 188 号 5 区 20 楼	**邮政编码**	100070
电　　话	010 - 52227568（发行部）		010 - 52227588 转 307（总编室）
	010 - 68589540（读者服务部）		010 - 52227588 转 305（质检部）
网　　址	http：//www. clph. cn		
经　　销	新华书店		
印　　刷	北京京都六环印刷厂		
书　　号	ISBN 978 - 7 - 5047 - 4179 - 0/U · 0081		
开　　本	710mm × 1000mm　1/16		
印　　张	23	**版　　次**	2012 年 3 月第 1 版
字　　数	328 千字	**印　　次**	2012 年 3 月第 1 次印刷
印　　数	0001—3000 册	**定　　价**	46. 00 元

前　言

作为现代物流体系组成部分的货物运输，是国民经济和社会发展的重要支撑。公路货物运输是中短途货物运输的主力。从世界各国交通运输发展的历程看，公路货物运输普及最广，无论在货运量还是在货物周转量方面，多数经济发达国家的公路货物运输都占有绝对优势。根据英国运输部、日本国土交通省、我国国家统计局等发布的统计数据，从20世纪50年代以来，英国公路货运量占国内货运量的比例由不足40%上升到目前的70%、公路货物周转量占国内货物周转量的比例由不足75%上升为85%，日本公路货运量占国内货运量的比例由不足60%上升到目前的90%、公路货物周转量占国内货物周转量的比例由不足10%上升到60%，我国自改革开放以来公路货运量占国内货运量的比例由不足35%上升到目前的75%、公路货物周转量占国内货物周转量的比例由不足3%上升到30%。公路货物运输之所以能在全社会货物运输中占据如此重要的地位，主要基于其各种技术经济优势，如适应性、灵活性、方便性、快速性、易于实现联合运输等。

公路货物运输在运输和物流体系中占据重要地位的同时，也面临降低物流成本和节能减排的巨大压力。特别是随着近年来全球能源供给波动导致的燃料价格上涨、城市交通拥堵导致的物流配送难等问题的凸显，公路货物运输的畅通高效、安全绿色发展问题引起学术界和各国政府的高度重视。相对于大规模建设拓展高等级公路等运输基础设施（规划建设周期长、投资大）、大范围推广应用高技术装备水平的汽车（产品研发和商业化周期长、购置成本高）而言，优化汽车的组织管理方法是提高公路货物运输效率、降低物流成本、实现公路货运行业升级的更便捷高效的途径。

从汽车构造理论、汽车运用工程的角度，货运汽车是由动力部分和载货部分组成的。参考 ISO/WD 3833：1977、GB/T 3730.1—2001 等国际国内标准，以及世界各国运输行业发展实践，货运汽车可分为两大类：卡车和汽车列车。汽车列车是由卡车、牵引车、全挂车、半挂车等通过特定组合而成，卡车或牵引车是汽车列车的动力部分，卡车的载货车厢、全挂车和半挂车是汽车列车的载货部分。随着汽车制造技术进步，世界各国货运和物流企业越来越多地采用汽车列车从事运输物流活动。相对于卡车，汽车列车能够通过动力部分和载货部分的自由分离和结合，实现甩挂运输而获得更高的车辆使用效率。甩挂运输是提升汽车货物运输效率的重要手段。当汽车的货物承载技术和载货部分（车厢）的生产制造工艺达到一定水平、汽车动力部分（发动机）的燃油经济性水平达到一定程度时，提升汽车货物运输效率的手段就转向对于汽车运行过程的高效管控。由于生产制造技术进步使得汽车动力部分和载货部分可自由分离和结合，汽车货物运输过程乃至多式联运过程普遍采用甩挂的作业方式。

在经济发达国家，规模较大的货运或物流企业普遍依托汽车列车开展甩挂运输，而在其他一些国家如新加坡、韩国、巴西等，汽车列车的甩挂运输也很广泛。受各种制约因素影响，我国的甩挂运输发展相对滞后。2009 年 12 月，我国交通运输部会同国家发展和改革委、公安部、海关总署、保监会联合发出《关于促进甩挂运输发展的通知》。交通运输部于 2011 年 4 月发布的《交通运输“十二五”发展规划》明确指出，“十二五”期间我国将“组织开展甩挂运输试点工程，推进甩挂运输全面发展。”2010 年，交通运输部启动开展甩挂运输试点工作，制定了操作性强的“甩挂运输试点工作实施方案”，在全国选定数十家货运或物流企业作为甩挂运输试点单位。甩挂运输试点工作启动以来，各甩挂运输试点企业开辟大量甩挂运输运营线路、健全甩挂运输网络体系，甩挂运输业务量增长明显，经济效益和社会效益开始显现。然而，开展甩挂运输所需的技术手段和管控方法较传统依托卡车开展运输时要复杂和深入得多。各甩挂运输试点企业在取得快速进步的同时，也面临各种各样的困境。所以，要充分发挥汽车列车甩挂运输的技术经济优势和社会效益，除了依靠货运和物流企业的高水平经营管理实践，更需要科学的理论指导，特别是需要操作指导层面的理论与方法。

与我国交通运输行业主管部门积极鼓励和支持甩挂运输发展、运输和物流企业踊跃探索甩挂运输模式形成鲜明对比的是，甩挂运输问题并没有引起学术研究领域的广泛关注。由于甩挂运输过程涉及多种类型的汽车列车，且需要同时解决牵引车与挂车配备比例、牵引车数量及其路径、挂车数量及其运行路径和存放场站等一系列紧密相关的问题，学术界尚未将甩挂运输问题梳理出系统化研究框架。在学术著作方面，我国目前只有由人民交通出版社分别于 1960 年和 2010 年出版的 2 本著作、中国物资出版社于 2011 年出版的 1 部著作；而其他形式的研究成果数量规模也不大。

作者在《道路甩挂运输组织理论与实践》和《道路甩挂运输组织技术及其应用实践》这两部著作研究工作的基础上，结合国外甩挂运输相关的研究成果和国内企业发展甩挂运输的理论需求，通过深入分析和研究我国企业发展甩挂运输过程中所面临的操作层面的主要问题，撰写而成本书。本书从甩挂运输车辆类型选用、甩挂运输车辆优化调度、甩挂运输网络规划和场站布局、甩挂运输经营主体表现形式等方面，有针对性地回答了我国交通运输或物流企业在发展甩挂运输过程中最为关心的问题。相对于国内已出版的甩挂运输领域的其他著作，本书侧重于运用理论研究成果，从操作层面切实指导企业的甩挂运输实践过程。

本书的内容主要包含这样几个方面：第一，从狭义和广义层面界定了甩挂运输的概念，从微观的、企业的层面研究了采用甩挂运输模式可产生的经济效益和社会效益；第二，本书分析了甩挂运输车辆相关的技术问题，特别是甩挂运输组织主体在车辆选取过程中应重点考虑的各种因素；第三，鉴于甩挂运输车辆调度组织明显区别于传统车辆的调度组织方式，本书提出一类甩挂运输车辆调度问题，并采用启发式方法进行求解；第四，本书将甩挂运输网络节点分为T类一级、T类二级、T类三级、S类一级、S类二级、WH类、RH类等类型，并结合大量的案例指出各类节点的功能区布局方式；第五，本书介绍了开展甩挂运输业务的市场主体的表现形式——道路运输企业和甩挂运输装备租赁企业；第六，本书梳理了若干甩挂运输试点企业实践经验和面临的挑战，提出加快我国甩挂运输试点工作的对策措施。

虽然我们已在甩挂运输领域开展了多年的研究和实践工作，但在本书的研究和撰写过程中，愈发感觉到甩挂运输研究工作和实践进程的任重道远。我们呼吁有关方面能够重视甩挂运输的理论研究，更多的专家和学者加强这方面的研究；我们建议有关方面能够给予甩挂运输更有力的政策支持，创造适宜的政策环境；我们也期待企业能够积极发展甩挂运输。

作者

2012.1

目 录

1 甩挂运输概论

本章展现了甩挂运输基本原理和国内外实践的全貌。

首先，本章从狭义和广义层面界定了甩挂运输。狭义上的甩挂运输定位于道路货运车辆的组织方式，广义上的甩挂运输定位在基于牵引车、挂车等甩挂运输车辆的综合运输组织方式。由这种定义形式，甩挂运输装备涉及道路货运车辆、铁路货车、滚装船等，甩挂运输因所使用装备特点和组织方式等因素而展现出良好的技术经济优势。

其次，本章从交通运输组织方式发展历程的角度分析了甩挂运输之所以产生的内在动因，除了被期望于提升道路货运效率，甩挂运输用挂车也被作为一种集装化容器而从事多式联运服务。美国、欧盟国家等甩挂运输发展早，车辆装备技术、运输组织方式等水平高，甩挂运输所实现的运输量也很可观。

再次，本章较为详细地剖析了我国发展甩挂运输的机遇和挑战。在工业化融合信息化的经济社会发展背景下，在交通运输行业应对气候变化和节能减排、实现科学发展的迫切要求下，发展甩挂运输成为我国国家层面的一种战略，各级行政主管部门、各类企业、科研机构、社会团体等开始重视甩挂运输的发展。但是，我国交通运输和物流行业的发展模式、有关方面理论指导力度的欠缺等因素

极大地阻碍了甩挂运输的发展。随着鼓励和推进甩挂运输工作的深入开展，有一些亮点值得关注，特别是甩挂运输试点企业的积极作为，中国、韩国陆海联运业务的开展，等等。

最后，本章从微观的、企业的层面研究了采用甩挂运输后可产生的经济效益和社会效益。甩挂运输的经济效益主要体现在企业可实现的利润方面，甩挂运输的社会效益主要体现在减少碳排放方面。当然，甩挂运输效益的实现受到多种因素的影响，本章均结合算例给予阐明。

本章适合的阅读对象：道路运输和物流领域的高层决策者、中基层管理者；科研工作者；高等院校运输和物流相关专业教师、学生。

1.1 甩挂运输基本原理

1.1.1 甩挂运输的概念

1. 狭义上的甩挂运输

狭义上的甩挂运输定位于道路运输领域，其本质上是一种货运组织形式，是指按一定比例配置牵引车和挂车，在运输停顿过程中牵引车可以甩掉一个挂车、挂上另一个挂车继续空间移动过程的运输组织形式。在甩挂运输实践中，道路运输企业使牵引车或牵引汽车（带牵引装置的载货汽车）与挂车能够自由分离与结合，通过挂车的合理调度与搭配，缩短因装卸货物而造成的牵引车或牵引汽车停靠时间，提高车辆动力部分利用率。甩挂运输具备良好的技术经济优势，可以产生可观的经济效益和社会效益。甩挂运输的基本工作模式是一部牵引车按计划或根据调度指令分时段拖挂不同的挂车，从而提高牵引车的有效工作时间。对于某些货运企业，车辆实际工作时间内的行驶时间低于或者基本等于货物的装卸时间和待装卸时间。在这种情况下，甩挂运输的应用使得2台或2台以上的挂车由同一台牵引车根据需要在不同时段牵引，这样可有效减少牵引车的保有量。

甩挂运输的产生与发展是大吨位道路货运车辆发展的必然结果。这是因为：提高汽车货运效率的重要途径是提高车辆的燃油经济性和装载能力，提高车辆的燃油经济性和装载能力最现实的措施就是使用大吨位货车。大吨位货车在满足上述两方面的要求上已经达到较高水平，而继续提高汽车货运效率或运输经济效益则需着眼于货车之外的途径。甩挂运输是提高汽车货运效率和运输经济效益的另一种思路，甩挂运输能够增加牵引车的有效工作时间、降低牵引车的购置费用。

2. 广义上的甩挂运输

广义上的甩挂运输体现于道路运输和多式联运领域，其本质上是一种基于道路货运车辆调度的货运运力资源配置模式。在道路运输环节，牵引车在适当的站点可以甩掉一个（或多个）挂车、挂上另一个（或多个）挂车继续空间移动，以实现门到门运输；在多式联运环节，由道路甩挂运输牵引车拖挂的挂车经过陆路行驶抵达公铁多式联运场站或者水陆多式联运场站后，挂车被接驳到铁路货物列车或者滚装船，经过铁路和水运的大容量干线运输过程后，由道路甩挂运输牵引车继续拖挂这些挂车以实现门到门运输。在实践中，除了道路运输企业能够获得甩挂运输的各种效益外，通过将挂车作为集装化单元而进行多式联运，可有效地发挥不同运输方式的技术经济优势和整个综合运输系统的资源整合优势，提高综合运输系统运能资源配置效率和资源利用率。基于甩挂运输的公铁多式联运、水陆多式联运在世界上若干国家或地区得以蓬勃发展，在此过程中，不同运输方式之间的运力配备策略、多式联运场站的高效运转模式等成为关键的技术问题。

广义上的甩挂运输活动的发展是综合运输系统发展的必然结果。这是因为：自20世纪50年代以来，世界各国意识到在交通运输业的发展过程中，水路、铁路、公路、航空和管道五种运输方式是相互影响、优势互补的，许多国家开始有计划地发展综合运输，协调各种运输方式之间的关系，进行铁路、公路、航空之间的科学分工与合理衔接，构建海陆空立体化的综合运输体系。在综合运输体系的形成过程中，公路运输作为门到门运输的可靠途径，承担着大量的末端集疏运业务，若这些末端集疏运业务直接被公路运输“一站式”地完成整个空间交流过程，则可省略大量的中途作业环节，但由于公路运输的技术经济劣势和公路运输基础设施资源使用成本的增加，干线运输阶段耗用了相对于铁路运输、水运而言大量的额外成本（包括内部成本和外部成本）。若将挂车作为一种集装化容器，且充分利用公路运输车辆动力部分（牵引车）和载货部分（挂车、半挂车）可自由分离和结合的优势，则可将挂车直接牵引并固定至铁路货物列车或船舶，实现多式联运并获得良好的经济效益和社会效益。

1.1.2 甩挂运输的主要装备

1. 汽车列车

根据国际标准化组织和我国的有关标准，汽车列车被定义为“一辆汽车（载货汽车或牵引车）与一辆或一辆以上挂车的组合。”牵引车是汽车列车的动力来源，而挂车是被拖挂车辆，本身不带动力源。汽车列车能适应多种运输需要，专用汽车中的厢式汽车、罐式汽车、自卸汽车、起重举升式汽车、仓栅式汽车、其他特种结构汽车等均可以采用汽车列车的形式。根据结构形式，汽车列车可分为以下几种：

(1) 半挂汽车列车——由半挂牵引车同一辆半挂车组合；

(2) 全挂汽车列车——由汽车（一般为货车）同一辆或一辆以上全挂车组合；

(3) 双挂汽车列车——由半挂牵引车同一辆半挂车、一辆全挂车组合；

(4) 全挂式半挂汽车列车——由汽车（一般为货车）通过牵引车连接一辆半挂车；

(5) 特种汽车列车——由牵引车同特种挂车组合。

根据汽车列车的最大装载质量，汽车列车又可分为轻型、中型和重型汽车列车，重型汽车列车最大装载质量可达数百吨。

2. 牵引车

牵引车是汽车列车的动力源，用以牵引挂车来实现汽车列车的运输作业。根据结构与功能，牵引车可分为三类：

(1) 半挂牵引车。半挂牵引车用来牵引半挂车，与普通载货汽车相比，其车架上无货箱，只作牵引，而在车架上装有鞍式牵引座，通过鞍式牵引座承受半挂车的前部载荷，并且锁住牵引销，拖带半挂车行驶。实践中可在载货汽车底盘的基础上，选取合适的后桥主传动比，缩短轴距，并在车架上配置鞍式牵引座进行改装。

(2) 全挂牵引车。全挂牵引车用于全挂列车和特种挂车列车的牵引，一般可由通用的载货汽车改装。全挂牵引车车架上装有货箱，车架后端的支承架处安装有牵引钩，通过牵引钩和挂环使牵引车与全挂车连接；拖带特种挂车的牵引车车架上装有回转式枕座，采用可伸缩的牵引杆同特种挂车连接，在运送超长尺寸货物时也可通过货物本身将牵引车与特种挂车连接起来。

(3) 场站用牵引车。场站用牵引车用于机场、铁路车站、港口码头等特殊作业区域内，可牵引半挂车或全挂车，完成货物运送和船舶的滚装运输作业。场站用牵引车一般选用电动机或内燃机作动力，机动性好，能满足不同货物高度和不同行驶速度的要求。全挂牵引车前后大多装有牵引钩，可迅速连接或脱挂一辆或一辆以上的全挂车；半挂牵引车多装有低举升型牵引座，使连接或脱挂半挂车方便可靠。场站用轻型和中型牵引车多由载货汽车改装，场站用重型牵引车大多是装载机变型产品。

3. 挂车

挂车是汽车列车组合中的载货部分，在牵引车的带动下实现货物的转移。挂车车身可按货物的不同要求制成各种专用或特殊结构，如罐式挂车、厢式挂车、集装箱挂车、自卸挂车、商品汽车运输专用挂车等。根据牵引连接方式，挂车可分为三类：

(1) 半挂车。半挂车用于连接半挂牵引车的被拖挂车辆，其部分重量通过鞍式牵引座由半挂牵引车承担。

(2) 全挂车。全挂车完全靠拖挂的车辆，通过牵引钩和挂环与牵引车相连，其本身的重量和装载重量不在牵引车上。为减少轮胎的侧滑、磨损和汽车列车的转向阻力，一般将全挂车前轴设计成转向轴。按最大装载质量的不同，全挂车可分为轻型、中型和重型，其中重型全挂车又分为重型平板挂车、重型长货挂车和重型桥式挂车等。

4. 公铁两用车

公路铁路两用车辆（以下简称“公铁两用车”）是在驮背运输（把公路车辆放到铁路车辆上实现运输）的基础上演变而来的，实际上是一种大型公路挂车。它可以直接装在铁路车辆转向架上，利用螺旋弹簧或液压装置将轮胎升起后由转向架承载而在铁路轨道上运行（或者由公路挂车装上导向架构成铁路车辆，在公路上行驶时只需将导向架升起）。公铁两用车能有效解决传统甩挂运输车辆无效载荷与有效载荷比值较大、经济性不够理想等问题，既发挥了铁路远距离运输的效益，又具备公路“门到门”运输的灵活性。公铁两用车符合现代多式联运组织的需要，展示出货物运输的一种趋向。公铁两用车的优势主要表现在：

①传统驮背运输有一个较为明显的缺点，即有效载质量与运输工具自身

质量之比太低，如果采用公铁两用车，省去铁路车辆自重，则这一比值可明显提高，也就是说，运输同样质量的货物可以节省牵引力，这是公铁两用车技术得以迅速发展的原因之一；②不论挂车的长度如何，当它们编成铁路列车时，挂车之间的距离很小，这使得列车运行时空气阻力较低；③公铁两用车的总高度低，可增大车辆高度，从而增大车辆的装载容积；④公铁两用车不需要大型起重机等换装设备，只需将铁轨嵌入地面，便于挂车上下铁轨即可，这可减少铁路车辆的投资，也可减少场站的装卸作业设备投入；⑤公铁两用车既具有公路运输车辆的装卸灵活性，又具有铁路运输车辆长距离快速货运的高效率，可以实现真正的“门到门”运输。公铁两用车可以在公路和铁路运输之间自由而迅速地转换、换装以及由此可能造成的货损货差都可避免。

从发展实践看，由于将卡车或挂车直接搭载在铁路平车上运送时可以做到货物直达运输并减少到发站的分类作业，并且不需要大型垂直起吊装卸设备，减少大型载重汽车的使用和成本低等优点，深受美国货运行业客户们的欢迎。美国先后开发出可同时装运拖车和集装箱的骨架平车、关节式双层井式平车、独立双层井式平车和由牵引杆连接的双层井式平车。

5. 铁路平车

平车是在运输和物流中常用的铁道车辆之一，是铁路上大量使用的通用车型，没有车顶和车厢档板，自重较小，装运吨位相应提高，由于无车厢档板的制约，装卸作业较方便。铁路平车主要用于运送钢材、木材、汽车、机械设备等体积或重量较大的货物，也可借助集装箱运送其他货物，甚至适应国防需要装载各种军用装备。装有活动墙板的平车也可用来装运矿石、沙土、石渣等散粒货物。我国自行设计和制造了多种平车，从结构上来分，主要有平板式和带活动墙板式两种，车型主要有 N12、N60、N16 和 N17 等。我国自 1966 年起开始大批量生产 N16 型平车，该型平车的底架上铺设 70 毫米厚的

木地板，车两端具有全钢焊接的活动端壁板，放倒后可作渡板，供所运机动车辆自行装卸。1998 年制造的 NX17A 型平车—集装箱两用平车（也称 XN17A 型）既保留了原 N17A 型平车的基本结构型式，又能适应市场需求，提高车辆适应性和利用率。目前该车可按平车用，均可装载 60 吨；又可按集装箱平车用，装运 1 个箱重 30.48 吨、2 个箱重 24 吨或 5 个箱重 10 吨集装箱。从发展趋向看，平车—集装箱两用车的数量越来越多，单一用途平车数量越来越少，既有平车—集装箱两用车结构被逐步优化，车辆地板面积增大，车辆自重系数降低，载重量进一步提高。

6. 滚装船

滚装船造型特殊，其船身高大、多层甲板。船首部大都装有球鼻，中部线型平直，尾部采用方尾，设有大门或跳板。航行时，折叠式的尾跳板矗立在船尾，驾驶台等上层建筑设置在船尾或船首。滚装船上没有货舱口，也没有吊杆和起重设备。在大货仓内有多层甲板，它们之间由斜坡或大型升降机连接。船尾备有跳板，船靠码头后，放下跳板，运货车辆可方便地开上开下进行装卸作业。运货车辆不仅可从船的尾部进出，还可驶到船舱的各层甲板。滚装船的出入口通常设于尾部，设有铰接跳板与岸搭接，用于滚装货上下船。

由于采用滚上滚下的装卸方式，滚装船的装卸效率高，且能节省大量装卸劳动力，减少船舶停靠时间，提高船舶利用率。水陆直达联运方便，可实现从发货到收货的门到门直达运输，减少了运输过程中的货损和货差。使用滚装船进行运输，船与岸都不需起重设备，即使港口设备条件很差，滚装船也能高效率装卸。滚装船的缺点是重心高，稳性较差。滚装船船体的甲板层数多，为使车辆在舱内通行无阻，货舱内不设横舱壁，舱内支柱也少，因此滚装船的结构强度和抗沉性较差。

滚装船以装满货物的道路货运车辆为运输单元，车辆通过船上的首门、尾门或舷门的跳板开进开出。装载时，汽车及由牵引车拖带的挂车通过跳板开进舱内。到达目的港后，放下跳板，车辆就可从船和各层甲板开上开下进行装卸作业。

滚装船上具备个性特点的设备有跳板、装卸车和定位器。跳板是滚装船上最独特的设备，是架设于船舶与码头之间的桥梁。跳板大都设置在船尾，也有设置在船首和舷侧的。跳板的形式有：沿船的长度方向设置的直跳板，宽度接近于船宽，车辆可以上下交替行驶；与船体中心线成一定夹角的斜跳板，由几节跳板组成；可向船的两侧旋转一定角度的旋转跳板。装卸车是在滚装船上用来装卸集装箱等集装化容器的设备。装卸车分拖车和叉车两种。拖车只有底盘和车架，拖车可与集装箱等一起固定在货舱的规定位置，呈纵向排列。定位器用于固定集装箱或拖车。为了避免船舶摇摆时集装箱或装有集装箱的拖车发生移动和碰撞，在滚装船的货舱甲板上设置有定位器，用于固定集装箱或拖车。固定集装箱的定位器有插销式、旋锁式。固定拖车的定位器有固定导板、三角支架、框形托架及制动链。

1.1.3 甩挂运输的优势

甩挂运输具有明显的优势。这些优势主要体现在两大方面：依托具备良好兼容性和可扩展性的车辆，甩挂运输可获得装备优势；依托先进、科学的组织管理方式，甩挂运输可获得技术经济优势。

1. 车辆装备方面

（1）挂车具有很好的兼容性。从国内外挂车制造行业发展实践看，挂车产品已形成了谱系。挂车的类型多样，包括厢式挂车、罐式挂车、平板挂车、集装箱挂车、商品汽车运输专用挂车等。在厢式半挂车的这一大类里还可以分出保温半挂车、冷藏半挂车等，在其他大类中也能区分出大量的细分车型。所以半挂车对于其他道路运输车型的替代作用具备非常明显的条件。

（2）挂车的投入产出率高。挂车具有价格比较低廉、运输效率高、载重

量大、单位运费较低等优点。对于半挂车，国际一流水平的标准是整备质量最小化、有效载荷和有效容积最大化。挂车的运转机构如车轴、悬挂、轮胎等经严格筛选，其总行驶里程至少可以达到牵引车总行驶里程的 2 倍以上，且故障率极低，正常运行条件下设计使用寿命超过 20 年。近年来，包括超宽胎、侧帘车、双挂和多挂汽车列车、车厢表面的平滑化、导流装置、边裙、标准化托盘等在内的各种实用技术和装置被推广使用至挂车，使挂车的生产效率得到更好的保障。

(3) 运载能力的扩展空间大。世界各国都在根据其道路基础设施建设标准、行业管理政策等因素，适当增加道路运输车辆的尺寸，特别是车辆长度，以增加道路运输车辆的载运能力。相对于传统卡车，甩挂运输车辆的能力扩展空间更大、扩展方式更加方便和灵活。因此，在各种政策的推动和市场需求的拉动下，大型挂车运输将成为公路干线运输的重要力量。

(4) 有助于实现公路长途运输。汽车列车具有运输效率高、吨千米油耗低、经济效益好、能够实现“门到门”运输等优势，已成为道路货运的主要运输工具之一。实践表明，吨位大、效率高、可实现一车多挂的半挂车会随着公路运输业的发展而成为最合适的公路长途运输工具。

(5) 替代固定存储设施而实现运输网络节点上的暂时储存。发达国家的一些工商企业内部基本不设固定的仓库，也不自备货运车辆，几乎所有的周转、库存物资均存放在运输物流企业的厢式挂车或集装箱内，而这些厢式挂车或集装箱始终处于流通周转之中。在货运站的库房、货场比较紧张的情况下，采用甩挂运输、挂车厢成为仓储的一部分，可以做到货不进库，收货后直接装车，减少仓储基础设施投资。

2. 技术经济方面

甩挂运输的关键优势体现在两方面：一是基于大吨位半挂车的更强的道路货运能力与更高的投入产出率；二是基于装卸甩挂作业的更高效的集装化

调配中转与更便捷的多式联运组织模式（滚装运输、铁路驼背运输）。具体而言：

（1）甩挂运输能够增加牵引车的有效工作时间、降低牵引车和驾驶员相关的费用。对于某些道路货运企业，车辆实际工作时间内的行驶时间低于或者基本等于货物的装卸时间和待装卸时间，这时，应用甩挂运输可使2台或2台以上的挂车由同一台牵引车根据需要在不同时段牵引，这样可大大节约牵引车的购置费用。只要牵引车的费用相对于运输成本而言是不可忽视的，在营运中就有开展甩挂运输的必要。此外，牵引车数量的减少能够降低对企业自身停车场面积的需求、降低企业自有车辆的维修保养费用。此外，由于运输企业对大型牵引车驾驶员的要求很全面，世界各国大型牵引车驾驶员的雇用工资都比较高。许多企业宁愿更多地购置生产或服务设备以压缩对技术工人（包括大型牵引车驾驶员）的雇用。甩挂运输的应用不仅节约了运输工具的购置，而且可有效地减少驾驶员的雇用数量，从而降低人员工资费用和与人员有关的其他支出（如社会福利、医疗保险、养老保险等）。

（2）甩挂运输有助于运输场站内各种投入成本的压缩、实现规模效益。甩挂运输需要在较高组织化程度的条件下进行，开展甩挂运输可以促进交通运输场站等基础设施的建设与发展，促进道路运输实现网络化经营，从而推动道路运输企业向集约化、规模化方向发展；在甩挂运输场站内，车辆进站，甩下原厢，挂上新厢，随即可走，这样压缩了等待装卸的时间，有利于加速车辆周转，增加车日行程；收货后直接装车，可减少搬运装卸次数，并整车交接、手续简化、保证了货运质量。此外，由于作为集装化容器的挂车本身带有车轮和支承装置，挂车的装卸搬运活性得以增加，这可减少多式联运场站对于装卸搬运设备的投入。

（3）甩挂运输在提高运输工具容积利用率的基础上，能够促进多式联运的发展，并获得速度、成本等方面的更大收益。开展甩挂运输可以促进道路

运输与铁路运输、水路运输的多式联运，实现以道路甩挂运输为基础的驮背运输、滚装运输，充分发挥各种运输方式的技术经济优势，并减少针对货物的装卸作业量，提高装卸效率和载运工具的容积利用率。在驮背运输、滚装运输的多式联运过程中，由牵引车将装好货物的挂车拖至铁路货场或港口，牵引车将挂车移送至铁路平车、船舶甲板或舱位后与挂车分离，到达目的站或目的港后，再由另一端的牵引车将挂车运至目的地。这种多式联运组织形式明显减少了对汽车动力部分的占用，提高了铁路车辆和船舶的容积利用率。此外，以甩挂运输为基础的驮背运输、滚装运输可以提高长途干线运输过程的运行速度。

表 1－1 为美国部分铁路公司 2007 年一季度不同货物运输组织形式的平均速度，不难发现，多式联运的平均速度明显高于其他运输形式的平均速度。表 1－2 为美国不同运输组织形式的货物运输成本，不难发现，相比于道路运输，多式联运的成本要低很多。

表 1－1　　美国铁路货物运输平均速度　　单位：英里/小时

运输组织形式 铁路公司	多式联运	粮食专列	煤炭专列	整体平均
BNSF	34.1	18.6	23.6	23.4
Soo Line	28.0	20.0	20.5	23.2
CSX	28.6	16.2	29.0	20.2
KCS	29.0	21.5	21.9	24.0
NS	26.9	25.4	18.2	21.1
Union Pacific	25.6	20.6	19.9	21.7

表 1－2　　2007 年美国公路、铁路货运成本　　单位：美分/吨英里

运输组织形式	运输的内部成本	除了交通拥堵外的社会成本（交通运输外部成本）				
		交通事故	大气污染	温室气体	噪声	合计
普通汽车运输	11.69	0.82	0.11	0.21	0.06	1.2
重载铁路运输	1.65	0.24	0.01	0.03	0.06	0.34
混编铁路运输	1.67	0.24	0.01	0.03	0.06	0.34
多式联运	3.72	0.24	0.03	0.03	0.06	0.36
双层集装箱运输	1.47	0.24	0.01	0.03	0.06	0.34

1.2 发达国家甩挂运输发展概述

1.2.1 甩挂运输的发展及其内在动因

交通运输体系由三个主要部分组成。①载运工具生产系统。载运工具也就是交通运输活动设备，是旅客和货物的承载体，也是形成动态交通流的基本单元。②具有一定基础技术与装备的运输网及其结合部系统。运输线路是运载工具的载体，运输线路一般呈网状布局，线路之间的交叉点形成交通节点，而在大城市和区域经济中心各种运输方式的结合部，多形成交通枢纽。以运输线路和交通枢纽为主体，构成交通运输活动的固定设备。③交通运输组织、管理和协调系统。运输经营管理系统是为保证交通工具和运输线路相互配合、安全有效运行而设置的，不仅要对交通流实行及时正确的动态监测、疏导、调整和控制，而且要经济合理地整合运输资源，科学有效地组织运输生产过程。

如果笼统地认为水路运输、铁路运输、管道运输、公路运输、航空运输

属于人类社会科技进步成果在实现人和物空间移动方面的创造性运用，则可认为集装箱运输、多式联运、甩挂运输等应当归为人类在交通运输的发展过程中对某些运输组织管理技术的创新。

道路甩挂运输属于一种运输组织方式，其产生与发展顺应了交通运输发展的某种趋势和要求。我们曾经从交通运输体系三个主要组成部分的角度出发，简要归纳交通运输发展过程中一些典型的工程、装备、组织管理技术出现的时间节点及其发展概况，以辅助明确道路甩挂运输的由来及其在整个交通运输发展历程中的位置和预期功能。这里，我们从货物运输载运工具（包括特定的容器，如集装箱）的运用技术的演变方面寻找道路甩挂运输产生与发展的动因。

1. 集装箱运输利于运输服务水平和运输成本间的权衡

1801 年，英国的詹姆斯·安德森提出将货物装入集装箱进行运输的构想；1845 年，英国铁路使用载货车厢互相交换的方式，视车厢为集装箱，使集装箱运输的构想得到初步应用；19 世纪中叶，英国出现运输棉纱、棉布的一种带活动框架的载货工具，这是集装箱的雏形。集装箱这种货物装载容器的出现促进了集装箱运输组织形式的快速发展。集装箱运输就是指以集装箱这种大型容器为载体，将货物集合组装成集装单元，以便在现代流通领域内运用大型装卸机械和大型载运车辆进行装卸搬运作业和完成运输任务。集装箱运输组织形式使得运输服务水平和运输成本间的效益背反交叉点得到显著优化。

在提高运输服务水平方面：第一，集装箱运输能够在简化货物包装的同时保证货运质量。集装箱具有坚固密封的箱体，一般不易发生盗窃事故，且足以防止恶劣天气对箱内货物的破坏。在运输和装卸过程中，与外界接触的是箱体而非货物，因而货物破损事故大为减少，对货物的包装要求不像传统散运那样严格。第二，以集装箱作为运输单元，在由一种运输方式转换到另一种运输方式实现联合运输时，换装的是集装箱，箱内的货物并不需要搬动，大大简化和加快了换装作业。由于集装箱具有坚固、密封的特点，口岸监管单位可以加封和验封转关放行。因此，集装箱能把海运和内陆的铁路、公路、水路等多种运输方式以及与进出口业务有关的口岸监管工作联合起来进行一体化的多式联运，从而大大提高运输服务质量。为了方便货主及保证货物运输安全，集装箱运输经营者强调一体化的运输服务，托运人只需一次托运、一次交费，即可获得全程负责的“门到门”运输服务。

在降低运输成本方面：第一，由于集装箱的标准化，车船载重和容积得到充分利用，增加了运费收入，降低了运输成本。集装箱运输是实现全部机械化作业的高效率运输组织形式。将不同形状、尺寸的件杂货装入具有标准规格的集装箱内进行运输，从根本上解决了现代化生产的标准化前提，为实现高效的机械化作业创造了重要条件。集装箱运输各环节所采用的硬件设备大多是效率很高的专用设施和设备，具有装卸速度高、运输工具周转快的优点，为常规的件杂货运输所无法比拟的。集装箱的标准化和单元化特点，使集装箱运输非常适合使用现代科学方法加以管理，特别是可使用计算机进行管理，在提高运输服务质量的同时也降低了运输成本。第二，货物装在集装箱内，集装箱本身实际上起到一个强度很大的外包装作用，货物在箱内由于集装箱的保护，不受外界的挤压碰撞，故货物本身的外包装就可大大简化，从而可以节约包装费用。由于集装箱运输有利于采取多式联运，特别是“门到门”运输，货物在发货地装箱，经验关铅封后，一票到底，途中无须拆箱而又便于直接换装，大大减少了中间环节，简化了货运手续，加快了货运速度，缩短了货运时间，从而减少了商品在途时间，节约商品在流通过程中所占用的资金。

2. 多式联运促进了国际运输流程的便捷顺畅

国际多式联运简称多式联运，是在集装箱运输的基础上产生并发展起来的新型的运输组织方式。多式联运一般以集装箱为媒介，把海上运输、铁路运输、公路运输、航空运输和内河运输等传统的单一运输方式有机地结合起来，构成一种连贯的过程来完成国际间的运输。20 世纪 60 年代末，多式联运开始在美国出现，经试办取得显著效果，受到贸易界的欢迎。随后美洲、欧洲及非洲部分地区很快仿效，广为采用。

构成国际多式联运需要具备的条件包括：第一，要有一个多式联运合同，明确规定多式联运经营人（承运人）和托运人之间的权利、义务、责任、豁免的合同关系和多式联运的性质。第二，使用一份全程多式联运单据，它与传统的提单具有相同的作用，是一种物权证书和有价证券。第三，必须是国际间的货物运输，也就是说，在国际多式联运方式下，货物运输必须是跨越国境的一种国际间运输。第四，必须由一个多式联运经营人对全程运输负总的责任。第五，必须是全程单一运费费率。多式联运经营人在对货主负全程运输责任的基础上，制定一个货物发运地至目的地全程单一费率并以包干形式一次向货主收取。

多式联运集各种运输方式于一体，组成连贯运输，达到简化货运环节、加速货运周转、减少货损货差、降低运输成本、实现合理运输的目的，它比传统单一运输方式具有无可比拟的优越性：责任统一，手续简便；减少中间环节，缩短货运时间；节省运杂费用，有利于贸易的开展。

3. 甩挂运输是提升道路载运工具运用效率的重要手段

如果把集装箱、厢式车、大吨位车辆的推广使用视为道路运输发展史中运输设备的革新，甩挂运输则是基于既有设备的一种创新型道路运输组织形式。在甩挂运输实践中，运输企业使牵引车或牵引汽车（带牵引装置的载货汽车）与半挂车能够自由分离与结合，通过半挂车或挂车的合理调度与搭配，缩短因装卸货物而造成的牵引车或牵引汽车停靠时间，提高车辆动力部分利用率。

甩挂运输的产生与发展是大吨位货运车辆发展的必然结果（见图1－1）。这是因为：提高汽车货运效率的重要途径是提高车辆的装载能力，提高车辆装载能力最现实的措施就是使用大吨位货车，而继续提高汽车货运效率或运输经济效益则需着眼于货车之外的途径，这使人们自然地将目光转移到车辆的动力部分。对于车辆动力部分的使用效率提升，可从其燃油经济性着手，但该途径更主要地受到硬技术水平的影响；在一定的技术水平下，提升车辆动力部分的有效工作时间不失为另一种明智的选择。实践证明，甩挂运输是提高汽车货运效率和运输经济效益的另一种思路，甩挂运输能够增加牵引车的有效工作时间、降低牵引车的购置费用。

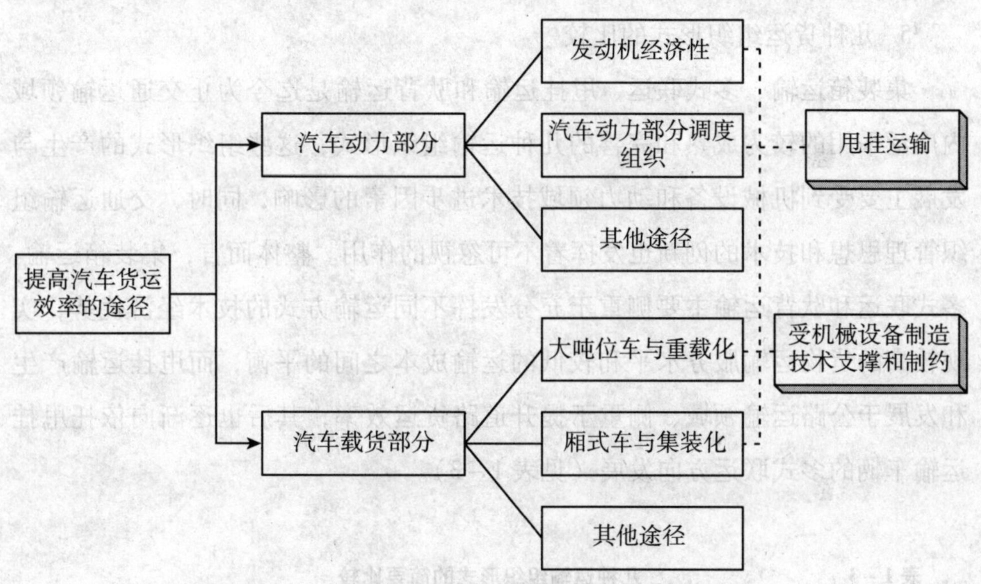

图1－1　提高汽车货运效率方面细化和分类的途径

4. 驮背运输有助于改善公路运输对环境的影响

驮背运输产生于美国的公路铁路竞争。美国铁路针对公路运输的迅速发展给其造成的市场竞争压力，提出并采用了驮背运输和箱驮运输，即把集装箱半挂车或集装箱装到铁路平车上进行运输，这样铁路运输的运费低、可靠性好的优点同公路能实现“门到门”运输的优点结合起来。此外，由于采用铁路作为干线运输方式，驮背运输对道路运输的环境污染和拥挤状况有一定的改善作用。

驮背运输的优势在于：驮背运输能够迅速可靠地运送货物。美国的驮背运输产生于铁路与公路的竞争中丧失不少运量的时期，驮背运输之所以能够发展起来，是因为驮背运输拥有比公路运输优越的运送时间和可靠性；驮背运输也是环保高效的运输组织形式。驮背运输可以缓解劳动力不足，减少道路运输工具污染物排放对环境的污染，提高货物的送达速度和道路运输车辆的使用效率，降低运输成本。

5. 几种货运组织形式的比较

集装箱运输、多式联运、甩挂运输和驮背运输是迄今为止交通运输领域内广泛采用的较为成熟和完善的几种运输组织形式，这些组织形式的产生与发展主要受到机械设备和动力领域技术进步因素的影响，同时，交通运输组织管理思想和技术的创新也发挥着不可忽视的作用。整体而言，集装箱运输、多式联运和驮背运输主要侧重于充分发挥不同运输方式的技术经济优势，实现较高的货物运输服务水平和较低的运输成本之间的平衡，而甩挂运输产生和发展于公路运输领域、侧重于提升道路货运效率，其后也逐渐向依托甩挂运输车辆的多式联运方向发展（见表1－3）。

表1－3　几种运输组织形式的简要比较

运输组织形式	出现时间	产生与发展的内在动因	涉及范围	涉及的主要装备
集装箱运输	20世纪初	降低运输成本的同时提高运输服务水平	水路运输、铁路运输、公路运输、航空运输	集装箱

续 表

运输组织形式	出现时间	产生与发展的内在动因	涉及范围	涉及的主要装备
多式联运	20 世纪 30 年代	国际运输流程的便捷顺畅	水路运输、铁路运输、公路运输、航空运输	国际集装箱
甩挂运输	20 世纪 40 年代	提升载货汽车的运用效率	公路运输、铁路运输、水路运输	牵引车、挂车、滚装船等
驮背运输	20 世纪 50 年代	改善汽车对环境的影响，提高公路运输可靠性	铁路运输、公路运输	集装箱、公铁两用车、铁路平车

1.2.2 美国甩挂运输发展概况

1. 甩挂运输车辆的生产规模

美国是世界上推行甩挂运输最早的国家之一。美国自 20 世纪 50 年代起大规模修建州际高速公路后，重载汽车列车逐渐成为公路干线货运的主力车型。按照美国的统计习惯，道路货运车辆一般可分为两轴四胎轻卡、其他单体卡车和汽车列车等大类。根据美国运输部的有关数据，自 1970 年以来，两轴四胎轻卡每年实现的“车英里”规模占所有道路车辆“车英里”总规模的比例从 1970 年的 11.1% 增加到 2008 年的 36.5%，单体卡车每年实现的“车英里”规模占所有道路车辆“车英里”总规模的比例一直维持在 2.4% ~ 2.8%，而汽车列车每年实现的“车英里”规模占所有道路车辆“车英里”总规模的比例一直维持在 3.2% ~4.9%（见图 1 – 2）。

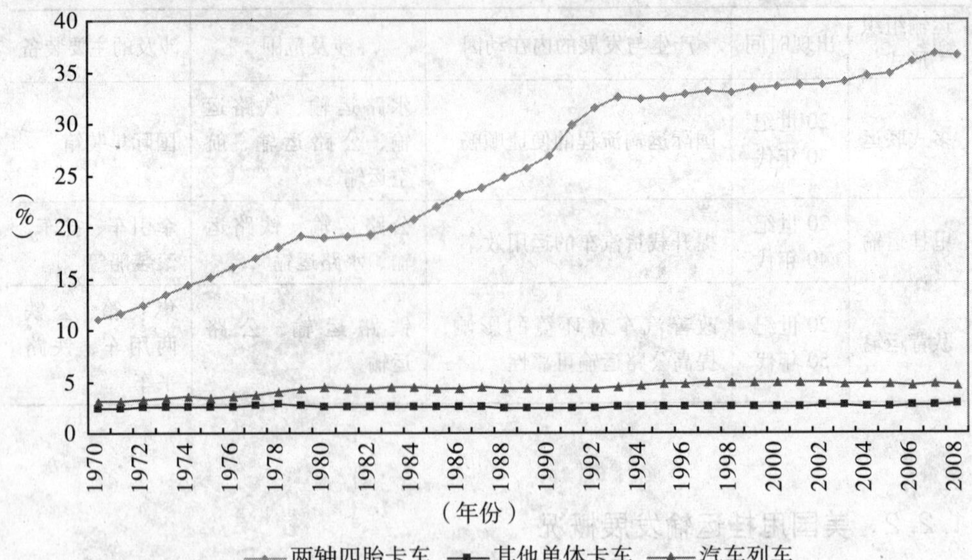

图 1-2　1970—2008 年历年美国各种道路货运车辆的“车英里”比例

从“车英里”规模看，虽然汽车列车的占比并不高，但若折算为“吨英里”，则结果大大不同。根据美国道路货运车辆的一般载重能力，取两轴四胎轻卡的平均载重为 1.8 吨，其他单体卡车的平均载重为 10 吨，汽车列车的平均载重为 15 吨，这样可将“车英里”转换为“吨英里”。从比例看，两轴四胎轻卡每年实现的货物周转量占所有道路货运周转量的比例从 1970 年的 22% 增加到 2008 年的 40%，其他单体卡车每年实现的货物周转量占所有道路货运周转量的比例从 1970 年的 26% 降为 2008 年的 17%，汽车列车每年实现的货物周转量占所有道路货运周转量的比例基本维持在 43% ~50%（见图 1-3）。由此可见，美国甩挂运输车辆的生产规模在整个道路货运体系中的重要地位。

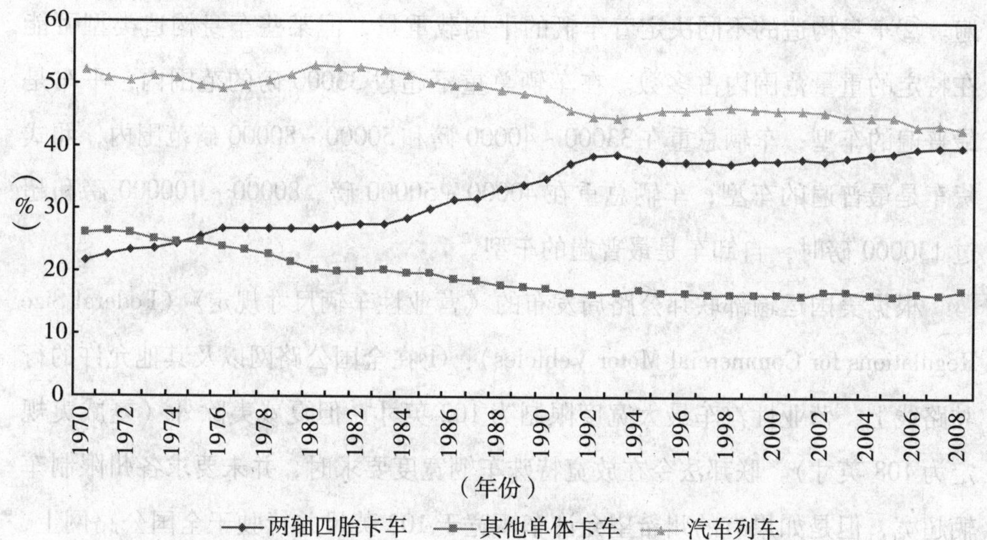

图 1-3 1970—2008 年历年美国各种道路货运车辆的货物周转量比例

2. 甩挂运输车辆装备

美国运输部联邦公路局（U. S. Department of Transportation Federal Highway Administration，FHWA）公路政策信息办公室（Office of Highway Policy Information）曾资助研究美国货运汽车特征并于 1999 年完成报告。该研究基于 1992 年的统计调查数据（The 1992 Truck Inventory and Use Survey，TIUS），采取分类的研究方式，分类的标准包括与特种车型有密切关系的轴距。TIUS 提供了汽车列车所涉及的挂车（主要是被单体卡车和牵引车头拖挂的半挂车和全挂车）的结构以及轴数的信息：①在由牵引车头拖挂的单轴、二轴半挂车中，厢式货车是最常见的。在由三个车轴承载的单一半挂车中，最常见的是低底盘平车（占所有类型车身数的 37%），仅次于其后的是厢式货车（占所有类型车身数的 19%）。牵引车头拖挂的五轴承载两个挂车的构造中，平车和低底盘平车最普遍，占该种类型构造的车辆总数的 44%。平车也是六轴承载两个挂车中最常见的类型，占 48%。在车轴数少的挂车中，厢式车最普遍。②车身构造的不同决定着车辆的平均载重量，但某些车身构造类型可能在特定的重量范围内占多数。在车辆总重不超过33000磅的范围内，平车是最普遍的车型；车辆总重在33000~40000磅和50000~80000磅范围内，厢式货车是最普遍的车型；车辆总重在40000~50000磅、80000~100000磅和超过130000磅时，自卸车是最普遍的车型。

根据美国运输部联邦公路局发布的《营业性车辆尺寸规定》（Federal Size Regulations for Commercial Motor Vehicles）：①在全国公路网以及其他允许的行驶路线上，营业性汽车最大宽度限制为102英寸，但夏威夷除外（夏威夷规定为108英寸）。联邦法令在放宽特殊车辆宽度要求时，并未要求各州限制车辆超宽，但是如果有的州希望允许车辆宽于102英尺并行驶于全国公路网上，该州需要发布特殊的超宽许可。②美国联邦政府规定的是最小长度限制，各个州必须允许以下车辆能够在全国公路网以及其他允许行驶的路段上行驶。卡车及其牵引半挂车组合所允许的最短长度限制是14.63米（48英尺），个别的州有特殊的限制。美国各州允许挂车和拖车的最小长度符合全国公路网允许的8.53米（28英尺），各州还允许长为8.69米（28英尺6英寸）的半挂车上路行驶，但卡车及其牵引半挂车加挂车组合的总长度不能超过19.81米（65英尺）。

在北美，半挂牵引车往往是三轴的，前轴（方向轴）是一轴两轮，后面的两个轴（驱动轴）是一轴四轮，所以，牵引车最普遍的配置是三轴十轮。当一轴四轮的配置中应用上超级单胎后，可变为一轴两轮。这样可降低牵引车的自重。从发展趋势看，美国在甩挂运输车辆技术革新上有以下表现：

第一，随着减少温室气体排放趋势，超级单胎得以快速推广应用，超级单胎的优势有：①减少燃料消耗。试验检测表明，使用超级单胎可节省10%的燃料消耗；②减轻车辆自重，有利于增加车辆的有效载荷；③单个车轮与刹车片的接触面积减少，有利于快速冷却和减少刹车片损耗。使用超级单胎的最大不足是，一旦轮胎出现瘪胎或者爆胎情况，在车辆不能及时刹车时会对车上的货物造成偏移甚至掉落的不良后果。

第二，通常半挂车的底部与道路路面之间的空间是没有什么阻挡的，这样导致半挂车在运动过程中受到空气的阻力。此外，半挂车的底部与道路路面之间的空间也往往是追尾小汽车钻入而导致交通事故的一个隐患。所以，给半挂车的底部加上边裙，可以减少空气阻力，也可以消除事故隐患。此外，检测试验显示，带边裙的半挂车可节约8%的燃油消耗，边裙封闭半挂车底部空间的效果越好，燃油消耗的节省效果就越好。

1.2.3　欧洲甩挂运输发展概况

有关材料显示，目前欧洲使用的挂车绝大部分是轻量化的产品，能够替代钢材的铝材等轻量化材料被推广使用于挂车制造过程，此外，超级单胎、侧帘车等技术也有助于降低挂车自重，从而提高车辆的载货能力和效率。侧帘车的装卸效率高，且自重相对较小。欧洲部分国家鼓励各类物流企业使用效率更高的汽车列车，如瑞典允许总长25.25米的汽车列车运营，其中最有优势的是被称为B－double的挂车组合，在不改变既有牵引车技术规格的条件下即可实现汽车列车的高效运输。同时，汽车列车的普及使用可有效地减少道路货运车辆的数量，在降低碳排放的同时还可改善交通拥堵、停车场和道路资源占用等问题。

与美国的半挂牵引车的最大不同是，欧洲大多数的半挂牵引车的驾驶室设置在发动机的上面（美国的半挂牵引车的驾驶室在发送机的后面），在维修时，整个驾驶室可被前推以便将发动机部分暴露出来。在欧洲，卡车的前面部分是陡峭的，几乎与地面垂直，这样驾驶员的驾驶瞭望条件好，可增加驾驶的机动灵活性。此外，车头部分的长度得到缩减，在整个车长限度范围内可为车厢部分的长度带来扩展的空间。大多数半挂牵引车是两轴的，前轴（方向轴）是一轴两轮，后轴（驱动轴）是一轴四轮。挂车通常是三轴六轮的。

在英国，当要承载允许最大载荷（44 吨）时，牵引车和半挂车都须配备 3 个及以上的轴。大多数挂车的长度为 13.5 米，牵引车与挂车的组合长度为 15.25～16.75 米。

在欧洲大陆，甩挂运输车辆最大长度为 18.75 米，允许最大载荷为 40 吨（运输国际标准集装箱时为 44 吨），半挂车的长度限值为 16.5 米。从 1996 年开始，瑞典和芬兰被允许执行甩挂运输车辆最大长度为 25.25 米、允许最大载荷为 60 吨的标准。25.25 米车辆的载重能力提升了 50%，燃料效能提升了 20%，但 CO_2 排放有所减少。此外，推广 25.25 米车辆可有效减少道路上车辆的数量。后来，荷兰（2000 年）、德国（2006 年）、丹麦（2008 年）、挪威（2008 年）等国家不同程度地开始推广 25.25 米车辆。

1.2.4 澳大利亚甩挂运输发展概况

澳大利亚的道路运输以特大型卡车和汽车列车的使用为特色，澳大利亚的半挂车通常有 22 个轮子。在长途运输中，通常是牵引车拖挂两个挂车（每个挂车是 3 轴的），整个汽车列车是 9 轴的。汽车列车的总长度可达 53.5 米，最大总重可达 164 吨，一台牵引车可同时拖挂 4 台挂车。

从 20 世纪 80 年代后期开始，澳大利亚便正式使用一车三挂、一车四挂的汽车甩挂列车运输方式，在当地被称为“公路列车或公路火车”。在澳大利亚，有一批最大载重近 200 吨的公路列车是用于铅锌矿山运输矿石的专用车。这些公路列车，通常拖挂至少 3 节类似于集装箱的车厢，最多的要拖挂 6 节，总长度超过 50 米，其行驶速度可达到每小时 110 千米。

1.3 我国甩挂运输发展概述

1.3.1 我国甩挂运输的发展动因

1. 外在动因

改革开放以来，我国经济和社会发展为交通运输行业的快速发展提供了原生的动力。特别是进入21世纪以来，我国工业化与信息化融合发展的背景为综合交通运输行业的发展提供了重要的技术支撑和运输需求条件。快速发展的工业化和城市化，对交通运输无论是量的方面还是质的方面都提出了新的更高的要求，但由于我国大的运输比例结构存在问题，道路运输组织化、集约化又比较低，致使运输效率低、成本高的痼疾长期得不到解决。随着应对气候变化的国际性难题的进一步凸显和世界各国对其国民经济各行业节能技术的创新发展，交通运输行业节能减排的压力加大。这些因素已经成为我国道路甩挂运输发展的重要动因（见图1－4）。

改革开放以来，中国工业实现了跨越式发展，建立起相对完善的产业体系，中国工业化开始进入加速发展的新阶段。作为一个人力资源丰富、自然资源短缺、生态环境脆弱的发展中大国，中国工业化面临着更加严峻的挑战。长期以来，我国经济的快速增长在很大程度上是依靠消耗大量物质资源实现的，经济增长方式粗放，呈现出高投入、高消耗、高排放、低效率的特征。同时，中国的经济增长主要依赖于投资与出口拉动，工业经济在整个国民经济中占绝对主体地位。但中国工业整体的技术创新能力仍然薄弱、管理水平落后，结构性矛盾突出。

我国正在处于工业化加速发展的重要阶段。面对工业化、信息化、城市化、市场化、国际化深入发展的新形势、新任务，党中央、国务院提出大力

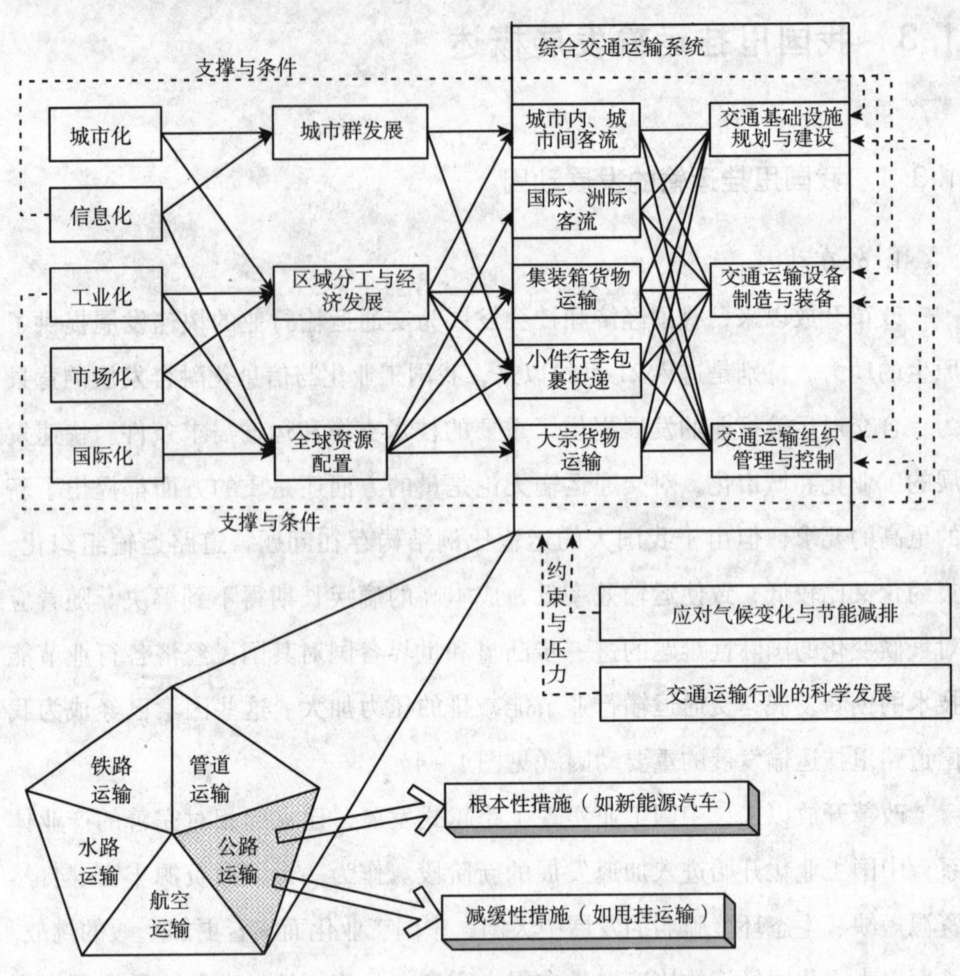

图1－4　我国发展道路甩挂运输的外在动因示意

推进信息化与工业化融合，走中国特色新型工业化道路，实现经济从粗放经营向集约经营转变，从规模速度型向创新效益型转变，全面转入科学发展的新阶段。这是基于我国基本国情得出的重要结论，是顺应全球化发展潮流的现实选择，是中国将要长期面对的艰巨而繁重的战略任务。

在党的十七大在十六大的基础上（党的十六大提出“坚持以信息化带动

工业化，以工业化促进信息化，走出一条科技含量高、经济效益好、资源消耗低、环境污染少、人力资源优势得到充分发挥的新型工业化路子”)，进一步提出“发展现代产业体系，大力推进信息化与工业化融合，促进工业由大变强，振兴装备制造业，淘汰落后生产能力”，从而又丰富了新型工业化道路的内涵。新型工业化道路必须与经济社会协调发展。一是工业化和信息化协调发展，加快两化融合；二是工业化和生态保护协调发展，走绿色工业化之路；三是工业化和农业现代化协调发展，以工业化促进农业现代化；四是高新技术和适用技术协调发展，走高质量工业化之路；五是工业化和全球化协调发展，走国际化市场之路；六是工业化和服务业协调发展，走繁荣现代服务业之路。

在现阶段，我国正处于工业化、信息化、城市化、市场化、国际化的新背景中，这个背景是发达国家未曾经历的。城市化与信息化推动着城市群的发展，并促进了城市群之间的分工协作过程，进而带动城市群间的人员、物资交流；工业化、城市化、市场化推动着区域经济分工进程，而国际化、市场化、工业化、信息化推动着我国进一步参与全球资源配置活动，正是在资源的全球配置、经济发展的空间分工与布局等因素的作用下，全社会交通运输活动特别是货物运输活动呈现出更加活跃的状态。活跃的货物运输不仅体现在规模的变化上，更体现在运输服务质量的提升上。另外，工业化与信息化的融合发展为交通运输的发展提供了更加有力的装备制造、基础设施建设、运输组织管理技术的支持。

2. 交通运输行业的节能减排与应对气候变化

20 世纪 50 年代以来，世界各国意识到，水路、铁路、公路、航空和管道五种运输方式是相互影响、优势互补的，各个国家开始有计划地发展综合运输。从各种运输方式进行货物运输时的碳排放情况看，差异是非常明显的，以平均每吨千米货运量的 CO_2 排放（单位：克/吨千米）为标准：铁路为

18～35，海运为2～7，内河水运为30～49，公路为62～110，空运大于665。

全球由化石燃料产生的 CO_2 排放量由1990年的61.49亿吨增长到2007年的83.65亿吨，增长了36%。1990—2004年，全球 CO_2 排放量增长了27%，由204.63亿吨增长为260.79亿吨。同期的运输业的能源需求增长了37%。世界上两个最大的温室气体排放国是美国和中国，1990—2004年，美国 CO_2 排放量增长了19%，而运输业的能源需求增长了28%；中国 CO_2 排放量增长了108%，而运输业的能源需求增长了168%。

欧洲运输业的温室气体排放一直处于增长状态，增长的主要原因是货运量和客运量在快速增长，这种快速增长把来自车辆燃油和能源利用率提升等技术创新创造的低碳效果抵消了。在货运方面，道路货物运输增长最快；在客运方面，私人小汽车和民航客运增长最快。2008年，道路运输业的 CO_2 排放是欧盟15国（包括奥地利、比利时、丹麦、芬兰、法国、德国、希腊、爱尔兰、意大利、卢森堡、荷兰、葡萄牙、西班牙、瑞典、英国）CO_2 排放总量的第二大来源（占排放总量的19%）。1990—2008年，欧盟15国道路运输业的 CO_2 排放量增长了21%。这些排放主要是由于道路运输过程中大量使用化石燃料，1990—2008年欧盟15国道路运输业的化石燃料消耗增长了24%。

为抑制和降低道路运输业的碳排放，世界各国探索使用了多种措施，这些措施所发挥的作用差异较大。如：

(1) 提升能源利用效率。1990—2004年，汽车的能源效率大约提升了10%。然而，这并不能足够地抵消依托小汽车的30%的出行增长幅度，因此，汽车燃油消耗仍增长了约20%。以欧盟为例，其用于减轻环境压力的政策主要侧重于提高车辆技术和燃油品质，而实践表明，这些政策并没有在减少运输业温室气体排放中发挥足够的效用，这些效用往往被持续增加的运输量抵消了。

(2) 限速。由于车辆的行驶速度与燃油消耗之间存在强相关关系，车辆的行驶速度必然与碳排放有密切关系。通过在一定路段上实施严厉的限速措施，可减少碳排放。以荷兰为例，在鹿特丹的某高速公路的一段3.5千米的区段上，车辆允许行驶速度由120千米/小时降为80千米/小时。实践表明，严格的限速措施在试点区段上可有效减少碳排放，试点区段在2002年的CO_2排放减少了15%（约1000吨）。值得注意的是，由于重型货车的速度有限制，限速措施对于有大量重型货车行驶的路段而言，其减排的效果并不明显。

（3）其他。主要包括：设立低排放区（如奥地利在蒂罗尔的某一高速公路低排放区内，7.5吨以上的半挂车和汽车列车必须达到欧Ⅱ排放标准）；使用替代能源；改善路网；等等。

发达国家发展低碳经济的重点是降低CO_2排放，主要致力于从化石能源向非化石能源转型，将节能重点放在建筑与交通领域。以美国为例，美国交通运输系统每天要消耗约1250万桶原油，这相当于美国国内的全部产量加上一半的原油进口总量。虽然石油燃料保持可靠供应是可行的，但由于依赖石油燃料，每年产生的碳化合物排放量将明显增加。与此同时，交通运输系统排放了挥发性有机氧化物总量的30%、臭氧污染物的40%、一氧化物的80%，并且是颗粒物排放的主要来源。根据《2050年美国交通运输远景》的研究结论，美国改变交通运输的能源消耗结构将对能源安全和环境产生明显的效益，通过使用非碳燃料和高效率的交通运输工具，可以消除美国政府对国外石油的依赖，并且可以减少温室气体排放。实际上，近年来发达国家普遍采用节约环保的可持续交通运输发展战略，推动公共交通和快速、重载、大容量、节能环保交通装备的发展，并通过先进的交通运营组织技术最大限度地提高交通运输系统的效率。

由于能源、资源、环境限制和经济社会发展需求之间的失衡性矛盾，我国在发展低碳经济过程中不得不面对很多限制因素。目前，中国已经成为温室气体的最大排放国。在尚需依靠高碳产业发展的情况下，中国很难进行低碳经济转型，但是粗放式增长的经济发展方式有很多节能减排的空间。节能减排的范围较低碳经济要广泛一些，更适应现阶段我国的国情。我国的“九五”计划提出节能率平均每年为5%的目标，“十五”计划提出节能和减少主要污染物排放10%以上，“十一五”规划提出单位国内生产总值能耗降低20%左右、主要污染物排放总量减少10%的目标。2009年11月26日，中国政府宣布到2020年单位国内生产总值CO_2排放比2005年下降40%~45%。

我国原油消费主要在工业部门，其次是交通运输业。但从原油加工后的成品油，即汽油、柴油、煤油等的消费状况看，我国汽油、柴油和煤油消耗的主要部门是交通运输部门。交通运输行业作为主要的能源消耗终端部门之一，其节能工作的成效对中国建立资源节约型社会、保证全国节能工作的有效实施具有重要意义。特别是由于交通用能以传统的石油燃料为主导技术模式，加大交通节能力度，将对节约石油资源、缓解石油消费增长压力、减少排放和提高环境质量等产生重大积极影响。但是，中国的交通运输系统长期以来发展滞后，实施交通运输节能工作必须在促进交通运输发展的前提下积极推进，不能因为交通运输节能工作的开展而制约或影响交通运输发展，这与发达国家基于已经建立起完善的交通系统开展节能具有明显的不同。当然，中国可以利用后发优势，吸取国外在解决交通运输发展和节能方面的经验教训，实现交通运输发展与节能两者并举。

在我国国家应对气候变化领导小组暨国务院节能减排工作领导小组、交通运输部节能减排工作领导小组等机构的领导、指导和协调下，我国交通运输节能减排工作取得了一定成效。但是，周期性出现的经济金融危机往往给交通运输节能减排工作提出新问题和新挑战，我国要在保持交通运输业平稳较快发展中坚持节能减排，必然面临技术创新、管理创新的压力。要把节能减排作为应对经济金融危机、促进交通运输发展的增长点，就需要探寻减缓性措施，以寻求发展与节能的平衡点。甩挂运输就是这样的措施之一：甩挂运输可以在保证运力满足经济社会运输需要的前提下有效降低运输生产活动的单位能耗和排放。长期以来，我国道路货运方式比较落后，特别是甩挂运输发展滞后，牵引车和挂车数量少，拖挂比低，道路货物运输仍然以普通单体货车为主，影响到道路运输业整体水平的提升，与节能减排和发展现代物流的要求不相适应。发展甩挂运输，对于降低物流成本，推动现代物流和综合运输发展，促进节能减排，提升经济运行整体质量，具有重要意义。

3. 我国交通运输行业的科学发展

进入21世纪以来，我国社会主义现代化建设在实现了前两步战略目标的基础上，开始全面建设小康社会，向着第三步战略目标——2050年基本实现现代化迈进。当前，世界上发达国家已基本实现工业化，经济结构调整在不断深化，制造业正加快从生产型制造向服务型制造转型，服务业正在从传统的服务经济向现代服务经济转型。自改革开放以来，我国工业实现了跨越式发展，建立起相对完善的产业体系，成为全球制造业大国，工业化进入加速发展的新阶段。面对工业化、信息化、城市化、市场化、国际化深入发展的新形势、新任务，党中央、国务院提出大力推进信息化与工业化相融合，走中国特色新型工业化道路，实现经济从粗放经营向集约经营转变、从规模速度型向创新效益型转变，全面转入科学发展的新阶段。工业化与信息化融合的发展进程与交通运输发展过程之间存在密不可分的联系，实现全面建设小康社会的目标必然涉及交通运输发展战略的选择问题。实际上，交通部已经提出了在2040年全国基本实现交通运输现代化的战略目标。公路运输现代化就是伴随着工业化社会和信息化社会的发展，公路运输领域产生进步变革的过程。在一定的经济社会公路运输需求条件下，公路运输现代化能够实现社会资源的最佳配置。公路运输现代化以先进的工业化技术和新型的信息化技术为前提，以运输资源更加科学合理地配置为目的，以高度发达的交通基础设施和科学完善的管理为特征，以满足高度发展的经济、社会的各种公路运

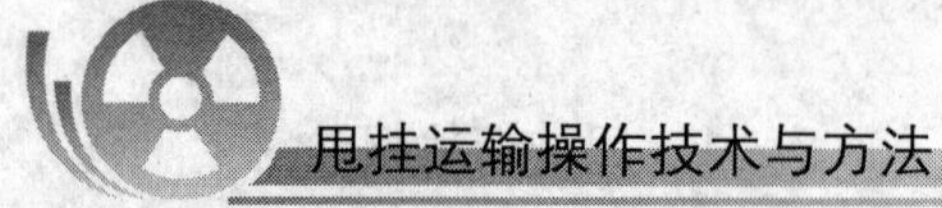

输需求为结果。

作为公路运输重要子系统的道路货运，在公路运输现代化的进程中必然扮演着重要角色，公路运输现代化向道路货运的发展提出了更高的要求，而道路货运的超前发展必将助推公路运输现代化进程。道路货运现代化是公路运输现代化的重要组成部分，对于降低运输成本、提高运输效率、降低公路损耗、减少交通事故、节约能源和保护环境等具有重要意义。

实现道路货运现代化，就是要形成符合技术进步发展趋势、适应中国经济地理特点和运输市场要求、依托发达的运输基础设施网络、使用先进的货物载运工具、建立高效的运输组织管理体系、能够为经济社会发展提供优质服务并能够促进经济社会可持续发展的现代化道路货物运输体系。目前，我国道路货运体系中最突出的问题主要表现在运输装备水平和运输组织方式比较落后方面，我国道路货运现代化应以改善和提高货运装备的水平、优化货运车辆结构为重点，带动运输组织形式和运输组织结构的优化。发达国家的经验表明，道路货运载运工具的发展方向包括大吨位车和小型车两种，大吨位车主要用于中长途道路货物运输，而小吨位车用于短途集散。中长途道路货运装备发展的方向是大吨位、专用化、低能耗和高可靠性，其中发展重点是半挂汽车列车。因此，我国道路货运装备水平的改善和提高应当致力于鼓励和推进厢式半挂车的发展、鼓励道路甩挂运输的发展。

1.3.2 我国甩挂运输发展的物流行业背景

1. 物流行业以规模上快速扩张为主要特点的市场环境为货运和物流企业提供了稳定的需求条件

20 世纪 90 年代以来，随着现代物流理念在我国的深入宣传普及，我国现代物流业在既有技术和实践经验积累相对薄弱的基础上取得了快速发展，特别是“十一五”时期以来，面对严峻复杂的国内外经济社会形势，我国经济保持了平稳较快发展。在经济发展和社会稳定的推动保障下，我国物流行业有效应对各种有利和不利因素的冲击，保持了规模上的较快增长和质量上的稳步发展、物流产业的地位得以确立和提升。根据中国物流与采购联合会有关资料，2010 年，我国社会物流总额和物流业增加值分别达 125 万亿元和 2.7 万亿元，与“十五”末期的 2005 年相比，双双实现了总量翻番，年均分别增长 21% 和 16.7%；社会物流总费用与 GDP 的比率约为 18% 左右；我国物流业增加值占 GDP 的比重达 7% 左右，占第三产业增加值的比重约为 16% 左右。物流行业规模扩张的驱动力来源于经济社会发展需求，特别是作为生产消耗主体的工商企业的快速发展，提出了更多、更高服务要求的物流需求：①随着我国工业化进程和产业升级，若干工业企业加快资源整合、流程改造，或者采取多种方式分离外包其物流功能，由此产生第三方物流需求；或者采取合资合作的方式、生产制造企业与物流企业合资组建物流企业，由此成为制造业和物流业联动发展的表现载体。②在促进国内消费政策引导下，商贸物流加快发展，除了传统的生产资料流通企业和批发零售贸易企业拓展其物流功能外，电子商务和媒介物流“爆炸式”增长和农村物流开始释放成为新的增长极。与此同时，物流基础设施建设加快、基础设施规模和结构得以调整改善。“十一五”时期我国物流类基础设施投资超过 10 万亿元，年均增长 27.7%。到 2010 年年底，我国公路网总里程达 398.4 万千米，其中高速公路 7.4 万千米，“五纵七横”12 条国道主干线全部建成；全国铁路营业里程在 9 万千米以上，其中高速铁路运营里程已达 8300 余千米；内河通航里程 12.4 万千米，沿海港口深水泊位 1774 个，其中新增 661 个；定期航班机场达 176 个，其中新增 35 个。物流园区、物流中心、公路运输主枢纽、各类铁路货运站等物流类设施发展较快。经济社会发展产生的物流需求和物流行业供给能力的非同步、相互促进式的快速发展为各种货运和物流企业提供了稳定的市场需求条件和基础支撑保障。

2. 物流行业性矛盾突出

单纯从衡量物流业运行效率的指标——物流总费用与GDP的比率看，目前我国高出发达国家1倍左右。更关键的是，我国物流行业一直处于粗放式发展，企业的物流服务水平参差不齐，总体上较低，物流服务网络和基础设施网络协调性、配套性有待提高，物流市场主体多而散、企业集中度低，低层次竞争手段充斥市场导致竞争不规范。

虽然物流行业的整体表现状况不佳，但作为赢利主体的单一物流和货运企业往往因地制宜地采取各种策略开展形式多样的物流活动，无论企业规模是大还是小，业务开展模式往往呈现出通用性特点；由于企业数量众多而单一企业资源配置和调控能力弱，货运和物流企业间合作联系密切，特别是在这类企业的集聚区域，企业间对应接不暇的物流需求的转手现象时有发生，其合作秩序良好；面对竞争激烈的物流市场环境和企业自身相对薄弱的赢利能力、相对难以有效控制的成本支出，物流和货运企业或者采用粗放式发展方式、“挖墙脚”、“争蛋糕”，或者采用集约式发展方式，注重维持既有市场占有率下的成本控制；在其发展过程中，大量的中小企业在融资能力方面的欠缺是导致其资源配置和调控能力薄弱的重要制约因素，所以流动资金、融资成为一种关键的竞争手段，实际上，现阶段物流市场上不乏相关的风险投资商。

经过多年的发展，我国物流行业呈现出一个明显的特点：个别物流企业经营的高度组织性、有计划性和整个物流行业生产（物流服务）无序状态之间的显著矛盾。这一矛盾导致的直接结果就是物流行业的整体运行质量不高，物流成本的压缩空间小。

3. 货运和物流企业资源配置问题多

我国货运和物流企业生存于整体运行质量较低的物流市场环境中，其面临的生存压力很大，一旦企业在残酷的竞争过程中形成相对稳定的运作模式，发展惯性的影响使其很难对既有的物流业务运行模式（如业务网络扩张模式、运力调度模式、场站布局和经营模式等）做出激进式调整。这对于能够实现区域性、网络化、规模化经营的企业尤其如此。实际上，我国多数货运和物流企业的抗变动能力、应对市场突变能力是比较弱的。造成这种局面的原因有很多，如：①个体、挂靠现象普遍，这使得具备规模的企业难以有力、全面地掌控运力，不具备规模的小企业经营灵活多变，导致货运运力市场整体无序而单个企业高度有序，可见，我国货运和物流企业经营和运作模式有待再造式设计、整合，甚至企业形态的革新；②我国多数货运和物流企业的发展经验来源于传统运输仓储企业，加上我国物流行业的现代物流专业知识和技能的普及有所欠缺，货运和物流企业往往局限于传统的运力资源组织调度经验和方法，单纯追求短期的经济效益，专业化的运力调度组织方法和技术仍有待提升；③我国多数货运和物流企业车辆保有量少，往往不具备规模化经营的条件，而合作开展物流业务时涉及收益分配、风险分配、责任划分等问题，难度大；此外，既有载运工具的技术状况参差不齐，匹配性和互换性差，而购置新车辆时考虑的因素不一（且受到车辆制造工艺水平、车辆性价比等影响），车辆选型的一般工作流程和辅助性标准缺失；④我国自现代物流业得以重视并快速发展以来，物流信息技术的运用和物流信息系统的建设一直是热点和重点之一，但既有信息平台一般难以提供个性化的物流信息服务，个别企业商业秘密的安全性、虚假信息的有效分辨能力、信息交流机制和有关标准没有保障。

综上可见，虽然现阶段我国物流业规模增长很快，但整体运行质量不高，物流成本的压缩空间小、物流总成本一直维持在过高的水平。物流行业运行质量的提高须依靠有关企业运行质量的提升，而物流成本的节约须依靠有关企业提高效率、降低成本。从近年来我国物流总成本的构成看，物流成本中运输费用占50%以上，而道路运输费用又占到总运输费用的一半以上。可见，道路货运是我国压缩物流成本的重点领域。2009 年国务院印发的《物流业调整和振兴规划》中，明确提出要大力发展大吨位厢式货车和甩挂运输组织方式，根据经济发达国家的经验，甩挂运输是一种集约、高效的货运组织模式，是道路货运业组织化、规模化、网络化、标准化发展的体现，其在提高货物运输效率、降低物流成本、促进节能减排等方面的优势显著。推广和发展甩挂运输有助于提高道路货物运输效率、加快车货周转、节约牵引车购置费用，从而为全社会物流成本的降低提供了条件。可见，甩挂运输能够成为我国现代物流业可持续发展的关键支撑因素。

1.3.3 我国道路甩挂运输发展概况

1. 交通部对于甩挂运输的推动进程

交通部对于甩挂运输的推动可分为两个阶段。

第一阶段：随着公路集装箱运输的发展，道路甩挂运输的理念得以接受并被试点运用。1986 年 5 月，原交通部公路局在广州召开“公路直达集装箱运输业务座谈会”，重点研究讨论集装箱汽车甩挂运输问题，会议决定委托上海船厂集装箱分厂设计试制公路专用集装箱；6 月，原交通部公路局发布《关于开展公路直达集装箱甩挂运输试运线的通知》，确定在北京—沈阳、南京—扬州—南通、上海—杭州—南京、青岛—潍坊 4 条线路上组织甩挂试运。1987 年 10 月，作为原交通部在长江三角洲地区公路干线网上组织公路集装箱汽车甩挂运输试点企业的通沪杭集装箱汽车运输联合公司在南通举行开业典礼并正式投入运营。这对推动公路零担集装箱运输的发展起到了示范作用。1988 年 3 月，南京—苏州—南通集装箱汽车运输联合公司成立，这是我国开通的第二条集装箱汽车甩挂运输试点线。同年 4 月，山东潍坊—青岛集装箱汽车甩挂运输试点线开通营业。1988 年 4 月，公安部交通管理局发布《关于集装箱牵引车甩挂运输管理问题的通知》，同意在 4 条指定线路进行甩挂运输试点，实行牵引车与集装箱半挂车分离，各自核发牌照，并要求将牵引车和半挂车的车型、牌照号码、行驶区域送经地区交通管理机关备案。1990 年 2 月，原交通部运管司在沈阳召开“集装箱汽车甩挂运输座谈会”，专题研究了开展甩挂运输试点以来的工作经验和存在的问题。1996 年 7 月，国家经贸委、公安部、交通部联合发布了《关于开展集装箱牵引车甩挂运输的通知》。该通知的发布成为我国交通部推动甩挂运输发展第一阶段工作的一个标志。

第二阶段：自“十五”时期以来，从交通运输行业战略发展需要和企业发展需要出发，道路甩挂运输越来越被重视。交通部发布的多个政策文件不止一次地提及要大力发展甩挂运输：“十五”时期直接提及鼓励发展甩挂运输的文件有一个，即《2001—2010 年公路水路交通行业政策及产业发展序列目录》（交规划发［2001］268 号）；“十一五”时期直接提及鼓励发展甩挂运输的文件有多个，如《道路运输业“十一五”发展规划纲要》、《公路水路交通“十一五”科技发展规划》、《关于交通行业全面贯彻落实〈国务院关于加强节能工作的决定〉的指导意见》（交体发［2006］592 号）、《关于印发资源节约型环境友好型公路水路交通发展政策的通知》（交科教发［2009］80 号）。而交通运输企业和行业协会也在呼吁解决制约甩挂运输发展的体制障碍方面做了大量工作，如：2006 年 7 月 2 日，交通部公路司在长沙召开道路货物运输座谈会，深圳市集装箱拖车运输协会做了《关于发展甩挂运输的政策建议》的发言。2007 年 7 月，厦门市集装箱运输协会、大连市道路运输协会国际集装箱运输分会、福州市港口协会集装箱储运分会、深圳市集装箱拖车运输协会联合向交通部公路司发出呼吁函，呼吁交通部尽快在全国范围内统一调整集装箱牵引列车养路费征收方式。2007 年 8 月 21 日，由中国道路运输协会牵头，交通部公路司、交通部规划院与来自厦门、深圳、大连等地行业协会及山东、江苏、上海等地企业代表在北京举行了一场甩挂运输座谈会，呼吁交通部尽快协调解决制约甩挂运输发展的若干体制和政策方面的障碍。2009年12月31日，交通部、国家发展改革委、公安部、海关总署、保监会联合发布了《关于促进甩挂运输发展的通知》（交运发［2009］808），该通知的发布成为我国交通部推动甩挂运输发展第二阶段工作的重要标志。

我们之所以以两个“通知”的发布为阶段划分的主要依据，是因为这两个“通知”体现了我国推动甩挂运输发展力度的明显差异。从通知发布的行政部门看，第一个通知主要由国家经济贸易委员会协同公安部、交通部以“国经贸运［1996］493号”的形式发布的，第二个通知主要由交通部协同国家发展改革委、公安部、海关总署、保监会以“交运发［2009］808”的形式发布的，通知发布的牵头行政部门由非交通运输主管部门转为交通运输主管部门。从通知针对的业务范围看，第一个通知针对集装箱牵引车甩挂运输，第二个通知针对甩挂运输，通知针对的业务范围随时间的推移明显扩大。此外，第一个通知的可操作性远不如第二个通知的可操作性。

2010年，为贯彻落实国务院《关于进一步加强节油节电工作的通知》（国发［2008］23号）、《物流业调整和振兴规划》（国发［2009］8号）和《国务院关于进一步加大工作力度确保实现“十一五”节能减排目标的通知》（国发［2010］12号）精神，根据《关于促进甩挂运输发展的通知》（交运发［2009］808号），交通部决定开展甩挂运输试点工作，并制定了较为详细和颇具操作性的“甩挂运输试点工作实施方案”。该试点工作进程的主要目标体现在4个方面：一是培育一批具有示范效应的规模化、集约化、网络化运输企业，引领甩挂运输市场的规范运作和健康发展；二是建设一批能够满足甩挂运输作业要求、装备先进的货运场站，大力推广应用现代信息技术，积极发展适应甩挂运输要求的大吨位牵引车和厢式半挂车，为甩挂运输的高效运作创造条件；三是引导企业积极创新营运组织管理方式，探索形成适合不同区域、不同货类的若干种甩挂运输典型模式，为甩挂运输全面推广积累经验；四是根据甩挂运输发展的实际需要，在充分学习借鉴国际先进经验的基础上，紧密结合我国实际，抓紧建立健全政策法规和标准规范体系。结合我国现阶段甩挂运输发展实际，交通部选定了浙江、江苏、上海、山东、广东、福建、天津、内蒙古、河北、河南10个省（区、市）以及中外运长航集团、中国邮政集团等作为首批试点省份（单位）。而每个省（区、市）应推荐1~3家试点项目（单位）作为实施的主要市场载体。本次试点工作过程分为3个阶段：首先，2010年10~11月为工作准备阶段，主要是确定试点项目（单位），制订试点方案，编制场站设施技术改造的工程可行性研究报告；其次，2010年11月—2012年10月为组织实施阶段，按照批准的试点方案和场站改造工作报告，组织实施；最后，2012年10~12月为总结评估阶段，试点省（区、市）交通运输和发展改革部门及试点单位对试点工作成效及取得的经验进行总结。

2. 我国甩挂运输发展的现实背景

我国自20世纪70年代就已经有学者在倡导当时国外已广泛应用的甩挂运输方式。过去，由于交通车辆管理等方面的原因，挂车与牵引车必须同时匹配使用。近年来，各省市陆续对这一影响甩挂运输的法规进行了修订，从车辆管理上为甩挂运输的实施提供了条件。但时至今日，我国甩挂运输市场的发展依然较为缓慢。

现阶段影响我国发展甩挂运输的因素很多。这些因素有来自运输市场的，也有来自宏观政策的；这些因素所起的作用有积极的，也有消极的。

(1) 时至今日，我国甩挂运输的发展较为缓慢，除了政策、体制等方面的外在原因，行业发展水平、相关企业的经营规模也制约着甩挂运输的发展：①我国道路运输企业集约化、规模化经营格局还未形成，企业普遍较小的规模约束了甩挂运输的开展，半挂车运输市场实行甩挂运输的比例低；②对于最适宜采用甩挂运输的大中型公路货运企业而言，企业在经营管理方面的理念及管理手段的缺乏导致其无法发展甩挂运输；③由于甩挂运输更适宜于运量规模较大、网络化经营的货物运输，除了运输组织与管理因素之外，一些诸如信息传输、车辆跟踪与调度等技术手段也是影响甩挂运输效果的重要因素。

（2）不同时期我国采取的鼓励甩挂运输发展的各种政策措施表明，甩挂运输越来越受到行政主管部门的重视，甩挂运输发展的政策环境越来越好。迄今我国相关部门正式发布的引导和鼓励甩挂运输发展的文件有两个：1996年《国家经济贸易委员会　公安部　交通部关于开展集装箱牵引车甩挂运输的通知》；2009年交通部、国家发展改革委、公安部、海关总署、保监会发布的《关于促进甩挂运输发展的通知》。而若干个专项规划和规范文件也对鼓励发展甩挂运输有所涉及（如《中国节能技术政策大纲》、《道路运输业“十一五”发展规划纲要》、《关于印发资源节约型环境友好型公路水路交通发展政策的通知》）。此外，全国交通工作会议（2006年、2007年、2009年、2010年）的部长讲话中不止一次地提出要鼓励发展甩挂运输。

（3）成品油价税费改革为运输企业广泛采用甩挂运输组织方式提供了发展机遇。另外，成本支出方式的变化也为运输企业提出成本核算改革要求。运输企业采用甩挂运输组织可不必顾虑以前各种规费的征收造成的不必要支出，但成本支出方式的变化（费变为燃油税）必然促使运输企业科学筹划其运输资源的合理配置。一般认为，成品油价税费改革为运输车辆的重载化、运输车辆空驶率的强制性降低、运输车辆实载率的鼓励性提高等提供了条件。

（4）《机动车交通事故责任强制保险条例》规定，每台挂车都要缴纳交强险。按照《机动车交通事故责任强保险基础费率表》，集装箱牵引车按照“特种车4”收费，挂车按相同载重质量营运货车的一半收费。实行交强险后，牵引车和挂车的保险成本比此前显著增加了。另外，交强险的费率高、保额低，每万元保额需要支付的保费是“三责险”的多倍，集装箱牵引车、挂车都要投保却不累加赔付。我国对每一辆挂车都要求缴纳高额交强险，这增加了运输企业的负担。

1.3.4 中韩陆海联运发展概况

自1992年8月正式建交以来，中韩两国的经济贸易交流合作日益广泛和深化，中韩两国之间由分散的小规模贸易逐渐发展成集群式的大规模贸易。韩国企业对中国的投资从小到大，投资领域日益广泛；中国对韩国的进出口商品交易规模也日益扩大，中国是韩国第一大贸易伙伴和最大的投资对象国，韩国是中国的第四大贸易伙伴和第三大进口来源国。据统计，中韩双边贸易额由1992年的50亿美元增长到2009年的1562亿美元，增长了31倍。从进出口商品的种类看，中国向韩国出口的主要是纺织服装、电子零部件、冷冻水产品、玉米、钢材等；韩国向中国出口的主要是无线通信器材、石化产品、化工原料、电子产品、汽车零部件、运输机械等。中韩两国间贸易的迅速发展，很大程度受益于资源互补和便利的交通运输条件。中韩两国间的海洋运输既是两国经贸发展的受益者，也是两国经贸合作的推动和支持力量。

1. 发展历程

由于中韩陆海联运涉外性，最初的中韩陆海联运问题是以项目的形式被提出的。2004年9月，由原交通部水运司立项开展中韩整车物流项目；2005年11月，第13届中韩两国政府间海运会谈确定了分别以中国威海和韩国仁川口岸为试点，推进中韩整车物流项目的工作开展；2006年4月30日，在威海—仁川航线正式开展旅客自驾车旅行、活鱼车等特种车辆以及甩挂运输的试点工作；2007年8月28～30日，韩国建设交通部等与中国交通部等联合在威海召开“中韩陆海联运汽车运输合作工作组第一次会议”；2008年9月9～10日，在韩国济州举行工作组第三次会议；2010年1月20日，李盛霖部长致函韩国国土海洋部郑钟焕长官，建议双方尽早达成一致，中韩陆海联运合作尽快实施；2010 年 5 月 13 ~ 14 日，第三届中日韩运输及物流部长会议在中国成都召开。中韩两国交通运输主管部门代表草签了《中韩陆海联运汽车货物运输协定》及其《议定书》，商定加快履行这两个文件各自的国内法律程序，以便尽早正式签署；2010 年 9 月 7 日，中华人民共和国政府和大韩民国政府正式签订《陆海联运汽车货物运输协定》和《中华人民共和国政府和大韩民国政府陆海联运汽车货物运输协定》第一阶段议定书。《陆海联运汽车货物运输协定》指出，陆海联运汽车货物运输分阶段实施，第一阶段以甩挂运输的方式实施；第二阶段以汽车货物运输方式实施。而第一阶段议定书主要规定了行车许可证制和货物信息管理等细节问题。

2. 优势和前景

基于甩挂运输的中韩陆海联运具有明显的优势，其中包括：第一，滚装运输过程安全性得以显著提高。由于道路运输过程采用的是甩挂运输车辆，在水陆联运衔接过程中道路运输车辆的动力部分（牵引车）不再上船，避免了油箱等易燃易爆部件引发的危险，使船舶行驶过程消除了一种安全隐患。第二，进一步节约成本。相对于单一运输方式，水陆联运本身就可节约一些成本。在水陆联运过程中，如果采用整车上下船的模式，驾驶员需要随车上船，这就额外增加了与驾驶员相关的支出；若基于甩挂运输开展水陆联运，则车辆动力部分不再上船，仅是车身上船，这一方面节约了动力部分的舱位占用成本，另一方面也因不存在驾驶员上船问题而节约人员费用。第三，装卸搬运效率高。由于甩挂运输用的挂车可视为一种集装化容器，联运的衔接过程可实现集装化装卸，这就减少了货物的装卸次数、减少了港口装卸公司的装卸费用，从而也减少了货主和船公司的装卸成本。第四，集装化通关。由于只需挂车上船，可减少一些行政审批环节；等等。

《中韩陆海联运汽车货物运输协定》及其第一阶段《实施议定书》正式生效以来，中国交通部、山东省人民政府高度重视，在海关、边检、检验检疫、海事等部门的积极配合和支持下，通过山东省交通运输厅和相关各市共同努力，中韩陆海联运汽车货物运输项目实施山东试点工作取得了阶段性成果。2010 年 12 月 21 日，成功开通中韩陆海联运汽车货物运输威海通道、2011 年 8 月 31 日开通青岛通道、10 月 13 日开通日照通道。截至 2011 年 10 月 18 日，通过中韩陆海联运通道出入境挂车共有 214 辆次，完成鲜活水产品、精密设备等特种货物运输量 764 吨，实现贸易额 3600 万美元。

在东北亚经济竞争合作格局发展背景下，中韩陆海联运对推动中韩自贸区建设、加快山东半岛蓝色经济区建设步伐的战略意义重大。

（1）中韩陆海联运可有效填补传统运输组织方式的一些空白，具有很好的市场竞争优势。首先，与传统的国际集装箱运输方式相比，基于挂车的中韩陆海联运过程中的装卸环节减少、滞港时间缩短、运输效率提高；其次，传统运输方式不能或不易运送的货物品类，通过中韩陆海联运方式运输成为可能。据初步估计，适合中韩陆海联运方式运输的集装箱货物量约占集装箱总货物量的 10% 左右，按 2010 年威海中韩航线共完成集装箱吞吐量 30.49 万标准箱测算，仅威海就有 3 万标准箱适运货物；最后，运输方式的改进，可促进企业生产、包装等环节的连锁改进，有效降低生产经营成本。

（2）中韩陆海联运通道的开通，有利于进一步优化包括山东省在内的东部沿海地区对韩开放软环境，为深化拓展招商引资创造条件。随着中韩陆海联运实施工作逐步向纵深发展，将吸引全国各地的适运货物通过山东省港口口岸进出口，威海等城市将从传统意义上的运输末端城市通过陆海联运转变为对韩经贸运输的枢纽城市。此外，东北亚产业转移进程带动了电子设备、精密仪器、精细化工、造船、汽车零部件等技术密集型产业向我国东部沿海省市的转移。这对物流服务提出了更高要求，中韩陆海联运通道的开通可有效满足高层次的物流服务需求。

（3）中韩陆海联运的发展必将增强我国商品在韩国市场的竞争力，在客观上起到促进对韩出口的积极作用。运输时效的提升，提高了鲜活农副产品的竞争力。对韩出口货物中的鲜活农副产品在陆海联运通道开通后，通关便利、装卸环节减少，比传统集装箱可以减少运输时间48小时左右，活鱼等水产品通过陆海联运可以实现不间断加氧，成活率可提高9%以上，陆海联运可以使农副产品在相同条件下的新鲜度等竞争力大幅提高。

3. 问题和挑战

虽然中韩陆海联运具有良好的经济效益和社会效益前景，但由于涉及进出口、行政管理环节多，部门间协调工作量大；此外，中韩陆海联运对于运输组织技术的要求高。从目前的进展看，中韩陆海联运的第一阶段允许载货部分的互通使用，这要求双方甩挂运输业务量和运输组织能力的有效保障；当进入第二阶段，允许整车的互通使用时，可能会涉及更多的协调问题（包括诸如车辆排放标准等技术问题）。

目前，中韩陆海联运通道初步实现常态化运营，但通关效率和物流成本等没有达到预期效果，主要存在以下问题和挑战：

（1）口岸监管流程创新模式远未形成。中韩陆海联运汽车货物甩挂运输是以陆海联运方式实现的门到门运输，在国内尚属首例，相关部门和单位需要创新车载物流模式，以“快速通关、节约成本”为工作目标，开展监管工作。但因口岸监管部门现行的法律法规无相关规定条款，海关、边防、检验检疫等口岸联检部门也尚未明确新的通关流程，“快速通关”具有不确定性。若海关仍然按照传统集装箱进场站的通关模式进行监管，采用“车货分离”管理模式，即挂车和货物需要分别报关报检，则流程将比集装箱还要复杂，通关效率更低。

（2）针对性收费标准没有明确。经营性收费标准没有针对中韩陆海联运这一模式确定收费标准，货代企业仍然按照传统集装箱运输模式进行报价。这体现不出物流成本的降低优势，发货人改变集装箱运输模式改走中韩陆海联运通道又必须先行投资购置挂车，增加额外的运输投入。而性价比较高的精密设备等特殊货物需要减震挂车实现“门到门”运输，也因为没有明确收费标准，相关企业持观望态度。

（3）企业经营前期投资大。开展陆海联运业务的企业前期投入大，与传统的一个牵引车配一个挂车的运输模式相比，甩挂运输模式需要一台牵引车配多个挂车，须增购适配挂车；在运输技术上，两国陆运挂车的气压刹车系统型号不匹配，需要对气压刹车系统进行改造；为了适合陆海联运减震、重型机械、鲜活等特种货物的运输，需要购置减震挂车、超低挂车、超长挂车等特种设备。过大的设备投资，导致有关企业担心投资风险而持观望态度。

（4）推介力度不大。中韩陆海联运汽车货物运输是运输和物流发展的必然结果。但由于经济性、时效性存在不确定因素，在业内外以及经贸、招商等方面缺少推介，宣传力度不够，社会各界知晓少。在招商引资等方面还需要相关职能部门进一步加大宣传推介力度。

4.《中华人民共和国政府和大韩民国政府陆海联运汽车货物运输协定》主要内容简介

中华人民共和国政府和大韩民国政府（以下简称“双方”）认识到陆海联运汽车货物运输是满足两国之间日益增长的贸易需求的重要运输方式；为提高物流效率和运输便利化，促进两国之间的经济贸易发展，本着对等和互利的原则，达成该协议。

• 定义。就本协定而言：一、“陆海联运汽车货物运输”是指两国的货运车辆搭乘船舶，按照双方商定的口岸、区域或运输线路，从事的运输活动；二、陆海联运汽车货物运输包括甩挂运输和汽车运输等方式。

• 分阶段实施。一、陆海联运汽车货物运输分阶段实施。第一阶段以甩挂运输的方式实施；第二阶段以汽车货物运输方式实施。二、上述各阶段的具体实施方案在本协定的议定书中确定。三、第一阶段在本协定及其议定书生效后开始实施；基于第一阶段的实施结果，双方应努力促成实现第二阶段的运输方式。

• 运行许可。一、双方相互允许对方符合本协定及其议定书规定的运输车辆根据本协定从事运输活动。二、本协定适用的口岸、区域或运输线路、行车许可证的数量等，由双方在本协定的议定书中确定。

• 实行方式。陆海联运汽车货物运输实行“中韩陆海联运汽车货物运输行车许可证”制度，其具体内容由双方在本协定的议定书中确定。

• 国籍识别标志及安全标准等。一、两国的运输车辆应使用各自的国际汽车运输国籍识别标志，分别为：中华人民共和国：CHN；大韩民国：ROK。二、双方应相互承认对方车辆管理机关颁发的汽车登记号牌。三、一国的运输车辆进入另一国时，其车辆安全标准、技术标准、使用燃料和尾气排放等环境标准应符合另一国的规定。四、两国的运输车辆应悬挂本国车辆号牌，随车携带本国车辆登记证件、安全检验标志或文本。其中车辆登记证件应当附有另一国语言的翻译文本。

• 信息交换。双方应交换有关各自许可的运输车辆及相关事宜的信息。

• 运输限制。一、一国的运输企业及其运输车辆不得从事起点、终点均在当事另一国境内的运输；二、一国的运输企业及其运输车辆未经另一方相关管理部门允许，不得从事过境另一国领土往、返第三国的运输。

• 办理保险。一国的运输企业对其进入另一国的运输车辆，本着对等原则办理保险。如另一国的法律规定办理强制性保险，应遵守其法律法规规定。

• 税款担保。一国的运输企业必须向另一国海关提供符合该另一国法律规定的税款担保。

• 遵守法律及规定。一、一国的运输车辆进入另一国时，应遵守本协定及其议定书规定。本协定及其议定书未尽事宜，双方共同参加的国际条约有规定的，按照国际条约执行；双方共同参加的国际条约没有规定的，应按照另一国的国家法律及规定执行。二、一国的运输车辆及所载货物进入另一国时，应按照另一国的法律及规定办理有关手续并接受另一方相关管理机关的监督及管理。

- 海运协定。陆海联运汽车货物运输活动中涉及的海运问题适用于 1993 年 5 月 27 日签署的《中华人民共和国政府和大韩民国政府海运协定》。

- 相关设施建设。一、双方应改善其领土内的港口、口岸、区域相关的基础设施，努力促进陆海联运汽车货物运输的发展。二、双方应努力推动信息化建设事业，以促进陆海联运汽车货物运输的发展。

- 主管机关、管理机构。一、双方执行本协定及其相关议定书的主管机关为：中华人民共和国：中华人民共和国交通部；大韩民国：大韩民国国土海洋部。二、双方的主管机关应各自设立或指定管理机构，对依据本协定及其议定书进行的陆海联运汽车货物运输实施管理。

- 合作委员会。一、双方的主管机关应在本协定生效后联合成立陆海联运汽车货物运输合作委员会。二、合作委员会应定期或在必要时，应一方的要求，轮流在两国举行会议，评估本协定及其议定书的执行情况并协商解决在执行中出现的问题。

5. 中华人民共和国政府和大韩民国政府关于实施《中华人民共和国政府和大韩民国政府陆海联运汽车货物运输协定》第一阶段议定书主要内容简介

- 定义。就本议定书而言，相关术语定义如下：一、“被牵引挂车”（以下简称“挂车”），是指符合两国技术标准和道路通行要求的无动力载货车；二、“中韩陆海联运汽车货物运输行车许可证”（以下简称“行车许可证”）是指允许另一国的挂车在一国领土内的道路上行驶的通行证明；三、“合作委员会”是指根据协定第十四条成立的陆海联运汽车货物运输合作委员会。

- 行车许可证。根据协定第四条，一国的挂车在另一国境内的道路上行驶时，应当具有另一方发放的行车许可证。行车许可证的发放、使用和管理办法如下：一、双方主管机关每年 11 月底以前商定下一年度行车许可证的数量。行车许可证数量不足时，双方主管机关可通过协商追加。二、从事陆海联运汽车货物运输的挂车应在显著位置显示挂车登记号牌和国籍识别标志。三、一国挂车经营者应向另一方管理机构申请行车许可证。四、一方管理机构向经检查合格的另一国的挂车发放行车许可证，一车一证，往返一次有效。五、行车许可证有效期不超过 3 个月，必要时如需延期，经发证管理机构批准后，可延长 3 个月，此种延期仅限一次。六、相关挂车返回时，应向发证的管理机构归还发放的行车许可证。七、行车许可证的格式、内容、申请程序及具体操作流程等，由合作委员会协商确定。

• 安全标准及技术标准。一、一国的挂车进入另一国时应符合另一国的车辆技术标准、安全标准和道路运输规定。二、一方可对抵达本国港口的另一国的挂车是否符合本国技术标准、安全标准、道路运输规定进行检查。对不符合其标准和规定的挂车，双方可拒绝发放行车许可证。

• 信息交换。一、为在每年 11 月底以前交换如下信息，双方主管机关应尽最大努力提供协助：（一）双方主管机关的名称、地址、负责人、联系人及其联系方式；（二）挂车的技术标准、安全标准；（三）双方认为必要的其他信息。二、双方主管机关应及时通报上述信息的变更情况。

• 货运信息管理。双方主管机关应努力通过以下方式共享信息：一、开发使用统一的信息系统，共享数据库；二、实行统一格式的电子单证；三、利用无线射频标签等技术，建立统一的挂车自动识别、货物跟踪系统。

1.3.5 我国甩挂运输行业发展环境分析

1. 来自行业发展惯性的阻力

首先，作为甩挂运输发展主要承载体的道路货运业，由于长期的粗放式发展而积累了较多的深层次问题。如道路货运业经营主体呈现“小、散、弱”的特点，缺乏能够引领行业规模化、网络化经营的骨干龙头货运企业。这导致了道路货运企业整体能力与甩挂运输的规模效应之间的矛盾；道路货运企业的经营组织与运营管理模式落后，个体运输、承包和挂靠经营占主导地位。货运车辆技术状况不佳，货运场站设施设备简陋，相比铁路、水运、航空等其他货运方式，道路货运的技术水平差距较大，装备更新进程慢。这些都不利于甩挂运输模式的开展。

其次，作为甩挂运输组织模式的装备依托，道路货运车辆的技术状况改善空间很大。国产道路货运车辆的制造标准和要求与国外货车有明显差异。这导致了国产车辆在使用寿命、能耗、安全性等方面与进口车辆的差距问题。但由于价格的差距更加明显，国产道路货运车辆的应用范围广泛；对于轻量化的材料、结构布局等技术，虽然可在节能减排方面产生一定的效益，但由于轻量化技术成本较高，而超载运输的效益往往多于轻量化所能够带来的效益，这种市场环境并不利于轻量化技术的推广应用；对于包括超宽胎、侧帘车、导流装置、边裙等其他实用技术的推广使用步伐缓慢。

最后，管理体制和机制问题一直是我国甩挂运输发展的主要阻力之一。如基于行政区划管理机制的地方保护主义引起了一些“孤岛”现象，使道路货运生产过程难以形成合作和协同效应；综合运输体系不完善引起的运输方式分工问题，导致难以发挥不同运输方式的技术经济优势；燃油价格的涨落不能与相关环节同步，运输价位不能及时调整，或者导致货运企业的额外成本支出负担，或者导致货运需求市场的排斥性萎缩；交强险制度、车辆报废制度和集装箱海关监管制度的调整期限长，也可能导致货运企业的成本负担；相关甩挂运输鼓励政策的落实在时间上有延迟；等等。

2. 理论指导力度的欠缺

(1) 国外研究现状及发展动态分析。甩挂运输的关键优势体现在两方面：一是基于大吨位半挂车的更强的道路货运能力与更高的生产效率；二

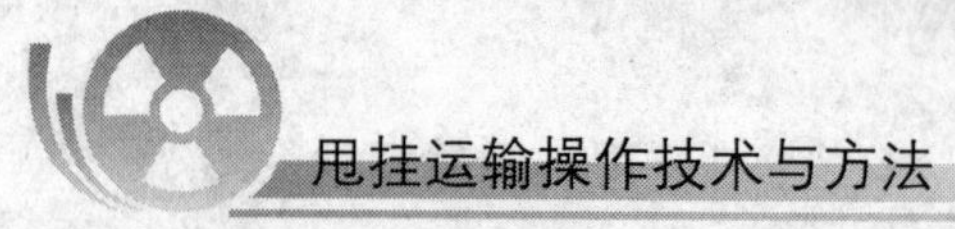

是基于装卸甩挂作业的更高效的集装化调配中转与更便捷的多式联运组织。甩挂运输在经济发达国家和新兴工业化国家已得到长足发展。这些国家围绕发展汽车列车与甩挂作业，在运输组织、车型标准化等方面取得了若干学术研究与技术进步成果，这有力地促进了道路货运生产力的高效发展。

国外在针对汽车列车行车组织相关问题的学术研究中，部分研究成果集中于卡车—全挂车组合、被描述为 TTRP（Truck and Trailer Routing Problem）问题，作为 VRP 的一种变形，TTRP 的建模和求解难度更大。TTRP 针对由卡车牵引全挂车组成的汽车列车（企业的卡车与挂车的配置比例在 2：1 及以上）进行货物集散服务时、有些集散点只能由卡车予以服务的情形，其建模目标是寻求成本最小化的车辆运行组织方案，主要采用启发式方法针对特定的算例进行求解。此外，甩挂运输车辆（Trailer）作为一种集装化容器被运用于多式联运过程中，所以与多式联运相关的研究成果中也有一些提及甩挂运输车辆组织问题的文献。但是，由于国外的多式联运研究工作相互间的联系程度低，是一个较新的领域，所以其中被提及的甩挂运输车辆组织问题研究很零散，既有研究涉及的内容有：在多式联运的末端，在时间和服务约束下建立整数规划模型求解牵引车和半挂车成本最小化的使用方案；在多式联运场站，以成本最小化为目标求解挂车的配备问题；在多式联运的干线运输中挂车与铁路车辆的匹配问题。从学术研究的趋向看，国外发展成熟的甩挂运输实践为学术研究提供了充足的素材，学者们借助各种现代运筹优化方法构建尽可能贴近实践且具备一定普遍性的模型研究汽车列车的运行组织问题。值得注意的是，国外有关学者已提出了与道路货运车辆运行组织相关的若干类型问题，特别是卡车—全挂车运行路线问题、牵引车驾驶员调度问题，但针对“牵引车 +1 台半挂车”（企业的牵引车与半挂车的配置比例在 1：2 以下）运行组织问题的研究成果很少。

（2）国内研究现状及发展动态分析。目前，发展甩挂运输已上升为我国国家层面节能减排的重点战略任务。我国甩挂运输相关问题无论在科学研究领域还是在实践过程都有所收获，也有很大的探索与发展空间（见图1－5）。

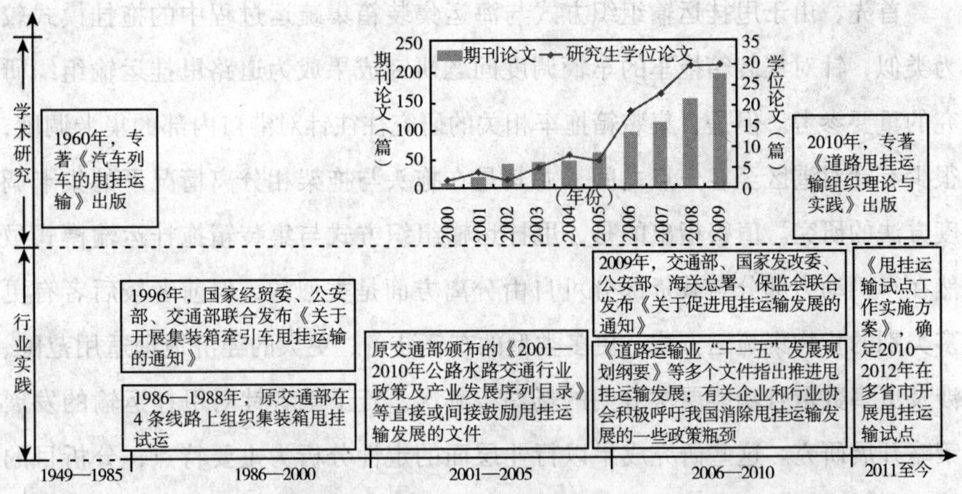

图1－5 我国甩挂运输相关的学术研究和实践概况示意

注：①学术研究概况主要由学术期刊论文与专著体现：在全文中提及"甩挂运输"一词的期刊论文数量由2000年的不足10篇增加到2009年的200余篇；在全文中提及"甩挂运输"一词的研究生学位论文数量由2000年的2篇增加到2009年的30篇。截至2010年年底，针对甩挂运输的专著包括2部，均由人民交通出版社出版。

②行业实践概况主要由试点情况与鼓励性政策文件体现：试点过程有二，一是2000年年前以集装箱牵引车为主的甩挂试点，二是2009年以来面向道路货运行业的甩挂运输试点。鼓励性政策文件主要体现于针对甩挂运输发展的两个"通知"。

国内学术界在VRP研究方面取得若干优秀的成果，但能够将VRP向TTRP相关方面拓展的研究工作尚少。国内与甩挂运输相关的研究成果主要表现在以下方面：

第一，针对汽车列车等甩挂运输所涉及车辆装备的研究或分析。特别是针对汽车列车动力学、汽车列车运行安全性和稳定性等的建模和仿真相关的研究工作较多，也有一些针对甩挂运输车辆制造与销售等的分析成果。

第二，针对甩挂运输组织管理的分析。这方面的研究成果可进一步分为以下几类：

首先，由于甩挂运输组织方式与海运集装箱集疏运过程中的拖挂模式较为类似，针对集装箱拖车的车辆调度问题研究成果成为道路甩挂运输组织研究的重要参考。但是，集装箱拖车相关的研究往往针对港口内部的集卡调度，很少有针对港区至客户点之间，尤其是在拖头与拖架相分离情况下的集卡调度方法的研究。值得指出的是，甩挂运输组织方式与集装箱拖挂运输模式虽然在车辆动力部分与载货部分可自由分离方面是类似的，但前者较后者有更多类别的货物集疏运方式、更多类型的车辆装备、更大的经济地理适用范围、涉及更多数量且功能层次分明的场站。其次，若干学者针对甩挂运输的发展策略开展研究。这些研究成果以行业层面的定性分析为主要特点，分析目的偏重于我国道路货运行业发展甩挂运输的措施手段。

从学术研究的趋向看，虽然我国学者在 VRP 研究方面取得若干国际领先水平的成果，但由于甩挂运输在我国缺乏行业实践基础（长期以来我国不允许汽车的甩挂作业），国内学术界尚缺乏将甩挂运输车辆组织问题独立出来开展深入研究的力度。

（3）我国甩挂运输理论研究的迫切性。从目前我国在甩挂运输相关领域的理论研究积累情况看，多数汽车运用工程方面的教材或著作中有提及汽车列车的部分，但一般侧重于汽车技术；个别交通运输组织方面的教材或著作中有提及甩挂运输组织的零散内容，但侧重于基础概念和知识。针对汽车列车动力学、汽车列车运行安全性和稳定性等建模和仿真的研究工作较多；针对甩挂运输发展策略开展的研究工作较多，但偏定性和宏观。

总的来看，一方面，国外针对甩挂运输的学术研究难以为我国所用。国外的研究集中于卡车加挂全挂车的组织管理问题，而我国不采用该种汽车列车形式；国外的研究集中于挂车放在铁路的专用平车上开展多式联运的组织管理问题，我国暂不具备这样的实践条件。另一方面，由于国内外甩挂运输实践进程不一，学术界难以寻找合适的研究依托；而甩挂运输涉及面广、可研究问题多，难以形成公认的研究框架；更重要的是，在我国交通运输、物流管理的大背景下，甩挂运输是一个点，难以引起足够的重视和关注。

1.4 甩挂运输的经济效益和社会效益

1.4.1 节能减排与车辆的燃料消耗

道路运输行业节能减排工作关键在于对车辆燃油消耗进行管理。汽车的燃油消耗常用一定运行工况下汽车行驶百千米燃油消耗量或一定燃油量能使汽车行驶的里程来衡量。燃油经济性好，可以降低企业的燃油消耗成本，同时也可减少汽车发动机产生的碳排放量。燃油消耗的影响因素有很多，并且很多影响因素之间存在关联性。如车辆的技术水平是影响节能减排的重要因素，主要包括发动机及车身结构等方面。道路的几何条件和特性对汽车能耗有明显影响，对于纵坡大、路面平整度差的道路，以相同的汽车完成同样的运量要比坡度小、平整度好的道路消耗更多燃料。

耗油量是指汽车满载时单位行驶里程所需燃油体积。我国和欧洲都用行驶百千米消耗的燃油数（升）来表示，即升/百千米（L/100km）；油行程是指汽车满载时，单位体积燃油所能行驶的里程，美国就是用每加仑燃油能行驶的里程数来表示，即英里/加仑（mile/gal，mpg）。前一种表示法，数值越小，燃油经济性越好；后一种表示法，数值越大，燃油经济性越好（换算关系：1 加仑 =4. 546 升，1 英里 =1. 609 千米）。实际上，燃油经济性（英里/

加仑或千米/升）、燃油消耗量（升/百千米）和 CO_2 排放率（克/千米或克/英里）之间存在确定的转换关系。

根据交通部发布的“道路运输车辆燃料消耗量达标车型”中上百个甩挂运输牵引车“满载等速燃料消耗量时车速（千米/小时）与对应的油耗（升/百千米）”（见图1-6），可简单地认为在一定的有限区间内，甩挂运输车辆油耗与速度成正比，不妨将其表示为：

$$C = aV + b$$

式中：C——油耗；

V——速度；

a、b——常数。

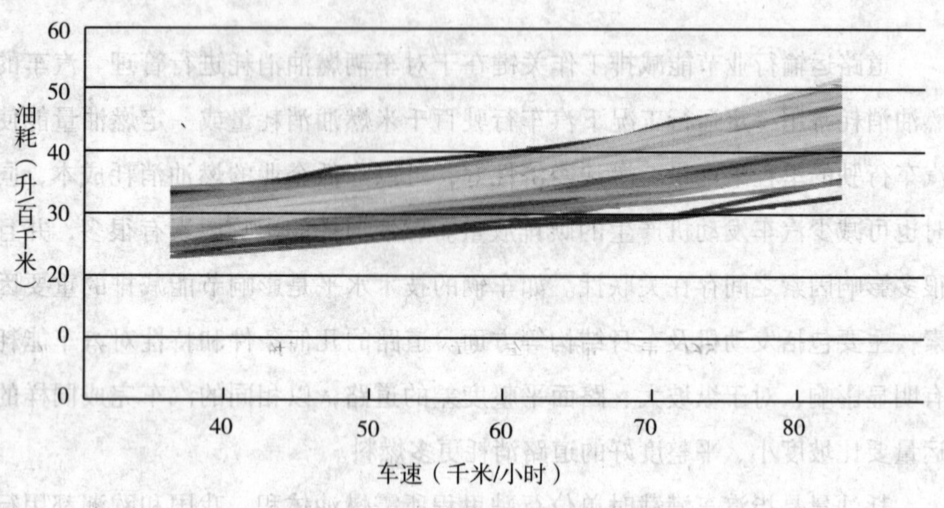

图1-6　满载时车速与对应的油耗

1.4.2　甩挂运输车辆运行利润测算

为简化测算过程并保持其合理性，我们提出以下用于描述甩挂运输车辆每日利润的公式：

$$W = I \cdot V \cdot T \cdot M - \frac{P}{30} \cdot n - C(V) \cdot V \cdot T \cdot E \cdot 100 - A(V) \quad (1-1)$$

式中：W——每一甩挂运输车辆每日创造的利润，元；

I——货物运价，元/吨千米；

V——车辆行驶速度，千米/小时；

T——牵引车路上行驶时间，小时；

M——货物的重量，吨；

P——驾驶员的月工资，元；

n——每一甩挂运输车辆配备的驾驶员人数，人；

C——百千米燃油消耗，升/百千米，暂表示为 $C = aV + b$；

E——油价，元/升，假定0号柴油7.79元/升；

A——其他费用，表示为 $A = cV + a$。包括如下部分：车辆折旧费：残值率5%，按直线法提取折旧。牵引车寿命取10年，半挂车寿命取25年。30万×（1－0.05）÷10＋10万×（1－0.05）÷25＝2.85万＋0.38万＝3.23万，每天3.23万÷365＝88.5（元）；车辆保险费：每年12000元，每天33元；车辆修理费：按每千米0.13元计算；轮胎费：按每条轮胎1560元，每辆车每条轮胎按每年更换一次计算。车辆有10条轮胎，则每年轮胎费15600元，每天15600÷365＝43（元）；车船税：60元/（吨·年），挂车按机动载货汽车税额的七折计算征收车船使用税。例如，8.8吨的牵引车牵引10吨的挂车，以北京为例，每吨税额为60元，则每辆车应纳税8.8吨×60＋10吨×60×0.7＝948（元）。每天948÷365＝2.6（元）；燃油税：征收燃油税30%，0号柴油7.79元/升×0.3＝2.337元/升；

注：暂不考虑场站等的固定成本消耗。

整理式（1－1），则：

$$W = -aTE \cdot V^2 + (IMT - aET + c) \cdot V + e$$

其中，e为与V无关的常量。

当V变化时，W可取得最大值，此时的V即为甩挂运输车辆行驶的经济车速V^*：

$$V^* = \frac{IMT - bET - c}{2aTE}$$

1. 利润及其影响因素

设定牵引车由场站发生的相关作业时间为1.5小时，以交通部发布的“道路运输车辆燃料消耗量达标车型”中某牵引车（湖北三环专用汽车有限公司STQ4201CL3Y7D3车型）为例，载货质量取18吨，可测算运价、车速、驾驶员工资、利润等参量之间的关系。甩挂运输线路所途经的场站个数、行驶时间、牵引车驾驶员配备数量三个量之间有密切的关系。设定单个驾驶员每天最多可实现的运距为360千米，两个驾驶员每天最多可实现的运距为800千米，每名驾驶员每天可工作时间为10小时。则根据式（1－1）中各个参量的取值，可得如下初步性结论：

（1）若以甩挂运输线路所途经的场站个数、行驶时间和牵引车驾驶员配备数量为可变因素，考察每一甩挂运输车辆每日创造利润的变化情况。则由计算结果发现，随着车速的增加，利润在减少，因此应寻求车速与利润的平衡点，在对运输期限要求满足的情况下尽量降低车速。

（2）若以运价为变量，考察每一甩挂运输车辆每日创造利润的变化情况。则由计算结果发现，当运价由0.5元/吨千米增加到2元/吨千米时，每一甩挂运输车辆每日创造的利润由－4000余元变为3000余元。所以，应推荐甩挂运输组织模式承载附加值较高的货物的运输活动，尽量避免运输大宗散货。

（3）若以驾驶员工资为变量，考察每一甩挂运输车辆每日创造利润的变化情况。则由计算结果发现，如果提高驾驶员的工资，则对甩挂运输车辆每日创造利润的影响不明显，所以，可以适当提高甩挂运输驾驶员工资，保证和激励其工作积极性。

2. 碳减排效果

若根据运距与百千米油耗计算出燃油消耗量，进而计算出碳排放量，则可得到碳排放量与甩挂运输车辆每日创造利润之间的关系。

碳排放的计算采用如下公式：

$$CE^t = \sum_i CE_i^t = \sum_i E_i^t \times EF_i \times (1 - CS_i^t) \cdot O_i \cdot M$$

式中：CE^t——不同时期 CO_2 排放量；

CE_i^t——不同时期不同能源类型的 CO_2 排放量，吨；

E_i^t——不同时期不同能源类型的消耗量，太焦（TJ，$T = 10^{12}$）；

EF_i——不同能源类型的碳排放因子；

CS_i^t——不同时期不同能源中未被氧化而作为原料进入产品中所占的比重；

O_i——不同能源类型碳的氧化分数；

M——CO_2 与 C 的分子量比值（44/12）。

由甩挂运输碳排放测算结果（见表 1-4），甩挂运输车辆每日创造的利润随碳排放量的变化先呈现为一种抛物线形式，后呈现为一种斜率为负的直线形式。所以，甩挂运输车辆每日创造的利润随碳排放量的增加呈现为先增长、至最高值后沿二次曲线下降、下降到一定值时又直线下降的过程。由此可见，甩挂运输在一定碳排放量时可以获得最大利润，碳排放量过大时，利润会显著减少。

表 1－4　　　　　　甩挂运输碳排放测算

运费 *I*（元/吨千米）	车速 *V*（千米/小时）	场站个数	行驶时间 *T*（小时）	驾驶员工资（元/月）	每车的驾驶员人数	百千米油耗（升/百千米）	收益（元/天）	运距（千米）	油耗（升）	碳排放（吨）
2	30	2	7	3000	1	20.05	3001.627	210	42.105	0.109633
2	31	2	7	3000	1	20.353	3043.998	217	44.16601	0.114999
2	32	2	7	3000	1	20.656	3082.074	224	46.26944	0.120476
2	33	2	7	3000	1	20.959	3115.854	231	48.41529	0.126064
2	34	2	7	3000	1	21.262	3145.337	238	50.60356	0.131761
2	35	2	7	3000	1	21.565	3170.526	245	52.83425	0.13757
2	36	2	7	3000	1	21.868	3191.418	252	55.10736	0.143488
2	37	2	7	3000	1	22.171	3208.014	259	57.42289	0.149517
2	38	2	7	3000	1	22.474	3220.314	266	59.78084	0.155657
2	39	2	7	3000	1	22.777	3228.319	273	62.18121	0.161907
2	40	2	7	3000	1	23.08	3232.028	280	64.624	0.168268
2	41	2	7	3000	1	23.383	3231.44	287	67.10921	0.174739
2	42	2	7	3000	1	23.686	3226.557	294	69.63684	0.18132
2	43	2	7	3000	1	23.989	3217.378	301	72.20689	0.188012
2	44	2	7	3000	1	24.292	3203.903	308	74.81936	0.194814
2	45	2	7	3000	1	24.595	3186.133	315	77.47425	0.201727
2	46	2	7	3000	1	24.898	3164.066	322	80.17156	0.20875
2	47	2	7	3000	1	25.201	3137.704	329	82.91129	0.215884
2	48	2	7	3000	1	25.504	3107.045	336	85.69344	0.223128
2	49	2	7	3000	1	25.807	3072.091	343	88.51801	0.230483
2	50	2	7	3000	1	26.11	3032.841	350	91.385	0.237948
2	51	2	7	3000	1	26.413	2989.295	357	94.29441	0.245523
2	52	2	6.923077	3000	1	26.716	2906.194	360	96.1776	0.250427
2	53	2	6.792453	3000	1	27.019	2795.729	360	97.2684	0.253267

续 表

运费 I（元/吨千米）	车速 V（千米/小时）	场站个数	行驶时间 T（小时）	驾驶员工资（元/月）	每车的驾驶员人数	百千米油耗（升/百千米）	收益（元/天）	运距（千米）	油耗（升）	碳排放（吨）
2	54	2	6. 666667	3000	1	27. 322	2685. 264	360	98. 3592	0. 256107
2	55	2	6. 545455	3000	1	27. 625	2574. 799	360	99. 45	0. 258947
2	56	2	6. 428571	3000	1	27. 928	2464. 333	360	100. 5408	0. 261788
2	57	2	6. 315789	3000	1	28. 231	2353. 868	360	101. 6316	0. 264628
2	58	2	6. 206897	3000	1	28. 534	2243. 403	360	102. 7224	0. 267468
2	59	2	6. 101695	3000	1	28. 837	2132. 937	360	103. 8132	0. 270308
2	60	2	6	3000	1	29. 14	2022. 472	360	104. 904	0. 273149
2	61	2	5. 901639	3000	1	29. 443	1912. 007	360	105. 9948	0. 275989
2	62	2	5. 806452	3000	1	29. 746	1801. 541	360	107. 0856	0. 278829
2	63	2	5. 714286	3000	1	30. 049	1691. 076	360	108. 1764	0. 281669
2	64	2	5. 625	3000	1	30. 352	1580. 611	360	109. 2672	0. 284509
2	65	2	5. 538462	3000	1	30. 655	1470. 145	360	110. 358	0. 28735
2	66	2	5. 454545	3000	1	30. 958	1359. 68	360	111. 4488	0. 29019
2	67	2	5. 373134	3000	1	31. 261	1249. 215	360	112. 5396	0. 29303
2	68	2	5. 294118	3000	1	31. 564	1138. 749	360	113. 6304	0. 29587
2	69	2	5. 217391	3000	1	31. 867	1028. 284	360	114. 7212	0. 298711
2	70	2	5. 142857	3000	1	32. 17	917. 8188	360	115. 812	0. 301551
2	30	2	17	3000	2	20. 05	7571. 236	510	102. 255	0. 266251
2	31	2	17	3000	2	20. 353	7674. 138	527	107. 26031	0. 279284
2	32	2	17	3000	2	20. 656	7766. 608	544	112. 36864	0. 292585
2	33	2	17	3000	2	20. 959	7848. 644	561	117. 57999	0. 306154
2	34	2	17	3000	2	21. 262	7920. 248	578	122. 89436	0. 319992
2	35	2	17	3000	2	21. 565	7981. 419	595	128. 31175	0. 334098
2	36	2	17	3000	2	21. 868	8032. 157	612	133. 83216	0. 348472
2	37	2	17	3000	2	22. 171	8072. 462	629	139. 45559	0. 363114

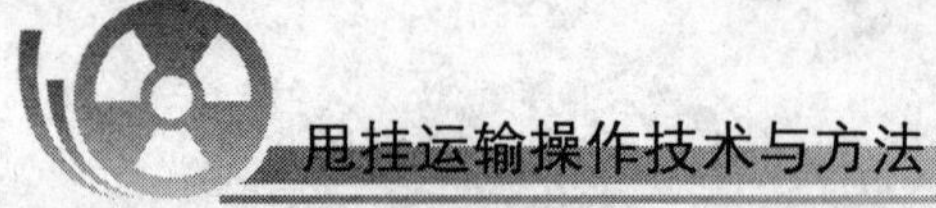

续 表

运费 *I*（元/吨千米）	车速 *V*（千米/小时）	场站个数	行驶时间 *T*（小时）	驾驶员工资（元/月）	每车的驾驶员人数	百千米油耗（升/百千米）	收益（元/天）	运距（千米）	油耗（升）	碳排放（吨）
2	38	2	17	3000	2	22.474	8102.335	646	145.18204	0.378024
2	39	2	17	3000	2	22.777	8121.774	663	151.01151	0.393203
2	40	2	17	3000	2	23.08	8130.781	680	156.944	0.40865
2	41	2	17	3000	2	23.383	8129.355	697	162.97951	0.424365
2	42	2	17	3000	2	23.686	8117.496	714	169.11804	0.440349
2	43	2	17	3000	2	23.989	8095.204	731	175.35959	0.456601
2	44	2	17	3000	2	24.292	8062.48	748	181.70416	0.47312
2	45	2	17	3000	2	24.595	8019.322	765	188.15175	0.489909
2	46	2	17	3000	2	24.898	7965.732	782	194.70236	0.506965
2	47	2	17	3000	2	25.201	7901.709	799	201.35599	0.52429
2	48	2	16.66667	3000	2	25.504	7666.579	800	204.032	0.531258
2	49	2	16.32653	3000	2	25.807	7421.101	800	206.456	0.537569
2	50	2	16	3000	2	26.11	7175.622	800	208.88	0.543881
2	51	2	15.68627	3000	2	26.413	6930.144	800	211.304	0.550192
2	52	2	15.38462	3000	2	26.716	6684.665	800	213.728	0.556504
2	53	2	15.09434	3000	2	27.019	6439.187	800	216.152	0.562816
2	54	2	14.81481	3000	2	27.322	6193.708	800	218.576	0.569127
2	55	2	14.54545	3000	2	27.625	5948.23	800	221	0.575439
2	56	2	14.28571	3000	2	27.928	5702.752	800	223.424	0.58175
2	57	2	14.03509	3000	2	28.231	5457.273	800	225.848	0.588062
2	58	2	13.7931	3000	2	28.534	5211.795	800	228.272	0.594374
2	59	2	13.55932	3000	2	28.837	4966.316	800	230.696	0.600685
2	60	2	13.33333	3000	2	29.14	4720.838	800	233.12	0.606997
2	61	2	13.11475	3000	2	29.443	4475.359	800	235.544	0.613308
2	62	2	12.90323	3000	2	29.746	4229.881	800	237.968	0.61962

续 表

运费 *I*（元/吨千米）	车速 *V*（千米/小时）	场站个数	行驶时间 *T*（小时）	驾驶员工资（元/月）	每车的驾驶员人数	百千米油耗（升/百千米）	收益（元/天）	运距（千米）	油耗（升）	碳排放（吨）
2	63	2	12.69841	3000	2	30.049	3984.402	800	240.392	0.625932
2	64	2	12.5	3000	2	30.352	3738.924	800	242.816	0.632243
2	65	2	12.30769	3000	2	30.655	3493.445	800	245.24	0.638555
2	66	2	12.12121	3000	2	30.958	3247.967	800	247.664	0.644866
2	67	2	11.9403	3000	2	31.261	3002.488	800	250.088	0.651178
2	68	2	11.76471	3000	2	31.564	2757.01	800	252.512	0.65749
2	69	2	11.5942	3000	2	31.867	2511.531	800	254.936	0.663801
2	70	2	11.42857	3000	2	32.17	2266.053	800	257.36	0.670113
2	30	3	15.5	3000	2	20.05	6870.795	465	93.2325	0.242758
2	31	3	15.5	3000	2	20.353	6964.617	480.5	97.796165	0.254641
2	32	3	15.5	3000	2	20.656	7048.928	496	102.45376	0.266769
2	33	3	15.5	3000	2	20.959	7123.726	511.5	107.20529	0.279141
2	34	3	15.5	3000	2	21.262	7189.012	527	112.05074	0.291757
2	35	3	15.5	3000	2	21.565	7244.785	542.5	116.99013	0.304618
2	36	3	15.5	3000	2	21.868	7291.046	558	122.02344	0.317724
2	37	3	15.5	3000	2	22.171	7327.795	573.5	127.15069	0.331074
2	38	3	15.5	3000	2	22.474	7355.032	589	132.37186	0.344669
2	39	3	15.5	3000	2	22.777	7372.756	604.5	137.68697	0.358509
2	40	3	15.5	3000	2	23.08	7380.968	620	143.096	0.372593
2	41	3	15.5	3000	2	23.383	7379.668	635.5	148.59897	0.386921
2	42	3	15.5	3000	2	23.686	7368.855	651	154.19586	0.401495
2	43	3	15.5	3000	2	23.989	7348.53	666.5	159.88669	0.416312
2	44	3	15.5	3000	2	24.292	7318.693	682	165.67144	0.431375
2	45	3	15.5	3000	2	24.595	7279.344	697.5	171.55013	0.446681
2	46	3	15.5	3000	2	24.898	7230.482	713	177.52274	0.462233

续 表

运费 I（元/吨千米）	车速 V（千米/小时）	场站个数	行驶时间 T（小时）	驾驶员工资（元/月）	每车的驾驶员人数	百千米油耗（升/百千米）	收益（元/天）	运距（千米）	油耗（升）	碳排放（吨）
2	47	3	15.5	3000	2	25.201	7172.108	728.5	183.58929	0.478029
2	48	3	15.5	3000	2	25.504	7104.222	744	189.74976	0.49407
2	49	3	15.5	3000	2	25.807	7026.823	759.5	196.00417	0.510355
2	50	3	15.5	3000	2	26.11	6939.912	775	202.3525	0.526885
2	51	3	15.5	3000	2	26.413	6843.489	790.5	208.79477	0.543659
2	52	3	15.38462	3000	2	26.716	6684.665	800	213.728	0.556504
2	53	3	15.09434	3000	2	27.019	6439.187	800	216.152	0.562816
2	54	3	14.81481	3000	2	27.322	6193.708	800	218.576	0.569127
2	55	3	14.54545	3000	2	27.625	5948.23	800	221	0.575439
2	56	3	14.28571	3000	2	27.928	5702.752	800	223.424	0.58175
2	57	3	14.03509	3000	2	28.231	5457.273	800	225.848	0.588062
2	58	3	13.7931	3000	2	28.534	5211.795	800	228.272	0.594374
2	59	3	13.55932	3000	2	28.837	4966.316	800	230.696	0.600685
2	60	3	13.33333	3000	2	29.14	4720.838	800	233.12	0.606997
2	61	3	13.11475	3000	2	29.443	4475.359	800	235.544	0.613308
2	62	3	12.90323	3000	2	29.746	4229.881	800	237.968	0.61962
2	63	3	12.69841	3000	2	30.049	3984.402	800	240.392	0.625932
2	64	3	12.5	3000	2	30.352	3738.924	800	242.816	0.632243
2	65	3	12.30769	3000	2	30.655	3493.445	800	245.24	0.638555
2	66	3	12.12121	3000	2	30.958	3247.967	800	247.664	0.644866
2	67	3	11.9403	3000	2	31.261	3002.488	800	250.088	0.651178
2	68	3	11.76471	3000	2	31.564	2757.01	800	252.512	0.65749
2	69	3	11.5942	3000	2	31.867	2511.531	800	254.936	0.663801
2	70	3	11.42857	3000	2	32.17	2266.053	800	257.36	0.670113

3. 甩挂运输车辆与卡车的对比

我们用与上述计算过程所用甩挂运输车辆的规格最为相近的某种型号普通厢式运输车为计算对象，比较二者的经济效益和碳减排效果。结果见图1－7、图1－8、图1－9。

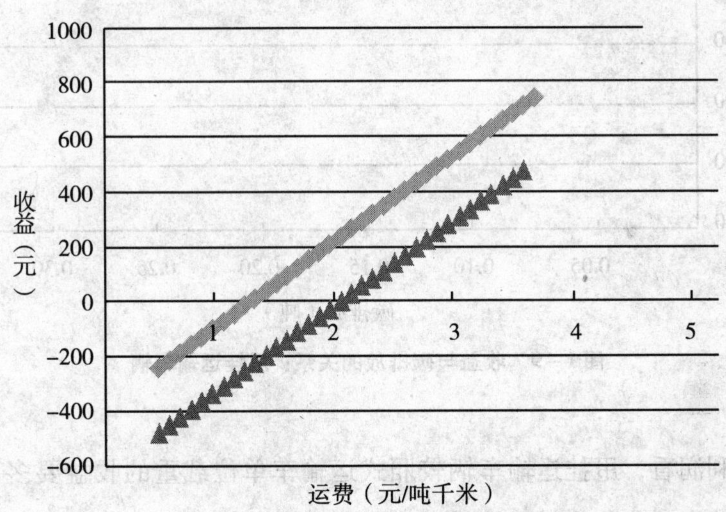

图1－7　两种车单位载重的收益对比

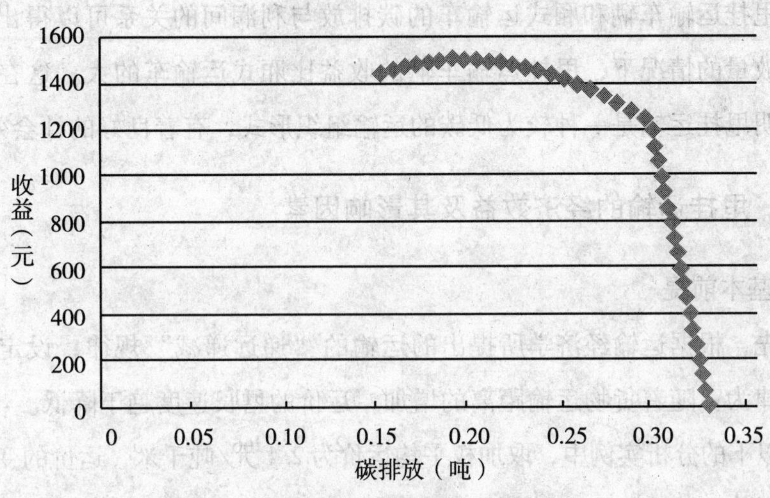

图1－8　收益与碳排放的关系：厢式运输车

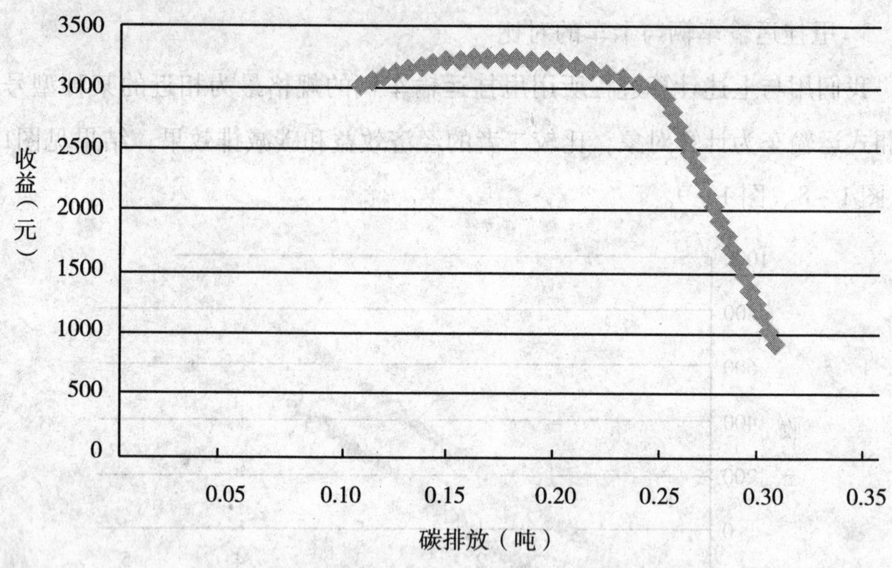

图1－9　收益与碳排放的关系：甩挂运输车辆

从其利润看，甩挂运输车辆较厢式运输车单位载重的收益要多。厢式运输车在运输大吨位货物时经济效益不如甩挂运输车辆，尤其当货物的附加值高时更明显。

由甩挂运输车辆和厢式运输车的碳排放与利润间的关系可以得出，在相等碳排放量的情况下，甩挂运输车辆的收益比厢式运输车的大。这在一定程度上表明甩挂运输是一种较为低碳的运输组织形式，有着良好的社会效益。

1.4.3　甩挂运输的经济效益及其影响因素

1. 基本前提

首先，根据运输经济学所提出的运输的“递远递减”规律，设定运价的变化规律为：随着货物运输距离的增加，运价的增长速度趋于降低。

在以下的分析实例中，取加权平均运价为2.1元/吨千米，运价的变动轨迹符合“运价＝0.335×log（运距）－0.1”（单位：元/吨千米）。（见图1－10）

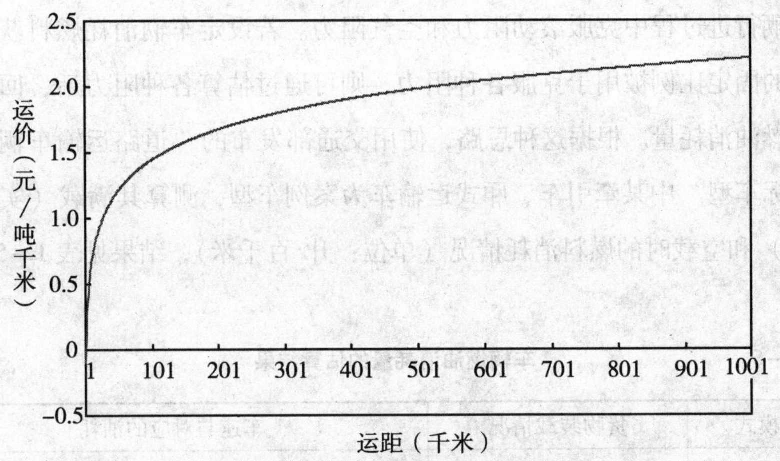

图1-10　运价的变化趋势示意

其次，牵引车驾驶员工资可实行固定工资制或者绩效工资制。在实行固定工资制时，每名驾驶员每天的工资为150元（月薪4500元）；在实行绩效工资制时，每名驾驶员每天的工资随着车辆行驶距离呈增加趋势，设定：每名驾驶员每天的绩效工资=0.5×（0.0015×运距+0.234）×运距（见图1-11）。

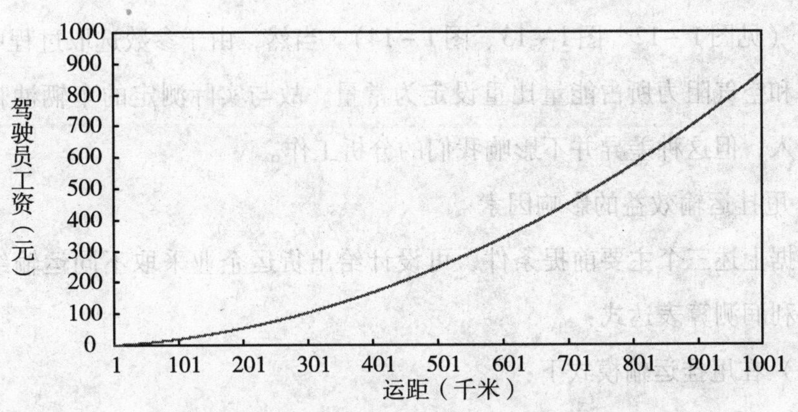

图1-11　牵引车驾驶员的绩效工资变化趋势示意

最后，对于甩挂运输车辆的燃油消耗量的估算，采取以下方式：一般认为，车辆消耗燃油后获得的热量中，63%左右消耗于发动机和传统系统，其他主要用于车辆行进过程中克服滚动阻力和空气阻力。若设定车辆消耗燃料获得的总能量中的固定比例被用于克服各种阻力，则可通过估算各种阻力后，回推估计车辆的燃油消耗量。根据这种思路，使用交通部发布的“道路运输车辆燃料消耗量达标车型”中某牵引车、厢式运输车为案例车型，测算其满载（实际载率为90%）和空载时的燃料消耗情况（单位：升/百千米），结果见表1-5。

表1-5　车辆燃油消耗量的估算结果

运输模式	货物装载情况	车速与对应的油耗
甩挂运输	空驶（牵引车）	$0.0061\times(0.24\times i^2+7.76i+1672.48)$
	满载（牵引车+半挂车）	$0.0023\times(0.35\times i^2+34.44i+7423.12)$
单体卡车运输	空驶	$0.0047\times(0.35\times i^2+15.67i+3378.5)$
	满载	$0.0035\times(0.35\times i^2+34.43i+7415.9)$

依据该估算结果，可获得甩挂运输模式下和单体卡车模式下的百千米油耗情况（见图1-12、图1-13、图1-14）。当然，由于参数选取过程中将滚动阻力和空气阻力所占能量比重设定为常量，故与实际测定的车辆油耗数据有所出入，但这种差异并不影响我们的分析工作。

2. 甩挂运输效益的影响因素

根据上述三个主要前提条件，可设计给出货运企业采取不同运输组织模式时的利润测算表达式：

（1）在甩挂运输模式下：

企业每日利润（元）

=收入-车辆满载时的费用支出-车辆空驶时的费用支出

=运价×车速×运行时间×额定载重×实载率-驾驶员工资率×车速×载货运行时间-满载时百千米油耗量×车速×运行时间×油价/100-（通行

费率＋维修费率）×车速×运行时间－固定费用－驾驶员工资率×车速×空驶运行时间－空驶时百千米油耗量×车速×运行时间×油价/100－（通行费率＋维修费率）×车速×运行时间－固定费用

$= [0.335 \times \log(t_1 \times i) - 0.1] \times t_1 \times w \times a \times i - (0.0015 \times t_1 \times i + 0.234) \times t_1 \times i - 0.0023 \times (0.35 \times i^2 + 34.44i + 7423.12) \times t_1 \times i \times p/100 - 1.6 \times t_1 \times i - 200 - (0.0015 \times t_2 \times i + 0.234) \times t_2 \times i - 0.0061 \times (0.24 \times i^2 + 7.76 \times i + 1672.48) \times t_2 \times i \times p/100 - 1.4 \times t_2 \times i - 200$

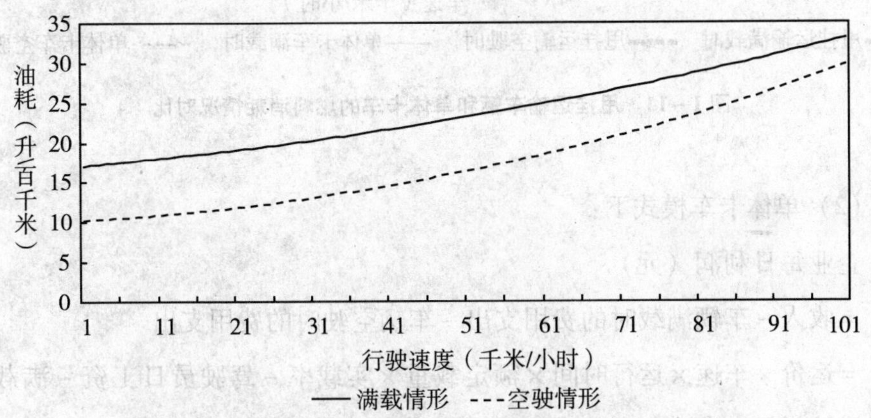

图 1－12　甩挂运输车辆的燃料消耗情况

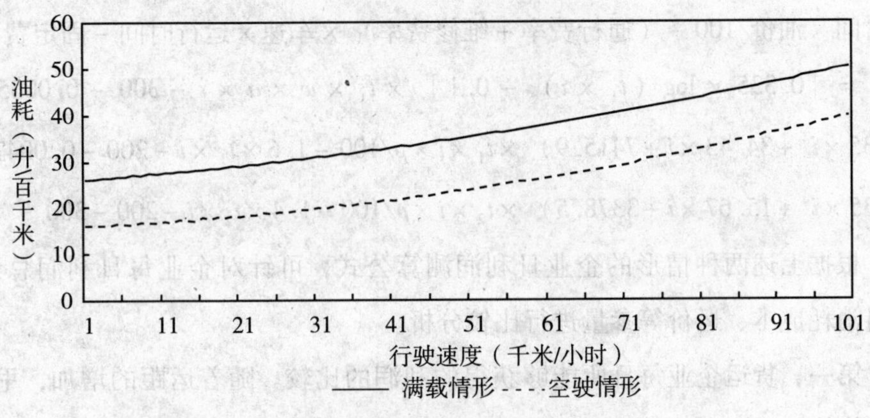

图 1－13　厢式卡车的燃料消耗情况

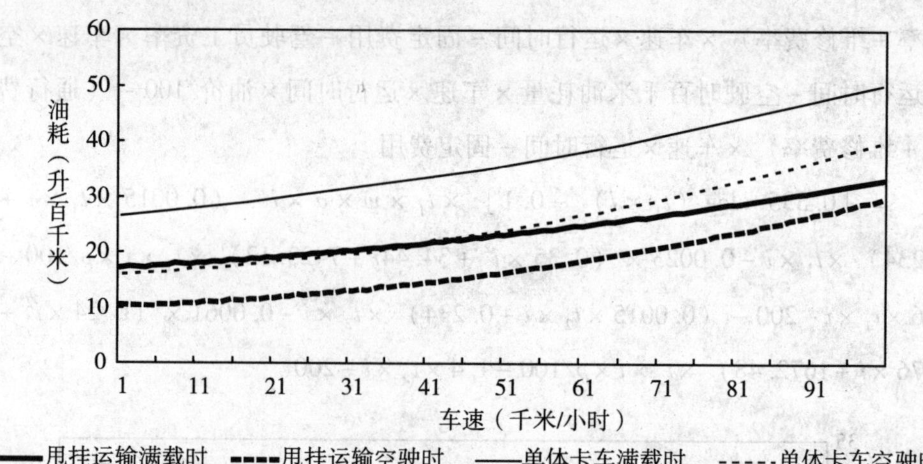

图1-14 甩挂运输车辆和单体卡车的燃料消耗情况对比

（2）单体卡车模式下：

企业每日利润（元）

=收入－车辆满载时的费用支出－车辆空驶时的费用支出

=运价×车速×运行时间×额定载重×实载率－驾驶员日工资－满载时百千米油耗量×车速×运行时间×油价/100－（通行费率＋维修费率）×车速×运行时间－固定费用－驾驶员日工资－空驶时百千米油耗量×车速×运行时间×油价/100－（通行费率＋维修费率）×车速×运行时间－固定费用

$$= [0.335\times \log(t_1\times i)-0.1]\times t_1\times w\times a\times i-300-0.0035\times(0.35\times i^2+34.43\times i+7415.9)\times t_1\times i\times p/100-1.6\times t_1\times i-200-0.0047\times(0.35\times i^2+15.67\times i+3378.5)\times t_2\times i\times p/100-1.4\times t_2\times i-200-300$$

根据上述两种情形的企业日利润测算公式，可针对企业每日利润总量、燃料消耗成本、运价等参量进行比较分析。

第一，货运企业每日所能够获得的利润的比较。随着运距的增加，甩挂运输模式的日利润较单体卡车的日利润的差额越来越大。这体现出了甩挂运输模式的优越性和吸引力（见图1－15、图1－16），特别是在采取不同的驾驶员工资制时，甩挂运输模式的驾驶员激励优势很明显。

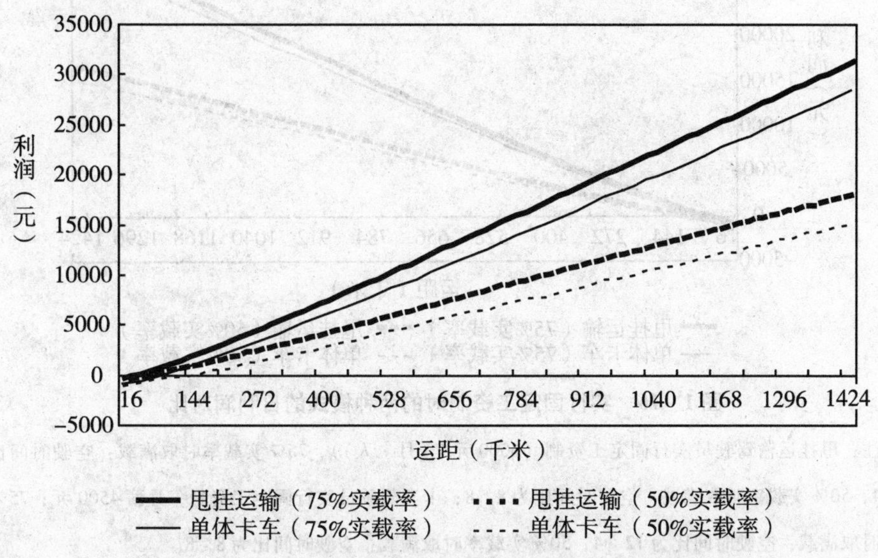

图1－15 实行绩效工资制时的两种模式的日利润对比

注：甩挂运输驾驶员实行绩效工资制，75%实载率时取满载：空驶时间比为13∶4，50%实载率时取满载：空驶时间比为9∶8；卡车驾驶员实行固定工资制，月薪4500元，75%实载率时取满载：空驶时间比为12∶4，50%实载率时取满载：空驶时间比为8∶8。

第二，从两种模式下分别消耗的燃料成本的绝对数看，甩挂运输模式的燃料成本比单体卡车模式的燃料成本明显要低，且二者的差距随着运距的增长而呈扩大趋势（见图1－17）。从两种模式下分别消耗的燃料成本占其总成本的比重看，运距较短时，甩挂运输模式较单体卡车模式没有明显的优势可言；运距较长时，甩挂运输模式消耗的燃料成本占其总成本的比例基本维持在40%以下，而单体卡车模式消耗的燃料成本占其总成本的比例呈现出明显的增加趋势，在1500千米运距时该比例甚至可达60%（见图1－18）。

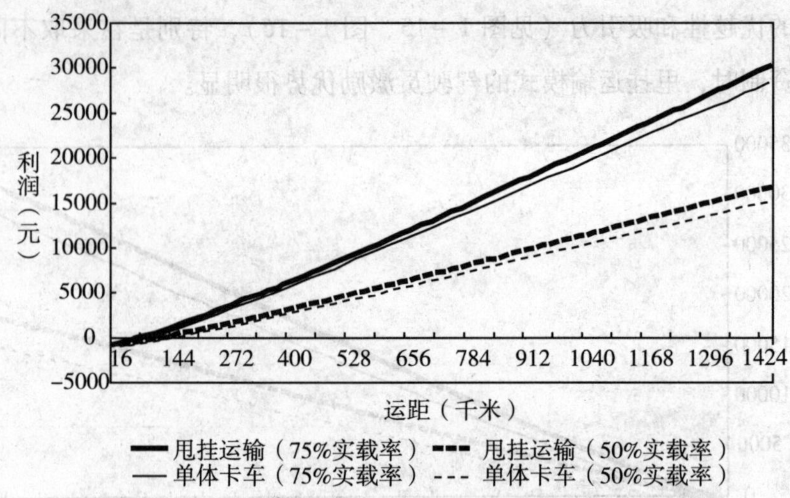

图 1－16　实行固定工资制时的两种模式的日利润对比

注：甩挂运输驾驶员实行固定工资制（6000 元/（月・人）），75% 实载率时取满载：空驶时间比为 12：4，50% 实载率时取满载：空驶时间比为 8：8；卡车驾驶员实行固定工资制，月薪 4500 元；75% 实载率时取满载：空驶时间比为 12：4；50% 实载率时取满载：空驶时间比为 8：8。

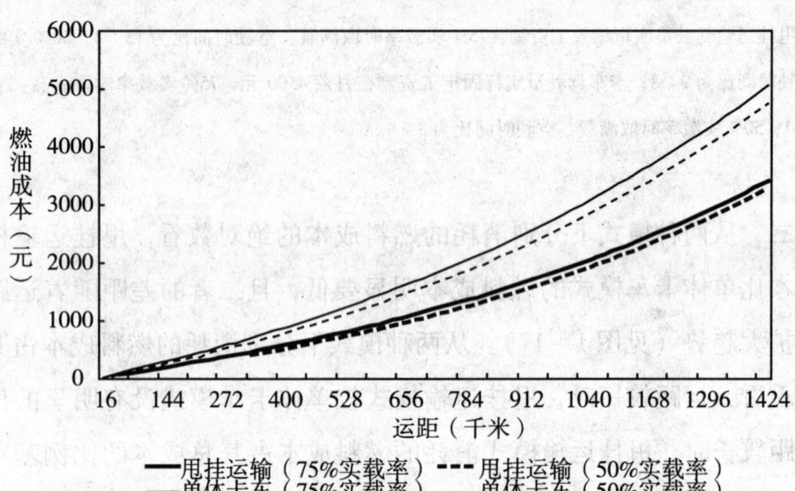

图 1－17　两种模式的燃料消耗成本总额

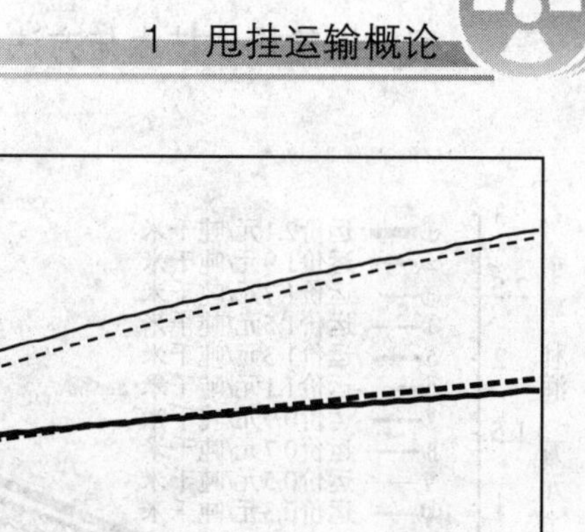

图 1－18　两种模式的燃料消耗成本在总成本中的比重

值得注意的是，在甩挂运输方式下，燃油成本占总成本的比重在 40% 左右，所以燃油价格的小幅度变动（如 10% 的变化幅度）对于总成本的影响并不是特别明显。

第三，考察运价因素对于甩挂运输模式下的企业每日利润的影响。在甩挂运输方式下，驾驶员实行绩效工资，除运价外的其他条件不变，考察运价对于企业利润的影响时，取加权运价水平从 2.1 元/吨千米以 0.2 元/吨千米的幅度递减，即分别测算运价为 2.1 元/吨千米、1.9 元/吨千米、1.7 元/吨千米、1.5 元/吨千米、1.3 元/吨千米、1.1 元/吨千米、0.9 元/吨千米、0.7 元/吨千米、0.5 元/吨千米、0.3 元/吨千米时企业的利润变化情况（见图1－19）。由计算结果可见，当运价很低时，企业采用甩挂运输模式是没有利润可图的；随着运价的提高，企业采用甩挂运输模式时能够获得的利润随着运距的增加而增加；当运价比较高时，企业采用甩挂运输模式时能够获得的利润是很可观的。

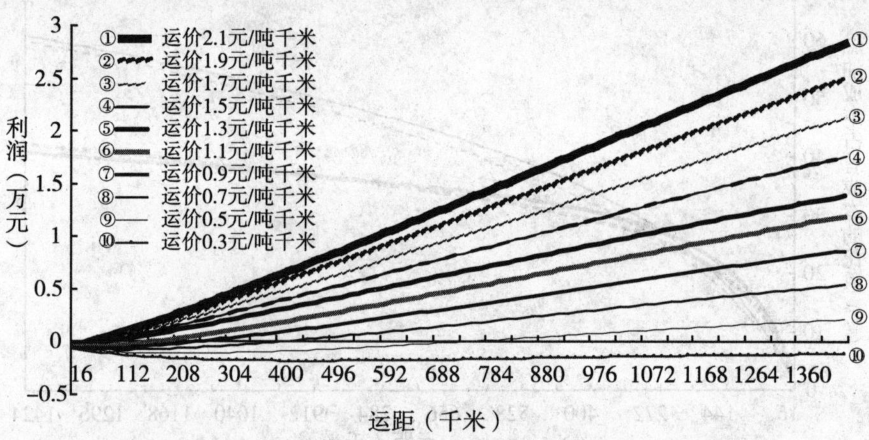

图1－19　运价因素对于甩挂运输模式下的企业每日利润的影响

2 甩挂运输车辆特征与选型

本章展现了甩挂运输车辆相关的技术问题，特别是甩挂运输组织主体在车辆选取过程中可重点考虑的各种因素。

第一，尺寸和载重等是甩挂运输车辆基本的静态特征指标，这些指标对于合理确定货物装载作业方案意义重大。不合理的重量分配必然影响甩挂运输车辆的行驶稳定性、刹车效率等。本章根据甩挂运输车辆所受外力状况估计了挂车所载货物的重心位置，有助于通过合理控制货物装载过程、调整挂车重心位置，来满足甩挂运输车辆不同组成部分的受力限制。

第二，甩挂运输被认为是节能减排的重要手段，本章从车辆行驶阻力和驱动力的技术层面分析甩挂运输车辆燃油消耗在不同热量损失过程的分布。

第三，作为甩挂运输车辆的组合形式，汽车列车的行驶过程相对复杂。本章重点剖析甩挂运输车辆的转弯半径，明确转弯半径有助于甩挂运输车辆行驶路线的选取工作，也可作为场站内通道等基础设施规划建设过程的重要参考。

第四，在世界各国高度重视公路运输超载问题的发展形势下，甩挂运输车辆对于公路基础设施特别是桥梁等的作用力的估计显得尤其重要。本章以详细的计算实例，阐述甩挂运输车辆对公路桥梁的作用力的估算过程。

第五，本章指出甩挂运输车辆选型工作对于各类企业的重要意义，并提供甩挂运输车辆选型工作的参考依据和应考虑的关键因素。

本章适合的阅读对象为：道路运输和物流领域的中基层管理者；科研工作者；高等院校运输和物流相关专业教师、学生；车辆生产和制造领域的中高层管理者。

2.1 甩挂运输车辆的外廓尺寸与质量限值

在现阶段，我国企业所用的道路货运车辆主要以单体卡车和半挂牵引车加挂1台半挂车组成的汽车列车为主。实际上，我国相关的国家标准对甩挂运输车辆的定义和分类做了若干较为具体的规定，如：

（1）GB/T 3730.1—2001 汽车和挂车类型的术语和定义。本标准根据不同类型的汽车、挂车和汽车列车给出了术语、定义和示意图。

（2）GB/T 5620—2002 道路车辆汽车和挂车制动名词术语及其定义。本标准规定了汽车和挂车的制动及制动装备的主要名词术语，并给以定义，规定的名词术语可用以表明制动系统或部件以及制动过程的整个或部分的特性参数，规定的名词术语可用于汽车、挂车和汽车列车。

（3）GB/T 6420—2010 货运挂车系列型谱。本标准规定了货运挂车的系列构成、长度限值、车轴数量及最大允许总质量等参数。

（4）GB/T 15089—2001 机动车辆及挂车分类。本标准是对机动车辆和挂车的分类，在本标准中将机动车辆和挂车分为L类、M类、N类、O类和G类，适用于道路上使用的汽车、挂车及摩托车。

（5）GB/T 17350—2009 专用汽车和专用挂车术语和代号。本标准规定了专用汽车和专用挂车的术语、代号和编制方法。专用挂车的术语和定义是将专用汽车同类结构产品术语中的车字分别改为半挂车、牵引杆挂车、中置轴挂车，定义中的汽车分别改为半挂车、牵引杆挂车、中置轴挂车即为专用挂车的术语和定义。

世界各国几乎都对汽车列车的长度和载重有明确的规定。我国国家标准GB/T 6420—2004（货运挂车系列型谱）规定：运输车辆的专用半挂车长度不大于14.2米；两轴及两轴以上集装箱半挂车、罐式半挂车长度不大于13米；中置轴（旅居）挂车长度不大于8米。

国家标准GB 1589—2004（道路车辆外廓尺寸、轴荷及质量限值）详细规定了牵引车、挂车和汽车列车的外廓尺寸与质量限值，见表2－1和表2－2。

表2－1　　牵引车、挂车和汽车列车的外廓尺寸

<table>
<tr><th colspan="4">车辆类型</th><th>车长（毫米）</th><th>车宽（毫米）</th><th>车高（毫米）</th></tr>
<tr><td rowspan="8">汽车</td><td rowspan="8">货车及半挂牵引车</td><td colspan="2">最高设计车速小于70千米/小时的四轮货车</td><td>6000</td><td>2000</td><td>2500</td></tr>
<tr><td rowspan="4">二轴</td><td>最大设计总质量 =3500千克</td><td>6000</td><td rowspan="6">2500</td><td rowspan="6">4000</td></tr>
<tr><td>最大设计总质量 >3500千克，且≤8000千克</td><td>7000</td></tr>
<tr><td>最大设计总质量 >8000千克，且≤12000千克</td><td>8000</td></tr>
<tr><td>最大设计总质量 >12000千克</td><td>9000</td></tr>
<tr><td rowspan="2">三轴</td><td>最大设计总质量≤20000千克</td><td>11000</td></tr>
<tr><td>最大设计总质量 >20000千克</td><td>12000</td></tr>
<tr><td colspan="2">四轴</td><td>12000</td><td>2500</td><td>4000</td></tr>
<tr><td rowspan="6">挂车</td><td rowspan="3">半挂车</td><td colspan="2">一轴</td><td>8600</td><td rowspan="6">2500</td><td rowspan="6">4000</td></tr>
<tr><td colspan="2">二轴</td><td>10000</td></tr>
<tr><td colspan="2">三轴</td><td>13000</td></tr>
<tr><td colspan="3">中置轴（旅居）挂车</td><td>8000</td></tr>
<tr><td rowspan="2">其他挂车</td><td colspan="2">最大设计总质量≤10000千克</td><td>7000</td></tr>
<tr><td colspan="2">最大设计总质量 >10000千克</td><td>8000</td></tr>
<tr><td rowspan="2">汽车列车</td><td colspan="3">铰接列车</td><td>16500</td><td rowspan="2">2500</td><td rowspan="2">4000</td></tr>
<tr><td colspan="3">货车列车</td><td>20000</td></tr>
</table>

表 2-2　　牵引车、挂车和汽车列车的质量限值　　单位：千克

车辆类型			最大允许总质量（最大限值）	最大设计总质量（最小限值）
汽车	半挂牵引车	二轴半挂牵引车	18000	—
		三轴半挂牵引车	25000	
	货车	二轴货车	16000	
		三轴货车	25000	16000
		具有双转向轴的四轴汽车	31000	24000
挂车	半挂车	一轴半挂车	18000	10000
		二轴半挂车	35000	19000
		三轴半挂车	40000	28000
	其他挂车	二轴挂车，每轴每侧为单轮胎	12000	8000
		二轴挂车，一轴每侧为单轮胎，另一轴每侧为双轮胎	16000	11000
		二轴挂车，每轴每侧为双轮胎	20000	14000
汽车列车		二轴汽车和一轴挂车组成的汽车列车	27000	—
		二轴汽车和二轴挂车组成的汽车列车	35000	
		具有五轴的汽车列车	43000	
		具有六轴的汽车列车	49000	

JT/T 426—2000（汽车列车性能要求及试验方法）规定汽车列车轴载荷应满足以下要求（见表 2-3）。

表 2-3　　汽车列车轴载荷的规定　　单位：千克

单轴		双联轴			三联轴	
单轮	双轮	单轮 + 双轮	单轮 + 双轮	双轮 + 双轮	全单轮	全双轮
≤6000	≤10000	≤10000	≤14000	≤18000	≤12000	≤22000

在美国，甩挂运输车辆的尺寸和重量有明确和详细的规定（见表2-4）。1982年颁布的《地面运输援助法案》规定，州际高速公路上卡车最大允许尺寸和质量最多为：

• 总重 36500 千克，单轴轴载重 9100 千克，串列轮轴（双轴）载重 15400 千克。

• 所有卡车的宽度为2.59米。

• 半挂车和挂车的长度为14.63米。

• 每个双挂车的长度为8.53米。

表2-4　　美国政府规定的车辆长度和最大载重限制

类　别	允许长度（英尺）（1英尺=304.8毫米）
公共汽车	35~60
单独的卡车	35~60
半挂车	35~48
拖车挂车组合	55~85
牵引车半挂车组合	55~85
拖车、挂车、挂车组合	65~80
牵引车、半挂车、挂车、挂车组合	60~105
类　别	允许重量（千克）
单轴	18000~24000
串列轮轴	32000~40000
国家最大车辆总重	73280~164000
州际公路车辆总重	73280~164000

资料来源：《美国国家汽车制造商最大尺寸和重量》（密歇根州底特律，1982年5月）。

美国规定两个或多个连续轴的总体和最大轴重的测算方法为：

$$W = 230 \times \left[\frac{LN}{N-1} + 23N + 36\right]$$

式中：W——总质量；

L——最前轴到最末轴的长度，米；

N——轴数。

不妨以“道路运输车辆燃料消耗量达标车型”中的陕汽牵引汽车SX4257NT324K1和陕汽厢式运输车SX5311XXYSX车厢组合成的汽车列车为例，依据美国采用的上述车辆总质量公式计算：

$L = 3.715$ 米 $+ 4.39$ 米 $+ 1.35$ 米 $= 9.455$ 米

$N = 5$

$W = 37.45$ 吨

用我国国产甩挂运输车辆参数计算得到最大总质量限制为37.45吨。我国国家标准中规定的此类五轴汽车列车的最大允许总质量为43吨，可见由美国采用的测算方法得出的汽车总质量限值比我国国家标准规定限值要小。

2.2 甩挂运输车辆静态受力与货物重心分布

2.2.1 甩挂运输车辆静态受力分析

据有关方面的估计，目前我国90%的道路货运车辆在装载货物过程中并不注意货物的重量分配问题，这使得载货后的货运车辆的重心位置变化很大。而不合理的重量分配必然影响货运汽车的行驶稳定性、刹车效率等，这成为引发道路交通事故的因素之一。

甩挂运输车辆处于停车状态时，其所受外力与行驶过程中所受外力有明显的不同。我们可以根据甩挂运输车辆所受外力状况估计半挂车所载货物的重心位置。这有助于通过合理控制货物装载过程、通过调整半挂车重心位置，

来满足甩挂运输车辆各个车轴以及牵引座的受力限制。

甩挂运输车辆处于静态时，其所受外力包括牵引车的重力、半挂车的重力、路面作用于前中后轴的力（见图 2－1）。从其侧面看，路面给前中后轴的作用力分布在牵引车和半挂车的多个轴上，为简化分析工作，不妨把双联轴所受路面作用力的作用点近似看做在双联轴的中线，把三联轴所受地面作用力的作用点近似看做在三联轴中轴的中心线上。若单独分析牵引车的受力，还需考虑到牵引座施加给牵引车的方向向下的作用力；同理半挂车的受力也需考虑牵引座施加给半挂车的方向向上的作用力。

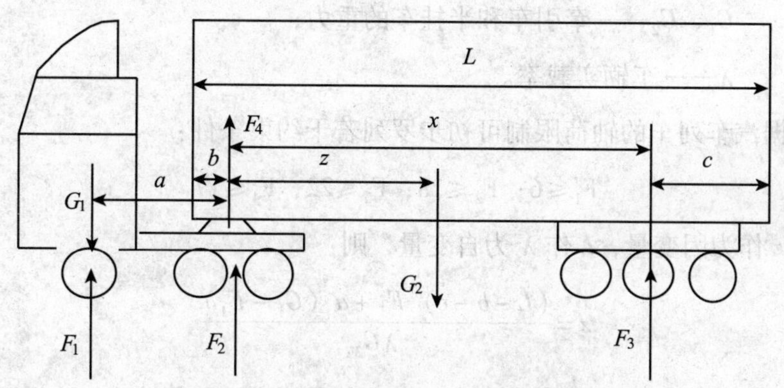

图 2－1　甩挂运输车辆受力分析示意图

图 2－1 中，为简化受力分析和运算过程，首先明确：

（1）在实践中，力 F_2 的作用线与力 F_4 的作用线之间的距离只有 0.3 ~ 0.4 米，而甩挂运输车辆总长可达近 20 米，这里近似认为 F_2 的作用线与 F_4 的作用线重合。

（2）由于牵引车所配置的大部分设备基本分布在前轴附近，故近似认为牵引车中心与 F_2 的作用线重合。

（3）根据车辆制造惯例，虽然半挂车的型号不同，但不同半挂车的宽度和高度的差异不大。

根据尺寸关系、力和力矩平衡方程等，罗列以下方程：

$$b + c + x = L$$

$$F_1 + F_2 + F_3 = G_1 + \lambda G_2$$

$$F_1 + F_2 = G_1 + F_4$$

$$z\lambda G_2 = xF_3 + a\ (G_1 - F_1)$$

式中：F_1、F_2、F_3——车辆前、中、后轴受力；

F_4——牵引座的作用力；

G_1、G_2——牵引车和半挂车的重力；

λ——车辆实载率。

根据汽车列车的轴荷限制可初步罗列若干约束条件：

$$F_1 \leqslant 6;\ F_2 \leqslant 18;\ F_3 \leqslant 22;\ F_4 \leqslant 17$$

将 z 作为因变量，L 作 λ 为自变量，则：

$$z = \frac{(L - b - c)\ F_3 + a\ (G_1 - F_1)}{\lambda G_2}$$

考虑到不同型号半挂车的宽度、高度差异不大，近似认为 $G_2 = kL$，则：

$$z = \frac{(L - b - c)\ F_3 + a\ (G_1 - F_1)}{\lambda kL}$$

2.2.2 甩挂运输车辆货物重心分析实例

考察公式：

$$z = \frac{(L - b - c)\ F_3 + a\ (G_1 - F_1)}{\lambda kL}$$

选取某种实例车型，其主要参数如下：$a = 3.5$ 米，$b = 1.6$ 米，$c = 2.4$ 米，$L = 14.6$ 米，$G_1 = 8.8$ 吨，$G_2 = 30$ 吨，将参数代入公式，可得：

$$z=\frac{10.6F_3-3.5F_1+30.8}{30}$$

由式 $F_1+F_2+F_3=G_1+\lambda G_2$，$F_1+F_2=G_1+F_4$，得 $F_3=\lambda G_2-F_4$。

即 $F_3=30-F_4$，由于 $F_4\leqslant 17$，则 $F_3\geqslant 13$，故 $13\leqslant F_3\leqslant 22$，$16.8\leqslant F_1+F_2\leqslant 25.8$。

又 $F_1\leqslant 6$，$F_2\leqslant 18$，故 $16.8\leqslant F_1+F_2\leqslant 24$。

在相关参数的变化范围内选取样本点进行计算，得到表 2－5 所示的部分结果。

表 2－5　　甩挂运输车辆货物重心测算结果一览

F_1	6	6	5	6	5	4	6	5
F_2	17.8	16.8	17.8	15.8	16.8	17.8	14.8	15.8
F_3	15	16	16	17	17	17	18	18
z	5.63	5.98	6.10	6.33	6.45	6.57	6.69	6.80
F_1	4	3	6	5	4	3	2	6
F_2	16.8	17.8	13.8	14.8	15.8	16.8	17.8	12.8
F_3	18	18	19	19	19	19	19	20
z	6.92	7.04	7.04	7.16	7.27	7.39	7.51	7.39
F_1	5	4	3	2	1	6	5	4
F_2	13.8	14.8	15.8	16.8	17.8	11.8	12.8	13.8
F_3	20	20	20	20	20	21	21	21
z	7.51	7.63	7.74	7.86	7.98	7.75	7.86	7.98
F_1	3	2	1	6	5	4	3	2
F_2	14.8	15.8	16.8	10.8	11.8	12.8	13.8	14.8
F_3	21	21	21	22	22	22	22	22
z	8.10	8.21	8.33	8.10	8.22	8.33	8.45	8.57

由上述计算结果可见，z 在 6 ~ 8 米变化，所以 $7.6 \leq z + b \leq 9.6$，即重心位置距半挂车前端厢壁的距离在 7.6 ~ 9.6 米。在进行货物装卸作业时，只要保证半挂车重心的位置满足以上要求，则汽车列车的轴荷以及牵引座受力均可满足限值要求。

2.3 甩挂运输车辆的行驶阻力和驱动力

货运车辆通过在路面上的行驶活动实现货物运输过程，燃油消耗是其行驶动力的来源。在运输过程中，车辆的燃油消耗与多种因素有关，一般认为可将这些影响因素分为两大类：

1. 车辆技术水平

主要包括：汽车发动机技术如热机转换效率、辅件消耗、反拖扭矩等；传动系统技术如传动系统与发动机的匹配、变速箱与终传动的机械效率等；包括空气阻力和滚动阻力等在内的行驶阻力削减技术；用于加速和上坡的驱动力技术；等等。

2. 车辆运行组织控制方式

主要包括：影响车辆空驶率的货运组织方法；由道路行车状况影响的车辆顺畅运行或者拥堵低速运行状态；由自然环境、地理环境和驾驶员操作习惯影响的车辆运行状态；等等。

从既有的汽车制造技术水平看，由于汽车发动机的热机转换效率局限，发动机的风扇、发电机、水泵等的热量消耗，发动机还需克服运动机件摩擦而消耗热量，发动机消耗的燃油量占汽车燃油消耗总量最大的份额（甚至能够达到60%左右）。不同国家或地区的发动机制造商所生产发动机的技术水平存在明显的差别。对于货运企业而言，选择合适性价比的发动机很重要。汽车传动系统用于传递动力，该过程涉及齿轮机构在润滑和齿轮啮合上的机

械效率问题，传动系统消耗的燃油量占汽车燃油消耗总量的份额小（一般不到5%）（见图2－2）。

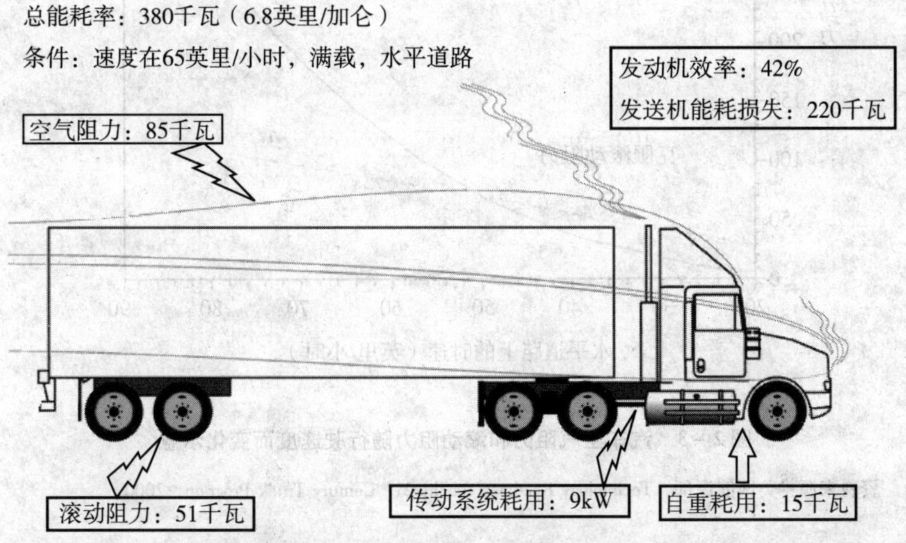

图2－2　汽车列车（Class 8）的能耗分布示意

资料来源：美国能源部，21st Century Truck Partnership Roadmap/Technical White Papers，2006。

行驶过程中的汽车所消耗燃料的35%左右被用于克服各种阻力和上坡或加速。这些阻力表现为空气阻力、滚动阻力、坡度阻力等。美国能源部有关材料显示，空气阻力和滚动阻力随行驶速度的提高而差异明显。图2－3展示的是随着行驶速度的提高，牵引车拖带半挂车组合而成的汽车列车（Class 8）为克服空气阻力和滚动阻力需耗用的功率。

2.3.1　甩挂运输车辆的行驶阻力

1. 空气阻力

行驶中的甩挂运输车辆需克服由于车体与空气的摩擦而产生的阻力，车体与空气的摩擦面包括行驶方向的前方空气，也包括环绕车体侧面、底面和

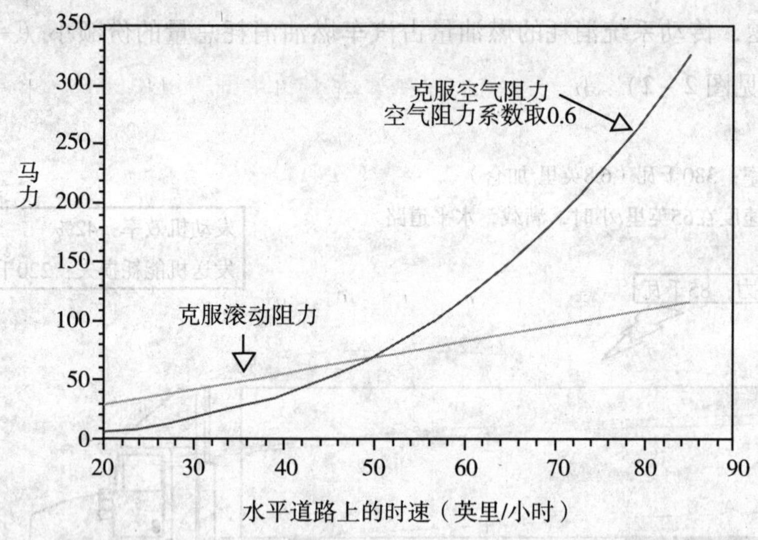

图 2－3　汽车空气阻力和滚动阻力随行驶速度而变化示意

资料来源：美国能源部，Technology Roadmap for the 21st Century Truck Program，2000。

后部的空气。空气阻力与车辆横截面面积、运动方向、车辆速度、车辆外形设计等因素有关。国内外广泛采用的空气阻力经验计算公式为：

$$F_a = \frac{C_D A u^2}{21.15}$$

式中：F_a——空气阻力，牛；

C_D——空气阻力系数（对于道路货运车辆，这个数值从 0.5 到 0.8 不等，标准值是 0.5）；

A——车辆的迎风面积，平方米；

u——车辆行驶速度，千米/小时。

速度对于空气阻力值的影响最大，而速度又是保证货物运到期限、保障运输生产作业效率的重要指标。车辆采用低速度运行时，车辆所受空气阻力小，有利于减少由于空气阻力作用而消耗的燃油量；但相同运距小的低速度运行必然需要更多的运输时间，不利于单车运输效率。可见，单纯从空气阻力的角度考虑，车辆行驶速度应当有一个适度的范围，以保障经济和快捷的运输作业效果。

2. 滚动阻力

由于车辆部件的摩擦效应，车辆自身会有一些运动阻力，更主要的是由于轮胎与路面之间的作用力和反作用力，路面和轮胎之间存在滚动摩擦，这些可统称为滚动阻力。一般认为，滚动阻力取决于车辆速度和路面状况。显然，光滑路面上的滚动阻力要比粗糙路面上的滚动阻力小。滚动阻力的理论计算公式为：

$$F_r = Mgf$$

式中：F_r——车辆的滚动阻力，牛；

M——车辆的质量，千克；

g——重力加速度；

f——滚动阻力系数。

此外，在良好路面状况上的货运汽车，滚动阻力可以经验地表示为：

$$F_r = (C_a + 0.278 C_b u)\ W$$

式中：F_r——滚动阻力，牛；

C_a——常数（取 0.02445）；

C_b——常数（取 0.00147 秒/米）；

u——车辆速度，千米/小时；

W——车辆总质量，牛。

车辆质量是滚动阻力的重要影响因素，一旦车辆类型被选定，其总质量也就确定了，车辆总质量由车辆整备质量和额定载货量组成。车辆类型确定后，其总质量被限定了，但整备质量却是可以有所变更的，整车会由于一些配置上的变化而导致整备质量的变化，如驾驶室是否带卧铺、油箱、轴距等有多种选择方案。另外，运输生产活动更注重于额定载货量和实载率。实际上，甩挂运输车辆的轻量化技术被推广应用，有助于发掘滚动阻力的效益空间。

滚动阻力系数主要是由轮胎的弹性变形引起的，其与路面状况、车辆速度、轮胎状况等多种因素有关。如：在车辆运动过程中，滚动阻力系数是变化的，且在超过一定的速度值后滚动阻力系数增长很快。又如：当车辆行驶在硬路面上时，胎压越高，滚动阻力系数越小，但胎压太高时不利于行车安全，所以制造商一般给出建议胎压值；内胎与外胎、轮胎与轮毂等之间的机械摩擦也造成了对滚动阻力系数的影响，由于同样车速下的斜交轮胎的滚动阻力系数要大于子午线轮胎，所以子午线轮胎被广泛推荐使用。再如：滚动阻力系数受轮胎偏置距离和轮胎滚动半径的影响较为明显时，轮胎半径越小，滚动阻力系数越大，所以某些经济发达国家通过立法和鼓励引导的方式推广有助于减小滚动阻力系数的超宽胎产品。

3. 坡度阻力

当车辆爬坡时，车辆重力沿道路平面的分量起作用而产生了一个相对于运动方向相反的力，这个力就是坡度阻力。一个爬坡的汽车会因坡度阻力趋于减速，除非施加一个用于加速或者保持既有速度的驱动力。根据美国有关机构的研究，重型汽车列车在最大加速期间以不同的速率运行，在既定加速速率下，不同速率上任意一个时间点所达到的速度会延时达到。

理论上，坡度阻力的计算公式为：

$$F_i = mgi$$

式中：m——汽车质量；

g——重力加速度；

i——坡度，$i = \tan\alpha$（α 为坡度角）。

4. 曲线阻力

车辆以曲线轨迹在路面上行驶时，多种外力作用于车辆的前轮，这些力的分量对车辆的前进有减速效果，这些力构成了曲线阻力。一般的，曲线阻力取决于车辆的转弯半径、车辆重量和车辆的行驶速度，可由如下经验公式表示：

$$F_c = 0.5 \times \frac{0.077u^2 W}{gR}$$

式中：F_c——曲线阻力，牛；

u——车辆速度，千米/小时；

W——车辆总质量，牛；

g——重力加速度（9.81 米/秒^2）；

R——转弯半径，米。

车辆转弯行驶时，轮胎会发生侧偏现象，这导致滚动阻力明显增加。如：一辆总质量为 34.5 吨的半挂车绕半径为 33 米的圆周行驶时，该车所受滚动阻力的增量可能达到其直线行驶状态下滚动阻力值的 50%～100%。

5. 加速阻力

货运汽车加速行驶时，需要克服其加速运动时的惯性力，这被称为加速阻力。车辆加速时，不仅平移质量要产生惯性力，旋转质量也要产生惯性力偶矩。为便于计算，一般把旋转质量的惯性力偶矩转化为平移质量的惯性力。对于传动比固定的车辆，常以系数 δ 作为计入旋转质量惯性力偶矩后的汽车旋转质量换算系数。理论上，货运汽车的加速阻力计算公式为：

$$F_j = \delta m \frac{\mathrm{d}u}{\mathrm{d}t}$$

式中：δ——旋转质量换算系数；

m——汽车质量；

$\frac{\mathrm{d}u}{\mathrm{d}t}$——行驶加速度。

加速阻力是货运汽车行驶阻力的重要组成部分，由于车辆行驶过程包含变速和匀速两种状态，加速阻力对车辆的行驶、制动等会产生影响。

2.3.2 汽车列车的驱动力与功率

1. 驱动力

驱动汽车列车行驶的动力称为驱动力，它是来自路面的反作用力，该反作用力的作用力就是汽车发动机的转矩通过传动系的减速放大后作用在驱动轮圆周的力，该力的最大值受到发动机转矩的限值影响。

汽车列车在行驶过程中，驱动力的最大值受到轮胎与路面间附着力的限制，驱动力的最大值称为驱动力极限。对于汽车列车而言，驱动力极限的概念具有重要意义。重型全挂牵引车以及某些专用牵引车后轴的附着质量往往不足，必须专门附加额外的载重，就是为了充分利用驱动轮的最大驱动力。

在行驶过程中，汽车列车所受到的驱动力和阻力应处于平衡状态，该关系可简单表示为：

$$F = F_c + F_a + F_r + F_i + F_j$$

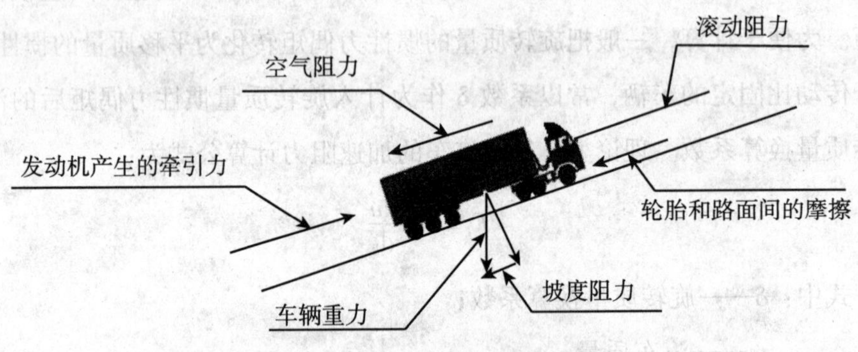

图 2-4 汽车行驶过程中受力示意

即驱动力等于汽车列车所受到的各种行驶阻力之和。汽车列车的行驶阻力主要由坡度阻力、滚动阻力、曲线阻力、加速阻力等组成，每种阻力在各种行驶阻力之和中所占比重由于行驶模式的不同而有所不同。

2. 功率

汽车列车在行驶过程中，发动机功率和汽车行驶的阻力功率是平衡的，即汽车行驶的每一瞬间，汽车发动机输出的功率始终等于机械传动损失功率与全部运动阻力所消耗的功率。此外，各运动阻力所消耗的功率为各运动阻力与汽车列车行驶速度的乘积。

由发动机提供的功率可以表示为：

$$P = Fu$$

式中：F——运动阻力之和，牛；

u——车辆速度，千米/小时。

比功率是用于衡量汽车列车动力性的主要指标之一（其他指标如汽车列车的最高车速、加速时间和加速距离、最大爬坡度等），汽车列车的比功率是其牵引车发动机功率与总质量之比。我国国家标准《汽车列车性能要求及试验方法》（JTT 426—2000）规定汽车列车比功率为：

$$P_d = \frac{P_e}{m_t}$$

式中：P_e——汽车列车发动机功率，千瓦；

m_t——汽车列车总质量，吨。

JTT 426—2000 规定，m_t 小于 18 吨时，P_e 不小于 $6.88m_t$；m_t 小于 43 吨时，P_e 不小于 $4.4m_t + 38.8$；m_t 不小于 43 吨时，P_e 不小于 $5.4m_t$。

2.4 甩挂运输车辆的转弯半径

车辆通过性是指在一定载荷下，汽车以足够高的平均速度通过坏路或无路地带克服各种障碍的能力。相比于普通载货汽车，甩挂运输车辆长、总质量较大，上下坡时不易发生纵向倾覆，但在行驶中半挂车的侧向倾覆是很可能发生的。类似于普通汽车，甩挂运输车辆通过性可表现为以下几何参数：

（1）最小离地间隙 l。即除车轮外，汽车车体最低点与路面之间的距离。

（2）纵向通过半径 ρ_1、ρ_2。即汽车前后两轮与两轴间最低点相切圆半径。

（3）接近角 γ_1。即车身前最低点向前轮引切线，切线与地面之间的夹角。

（4）离去角 γ_2。即车身后部最突出点向后轮引切线，切线与地面的夹角。

半挂车的使用提高了甩挂运输车辆的运用效率，但车辆的通过速度、牵引车与半挂车的连接方式、甩挂运输车辆的尺寸等因素明显影响着甩挂运输车辆的通过性。以下分别从动态和稳态的角度分别研究不同速度下汽车列车的转弯半径。

2.4.1 公路圆曲线半径与车辆动态转弯半径

道路车辆在行驶过程中，公路最小曲线半径实质是车辆处于公路曲线部分时，车辆所承受的离心力等横向力不超过轮胎与路面的摩擦力所允许的车辆转弯尺寸界限。我国公路工程技术标准规定了车辆转弯的圆曲线半径的三种值，分别为“一般值”、“极限值”和“不设超高最小半径”。这三种曲线半径值是根据以下公式中不同参数的取值计算得出的：

$$R=\frac{v^2}{127\times(\mu+i)}$$

式中：R——曲线半径，米；

v——车辆速度，千米/小时；

μ——横向力系数，极限值为路面与轮胎之间的横向摩阻系数；

i——路面的横向坡度。

横向力和竖向力是影响汽车行驶稳定性的两个重要因素，横向力是不稳定因素，竖向力是稳定因素。大小相等的横向力作用在不同的汽车上有不同的稳定程度，例如，5000 牛的横向力作用在小汽车上可导致其横向倾覆，而作用在重型载货汽车上则没有恶性效果。为衡量汽车在圆曲线上行驶时的稳定性、安全性和舒适程度，可采用横向力与竖向力的比值（称为横向力系数，可近似地看做单位车重上受到的横向力）指标。横向力系数是汽车在平曲线上稳定行驶状态（不发生侧向滑移、倾覆等）下，其横向分力和车重的比值。从安全性和舒适性角度看，横向力系数的存在会对行车产生种种不利影响，μ 值越大这些影响就越不利。随着道路路面横向坡度的连续变化，横向力系数是处于不断变化中的。

根据公路路线设计规范中的横向力系数取值示意图，可拟合出横向力系数与速度之间关系的线性方程：$\mu = -0.0008v + 0.1871$（见图 2－5）。

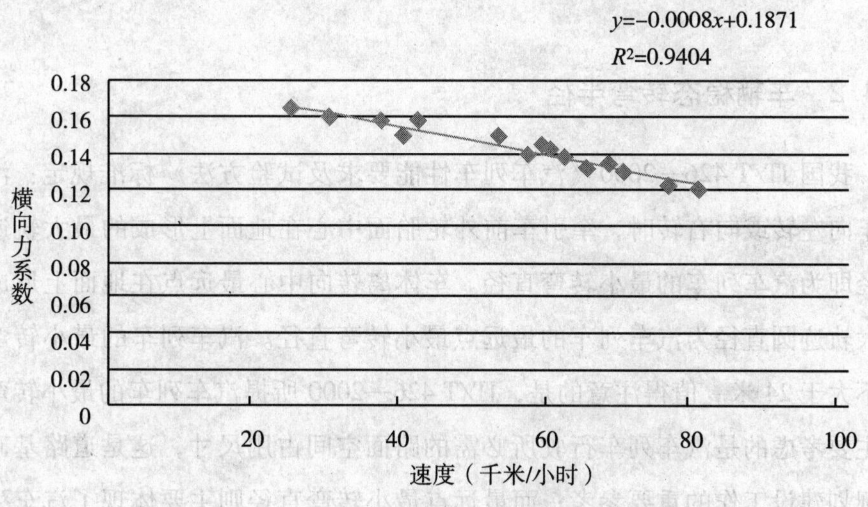

图 2－5　重新拟合的横向力系数取值示意

综合考虑公路圆曲线半径计算公式和横向力系数—速度关系式，不难发现，公路圆曲线半径与车辆转弯行驶速度之间基本呈现为正比的关系，速度越大，车辆转弯所需公路圆曲线半径越大。在路面横向坡度 i 取 0.06 的情况下，转弯半径 R 与车速 v 的关系可见图 2－6。

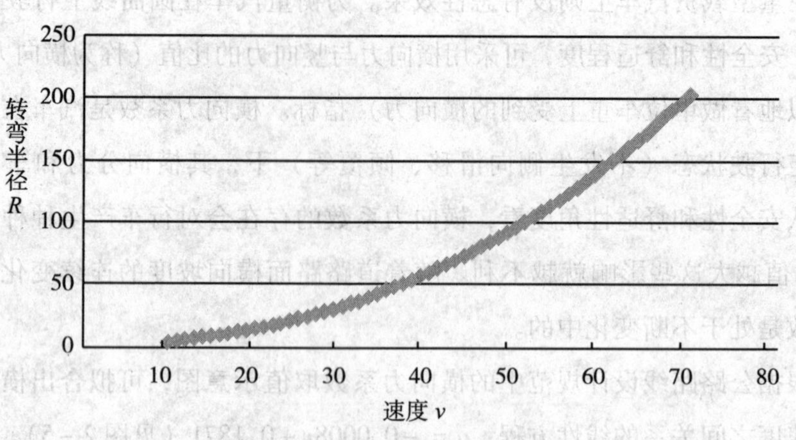

图 2－6　转弯半径与速度的关系

2.4.2　车辆稳态转弯半径

我国 JT/T 426—2000《汽车列车性能要求及试验方法》标准规定：汽车列车向左转或向右转时，牵引车前外轮胎面中心在地面上形成的最大轨迹圆直径即为汽车列车的最小转弯直径。车体离转向中心最远点在地面上形成的最大轨迹圆直径为汽车列车的最远点最小转弯直径。汽车列车的最小转弯直径不大于 24 米。值得注意的是，JT/T 426—2000 所提汽车列车的最小转弯直径主要考虑的是汽车列车行驶所必需的路面空间占用尺寸，这是道路基础设施规划建设工作的重要参考；而最远点最小转弯直径则主要体现了汽车列车行驶过程中所必需的空间占用尺寸，即汽车列车限界。

汽车列车转弯时所需的通道宽度应以车辆转弯时实际行驶轨迹的内、外缘轨迹所包的区域作为主要参考。但实际上，汽车列车在平面交叉中发生的转弯在绝大多数情况下都是急转弯，汽车列车在急转弯状态下所循行驶轨迹及其占用的道路宽度时刻在变化着。这种变化在驾驶员操作习惯、道路允许的转弯空间等不确定因素的影响下相当复杂，几乎难以寻觅确定的几何线形规律（见图2－7）。与之形成对比的是，公路一般曲线路段的宽度设计一般是以一条圆弧或加上其两端回旋线的中（准）线为基础，以两条平行于准线的车道基本边线，并考虑到一定的加宽尺寸来确定路面宽度。

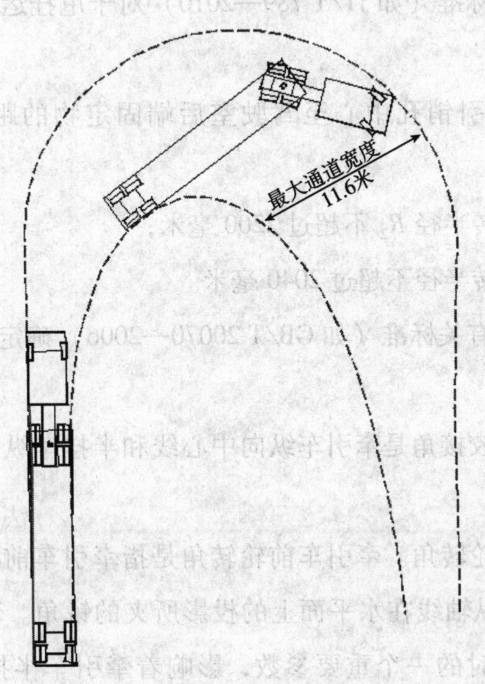

图2－7　美国WB19汽车列车180°转弯轨迹

从静态的、几何的角度看，汽车列车的重要转弯轨迹包括前外轮轨迹、前悬挂轨迹、后内轮轨迹和半挂车后悬轨迹等。以下对这些轨迹及其对应的转弯半径进行理想情况下的分析，以作为甩挂运输车辆转弯半径限制和通道宽度限制的重要参考。

甩挂运输车辆的转弯轨迹取决于车辆的尺寸参数、驾驶员的操作以及车辆的行驶速度，这里只分析甩挂运输车辆在慢速行驶状态下的转弯轨迹，即基本不考虑速度对转弯半径的影响，同时设定驾驶员的操作习惯以尽量减少驾驶员操作等不确定因素对车辆转弯轨迹的影响。首先明确以下参数及其意义：

（1）半挂车前悬。即牵引销至半挂车最前端的最短距离。

（2）我国有关标准（如 JT/T 789—2010）对于甩挂运输车辆运动尺寸的主要要求：

①牵引座的牵引销孔中心至驾驶室后端固定物的距离 L 不小于 2120 毫米；

②牵引车后回转半径 R_2 不超过 2200 毫米；

③半挂车前回转半径不超过 2040 毫米。

（3）根据我国有关标准（如 GB/T 20070—2006）确定牵引车与半挂车之间的自由空间。

（4）铰接角。铰接角是牵引车纵向中心线和半挂车纵向中心线的夹角在水平面上的投影。

（5）牵引车前轮转角。牵引车前轮转角是指牵引车前轮发生偏转时，车轮纵轴线与牵引车纵轴线在水平面上的投影所夹的锐角。牵引车前轮转角是甩挂运输车辆转弯时的一个重要参数，影响着牵引车半挂车铰接角和转弯轨迹。

（6）瞬时转向中心。瞬时转向中心指汽车列车转弯时圆轨迹的圆心。理论上，转弯时牵引车和半挂车的瞬时转向中心交在一点上。但实际上，由于牵引车和半挂车之间存在侧向偏离，该瞬时转向中心并不一定重合于同一点。

（7）转弯半径。汽车列车的转弯半径主要表现为以下两种：①牵引车前端转弯半径 R，即转弯时牵引车最前端一点到瞬时转向中心的距离。在不考虑各车轴轮胎侧偏角时，牵引车前轮转角最大时达到最小的前端转弯半径。②半挂车内侧转弯半径 r，即转弯时半挂车最内侧外沿到转向中心的最短距离。

（8）转弯通道宽度 W。汽车列车的转弯通道宽度是指在转弯轨迹的某瞬时点上，牵引车最前端一点到转向中心的距离与半挂车最内侧外沿到转向中心的最短距离之差，即 $R-r$。为测算转弯通道宽度，采用图 2-8 所示的静态的几何分析图。

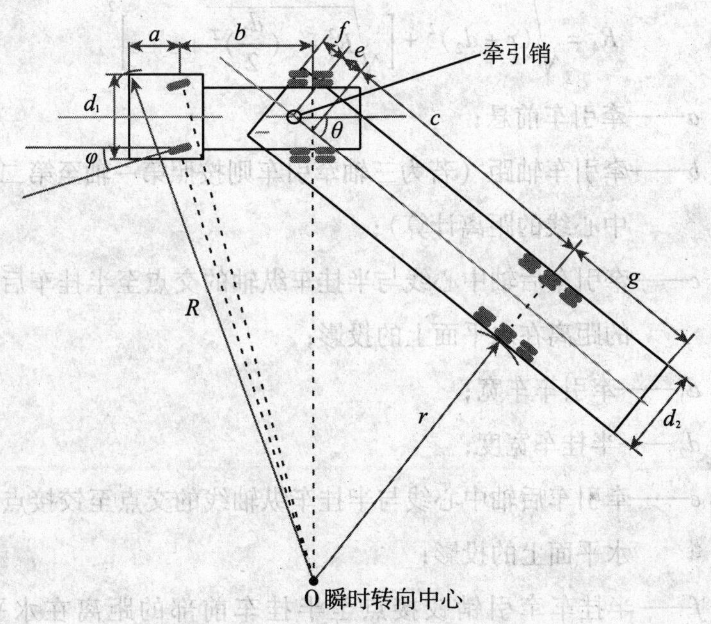

图 2-8　甩挂运输车辆转弯半径计算示意

当牵引车与半挂车的瞬时转向中心重叠于同一点 O 时，整车绕 O 点做圆周运动，不考虑牵引车和半挂车轮胎的侧向偏离，则理论转弯半径与通道宽度的计算公式为：

$$R = \sqrt{(a+b)^2 + \left(\frac{d_1}{2} + \frac{c}{\sin\theta} + e \cdot \sin\theta\right)^2}$$

$$\varphi = \arccos \frac{\frac{d_1}{2} + \frac{c}{\sin\theta} + e \cdot \sin\theta}{R}$$

$$r = \frac{c}{\tan\theta} - \frac{d_2}{2}$$

$$W = R - r$$

$$R_3 = \sqrt{\left(R\cos\varphi - \frac{d_1}{2} + \frac{d_3}{2}\right)^2 + \left[\sqrt{R_2^2 - \left(\frac{d_3}{2}\right)^2} - e\cos\theta\right]^2}$$

$$R_4 = \sqrt{(r + d_2)^2 + \left[\sqrt{R_1^2 - \left(\frac{d_2}{2}\right)^2} + e + c\right]^2}$$

式中：a——牵引车前悬；

b——牵引车轴距（若为三轴牵引车则按照第一轴至第二、第三轴中心线的距离计算）；

c——牵引车后轴中心线与半挂车纵轴的交点至半挂车后轴中心线的距离在水平面上的投影；

d_1——牵引车车宽；

d_2——半挂车宽度；

e——牵引车后轴中心线与半挂车纵轴线的交点至铰接点的距离在水平面上的投影；

f——半挂车牵引销铰接点至半挂车前部的距离在水平面上的投影；

g——半挂车后悬；

θ——牵引车与半挂车铰接角；

φ——牵引车前轮转角；

R_1——半挂车前回转半径；

R_2——牵引车后回转半径；

d_3——牵引车尾部宽度；

R_3——牵引车尾部外侧点的回转半径；

R_4——半挂车前部外侧点的回转半径。

鉴于上述一系列公式较为复杂，进行纯粹的数学推导工作量大且过于偏重数学意义。以下选用我国在甩挂运输试点过程中所推荐采用的汽车列车主要参数数据作为算例，从试验的、统计的角度获得一些有实践指导意义的分析结论。各主要参数的取值如下：牵引车前悬 1.5 米，牵引车轴距为 3.9 米，牵引车和半挂车的宽度都取 2.5 米，牵引车后轴中心线与半挂车纵轴的交点至半挂车后轴中心线的距离在水平面上的投影为 8 米，牵引车后轴中心线与半挂车纵轴线的交点至铰接点的距离在水平面上的投影为 0.95 米。根据上述理论转弯半径的一系列推导公式和主要参数的具体值，可得到以下结论：

第一，牵引车前轮转角 φ 与铰接角 θ。

在汽车列车前行过程中，牵引车前轮转角可直接体现驾驶员通过方向盘所施加的转向力。在操作中，为降低转弯时的轮胎磨损、保证安全性等，驾驶员应尽可能地均匀施加转向力，直到汽车列车能够满足转弯需要后，驾驶员施加回轮转向力。理想状态下，牵引车前轮转角可呈现出一种连续变化的趋势。牵引车与半挂车之间的铰接角除了受到牵引车前轮转角的作用外，还会受到牵引车与半挂车之间的铰接连接作用关系的影响。

按照上述甩挂运输车辆转弯半径计算方式，在不考虑牵引车与半挂车之间的铰接连接作用导致的二者不同步情形下，铰接角 θ 与牵引车前轮转角 φ 在严格的数学意义上所能够呈现的关系并不明显。但在统计意义上，当二者取值在相对较小的范围时，铰接角 θ 与牵引车前轮转角 φ 呈线性或者二次曲线关系（见图 2－9）；当二者取值越来越大时，铰接角的变化速度明显高于牵引车前轮转角的变化速度，即使铰接角已达到 90°，牵引车前轮转角仍稳定在 28°之内。

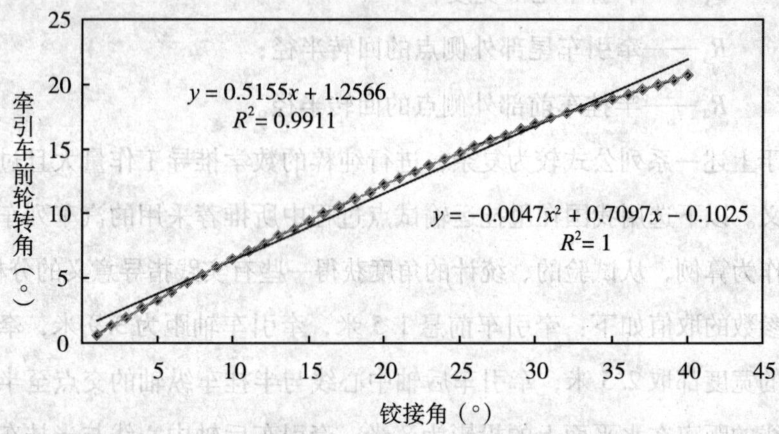

图 2－9　牵引车前轮转角与铰接角的相互联系

第二，牵引车前轮转角 φ 与转弯通道宽度 W。

由铰接角 θ 与牵引车前轮转角 φ 之间的关系，牵引车前轮转角稳定在 28°之内。在牵引车前轮转角由 0°开始变化的过程中，当角度在 20°以内时，汽车列车的转弯通道宽度几乎呈线性地逐渐增加到 7 米左右；在牵引车前轮转角由 20°增加到极限值的过程中，汽车列车的转弯通道宽度迅速增加，其极限值接近 13 米（见图 2－10）。

2.5　甩挂运输车辆对公路桥梁的作用力

在公路桥梁事故频发、世界各国高度重视公路运输超载问题的发展形势下，甩挂运输车辆对于公路基础设施特别是桥梁等的作用力的估计显得尤其重要。以下根据我国发布的有关标准，以交通部发布的“道路运输车辆燃料消耗量达标车型”中某牵引车和挂车组合而成的汽车列车为计算实例，罗列甩挂运输车辆对公路桥梁的作用力的估算过程。

本节主要依据由原交通部公路司和中国工程建设标准化协会公路工程委

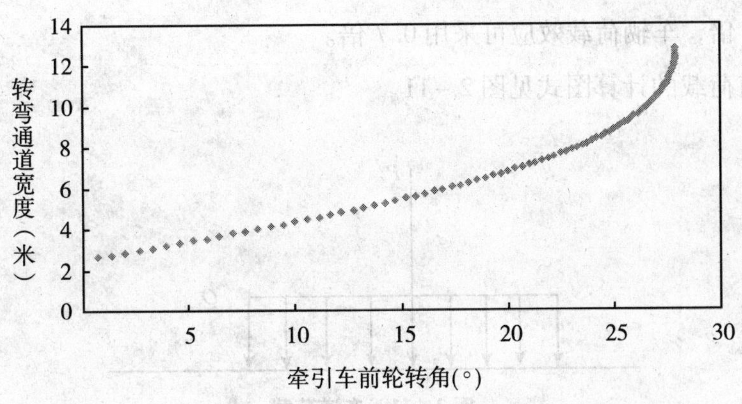

图 2－10 牵引车前轮转角与转弯通道宽度的相互联系

员会共同编制、于 2004 年开始实施的《公路工程技术标准》（JTGB 01—2003）。

1. 车道荷载

汽车荷载分为公路—I 级和公路—Ⅱ级两个等级。汽车荷载由车道荷载和车辆荷载组成，其中车道荷载由均布荷载和集中荷载组成。桥梁结构的整体计算采用车道荷载；桥梁结构的局部加载、涵洞、桥台和挡土墙土压力等的计算采用车辆荷载。车道荷载与车辆荷载的作用不叠加。

各级公路桥涵设计的汽车荷载等级应符合表 2－6 的规定。

表 2－6　　规定汽车荷载等级

公路等级	高速公路	一级公路	二级公路	三级公路	四级公路
汽车荷载等级	公路—I 级	公路—I 级	公路—Ⅱ级	公路—Ⅱ级	公路—Ⅱ级

二级公路作为干线公路且重型车辆多时，其桥涵设计可采用公路—I 级汽车荷载；四级公路重型车辆少时，其桥涵设计可采用公路—Ⅱ级车道荷载效

应的 0.8 倍，车辆荷载效应可采用 0.7 倍。

车道荷载的计算图式见图 2－11。

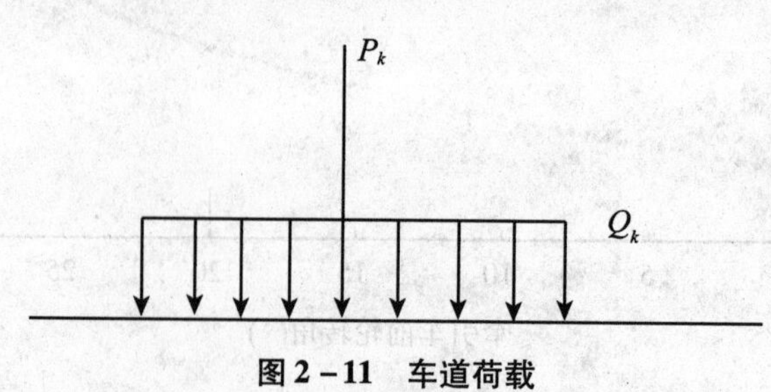

图 2－11　车道荷载

注：计算跨径为设支座的为相邻两支座中心间的水平距离；不设支座的为上下部结构相交面中心间的水平距离。

（1）公路—I 级车道荷载的均布荷载标准值为 $Q_k = 10.5$ 千牛/米；集中荷载标准值 P_k 按以下规定选取：桥涵计算跨径小于或等于 5 米时，$P_k = 180$ 千牛；桥涵计算跨径等于或大于 50 米时，$P_k = 360$ 千牛；桥涵计算跨径大于 5 米小于 50 米时，P_k 值采用直线内插求得。计算剪力效应时，上述荷载标准值应乘以 1.2 的系数。

（2）公路—Ⅱ级车道荷载的均布荷载标准值 Q_k 和集中荷载标准值 P_k，为公路—I 级车道荷载的 0.75 倍。

（3）车道荷载的均布荷载标准值应满布于使结构产生最不利效应的同号影响线上；集中荷载标准值只作用于相应影响线中一个影响线峰值处。

根据汽车车轴载荷的规定以及本节所选取的实例车型的技术参数（见图 2－12、表 2－7），可以求得实例车型车辆荷载的主要指标。

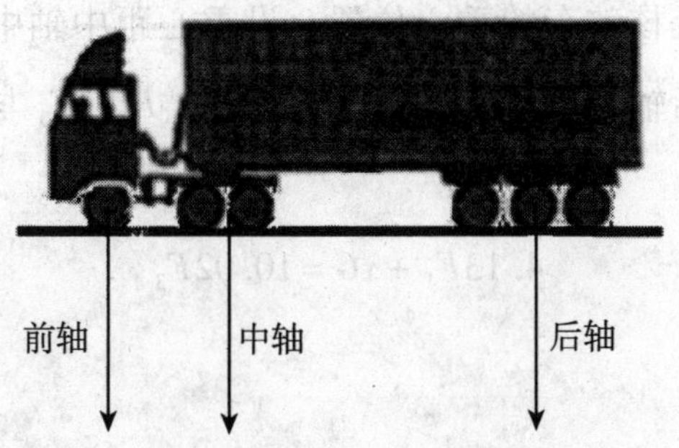

图 2－12　实例甩挂运输车辆轴荷示意

表 2－7　　实例车辆前、中、后轴的载荷要求　　单位：千克

前轴	中轴	后轴
单轮	双轮＋双轮	全双轮
≤6000	≤18000	≤22000

资料来源：《汽车列车性能要求及试验方法》（JT/T 426—2000）。

根据车辆参数要求，半挂车厢为 31.2 吨，设牵引座承受 15.2 吨的重量，则车辆后轴承受 16 吨的重量，平均到三个轴为 3 ×5.3 吨，由此可得，前轴和中轴所受力之和为牵引车的重量与牵引座的受力之和，即承受 8.8 吨 + 15.2 吨 =24 吨的重量。

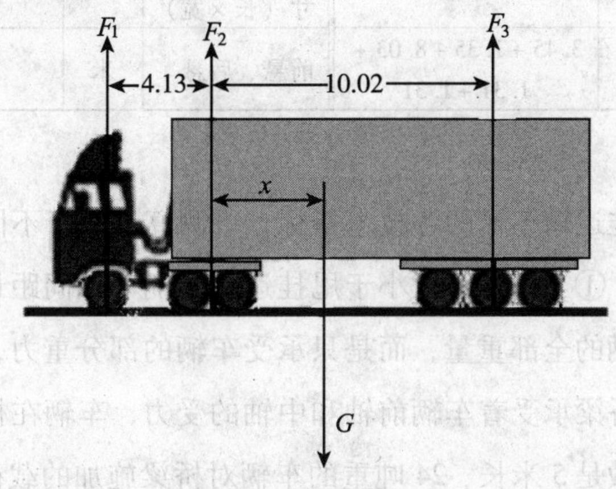

图 2－13　实例甩挂运输车辆受力分析示意

根据以上条件校核整车的重心位置，设重心距中轴中心距离为 x，则车辆所受外力为前中后轴受到的地面反作用力 F_1、F_2、F_3 与重力 G，则对中轴中心取力矩平衡有：

$$4.13F_1 + xG = 10.02F_3$$

解得：

$x = 3.39$ 米

依据上述分析过程和计算结果，可确定实例车辆的各种主要技术指标的取值（见表2－8）。

表2－8　实例甩挂运输车辆荷载的主要技术指标

项　目	单位	技术指标	项　目	单位	技术指标
车辆重力标准值	千牛	400	轮距	米	2.05，1.83，1.83
前轴重力标准值	千牛	60	前轮着地宽度及长度	米	0.3，0.2
中轴重力标准值	千牛	2×90	中、后轮着地宽度及长度	米	0.28，0.2
后轴重力标准值	千牛	3×5.3	车辆外形尺寸（长×宽）	米×米	18.5×2.55
轴距	米	3.45＋1.35＋8.03＋1.31＋1.31	前悬、后悬	米	0.67，2.38

根据实例甩挂运输车辆的各技术指标，可测算其对于不同跨径公路桥梁的荷载设计要求：①当桥梁跨径小于甩挂运输车辆车轴间距最大值时，桥梁没有完全承受车辆的全部重量，而是只承受车辆的部分重力，此时的荷载值可不考虑。②若桥梁承受着车辆前轴和中轴的受力，车辆在桥梁上的部分对桥梁的作用可看做是5米长、24吨重的车辆对桥梁施加的载荷。当桥梁跨径为5米时，此时计算桥梁设计载荷为233千牛；当桥梁跨径为10米时，此时

计算桥梁设计载荷为253千牛；当桥梁跨径为15米时，此时计算桥梁设计载荷为273千牛。③若桥梁承受着车辆中轴和后轴的受力，车辆在桥梁上的部分对桥梁的作用可看做是10米长、34吨重的车辆对桥梁施加的载荷。当桥梁跨径为10米时，此时计算桥梁设计载荷为305千牛；当桥梁跨径为15米时，此时计算桥梁设计载荷为325千牛。跨径大于甩挂运输车辆总长的桥梁的总荷载要求见表2－9，只要实例甩挂运输车辆不超载，公路桥梁是能够满足安全要求的。

表2－9　　实例甩挂运输车辆对桥梁的荷载值

桥梁跨径（米）	P	车道荷载（千牛）
≤5	180	—
10	200	—
15	220	—
20	240	434
25	260	454
30	280	474
35	300	494
40	320	514
45	340	534
≥50	360	554

2. 多车道桥梁上汽车荷载的折减

多车道桥梁上的汽车荷载应考虑折减因素。当桥梁设计车道数等于或大于2时，由汽车荷载产生的效应应按表2－10规定的多车道折减系数进行折减，但折减后的效应不得小于两设计车道的荷载效应。

表 2－10　　横向折减系数

横向布置设计车道数（条）	2	3	4	5	6	7	8
横向折减系数	1.00	0.78	0.67	0.60	0.55	0.52	0.50

大跨径桥梁上的汽车荷载还须考虑纵向折减。当桥梁计算跨径大于 150 米时，应按表 2－11 规定的纵向折减系数进行折减。当为多跨连续结构时，整个结构应按最大的计算跨径考虑汽车荷载效应的纵向折减。

表 2－11　　纵向折减系数

计算跨径 L_0（米）	纵向折减系数
$150 < L_0 < 400$	0.97
$400 \leqslant L_0 < 600$	0.96
$600 \leqslant L_0 < 800$	0.95
$800 \leqslant L_0 < 1000$	0.94
$L_0 \geqslant 1000$	0.93

根据本节所选取的实例车型有关参数进行计算，横向折减计算结果见表 2－12。

表 2－12　　基于实例车型的横向折减计算

横向布置设计车道数（条）	横向折减系数	折减后的均布载荷（千牛）	折减后的集中载荷（千牛）	总载荷（千牛）
2	1.00	194	340	1068
3	0.78	151	265	1250
4	0.67	130	228	1431

续 表

横向布置设计车道数（条）	横向折减系数	折减后的均布载荷（千牛）	折减后的集中载荷（千牛）	总载荷（千牛）
5	0.60	116	204	1602
6	0.55	107	187	1762
7	0.52	101	177	1944
8	0.50	97	170	2136

两设计车道的总载荷为1068 牛，多车道折减后的总载荷均大于此值，满足规定要求。

当桥梁为跨径大于 150 米的特大桥时，进行纵向折减的计算结果见表2－13。

表 2－13　　基于实例车型的纵向折减计算

跨径（米） 纵向折减后的总载荷（牛） 横向折减后的总载荷（千牛）	$150<L_0<400$	$400\leqslant L_0<600$	$600\leqslant L_0<800$	$800\leqslant L_0<1000$	$L_0\geqslant1000$
1068	1036	1025	1015	1004	993
1250	1212	1200	1187	1175	1162
1431	1388	1374	1360	1345	1331
1602	1554	1538	1522	1506	1490
1762	1709	1692	1674	1656	1639
1944	1885	1866	1847	1827	1808
2136	2072	2051	2029	2008	1986

3. 汽车荷载冲击力

汽车荷载冲击力应按下列规定计算：

（1）钢桥、钢筋混凝土及预应力混凝土桥、圬工拱桥等上部构造和钢支座、板式橡胶支座、盆式橡胶支座及钢筋混凝土柱式墩台，应计算汽车的冲击作用。

（2）填料厚度（包括路面厚度）等于或大于0.5米的拱桥、涵洞以及重力式墩台不计冲击力。

（3）支座的冲击力，按相应的桥梁取用。

（4）汽车荷载的冲击力标准值为汽车荷载标准值乘以冲击系数μ。

（5）冲击系数μ可按以下规定的各种分类情形分别计算：当$f<1.5$赫兹时，$\mu=0.05$；当1.5赫兹$\leq f\leq$14赫兹时，$\mu=0.1767\ln f-0.0157$；当$f>14$赫兹时，$\mu=0.45$。式中f为结构基频（Hz）。

4. 汽车荷载离心力

汽车荷载离心力可按下列规定计算：

（1）当弯道桥的曲线半径等于或小于250米时，应计算汽车荷载引起的离心力。汽车荷载离心力标准值为车辆荷载（不计冲击力）标准值乘以离心力系数，其中离心力系数的计算公式为：

$$C=\frac{v^2}{127R}$$

式中：v——设计速度，千米/小时，应按桥梁所在路线设计速度采用；

R——曲线半径，米。

可见，离心力系数的取值主要受到设计速度和弯道桥曲线半径的影响。图2-14展示了在我国公路建设领域圆曲线半径规定值条件下的离心力系数与设计速度之间的关系。

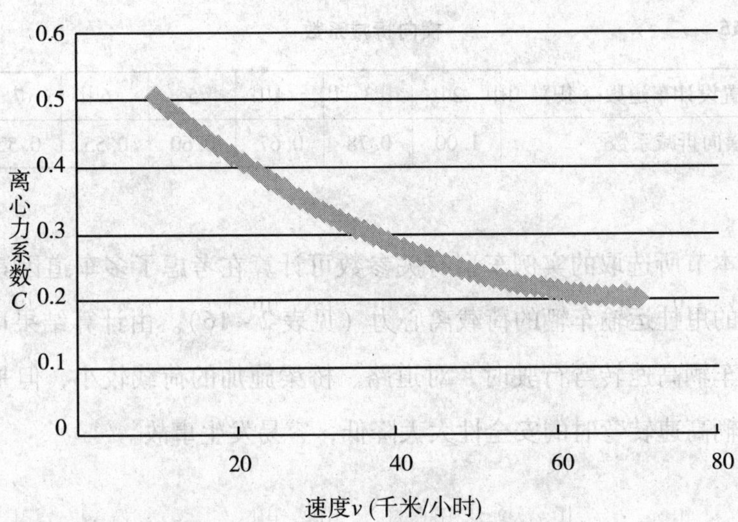

图 2－14　离心力系数与速度的关系示意

根据本节所选取的实例车型有关参数可计算在不同速度下的甩挂运输车辆的荷载离心力（见表 2－14）。

表 2－14　实例车型的荷载离心力

速度 v（千米/小时）	离心力系数 C	汽车荷载离心力（千牛）
20	0.4	160
30	0.33	132
40	0.27	108
50	0.23	92
60	0.22	88
70	0.2	80

在计算多车道桥梁的汽车荷载离心力时，车辆荷载标准值应乘以表2－15所示的横向折减系数。

表 2－15　　横向折减系数

横向布置设计车道数（条）	2	3	4	5	6	7	8
横向折减系数	1.00	0.78	0.67	0.60	0.55	0.52	0.50

根据本节所选取的实例车型有关参数可计算在考虑了多车道因素后的不同速度下的甩挂运输车辆的荷载离心力（见表 2－16）。由计算结果可见，当甩挂运输车辆高速转弯行驶时，对道路、桥梁施加的荷载较小，但是由于甩挂运输车辆高速转弯时的安全性大大降低，容易发生事故。

表 2－16　　多车道因素下的实例车型的荷载离心力

速度（千米/小时）	横向布置设计车道数	汽车荷载离心力（牛）	速度（千米/小时）	横向布置设计车道数	汽车荷载离心力（牛）
20	2	320	50	5	276
30	2	264	60	5	264
40	2	216	70	5	240
50	2	184	20	6	528
60	2	176	30	6	436
70	2	160	40	6	356
20	3	374	50	6	304
30	3	309	60	6	290
40	3	253	70	6	264
50	3	215	20	7	582
60	3	206	30	7	480
70	3	187	40	7	393
20	4	429	50	7	335
30	4	354	60	7	320
40	4	289	70	7	291

续 表

速度（千米/小时）	横向布置设计车道数	汽车荷载离心力（牛）	速度（千米/小时）	横向布置设计车道数	汽车荷载离心力（牛）
50	4	247	20	9	720
60	4	236	30	9	594
70	4	214	40	9	486
20	5	480	50	9	414
30	5	396	60	9	396
40	5	324	70	9	360

2.6 甩挂运输车辆的关键装置

2.6.1 牵引连接装置

牵引连接装置是汽车列车的重要组成部分。它把牵引车和挂车机械地连接起来，传递并承受两者之间的各种作用力，并保证挂车能够顺畅转向。企业使用汽车列车从事运输活动时，一般要求不同汽车列车的牵引连接装置之间具有良好的互换性和匹配性。

牵引连接装置包括牵引座和牵引销。牵引座有单自由度牵引座和二自由度牵引座等类型，安装单自由度牵引座可使汽车列车的横向稳定性较好，多用于装载质心较高、高速行驶的普通甩挂运输车辆；二自由度牵引座可适应路面条件较差的道路，多用于越野行驶和运送超重货物的重型汽车列车。牵引销有 50 号牵引销和 90 号牵引销等类型，其中 50 号牵引销适用于最大总质量不超过 50 吨的半挂车鞍座，90 号牵引销适用于最大总质量超过 50 吨、不超过 100 吨的半挂车鞍座。

牵引连接装置与汽车列车的行驶稳定性密切相关，行驶稳定性是指汽车列车在行驶或制动过程中，不发生侧滑、摇摆和翻倾的能力。行驶稳定性越好，汽车列车可达到的安全车速就越高，其他各种技术经济性能就越能得到有效发挥。汽车列车在行驶过程中，挂车常产生摇摆和冲击现象，造成集中于牵引连接装置的联结处作用着交变的纵向和横向扰动力，这可使汽车列车的行驶稳定性降低。

由于牵引连接装置的至关重要性，国内外相关部门和机构对牵引连接装置的设计、制造、使用等要求较为严格。迄今，与牵引连接装置相关的国际国内标准有数百条，美国、英国、法国、德国、日本等国的国家标准和 ISO 国际标准体系都对牵引连接装置有较为明确的设计、使用、试验标准要求（部分罗列于表 2－17）。我国国家标准体系对牵引连接装置的规定包括若干方面，如《道路车辆牵引座（JT/T 652—2006）》规定了牵引座的术语和定义、型号、技术条件、检验规则、标志、使用说明书、运输和储存。我国已颁布实施的与牵引连接装置有关的部分标准见表 2－18。

表 2－17　国外采用的部分牵引连接装置相关标准

标准的编号	标准的名称
ISO 1726—1：2000	道路车辆—牵引车和挂车之间的机械连接 第一部分：牵引车和载有普通货物的挂车之间的连接
ISO 1726—2：2007	道路车辆—牵引车和挂车之间的机械连接 第二部分：牵引车和载有大体积货物的挂车之间的连接
ISO 1726—3：2010	道路车辆—牵引车和挂车之间的机械连接 第三部分：半挂车专用轮接触面积的要求
ISO/DIS 1726—3	道路车辆—拖拉机和半挂车之间拖车的机械连接 第三部分：半挂车擦板的要求
ISO 3842：2006	道路车辆—专用轮互换性
ISO 337：1981	道路车辆—半挂车 50 号连接销的基本安装尺寸与互换特性

续 表

标准的编号	标准的名称
ISO 4086：2001	道路车辆—半挂车 90 号连接销的基本安装尺寸与互换特性
ISO 7641—1—1983	道路车辆 旅居车和轻型挂车 牵引杆的机械强度计算 第一部分：钢牵引杆
ISO 8718—2001	道路车辆 牵引杆牵引装置和用于铰接式牵引杆的挂钩孔 强度试验
ISO 3853—1994	道路车辆 牵引或轻型挂车的牵引车连接装置 机械强度试验
ISO 8716—2001	道路车辆 牵引销 强度试验
ISO/TR 4114—1979	道路车辆 旅居车和轻型挂车 球形连接器的静态载荷
ISO 12357—1—1999	商用道路车辆 刚性牵引杆用牵引装置和牵引杆挂钩孔 第一部分：一般货运中心轴挂车的强度试验
ISO 12357—2—2007	商用道路车辆 刚性牵引杆用牵引联结器和牵引杆挂钩孔 第二部分：专用强度试验
ISO 12357 Technical Corrigendum 1—2007	商用道路车辆 刚性牵引杆用牵引联结器和牵引杆挂钩孔 强度试验 技术勘误 1
ISO 337 Technical Corrigendum 1—1990	道路车辆 半挂车牵引座 50 号连接销 基本尺寸和装配尺寸、互换性尺寸 技术勘误 1
ISO 11406—2001	商用道路车辆 带尾部连接器的牵引车辆和牵引杆式挂车间的机械连接 互换性
ISO 4086—2001	道路车辆 半挂车牵引座的 90 号连接销 互换性
ISO 11407—2004	商用道路车辆 尾部带向前和向下连接器的牵引车和中轴挂车间的机械连接 互换性
ISO 8755—2001	商用道路车辆 40 毫米牵引挂钩孔 互换性
ISO/TS 20825—2003	道路车辆 拉杆连接件、拉杆眼、转盘主销、钩连接件和环形眼 使用中的机械连接件的磨损极限值
ISO 1102—2001	商用道路车辆 直径 50 毫米的牵引杆连接器 互换性
ISO 3584—2001	道路车辆 牵引杆连接 互换性
ISO 4009—2000	商业车辆 牵引车和挂车之间电气和气动连接的配置
ISO 8717—2000	商用道路车辆 牵引连接器 强度试验

续　表

标准的编号	标准的名称
SAE J 133—2003	商业挂车和半挂车的牵引座主销
SAE J 2228—2001	商用挂车和半挂车的主销磨损极限
SAE J 700—2001	商业挂车和半挂车的主销上耦合器
SAE J 701—1984	半挂牵引车连接处尺寸
SAE J 848—2001	重型商用挂车和半挂车的牵引座主销
AS 2174. 1—2006	重型道路车辆—卡车和半挂车之间的机械连接互换性要求—非专用车辆组合
AS 2174. 2—2006	重型道路车辆—卡车和半挂车之间的机械连接互换性要求—专用车辆组合
AS/NZS 4968. 3：2003	重型车—挂车之间的机械连接组合—主销和配套设备
BS AU 1c：1989	半挂车牵引座主销尺寸的规范
BS AU 2a：1970	半挂车牵引座主销尺寸为 39 ~49 毫米的尺寸规范
BS AU 3：1970	半挂车牵引座的位置的规范
DIN 74080	半挂车牵引座 50 号牵引销的功能、安装尺寸和要求
DIN 74083	半挂车牵引座 90 号牵引销的功能、安装尺寸和要求
DIN 15170—1987	工业用卡车　挂车连接器　连接尺寸、要求和试验
DIN 74064—1988	公路车辆　拖车　联结器的中心位置
DIN 8454—1962	工业货车　拖车的牵引杆　主要尺寸
DIN V 74054—10—1989	牵引车和拖车之间的机械连接件　第一部分：带衬套的 40 毫米 牵引车挂钩孔眼与中心轴挂车使用的附加规范
DIN V 74052—10—1989	牵引车和拖车之间的机械连接件　第一部分：50 毫米 自动螺栓联轴器与中心轴挂车使用的附加规范
DIN V 74053—10—1989	牵引车和拖车之间的机械连接件　第一部分：带衬套的 50 毫米 牵引车挂钩孔眼与中心轴挂车使用的附加规范
DIN 74040—1975	牵引车和挂车的机械连接　挂车用牵引杆、互换性尺寸
DIN 74050—1969	汽车和挂车的机械连接　国际交通运输中的互换尺寸
NFR 41 150：1970	挂车和半挂车的气压制动连接
NFR 41 180：1984	道路车辆—半挂车牵引座 90 号牵引销—基本及安装—互换性尺寸

续 表

标准的编号	标准的名称
NFR 18 106：1990	道路车辆—总重量超过 12 吨的电动和气动连接的半挂车
NFR 41 166：1982	道路车辆—半挂车牵引座 50 号牵引销—基本及安装—互换性尺寸
NF R41—117—1990	道路运输车辆　牵引车和挂车之间的机械联结　40 毫米的牵引挂接装置
NF R41—101—2003	商用道路车辆　牵引车和拖车之间的机械连接件　环形 42 毫米×68 毫米 的拉杆眼用耦合装置
NF R41—102—2003	商用道路车辆　牵引车和拖车间的机械连接件　环形 42 毫米×68 毫米 的拉杆眼

表 2－18　　我国采用的部分牵引连接装置相关标准

标准编号	标准的名称
GB/T 4606—2006	道路车辆　半挂车牵引座 50 号牵引销的基本尺寸和安装、互换性尺寸
GB/T 4607—2006	道路车辆　半挂车牵引座 90 号牵引销的基本尺寸和安装、互换性尺寸
GB/T 4781—2006	道路车辆　50 毫米牵引杆挂环的互换性
GB 5053. 1—2006	汽车与挂车之间 24N 型电连接器
GB 5053. 2—2006	汽车与挂车之间 12N 型电连接器
GB 5053. 3—2006	汽车与挂车之间电连接器的试验方法与要求
GB 5054—2008	汽车与挂车的七芯电缆线
GB/T 20069—2006	道路车辆　牵引座　强度试验
GB/T 20070—2006	道路车辆　牵引车与半挂车之间机械连接互换性
GB/T 13880—2007	道路车辆　牵引座互换性
GB/T 15087—2009	道路车辆　牵引车与牵引杆挂车机械连接装置　强度试验
GB/T 15088—2009	道路车辆　牵引销　强度试验
JT/T 651—2006	牵引杆挂车转盘
JT/T 652—2006	道路车辆　牵引座

2.6.2 支承装置

当半挂车与牵引车分离时，半挂车的前部必须由支承装置支撑，以使挂车平稳停放。半挂车支承装置位于挂车车架左、右纵梁前部且距牵引销一定距离的位置上，该距离由汽车列车的轴荷分配和牵引座承受的垂直载荷等因素决定。支承装置的主要作用为：一是当半挂车与牵引车脱离时，支承装置可承载半挂车的前部质量，以使半挂车保持在平放状态；二是借助支承装置可调节半挂车前部的高度，以便于半挂车与牵引车的挂接与甩下。

半挂车支承装置主要由内外管、传动机构、升降机构和接地支承盘等组成。支承装置的类型多样，按操作方式，支承装置有联动支承和单动支承，前者只需在一边操纵就可使两边支承装置同时升降，而后者则需在两边单独操纵；按支承管的结构，支承装置有基本式和折叠式，区别在于前者不能折叠；按支承脚的形式，支承装置有铰接式、橡胶垫式、球铰式和滚轮式支承等；按安装形式，支承装置有螺栓固定式和轴销式支承。

半挂车支承装置的选用工作很关键，需考虑到的因素也很多。如：在其机械构造技术方面，支承装置应装有落地自动找平的滑移衬垫或底座，应有足够的调节行程、应具有足够可靠的自锁性能及良好的稳定性、应具有密封防护和润滑装置等；在其承载能力方面，为能够满足半挂车载货情形下的平放需要，支承装置应具备足够的强度和刚度；在其质量方面，为降低半挂车自重，支承装置应尽可能轻量化，同时不过多增加半挂车制造成本。

支承装置与牵引销中心线的相对位置是半挂车总布置设计中的一个重要参数。支承装置前移，可减少其所承受的载荷、支承装置的强度刚度要求随之降低，从而有利于减轻支承装置本身的重量，还可减小半挂车的纵向通过半径（但应以支承装置不与牵引车车架相碰并有一定的间隙为限）。支承装置的布局位置有若干必须满足的条件，至少应使半挂车满载时其载荷不超过

半挂车总质量的一半。在我国，支承装置的位置应符合 JT 328 的规定。

我国发布的与挂车支承装置相关的标准有 QC/T 310—1999 和 JT/T 476—2002。QC/T 310—1999 规定了公路及城市道路用半挂车机械式支承装置的形式和系列、互换性尺寸与技术要求。JT/T 476—2002 规定了机械传动的挂车支承装置的基本参数、技术要求、试验方法和检验规则。

2.7 甩挂运输车辆选型工作

2.7.1 甩挂运输车辆选型工作的意义

1. 行业层次

改革开放以来，特别是 1983 年原交通部明确提出“有路大家行车”等一系列改革措施，有效地解放了运输生产力。多年来，我国道路货运业保持了持续快速发展状态，道路货运在综合运输体系中的基础性作用越来越突出。另外，道路货运业长期发展过于粗放，长期积累的矛盾和深层次问题比较多，如：①相比于道路客运行业，道路货运行业呈现出“乱”的特点，而道路货运企业呈现明显的“多、小、散、弱”特点，全国道路货运业户中，个体运输业户占到 90%。全国道路货运业户平均拥有车辆数不足 2 辆，道路运输业缺乏规模化、网络化经营的骨干货运企业。②个体运输、承包和挂靠经营仍是普遍现象，货运车辆技术状况不佳，车型多而杂，车辆标准化程度低，特别是车辆的非法改装问题突出。③我国大部分货运车辆低于欧Ⅲ标准，仅处于欧Ⅰ或欧Ⅱ的水平，总体燃油消耗和排放水平高。同时，我国道路运输车辆能源利用效率与世界先进水平相比明显偏低。

自 20 世纪 80 年代甩挂运输的理念被行业接受并在原交通部的推动下试点以来，我国道路甩挂运输的发展显得过于缓慢。2009 年 12 月 31 日，交通部、国家发展改革委、公安部、海关总署、保监会联合发布了《关于促进甩挂运输发展的通知》（交运发［2009］808），该通知的发布成为我国交通部切实推动甩挂运输发展的重要标志。自2010年下半年开始，交通部通过发布“甩挂运输试点工作实施方案”，明确以2010—2012年为试点区间；而在交通部于2011年4月发布的《交通运输“十二五”发展规划》中，“甩挂运输”一词出现了15次，“十二五”期间我国将“组织开展甩挂运输试点工程，推进甩挂运输全面发展”。

随着交通运输主管部门的积极鼓励态度和相关的制约性政策法规的逐步调整，我国企业发展甩挂运输的外部环境趋好。而甩挂运输模式的基本实施条件是普遍采用汽车列车，我国企业必须在甩挂运输车辆装备方面实现及时的升级换代。我国各级交通运输主管部门已认识到甩挂运输车辆装备的重要性，并采取了针对性措施。如：1996年国家经贸委、公安部、交通部联合发布的《关于开展集装箱牵引车甩挂运输的通知》提出，要按有关规定要求，挑选技术状况良好的车辆投入甩挂运输，选派责任心强、技术水平高的司机驾驶车辆，保证安全行驶。2009年交通部、发改委、公安部、海关总署、保监会联合发布的《关于促进甩挂运输发展的通知》指出，要推进甩挂运输车辆装备标准化，车辆装备技术的标准化是发展甩挂运输的必备条件，要组织制定和推广应用牵引车、挂车连接的相关技术标准，引导制造企业严格执行国家统一标准生产牵引车和挂车，为发展甩挂运输提供技术保障。根据《关于促进甩挂运输发展的通知》制定的《甩挂运输试点工作实施方案》明确指出甩挂运输推荐车型若干主要参数的基本要求。

自2010年以来，各地交通部门及运管部门按照交通部统一部署，杜绝不符合车辆燃料消耗量限值标准的车辆进入货运营运市场，而交通部发布了十余批包括货车、客车和牵引车车型在内的上万个道路运输车辆燃料消耗量达标车型。道路货运企业在开展甩挂运输过程中，车辆装备的匹配性和互换性问题尤其重要。甩挂运输的开展需要牵引车与挂车之间频繁地摘挂组合，这对车辆规格标准要求很高。在我国多数货运和物流企业的保有车辆中，牵引车和半挂车的车型多而杂，牵引车、半挂车和汽车列车的一系列技术标准规范尚未形成体系，导致车辆装备产成品难以保证良好的匹配性，出现“挂不上、拖不了”的问题。可见，甩挂运输车辆选型工作有其开展的必要性和紧迫性。甩挂运输车辆选型不仅是货运行业实施甩挂运输的技术保障条件，还是道路货运企业实现甩挂运输的经济效益、社会效益的主要依托。交通运输主管部门所能够做出的推动工作往往着眼于行业层次的调控力度，与货运企业的业务操作层面有所差异。

2. 企业层次

从企业采用甩挂运输车辆装备的驱动力看，我国交通运输主管部门通过强制性推广符合技术要求的道路货运车型，可督促货运企业购置技术条件好的车辆投放在运营过程中，这些车辆的普遍采用有利于道路货运行业技术装备的升级；另外，货运企业在购置了便于开展甩挂运输组织模式的车辆装备后，若能够根据其业务发展条件适时推行甩挂运输模式，则更有利于道路货运效率的提升乃至产业升级，从而降低物流成本。但是，开展甩挂运输除了配备车辆装备，对于牵引车、半挂车和汽车列车的调度组织技术是实现甩挂运输效益的关键。如前所述，我国多数货运企业可能并不能够具备甩挂运输车辆调度组织技术。

换一个思路看，随着甩挂运输理念的宣传普及，我国货运企业理性地接受并适度加强了其专业化车辆调度组织技术，则企业运输组织方式的优化调整必然促使企业更新车辆装备，以支撑实现优化调整后的甩挂运输车辆调度组织模式。这是一种内因驱动型的道路货运效率提升途径。

无论采取何种途径推动甩挂运输的普及推广和道路货运效率的提升，货运企业购置和更新车辆装备是必须的环节。货运企业购置和更新车辆装备应以既有业务开展状况和对货运市场需求分析预测、明确企业的运力配置要求为基本前提；而车辆的载货状况和途经运输线路条件（道路等级、桥梁分布等）是必须考虑到的条件；车辆的静态特征、通过性和平稳性、动力性能、燃油经济性、互换性和匹配性等是综合考察与评价备选车辆的基本方面；最后，企业可对新车辆能够产生的经济效益进行预评估。这一系列的工作对于货运企业的战略决策具备重要意义，需要科学的参考依据。

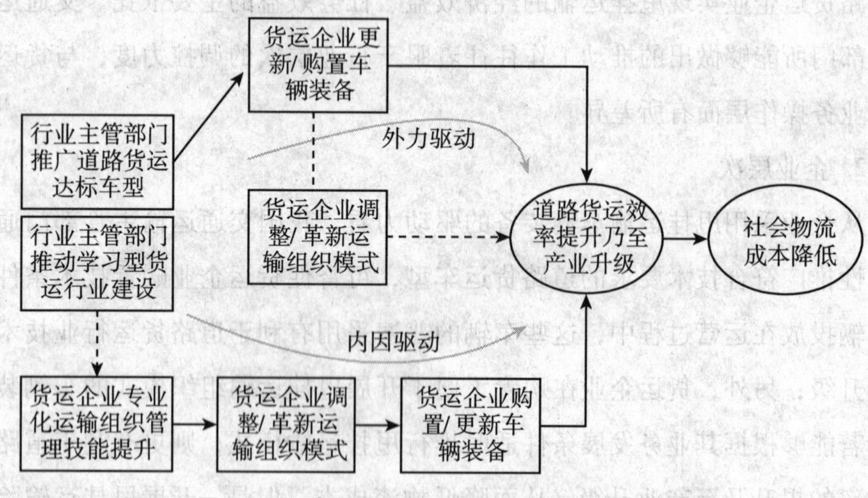

图 2-15　我国道路货运效率改善的驱动力示意

2.7.2　甩挂运输车辆选型工作的既有依据

1. 既有标准概况

各类标准是甩挂运输车辆选型工作的主要依据。

标准是一定的范围内获得最佳秩序，经协商一致制定并由公认机构批准，共同使用的和重复使用的一种规范性文件（GB/T 20000. 1—2002）。标准是支撑国民经济发展和科学技术进步的重要技术之一，是保证经济社会活动领域乃至科学领域协调有序发展、提高活动过程质量和产品质量、确保社会稳定健康和保护生态环境、实现和谐发展的重要基础，也是促进和推动贸易、经济和技术交流的依据。标准体系是一定范围内的标准按其内在联系形成的有机整体，世界上经济发达国家早就着手建立适应市场经济发展要求的国家标准体系，并已达到比较完善阶段。在完善的国家标准体系下，标准已经深入了经济社会生活的各个层面，并成为市场准入、合同维护、贸易仲裁、合格评定和产品检验的基本依据。我国标准分为国家标准、行业标准、地方标准和企业标准四个层级；从管理体制来看，组织机构主要包括国家标准化管理委员会，国务院各有关行政主管部门，各省、市、区标准化行政主管部门和企业标准化部门。其中国家标准由国家标准化管理委员会统一管理，行业标准主要由国务院各有关行政主管部门管理，地方标准由各省、市、区行政主管部门负责管理，企业标准则由企业自主审批并报备案；从运行机制来看，强制性标准由政府主管部门强制实施，推荐性标准由企业自愿采用，并与产品的认证制度相结合。

从国内外标准制定和分布情况看，甩挂运输相关的标准零散分布于挂车相关、物流相关、道路运输相关的各个标准中。国际标准化组织（ISO）发布的与挂车相关的标准有 ISO 9815：2010、ISO 1726—3：2010、ISO 25981：2008、ISO 1726—2：2007、ISO 11407：2004、ISO 15763：2002、ISO 4086：2001 等，与道路运输车辆、燃料和组织相关的标准有 ISO 27956：2009、ISO 22241—3：2008、ISO 17687：2007、ISO 22902—2：2006、ISO/TS 17573：2003、ISO/PAS 16917：2002、ISO 9367—2：1994 等，与牵引车、拖拉机相关的标准有 ISO 11783—12：2009、ISO 10975：2009、ISO 26402：2008、ISO 11783—8：2006 等（主要针对农林用拖拉机），与卡车轮胎和地面摩擦相关的标准有 ISO 28580：2009、ISO 9112：2008、ISO 18164：2005、ISO 4209—1：2001 等。我国国家标准体系中与挂车相关的标准有 GB/T 25086—2010、GB/T 15087—2009、GB 23254—2009、GB/T 5922—2008、GB/T 4606—2006、

GB/T 5620—2002、GB/T 3730. 1—2001 等近 60 条，与道路运输相关的标准有 GB/T 24419—2009、GB/T 8226—2008 等，与物流相关的标准有 GB/T 18127—2009、GB/T 23831—2009、GB/T 24359—2009 等 20 余条。既有的各个标准成为甩挂运输标准体系的重要组成，但要构建出系统有效的甩挂运输标准体系，除了总结整理既有相关标准的内容，更应补充制定成系列的若干个甩挂运输专业标准。

虽然国内外已进行了大量的标准制定和推荐实施工作，但既有的与甩挂运输相关的标准分散、零乱，不成体系，且甩挂运输标准体系没有形成最基本的框架。可见，以甩挂运输标准体系基本原理为出发点，构建甩挂运输标准体系基本框架，重点研究并制定若干关键标准，并明确甩挂运输标准体系的推行模式、保障机制、实施方式等，将是我国甩挂运输试点发展过程和普及发展过程的长期的重要工作内容之一。

2. 《道路甩挂运输车辆技术条件》标准

2011 年 3 月 1 日起实施的我国交通运输行业标准《道路甩挂运输车辆技术条件》（JT/T 789—2010）明确规定了牵引车、半挂车和总质量 49 吨以下的半挂汽车列车的性能与装置。该标准依据 6 个国家标准、2 个交通运输行业标准编写而成，针对甩挂运输车辆的主要指标提出详细规定。此标准所给出的关于牵引车、半挂车和汽车列车的性能和装置规定是目前我国甩挂运输车辆选型工作中需要考虑的重要因素，以下将对其中的重要部分做简要解释。

《道路甩挂运输车辆技术条件》从以下方面对甩挂运输用牵引车的性能和配置提出较为具体的要求。①对于牵引车的燃油经济性，以发动机比油耗指标为主要依据，发动机比油耗即燃油消耗率，是指发动机每发出 1 千瓦有效功率，在 1 小时内所消耗的燃油质量（以克为单位），单位为克/千瓦时，一般的，燃油消耗率越低，经济性越好。JT/T 789—2010 规定牵引车的发动机比油耗不大于 200 克/千瓦时。②对于牵引车相关的关键尺寸，JT/T 789—

2010 规定：在与半挂车脱开状态下，牵引座结合面离地高度 h 应为1280～1320 毫米；牵引座的牵引销孔中心至驾驶室后端固定物的距离 L 不小于 2120 毫米；牵引车后回转半径 R_2 不超过 2200 毫米。③根据 JT/T 789—2010，牵引车的驱动形式分为 4×2 和 6×4 两种；牵引车安装 50 号牵引座（FW50），牵引座的互换性应符合 GB/T 13880 的规定，这有利于保障甩挂运输车辆匹配性和互换性；牵引车应安装卫星定位系统终端，实际上交通部已发布了若干“车载卫星定位系统终端”相关标准（如 SJ/T 11304—2005、SJ/T 11305—2005、JT/T 808—2011、JT/T 809—2011、JT/T 796—2011、JT/T 794—2011）；牵引车应安装缓速控制装置，如用以使行驶中的车辆减速或保持恒速，又不使车辆停驶的缓速器。缓速器种类很多，如发动机缓速器、电机缓速器、液力缓速器、空气缓速器、电磁缓速器、摩擦缓速器等，具体可参见 GB/T 5620—2002。

《道路甩挂运输车辆技术条件》从以下方面对半挂车的性能和配置提出较为具体的要求。①半挂车处于空载水平状态时，承载面离地高度应为 1370～1410 毫米，牵引板下平面离地高度应为 1230～1250 毫米；半挂车车轴数量为二轴或三轴；前回转半径 R_1 不超过 2040 毫米；牵引销轴线至半挂车鹅颈圆弧向下突出物表面的最近点的水平距离（间隙半径）不小于 2300 毫米。②半挂车装配 50 号牵引销，牵引销主要尺寸和安装、互换性尺寸应符合 GB/T 4606 的规定；半挂车装配 10 吨级车轴；半挂车支承装置应符合 JT/T 476 的规定。

《道路甩挂运输车辆技术条件》特别规定了牵引车加挂半挂车组成的汽车列车的动力性能，即汽车列车比功率不小于 5.40 千瓦/吨。比功率就是燃气轮机的净输出功率与压气机进气质量流量之比，计算公式为“发动机净功率/总质量”。比功率是衡量汽车动力性能的一个综合指标，一般的，对同类型汽车而言，比功率越大，汽车的动力性越好。此外，JT/T 789—2010 也规

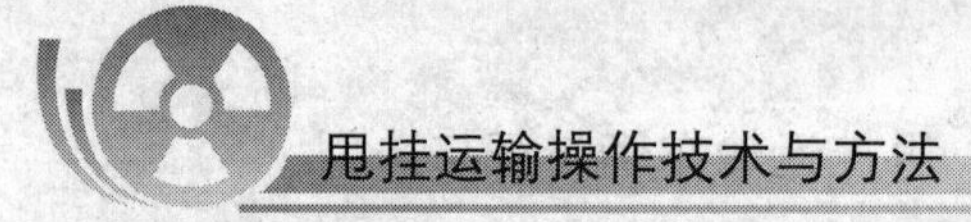

定了牵引车与挂车之间的电连接器要求、气制动连接装置要求等。

2.7.3　甩挂运输车辆选型应考虑的主要因素

根据甩挂运输的具体组织形式不同，甩挂运输车辆可分为道路干线运输用车辆、场站用车辆、多式联运用车辆。虽然货运和物流企业对于甩挂运输车辆的运用方式有所不同，但在企业选取车辆类型时，应考虑的主要因素表现为以下几种：

1. 货运需求和被替换车辆状况

作为生产性服务行业，货运需求是货运企业生存和发展的原始驱动力。甩挂运输车辆是货运和物流企业用来实现货物运输活动的工具，货运企业应根据其业务拓展状态（特别是货物流量和流向）合理选取甩挂运输车辆类型。此时，车辆吨位是首要考虑的因素，依据道路车辆外廓尺寸、载荷及质量限值要求，可进一步明确厢式半挂车的尺寸。

值得注意的是，甩挂运输车辆类型的选取受到企业既有的车辆即被替换车辆状况的影响。货运和物流企业既有的业务运营模式决定了其车辆保有量和调度方式，一旦出现旧车辆被新类型车辆替换的情景，企业必然面临由于新类型车辆的采用而可能出现的车辆调度方式调整的问题。以某道路货运企业为例：该企业在某省设立了 16 个分/子公司和 1 个分拨中心，采用轴辐式网络模式，每天使用 12 台额定载重 8 吨的货车和 4 台载重 17 吨的货车承担分/子公司和分拨中心之间的干线运输任务。如果仅仅从货运量的角度看，要替换该企业既有车辆只需 8 台额定载重 20 吨的半挂车即可，但实际上，由于货物运输期限的限制和调度成本的增加，原有的 16 台货车每天承担的 32 条线路上的运输业务并不能简单地为 8 台半挂车所替代。

可见，企业的货运业务开展状况、被替换车辆状况和既有的车辆调度方式是进行甩挂运输车辆选型时必须考虑的首要因素。

2. 货运线路途经道路桥梁的通过性要求

近年来由于车辆载重超越道路桥梁的承受能力而造成的道路桥梁垮塌事故表明，道路（特别是桥梁）设施的承载能力对甩挂运输车辆的选型构成一定约束。在进行甩挂运输车辆选型工作时，应根据有关标准和规范中规定的车道荷载计算方法估算汽车列车荷载冲击力与荷载离心力，明确拟选择的甩挂运输车辆对道路、桥梁所施加的载荷，并根据货运线路走向情况和途经道路状况对甩挂运输车辆进行筛选。

汽车列车的运行特点不同于单体卡车，特别是转弯半径。不妨将甩挂运输车辆的转弯半径分为静态转弯半径和动态转弯半径，静态转弯半径主要用于甩挂运输车辆在低速行驶的情况（如场站内车辆的移动），可根据最大与最小静态转弯半径拟定甩挂运输车辆所需的通道宽度。静态转弯半径也可作为甩挂运输车辆运行线路选取的参考指标，用最大转弯半径和通道宽度这些指标可以估计甩挂运输车辆是否可通过某一路段路口。动态转弯半径主要指甩挂运输车辆以一定速度行驶时受到车速影响的转弯半径，有助于明确甩挂运输车辆在路段上转弯的通过性要求。

3. 运到期限与经济速度

甩挂运输可以产生可观的经济效益和社会效益，但这些效益的获得也受到包括运输服务要求（货物运到期限）、车辆运行安全性等因素的影响。在不同的车辆行驶速度下，甩挂运输的经济效益呈现出规律性的变化。选择合适的车速对保证甩挂运输经济效益具有重要的意义。但在一定的运距要求下，车速对货物的送达速度、货物的运到期限又有决定性的影响。此外，甩挂运输车辆途经线路状况（如线路基础设施建设标准、线路上车流拥堵状况）也对车速有明显的影响。可见，对于甩挂运输车辆行驶速度的评估和选定是较为复杂的工作内容。当然，由于甩挂运输车辆是组合式的，其运行过程安全性保障要求也较单体卡车复杂。一些与甩挂运输车辆安全性相关的标准，如甩挂运输车辆的照明、支承装置的标准，应作为货运企业管控车辆运行过程中的重要参考。

4. 牵引力与制动稳定性

随着拖挂质量的增大，甩挂运输车辆的行驶阻力也增大，与单体卡车相比，剩余牵引力减小，这导致甩挂运输车辆的动力性能降低、加速性能和爬坡能力亦变差。根据一定的车辆行驶阻力和牵引力的计算方法，可以计算出甩挂运输车辆的有关参数，从而定量地表示出甩挂运输车辆的牵引力和行驶阻力。甩挂运输车辆在制动时可能产生折叠、甩尾和侧滑等不稳定状况，与普通货车相比，甩挂运输车辆产生这些特殊的不稳定状况的主要原因是牵引车和半挂车之间是由牵引装置相连接。牵引装置设计要求的国内外标准应作为货运企业配置车辆装备的重要参考。

3 甩挂运输车辆调度

本章旨在界定和探讨甩挂运输组织最关键的问题——车辆调度问题。

首先，甩挂运输车辆调度问题明显区别于既有的各种车辆调度问题，其求解难度很大。但能够把握既有的各类车辆调度问题及其求解方法有利于深入了解甩挂运输车辆调度问题，本章简要总结了车辆调度问题的分类及一般求解策略。

其次，由牵引车加挂1台半挂车组成的汽车列车的车辆调度问题是基于我国交通运输行业实践而提出的，针对这类车辆调度问题的研究工作尚不多，且迄今仍缺乏对这类问题的界定。本章提出一种最基本的甩挂运输车辆调度问题，并采用启发式方法进行求解。算例显示，甩挂运输车辆调度较单体卡车车辆调度更加灵活、更具经济性。

最后，本章罗列2个针对卡车加挂全挂车组成的汽车列车调度问题的求解过程、1个牵引车加挂1台半挂车组成的汽车列车在大型生产企业厂内的车辆调度问题的求解过程，以供深入研究工作的参考。

本章适合的阅读对象为：高等院校运输和物流相关专业教师、学生；科研工作者；道路运输和物流领域的调度管理人员。

3.1 车辆调度问题概述

从问题的产生渊源角度看，甩挂运输车辆调度问题属于车辆调度问题（VRP）的一种扩展性变形；从问题解决的方法论角度，针对车辆调度问题的理论研究成果可作为甩挂运输车辆调度问题的求解参考。

3.1.1 车辆调度问题的分类

车辆调度问题，也称车辆路径问题（Vehicle Routing Problem，VRP），自1959年被提出以来一直是组合优化问题中最基本的一种类型。由于应用广泛且有重大的经济价值，车辆调度问题一直受到国内外学者的广泛关注。车辆调度问题主要解决如何安排车辆行驶路线方案，即车辆从车场或配送中心等骨干运输节点出发，按照顾客的货运需求行驶至各个客户点，待完成对所有客户的货运服务后返回其出发点，要求调度方案能够实现所有车辆行驶总路程最短或者车辆运行成本最小等目标。从不同的考察角度，可将车辆调度问题分为不同类型。

1. 根据所列约束条件的分类

（1）经典车辆调度问题。经典车辆调度问题是车辆调度问题中最基本的形式，是各种车辆调度问题研究工作的参照基础。经典车辆调度问题只考虑最基本的运输能力约束，即车辆载重能力的约束。其前提假设包括：车辆行驶路线上各需求点需求量总和不得超过车辆的最大载重量；所有车辆必须从某一运输节点出发且最终必须返回出发点；每辆货车只对每个需求点服务一次。经典车辆调度问题可用1个目标函数和5个约束条件描述为：目标函数——表示模型要达到的目标是所有车辆行走的路线之和最短；约束条件1——表示每辆车服务的货运需求总量不能超过该车的最大载重量；约束条件

2——表示每条路径上的需求点不能超过需求点的总数；约束条件3——保证每个需求点都得到货运服务；约束条件4——表示每条运行路径上需求点的组成及排列次序；约束条件5——表示每个需求点的货运需求只能由一辆车来完成。

经典车辆调度问题是车辆调度问题的基础，其他各种类型的VRP问题大都是对经典车辆调度问题的发展与创新。

（2）扩展车辆调度问题。其他车辆调度问题被归类为扩展车辆调度问题，是根据实际需要，对经典车辆调度问题加入更多的、特定的约束条件而形成，以下是扩展车辆调度问题中的几种典型形式。

第一，有时间窗的车辆调度问题。该问题的约束条件规定了车辆应该到达货运需求点的时间范围，车辆需在这个时间范围内进行对客户的货运服务。有时间窗的车辆调度问题可分为硬时间窗限制和软时间窗限制两类，硬时间窗是指如果车辆没有在规定时间段内抵达客户，则得出的解不可行，而软时间窗限制下这种解可行，但要增加惩罚约束。

第二，车辆多次使用的车辆调度问题。该类问题考虑到了同一辆车可多次从其出发点发出进行货运活动的情形。

第三，考虑集货的车辆调度问题。该类问题允许货运车辆在完成向客户方向的配送/散货任务的同时，也允许车辆顺便在有关的客户点处装货带回，将散货和集货过程考虑在一起。

第四，可切分的车辆路径问题。为降低车辆空驶率，增加运输灵活性，同一顾客点的货运需求不一定只由一辆车一次性地装运，可以将顾客点的需求分成几份，分别由不同车辆分批运送。

第五，多配送中心的车辆路径问题。即由多个配送中心向客户点配送货物，客户点的货运需求可以由任意一个配送中心满足，任一配送中心也可以服务任意顾客点。问题的目标主要是追求配送总成本最小化。

第六，混合车队的车辆调度问题。即调度的对象是由多种类型的车辆组成的车队。

第七，随机车辆调度问题。可进一步分为随机需求点、随机需求量、随机车辆行驶时间、随机服务时间或这四种的组合问题等类型。

第八，动态车辆路径问题。该问题针对的情形是，在调度方案确定前，并不是所有与货运需求相关的信息都是已知，车辆运行路径安排好以后，货运需求信息可能会改变。

2. 根据所用车辆类型的分类

世界各国道路货运车辆不外乎两大类（见图 3－1）：卡车（Truck）和汽车列车（由卡车、牵引车（Tractor）、全挂车（Trailer）、半挂车（Semi－trailer）组合而成）。汽车列车主要体现为“卡车 +1 台及其以上全挂车”组合、“牵引车 +1 台半挂车”组合、“牵引车 +1 台半挂车 +1 台及其以上全挂车”组合。

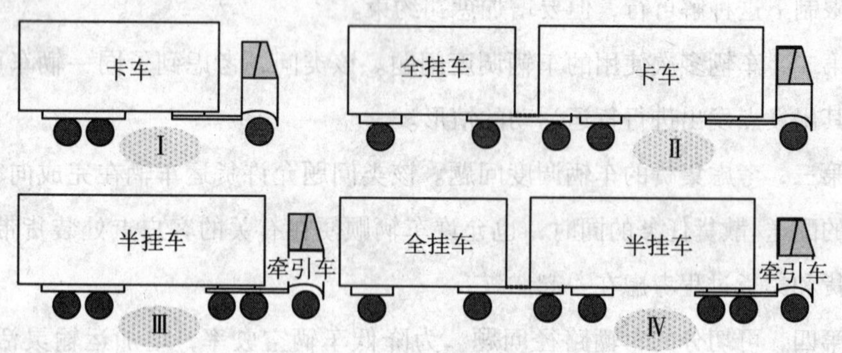

图 3－1　道路货运车辆基本类型示意

注：道路货运车辆种类繁多，本示意图仅简单地罗列出最基本的类型，而这些最基本的类型足以区分出本项目研究的关注点（实际上，这四种类型可由车轴数量、轮胎数量等的不同而衍生出多种派生类型）。经济发达国家和新兴工业化国家广泛使用这四种基本类型的道路货运车辆，但有些国家（如中国）只允许使用类型Ⅰ、Ⅲ，且类型Ⅲ在中国的使用尚处于试点阶段。

从运输组织的角度看，使用不同类型汽车列车时可采取的运力配备和调度组织模式有显著的差异：类型Ⅱ所示汽车列车在进行运输生产时，除了其后半部分的全挂车可承载货物，其前半部分即卡车也可承载货物，针对该种类型的汽车列车调度组织问题被称为TTRP（Truck and Trailer Routing Problem）。类型Ⅲ所示汽车列车在进行运输生产时，车辆的动力部分和载货部分可自由分离和组合，车辆的动力部分不能承载货物，但可方便地调度动力部分以便有效降低空驶率，针对该种类型的汽车列车调度组织问题研究工作尚不多见，也暂时没有被提炼出广泛认可的典型问题名称或简称。类型Ⅳ展示了被一些国家或地区广泛使用的、基于类型Ⅱ/Ⅲ的一种变形，在针对类型Ⅱ、Ⅲ的研究中，绝大多数研究工作没有再细分出类型Ⅳ。可见，根据运输活动所使用货运车辆类型的不同，车辆调度问题可分为卡车调度问题和汽车列车调度问题。

卡车调度问题相对简单一些，本质上是经典车辆调度问题。就是指在一定的约束下，根据已知的待服务客户的网点布局、物流/配送中心的位置、车辆的最大载重等信息，为卡车车队设计出适当的行车路线以分送货物；在满足客户的需求的同时，实现诸如路程最短、成本最小、耗费时间最少等目标。通常情况下，卡车调度问题是从一个服务中心向离散分布在某一区域的 n 个客户派遣 m 辆卡车来提供货运服务，要求确定各卡车的行走路线，使总运输成本最小，并保证每个服务需求点只被其中的一辆车辆访问过一次。

由于汽车列车的动力部分（牵引车、卡车）和载货部分（挂车）可自由分离与结合，汽车列车的调度组织问题明显区别于卡车调度问题。汽车列车调度问题可细分为：

（1）卡车加挂全挂车调度问题。作为卡车调度问题的一种延伸性变形，卡车加挂全挂车调度问题（TTRP）的建模和求解难度更大。TTRP针对由卡车牵引全挂车组成的汽车列车（卡车与挂车的配置比例在2∶1及以上）进行货物集散服务时、有些停靠点只能由卡车予以服务的情形，其建模目标是寻求成本最小的车辆运行方案，一般采用启发式算法针对特定算例进行求解。

（2）牵引车加挂半挂车调度问题，这也是现阶段我国甩挂运输调度问题的集中体现形式。我国道路甩挂运输活动是货运企业按一定比例配置牵引车和半挂车，在运输站点上 1 台牵引车可以甩掉一个半挂车、挂上另一个半挂车继续运输过程。虽然甩挂运输具有诱人的技术经济优势，但是，开展甩挂运输所涉及的运力配备和车辆调度组织问题较卡车调度问题要复杂得多。若干优秀的卡车调度问题研究成果能够为甩挂运输调度组织研究工作提供求解方法参考，优化结果比较基准，但无法直接解决甩挂运输及其所用汽车列车调度组织问题。从最主要的方面看：卡车调度问题中无法避免的空驶率、低实载率等矛盾可通过甩挂运输的动力部分（牵引车）单独行驶而得以有效缓解；卡车调度问题中运力配备着眼于单体卡车，而甩挂运输的运力配备涉及牵引车和半挂车，且二者的配备比例可有很大的不同；卡车调度问题所获得的解主要表现为各个卡车运行路径，而甩挂运输车辆调度问题所获得的解表现为牵引车与挂车的配备比例、牵引车数量及其行驶路径、站点上停靠的挂车数、行驶中挂车数及其运行路线，等等。

（3）牵引车加挂半挂车加全挂车调度问题。绝大多数研究工作没有再细分出这种类型，实际上这种车辆调度问题可以归结为第（2）种或第（3）种的衍生形式。

针对我国甩挂运输组织问题的研究定位明显区别于国外的情况（见表3－1）。随着我国甩挂运输试点工作的持续推进，行业实践必然为学术研究提供充足的素材，也必将向学术研究提出新的需求。在交通运输业应对气候变化的主题背景下，以系统深入的理论模型及其运算结论来确立甩挂运输车辆调度组织方法，可以切实达到提升道路货运生产效率和碳减排的目的。这样的理论研究工作日趋成为交通运输领域学术研究热点，具有重要的科学意义和良好的应用前景。

表 3－1　　我国甩挂运输车辆调度问题研究基本要求对比

对比点	VRP 研究	TTRP 研究	我国甩挂运输组织理论研究
针对的车辆类型	卡车	卡车加挂全挂车	牵引车加挂半挂车 + 全挂车
车辆动力部分和载货部分比例	不可分离，可认为1∶1	卡车：全挂车≥1∶2	牵引车：挂车≤1∶n
该车辆适用范围	国内外	国外	国内
研究要获得的主要结论	车辆运行路径、车队规模等	卡车路径、全挂车路径及其停留点	牵引车与半挂车比例、牵引车数及其路径、半挂车数及其路径和存放场站
研究工作概览	◇关于车辆调度、运行路径问题的基本模型 ◇已积累了成熟的理论方法体系 ◇有力地指导实践	◇TTRP 是 VRP 的复杂化变形，可认为 VRP 是 TTRP 的特例 ◇已有数条研究成果，但形成理论方法体系尚需时日 ◇已对实践产生作用	◇牵引车路径与 VRP 有所类似，半挂车调度与 TTRP 有所类似，牵引车与半挂车数量配比及场站上半挂车的配置是特有的 ◇暂无深入的研究成果，而行业实践有强烈的需求

3.1.2　车辆调度问题的求解方法

车辆调度问题的常用求解方法可以分为精确算法和启发式算法两大类。

精确算法就是那些可求出车辆调度最优方案的算法，迄今运用较为成熟的精确算法有分支定界法、割平面法、整数规划法和动态规划法等。

以分支定界法为例，该方法是形成于 20 世纪 60 年代的，可用于求解纯整数或混合整数规划问题。这种方法便于计算机求解，已成为求解整数规划问题的重要方法，实质上它是枚举法的改进。分支定界法的主要步骤包括：Step 1，将原问题的某些约束条件放宽或取消，如果求出的最优解是原问题的可行解，则此解为原问题的可行解。否则，这个解的目标函数值是原问题的最优解上界。Step 2，在 Step 1 中由于放宽或取消条件而产生的替代问题分成若干子问题，要求各子问题的解集合的并集要包含原问题的所有可行解，然后对每个子问题求最优解。所有这些子问题的最优解中的最优者如果是原问题的可行解，则它就是原问题的最优解。否则，它的目标函数值成为原问题的一个新的上界。各子问题的最优解中，若有为原问题的可行解的，选这些可行解的最大目标函数值，就是原问题最优解的一个下界。Step3，如果最优解的目标函数值已小于这个下界，则其可行解中必无原问题的最优解，可以放弃。如果最优解的目标函数值大于这个下界，则全部保留下来。Step 4，在 Step 3 中保留下来的子问题中，挑选出最优解的目标函数值最大的一个，重复 Step 1 和 Step 2。如果已经找到该子问题的最优可行解，那么用其目标函数值与前面保留的其他问题在内的所有子问题的可行解中目标函数值最大者，将它作为新的下界，重复 Step 3，直到求出最优解。值得指出的是，该方法较为适合求解小规模的问题。1986 年，某些国外学者利用了扩展车辆调度问题 m－TSP 即多回路的旅行商问题与经典车辆调度问题之间的关系，将 m－TSP 转化成为 1－TSP，然后用分支定界法求解了包含 260 个顾客点的车辆调度问题。

精确算法在解决实际问题时的应用范围非常有限，所以学者们常把注意力集中在启发式算法的研究上。所谓启发式算法就是人们受到自然规律、现象等的启发得出的求解复杂优化问题的方法，启发式算法是一种技术，在可接受的计算费用内寻找最好解，但不保证该解的可行性与最优性，无法描述该解与最优解的近似程度。一个好的启发式算法可以使所得解与最优解无限接近，同时保证有很好的稳定性。启发式算法的优点有：有可能比简化的数学模型解的误差小；对有些难题，计算时间可接受；可用于某些最优化算法（如分支定界法）之中的估界；直观易行，算法执行速度较快；程序简单，易修改。启发式算法的不足主要在于：不能保证求得全局最优解；解的精度不稳定；算法设计受到所针对的问题、算法设计者的经验、技术的影响；不同算法之间一般难以确切比较。

用于解决车辆调度问题的启发式算法大体可分为传统启发式算法和现代优化算法两类。

1. 传统启发式算法

（1）线路构造算法。线路构造算法有很多变形，其共同之处是将不在路径上的一个节点通过一定方法规划进路径内，直到所有节点都被安排到路径上为止，安插节点的方式不同区分了线路构造算法的不同变形。

①节约法。节约法是最为简单的线路规划近似算法之一，且交互性较好。节约法是将所有需求点按照运输距离的节约量由小到大地安排进车辆行驶路线，在路线上顾客点的需求量达到车辆载运能力约束时，则再安排另外的线路、加派另一车辆行驶。具体来说，节约法是先计算 i 点和 j 点连接在一条路线上的费用节约值，计算每个点的节约值并排序形成一个集合 $\{A\}$，如果 A 为空，则计算结束。否则可进行两种计算，一种是计算 i、j 两点连接后线路上的总货运量，如果这个量小于车辆额定载重，则计算车辆到达 j 点的时间比原路线上车辆到达 j 点的时间提前或推迟的量。然后连接 i 和 j，计算车辆到达各顾客点时的新的时刻。第二种是令新集合为原集合去掉该节约值，若得到的新集合为空，则计算终止，否则返回上一步继续计算。

②插入法。又称最远插入法，它结合了最邻近法和节约法的技术，将满足约束条件的需求点依序插入所构建的路径中。具体而言，先选取离配送中心最远的顾客点为路线的种子点，再根据最临近点插入值最小的原则，将插入值最小的顾客点插入路径当中，最后用一般化节省值公式，以其中节省值最大者来决定插入的位置，这样重复选取与插入，直至路径中顾客点的需求量超过了车辆容量或车辆超过时间窗限制，再构建另外一条线路。

(2) 两阶段算法。可进一步分为以下几类:

第一，先分群后安排路线法。这种方法先按弧或节点的方式将顾客点分为数个群组，对每个群组进行一次最佳路线设计。1974 年出现的扫描法是这类方法的典型形式，扫描法用极坐标来表示各顾客点的位置，任选一顾客点，设其角度为零度，则此点为起始点，以顺时针或逆时针方向将服务区域进行划分，使区域内顾客点的需求量必须不超过车辆的额定载重，再使用交互法对顾客点进行排序，得出最佳的车辆行驶路径。

第二，先安排路径后分群法。即先对顾客点整体构建出一条或几条路径，由于这些路径一般并非完全可行的，需要按照一定的约束条件将其划分为一些较短的可行路径。

第三，改进法或交换法。即先确定一条可行线路，再用此方法对线路进行优化，力求每一步都产生一个可行解来替代原来的解，使目标函数得以改进，直到不能再得到更好的可行解为止。

2. 现代启发式算法

现代启发式算法是 20 世纪 80 年代兴起的启发式算法，以下几种都属于现代启发式算法。

(1) 蚁群算法。科学家曾研究了蚂蚁搜寻食物的具体过程。在蚁群寻找食物时，它们总能找到一条从食物到巢穴之间的最优路径。这是因为蚂蚁在寻找路径时会在路径上释放出一种特殊的信息素。当它们碰到一个还没有走过的路口时，就随机地挑选一条路径前行。与此同时释放出与路径长度有关的信息素。路径越长，释放的激素浓度越低。当后来的蚂蚁再次碰到这个路口时，选择激素浓度较高路径的概率就会相对较大。最优路径上的激素浓度越来越大，而其他路径上的激素浓度却会随着时间的流逝而消减。最终整个蚁群会找出最优路径。

蚁群算法是对自然界蚂蚁的路径寻找方式进行模拟而得出的一种仿生算

法。运用蚁群算法时首先要构造人工蚁群，蚁群可分别用来表示最小化路径长度、最小化车辆数等。基于蚁群寻找食物时的最优路径选择问题，可以构造人工蚁群来解决最优化问题，如车辆调度问题。人工蚁群中把具有简单功能的工作单元看做蚂蚁。二者的相似之处在于都是优先选择信息素浓度大的路径。较短路径的信息素浓度高，所以能够最终被所有蚂蚁选择，也就是最终的优化结果。两者的区别在于人工蚁群有一定的记忆能力，能够记忆已经访问过的节点。同时，人工蚁群再选择下一条路径的时候是按一定算法规律有意识地寻找最短路径，而不是盲目的。

(2) 禁忌搜索算法。禁忌搜索算法是局部领域搜索算法的推广，是人工智能在组合优化算法中的一种应用。它模拟人的搜索行为，即对刚刚搜索过的地方不会立刻再进行搜索，而是到其他地方搜索；若搜索目的没有达到，再回到已搜索过的地方重新搜索。禁忌搜索从一个初始可行解开始，确定一定的方向开始搜索，搜索条件是寻找让目标函数的值减少最多的点，建立禁忌表，禁止对最近搜索过的点重复搜索，以避免进入循环，使取得的解不是局部最优解。禁忌搜索给出了一个启发式算法的框架，可扩展性强，但在收敛性方面有待深入探讨。

(3) 遗传算法。遗传算法是通过模拟自然界进化过程来搜索最优解的一种方法。遗传算法是从代表问题可能潜在解集的一个种群开始的，而一个种群则由经过基因编码的一定数目的个体组成。每个个体实际上是染色体带有特征的实体。染色体作为遗传物质的主要载体，即多个基因的集合，其内部表现是某种基因组合，它决定了个体的外部表现。因此，在初始阶段需要实现从表现型到基因型的映射即编码工作。当初代种群产生后，按照适者生存和优胜劣汰的原理，逐代演化产生出越来越好的近似解。在每一代，根据问题域中个体的适应度大小挑选个体，并借助自然遗传学的遗传算子进行组合交叉和变异，产生出代表新的解集的种群。这个过程将导致种群像自然界进化一样的后生代种群比前代更加适应环境，而末代种群中的最优个体经过解码，可以作为问题的近似最优解。

3. 评价

相比于人工智能算法，精确算法基于精确的数学方法，在可以求解的情况下比人工智能算法更加精确，可得到人工智能算法无法达到的求解效果。但精确的数学方法存在着计算工作量指数爆炸的问题，所以精确算法难以适用大规模问题的求解。在求解大规模问题时，人工智能算法能够在较短的时间里得出满意解甚至最优解，因此，在实际应用中，人工智能算法比精确算法有更广阔的应用前景。无论是什么方法，都有其优势和局限性、适用范围。表3－2简要罗列了几种算法及其一般特点。

表3－2　用于求解车辆调度问题的各种优化算法的比较

方法	主要优点	主要缺点	适用范围
动态规划法	可求得最优解	计算时间过长且占用的内存量呈指数增长	适用于规模较小的问题
分支定界法	可求得最优解	计算时间长且常出现内存不足问题	用于解组合优化的小型问题
切平面法	可求得最优解	计算时间长且所需内存大	适用于解小规模问题
节约算法	提高车辆利用率，可以解决大规模问题	解是满意的，不一定是最优解	可以解决大规模问题
插入算法	结合了节约法和最邻近法	速度慢，解非最优	适用于小规模问题

续　表

方法	主要优点	主要缺点	适用范围
禁忌搜索算法	可以通过一定规则提高搜索效率	可能搜索到局部最优解	适用于带软时间窗的 VRP 问题
遗传算法	具有鲁棒性，且全局搜索能力强，计算时间较少	不能保证每次搜索结果一样	适用于复杂优化问题
模拟退火算法	采用随机松弛技巧	搜索结果不能保证是最优的	适于对已有路径进行改造
蚁群算法	可以将目标构造成两组相互协调的蚁群	需要不断调整变量	适用于多目标优化问题

3.2　甩挂运输车辆调度问题界定及其求解算例

3.2.1　对甩挂运输车辆调度问题的基本认识

车辆调度工作是甩挂运输组织模式的核心技术，是甩挂运输效益实现的基本保障，也是企业的一种核心竞争力。首先，甩挂运输组织模式的本质特征决定了车辆调度的重要性。甩挂运输的内在发展动因主要是由牵引车和挂车的自由分离和结合而能够产生的生产效率提升和运输效益提高，而牵引车和挂车的自由分离和结合作业需要科学合理的管控方案做依据，该管控方案制定过程中最关键的就是车辆调度方法和技术。其次，甩挂运输车辆调度不同于传统的针对单体卡车的车辆调度工作，其复杂性大大增加。再次，甩挂运输车辆调度可分为针对汽车列车、牵引车、半挂车的调度工作，但这种分类只可供分析论证，实操中应综合、系统地考虑。最后，甩挂运输车辆调度工作复杂且重要，但企业不见得能够认可和重视，而理论研究工作的缺陷导致参考依据的缺乏是重要的阻碍因素。

甩挂运输车辆调度方式的不同决定了企业运输网络的形式，运输网络依据车辆类型和调度方式而形成层次化、功能化结构，在甩挂运输网络上，可体现出骨干网和支线网的层次。在骨干网中，牵引车由一个大型甩挂运输场站发出，牵引车或牵引车加挂挂车在能够存放挂车的站点间行驶。牵引车加挂挂车每经过一个站点，牵引车就要进行一次“甩下1台挂车+挂上1台挂车”的作业，牵引车不加挂挂车时途经的站点可只进行挂1台挂车的作业。在支线网中，甩挂运输车辆主要以各站点为中心，串联该站点所辐射的货物集散点，此过程不进行甩/挂挂车作业，而仅是集散货物。

在甩挂运输车辆调度工作中，车辆动力部分（牵引车）的利用率是关注的焦点，而牵引车利用时间与驾驶员工作时间之间联系密切；所以，驾驶员的工作时间是一个硬约束，应尽量充分利用驾驶员工作时间资源。由于人本身持续工作耐力、车辆行驶过程安全要求等因素的影响，驾驶员的法定工作时间是有硬性要求的。如在美国，卡车驾驶员连续行车时间不能超过10小时，在充分休息8小时的条件下，可在岗15小时（包括等待货物装卸、车辆维修保养等作业）；企业每周工作6天时，驾驶员的在岗时间不得超过60小时；企业每周工作7天时，驾驶员的在岗时间不得超过70小时。

3.2.2 驾驶员工作时间的优化模式

1. 值乘制度

甩挂运输车辆驾驶员的值乘制度可分为以下两种：轮乘制和包乘制。在轮乘制下，某台牵引车不固定驾驶员或驾驶员小组，由许多驾驶员或驾驶员小组轮流驾驶运行。轮乘制是在甩挂运输站点较为密集，且牵引车类型又基本相同的路段，为了紧凑地组织运输，采用驾驶员小组互相套用，不固定驾驶员而服务于某一牵引车。但该种方式增加了交接手续环节，对运行过程的速度和效率略有影响。在包乘制下，1 台牵引车分配给固定的驾驶员小组，该小组中应设组长 1 人，包乘小组在组长的领导下，负责所包牵引车的运用、保养、整备、验收、保管、交接等工作，以保质保量地完成运输任务。牵引车包乘小组负有对所包车辆的包用、包养、包管全部责任。该方式可加强驾驶员对甩挂运输车辆的责任心，有利于车辆的维护保养、保证车辆经常处于良好的技术状态；驾驶员熟悉牵引车的性能特点，便于钻研和发展操纵技术。但是因为牵引车的利用效率受到包乘小组工作时间的限制，导致车辆生产时间不能被充分利用。

在包乘制下，每个驾驶员的工作时间 = 所驾驶车辆的行驶时间 + 中途停靠时间；在轮乘制下，驾驶员工作时间总和 = 车辆的行驶时间总和 + 中途停靠时间总和。

2. 驾驶员工作时间模式分类与优化

考察驾驶员工作时间模式的不同对于劳动力成本的影响：假设驾驶员每周允许工作 48 小时，平均每天 6.86 小时。

工作时间模式可以有以下类型：

连续工作 2 天休息 1 天，此时工作日的工作时间为 $3 \times 6.86 \div 2 = 10.3$ 小时；

连续工作 3 天休息 1 天，此时工作日的工作时间为 $4 \times 6.86 \div 3 = 9.1$ 小时；

连续工作 4 天休息 1 天，此时工作日的工作时间为 $5 \times 6.86 \div 4 = 8.6$ 小时；

连续工作 5 天休息 1 天，此时工作日的工作时间为 $6 \times 6.86 \div 5 = 8.2$ 小时；

连续工作 6 天休息 1 天，此时工作日的工作时间为 $7 \times 6.86 \div 6 = 8.0$ 小时。

(1) 在“连续工作 2 天休息 1 天”模式下:

定义 x_i(非负整数)为第 i 天新开始上班的驾驶员数量, b_i 为第 i 天所需车辆工作时间(非负数)。在不同的工作时间模式下, b_i 取值不同,应使用车辆行驶总时间为单位表达约束条件。

使劳动力成本即企业所聘用驾驶员数量最小的目标是:

$$\min z = \sum_{i=1}^{7} x_i$$

约束条件:

$$x_1 + x_5 + x_7 \geqslant b_1$$

$$x_2 + x_6 + x_1 \geqslant b_2$$

$$x_3 + x_7 + x_2 \geqslant b_3$$

$$x_4 + x_1 + x_3 \geqslant b_4$$

$$x_5 + x_2 + x_4 \geqslant b_5$$

$$x_6 + x_3 + x_5 \geqslant b_6$$

$$x_7 + x_4 + x_6 \geqslant b_7$$

(2) 在“连续工作 3 天休息 1 天”模式下:

定义 x_i(非负整数)为第 i 天新开始上班的驾驶员数量, b_i 为第 i 天所需驾驶员数量(非负整数);使劳动力成本即企业所聘用驾驶员数量最小的目标是:

$$\min z = \sum_{i=1}^{7} x_i$$

约束条件:

$$x_1 + x_7 + x_6 + x_4 \geqslant b_1$$

$$x_2 + x_1 + x_7 + x_5 \geqslant b_2$$

$$x_3 + x_2 + x_1 + x_6 \geqslant b_3$$

$$x_4 + x_3 + x_2 + x_7 \geqslant b_4$$

$$x_5 + x_4 + x_3 + x_1 \geqslant b_5$$

$$x_6 + x_5 + x_4 + x_2 \geqslant b_6$$

$$x_7 + x_6 + x_5 + x_3 \geqslant b_7$$

（3）在“连续工作 4 天休息 1 天”模式下：

定义 x_i（非负整数）为第 i 天新开始上班的驾驶员数量，b_i 为第 i 天所需驾驶员数量（非负整数）；使劳动力成本即企业所聘用驾驶员数量最小的目标是：

$$\min z = \sum_{i=1}^{7} x_i$$

约束条件：

$$x_1 + x_5 + x_6 + x_7 + x_3 \geqslant b_1$$

$$x_2 + x_6 + x_7 + x_1 + x_4 \geqslant b_2$$

$$x_3 + x_7 + x_1 + x_2 + x_5 \geqslant b_3$$

$$x_4 + x_1 + x_2 + x_3 + x_6 \geqslant b_4$$

$$x_5 + x_2 + x_3 + x_4 + x_7 \geqslant b_5$$

$$x_6 + x_3 + x_4 + x_5 + x_1 \geqslant b_6$$

$$x_7 + x_4 + x_5 + x_6 + x_2 \geqslant b_7$$

（4）在“连续工作 5 天休息 1 天”模式下：

定义 x_i（非负整数）为第 i 天新开始上班的驾驶员数量，b_i 为第 i 天所需驾驶员数量（非负整数）；使劳动力成本即企业所聘用驾驶员数量最小的目标是：

$$\min z = \sum_{i=1}^{7} x_i$$

约束条件：

$$x_1+x_4+x_5+x_6+x_7+x_2 \geqslant b_1$$

$$x_2+x_5+x_6+x_7+x_1+x_3 \geqslant b_2$$

$$x_3+x_6+x_7+x_1+x_2+x_4 \geqslant b_3$$

$$x_4+x_7+x_1+x_2+x_3+x_5 \geqslant b_4$$

$$x_5+x_1+x_2+x_3+x_4+x_6 \geqslant b_5$$

$$x_6+x_2+x_3+x_4+x_5+x_7 \geqslant b_6$$

$$x_7+x_3+x_4+x_5+x_6+x_1 \geqslant b_7$$

(5) 在“连续工作 6 天休息 1 天”模式下：

定义 x_i（非负整数）为第 i 天新开始上班的驾驶员数量，b_i 为第 i 天所需驾驶员数量（非负整数）；使劳动力成本即企业所聘用驾驶员数量最小的目标是：

$$\min z = \sum_{i=1}^{7} x_i$$

约束条件：

$$x_1+x_4+x_5+x_6+x_7+x_3 \geqslant b_1$$

$$x_2+x_5+x_6+x_7+x_1+x_4 \geqslant b_2$$

$$x_3+x_6+x_7+x_1+x_2+x_5 \geqslant b_3$$

$$x_4+x_7+x_1+x_2+x_3+x_6 \geqslant b_4$$

$$x_5+x_1+x_2+x_3+x_4+x_7 \geqslant b_5$$

$$x_6+x_2+x_3+x_4+x_5+x_1 \geqslant b_6$$

$$x_7+x_3+x_4+x_5+x_6+x_2 \geqslant b_7$$

若设定某企业第 i 天所需车辆工作时间依次为：13、12、13、14、15、14、18，则根据上述模型可获得不同的工作时间模式下驾驶员的需求量（见表 3-3）。可见，工作时间模式对驾驶员配备数量的影响很明显。

表 3 -3　　不同工作时间模式下驾驶员数量

工作时间模式	驾驶员配备总数（人·周）	浪费的劳动力（人·天）
2/1	34	3
3/1	29	2
4/1	25	4
5/1	23	10
6/1	24	14

3. 驾驶员工作时间模式与牵引车运距

在驾驶员工作小组的“包乘制”情景中，当企业采用“连续工作 4 天休息 1 天”模式时，每个驾驶员每天可工作 8.6 小时。假定牵引车平均速度为 45 千米/小时（已将车辆停靠时间的影响考虑在内）：

（1）若 1 台牵引车配备 1 个司机驾驶，则每天可行驶里程为：8.6 × 平均速度 = 387 千米。

（2）若 1 台牵引车配备 2 个司机驾驶，则每天可行驶里程为：8.6 × 平均速度 × 2 = 774 千米。

（3）若 1 台牵引车配备 3 个司机驾驶，则司机每天应工作的总时间为：8.6 × 3 > 24，已跨天，不容易实施，暂认为不可行。

这样，可依据 387 千米和 774 千米（或者这两个数的分数倍数，387 ÷ 2 = 194，387 ÷ 4 = 97，387 ÷ 8 = 48。实际上，距离越短，则稳定的货物交流量越小，不利于发挥甩挂运输的规模化优势）这两种运距来寻找各牵引车的行驶路线。

根据不同的运距以及可串联的站点数量，可确定不同的运输路线方案，这种方案有很多种。针对这些可选路线，可根据不同站点上货物集散量的概率分布模式，即时分派牵引车和驾驶员，其一般步骤如下：

当站点上有一定重量的货物等待运输时：

（1）分析当时的货物空间分布情形，选定优先服务的货物及站点（选取标准：货物的服务时间要求、货物品类和重量）。

（2）拟定若干运输任务，其中应包括优先服务的货物及站点（标准包括空车厢的分派、车辆到达站点的时间窗要求、驾驶员工作时间要求）。以优先服务的货物及站点为初始运输任务，根据时间和车辆载重要求添加其他货物，形成一个包含多个站点货物的运输任务。

（3）拟定若干运输路线，满足驾驶员的工作时间要求。

（4）依据一定的目标评价各个运输路线的绩效。

（5）确定优选的运输路线。

重复以上步骤。

3.2.3 用于甩挂运输牵引车调度的一种启发式方法

1. 甩挂运输车辆的行驶方式

甩挂运输车辆的行驶方式可表现为三种类型：第一种，所有牵引车需由一个大型甩挂运输场站发出，牵引车或牵引车加挂半挂车在能够存放半挂车的站点间行驶。牵引车加挂半挂车每经过一个站点牵引车就要进行一次“甩下 1 台半挂车 + 挂上 1 台半挂车”的作业，牵引车不加挂半挂车时途经的站点可只进行挂 1 台半挂车的作业。此情形下一个最基本的要求是“经过一个甩挂运输组织过程周期后各站点上半挂车存放量不小于最小值”，此外，还需考虑牵引车到达各站点的时间窗约束；第二种，以各站点为中心，串联该站点所辐射服务的货物集散点，此过程不进行甩/挂半挂车作业而仅是集散货物；第三种，实际上是第一类型的扩展形式，以第一类型为基础，适时加入一定数量的第二类型。

一个区域性道路货物运输网络上包含多个站点。这些站点必然存在功能定位和规模上的区别，站点间货物交流的流量和流向往往是不平衡的。针对

能够完全表达实践问题状态的理论模型的形式复杂性与求解难度，采取分步分解原始问题、运筹优化技术与专家知识交互的过程控制方式，获取满意解（即甩挂运输运能配置及其调度组织方案，特别是运输车辆配备及其路线规划）。

将区域性道路货物运输网络（表示为 G）抽象到方格上，其中有一个大型甩挂运输场站（表示为 H——hub）及其辐射服务的若干站点（表示为 s_i，其中 $i=1,2,\cdots$ 为站点的编号），初始时所有牵引车停靠在甩挂运输场站 H 中，所有站点上均有待运输的载有货物并达到一定实载率的半挂车及保有的其他尚待装卸货物的半挂车。在各个站点间的货物交流量不相等条件下，以交流量集合的最小值为基准选取一个站点间货物交流量相等的货运网络（表示为 G_1），再在 $G-G_1$ 网络上以交流量集合的最小值为基准选取另一个站点间货物交流量相等的货运网络（表示为 G_2），依次寻找 G_1，G_2，…这些货运网络的牵引车运行路线。实际上，这已经是对实践中复杂的甩挂运输车辆调度问题进行了合理的简化了。

2. 备选的牵引车行驶路线方案的构造

依据牵引车司机的工作时间约束和司机调度组织模式，可确定每个司机每天可工作的时间，每台牵引车可由 1 名或者 2 名司机值乘。司机的工作时间由驾驶牵引车的运行时间和牵引车在站点上的停留时间、牵引车在 H 上的停留时间组成。牵引车在站点上的停留时间主要用于甩/挂半挂车作业，牵引车在 H 上的停留时间主要用于甩/挂半挂车作业和简单的整备作业。当然，在牵引车的非行驶时间段内，其停靠在 H 上，可进行一些必要的运行维护保养作业。牵引车行驶路线方案的构造问题解决过程可描述如下：

已知条件包括：

每台牵引车所配备司机的数量 k，每位司机的额定工作时间 T（小时/(人·天)），牵引车行驶过程中的平均速度 v（千米/小时），站点间距离 d_{ij}，每条牵引车路线途经的站点数量 m ，则每条牵引车路线所能够联络的站点系列可表示为 $H - s_1 - \cdots - s_m - H$ ，以此为牵引车行驶路线方案基本形式。

基本的约束条件为：

(1) 牵引车由 H 发出途径不重复的若干站点后回到 H ，该约束条件可表示为 s_i （ $i = 1,2,\cdots,m$ ） 互不相同；

(2) 无论由 1 名或者 2 名司机值乘，要充分利用好司机的工作时间 T（小时/（人·天））。该约束条件可表示为 $\rho_1 \cdot kT \leqslant \sum_i \sum_j \frac{d_{ij}}{v} + mt_s + t_H \leqslant \rho_2 \cdot kT$，其中 t_s 、t_H 分别为牵引车在站点 s_i 与 H 上的停留作业时间（该时间须有牵引车司机在场，用于交接货物和半挂车），ρ_1（ <1）、ρ_2（ $\geqslant 1$） 分别为司机时间利用率的下限和上限。

构造过程：

(1) 将距离矩阵转换为牵引车行驶时间矩阵 $[t_{ij}]$ ；

(2) 针对特定的 m 值（ m 取值越大，牵引车行驶路线方案中途经站点越多，则牵引车停留时间占其工作时间的比重就越大，并不一定是明智之举），对行驶时间矩阵 $[t_{ij}]$ 嵌套循环 m 层，寻找那些满足 $\rho_1 \cdot kT \leqslant \sum_i \sum_j t_{ij} + mt_s + t_H \leqslant \rho_2 \cdot kT$ 约束条件且 s_i（ $i = 1,2,\cdots,m$ ） 互不相同的牵引车行驶路线方案 $H - s_1 - \cdots - s_m - H$ ；

(3) 基于货物交流矩阵所允许存在的站点间运输联系情况，对上一步所获得的牵引车行驶路线方案进行筛选。

3. 牵引车行驶路线满意方案的求解

初步构造出的备选牵引车运行路线方案数量越多，就可以为选取供企业执行的牵引车运行路线满意方案提供更多的回旋余地。依据其途经站点数量不同而区分开的牵引车行驶路线方案的不同类别各具优势和不足，特别是串联站点多的种类较串联站点少的种类能够覆盖更多的货运需求，但也增加了牵引车的站内作业时间，由此降低了牵引车工作时间内的行驶时间比例。在初步筛选阶段，我们很难找到一个评价标准，对不同的类别做出合理的取舍。

但是，在同一类别内，特别是那些所含的备选牵引车行驶路线方案数量众多的类别，同一类别的方案明显存在线路重叠的现象，一旦出现这样的情形，就意味着途经该路段的所有牵引车中，除了1台之外的其他牵引车将不加挂半挂车而独自行驶。采取以下措施对存在线路重叠现象的方案进行初步筛选。

(1) 允许存在线路重叠现象，但重叠路段所耗用的牵引车行驶时间有最大值要求，设定重叠路段所耗用的牵引车行驶时间最大值为 $(t_{ij})_{\max}$ 。若出现所耗用的牵引车行驶时间超过 $(t_{ij})_{\max}$ 的重叠路段，则在同一类别的相关方案中只能保留1个方案。

(2) 根据重叠路段所耗用的牵引车行驶时间最大值要求，找出所有的超过该最大值的重叠路段，并在该重叠路段所对应的牵引车行驶路线方案中予以标示，这样可写出“方案—重叠路段”矩阵。

(3) 对于某重叠路段上同时有2个及以上的方案时，应只取其中1个方案。这就意味着：一旦选定1个方案，某重叠路段所在的所有其他方案须舍弃。考虑一种极端的情形：对于某重叠路段，选定一个方案后，须舍弃其他一些方案，若选定的这个方案导致舍弃的其他方案数量很多，则在后续的筛选过程中可用于筛选的方案数量会大大减少，不利于获取充足数量的方案。所以，在选定对应的某重叠路段的方案时，遵循的一个原则是：该方案一旦选定，由于重叠路段原因导致的被舍弃的其他方案数量最少。

以最初的“方案—重叠路段”矩阵（表示为 A_0 ，该矩阵的行由备选牵引车运行路线方案组成，列由重叠路段 re 组成）为操作对象，依据备选方案的筛选原则，选定方案 n_i 的操作为：对于矩阵 A_0 的某一非零元素 a_{ik} ，寻找其所在的行中所有的非零元素 $a_{ij}=1$ ，记 a_{ij} 所在列的元素之和为 $\sum\limits_{i} a_{ij}$ ，则

以 $\sum\sum_{i} a_{ij}$ 最小的非零元素对应的方案 n_i 为选定方案，将该方案收录到“较满意方案的集合”。一旦选定了方案 n_i，则在矩阵 A_0 中进行以下的舍弃方案操作：对于所有的 $a_{ij}=1$ 元素所在的列，舍弃该列中非零元素对应的那些行，之后还需将第 n_i 行舍弃，这样得到一个新的“方案—重叠路段”矩阵（表示为 A_1），对矩阵 A_1 重复以上操作后，可获得包含多个方案的“较满意方案的集合”。

（4）采用以上操作过程可获得在同一类别内消除线路重叠现象的“较满意方案的集合”，这样，可尽可能地避免牵引车不加挂半挂车而独自行驶的问题。

对于“较满意方案的集合”，采取“先填充后剪切”的方式在与货物交流矩阵等维的0矩阵上选定满意的牵引车行驶路线方案。主要过程如下：

（1）构造一个与货物交流矩阵等维的0矩阵，将“较满意方案的集合”中包含的若干牵引车行驶路线所能够连接的路段标示在货物交流矩阵上（以数字1表示这种对应），对于重叠路段对应的矩阵元素应累加，记该矩阵为 B_0。

（2）对于“较满意方案的集合”中包含的某条牵引车行驶路线 n_i，将其与矩阵 B_0 对照：若 n_i 所包含的所有路段对应的矩阵 B_0 相关元素大于1，则将 n_i 剔除；若 n_i 所包含的一定比例（如80%）以上路段中对应的矩阵 B_0 相关元素大于1，则将 n_i 剔除；若 n_i 所包含的部分路段中对应的矩阵 B_0 相关元素大于1，且这些路段所耗用的牵引车行驶时间超过一个最大值（如10小时），则将 n_i 剔除。每一次的剔除操作需将被剔除方案所包含路段在矩阵 B_0 对应的元素上减1，该减法操作应累计，获得矩阵 B_1。

（3）一般的，矩阵 B_1 的非零元素对应的位置往往并不完全等同于原始的货物交流矩阵，而是要较原始的货物交流矩阵的非零元素个数少，这说明矩阵 B_1 对应的牵引车调度方案不能完全满足货物交流需求。为改善牵引车调度方案的市场适应性，可以以增加重叠路段（这样的路段应尽可能的短）为代价，设计新的牵引车运行路线（设计过程同上）以满足需求。

（4）上述操作的限度：可以以满足所有货物交流需求为期望状态，但由于货物交流需求的空间分布不均衡性，这样的状态往往包含过多的重叠路段，导致牵引车调度方案的经济性降低。若将货运服务能够满足一定比例（如80%以上）的货物交流需求量设为满意目标，则可较好地平衡货运供需矛盾和货运企业的经济效益。

3.2.4　甩挂运输牵引车调度算例

1. 算例网络的构建

以正态分布的形式生成一个 10×10 数字矩阵，取其中数值非正的位置为货运网络的站点，取最小的数值所在位置为货运网络的 H，设定甩挂运输车辆每行走一个单元格需耗时 0.5 小时。所得到的示例网络见表 3－4。

表 3－4　　算例所用货运节点分布情况

				7	9				
1		3							
				8					
						11			
2							12		
								13	
		4	6		10				
		5		H					

以单元格距离为单位的该网络的距离矩阵为 $D = [d_{ij}]$，见表3-5。

表3-5　算例所用货运节点间运距

	H	1	2	3	4	5	6	7	8	9	10	11	12	13
H	∞	11	8	9	3	2	2	8	6	9	2	7	7	6
1	11	∞	3	2	8	9	9	5	5	6	11	8	10	13
2	8	3	∞	5	5	6	6	8	6	9	8	7	7	10
3	9	2	5	∞	6	7	7	3	3	4	9	6	8	11
4	3	8	5	6	∞	1	1	9	7	10	3	8	8	7
5	2	9	6	7	1	∞	2	10	8	11	4	9	9	8
6	2	9	6	7	1	2	∞	8	6	9	2	7	7	6
7	8	5	8	3	9	10	8	∞	2	1	8	5	7	10
8	6	5	6	3	7	8	6	2	∞	3	6	3	5	8
9	9	6	9	4	10	11	9	1	3	∞	7	4	6	9
10	2	11	8	9	3	4	2	8	6	7	∞	5	5	4
11	7	8	7	6	8	9	7	5	3	4	5	∞	2	5
12	7	10	7	8	8	9	7	7	5	6	5	2	∞	3
13	6	13	10	11	7	8	6	10	8	9	4	5	3	∞

对于站点间的货物交流方向，采用生成12个随机数并取最大的4个数所在的位置确定第 i 个站点与其他站点间的货物交流联系。对于 H 与各个站点间的联系，为保证牵引车的服务水平，设定所有站点均与 H 之间存在双向货物交流。货物交流矩阵为 $W = [w_{ij}]$，见表3-6。

表 3-6　　算例所用货运节点间的货物流量

发＼到	*H*	1	2	3	4	5	6	7	8	9	10	11	12	13
H	0	1	1	1	1	1	1	1	1	1	1	1	1	1
1	1	0	1	0	1	1	0	0	0	0	0	0	0	1
2	1	1	0	0	0	0	0	0	1	0	1	1	0	0
3	1	0	0	0	1	0	0	0	0	0	1	0	1	1
4	1	0	0	1	0	0	0	0	1	1	0	0	0	1
5	1	0	0	1	1	0	0	0	0	0	1	0	0	1
6	1	0	0	0	1	1	0	0	0	0	1	1	0	0
7	1	0	0	0	1	0	0	0	0	0	1	1	1	0
8	1	0	1	0	0	0	1	0	0	1	0	1	0	0
9	1	0	1	0	1	0	1	0	0	0	0	1	0	0
10	1	1	0	0	0	1	0	1	1	0	0	0	0	0
11	1	0	1	0	1	0	0	0	1	0	0	0	0	1
12	1	0	1	0	0	1	0	0	0	0	0	1	0	1
13	1	0	0	0	1	0	1	0	1	1	0	0	0	0

注：“1”表示两个货运节点间存在1个挂车单位的货物运输量，“0”表示两个货运节点间没有货物运输量。

2. 满意解

本算例的满意解为：使用16台牵引车，每车配备2名司机，每台牵引车每天运行17.5小时左右，具体的路线方案见表3-7。

表 3 –7　　甩挂运输车辆调度方案

路线特点	路线所途经的站点情况	牵引车工作时间（小时）
两个驾驶员驾驶 1 台车，每天由 H 出发返回 H 的循环 1 次途经 2 个站点	H—1—13—H	17
两个驾驶员驾驶 1 台车，每天由 H 出发返回 H 的循环 1 次途经 3 个站点	H—3—13—4—H、H—7—12—2—H、H—9—2—8—H、H—11—4—3—H、H—11—13—9—H、H—12—5—13—H	17.5
两个驾驶员驾驶 1 台车，每天由 H 出发返回 H 的循环 1 次途经 4 个站点	H—5—10—7—12—H、H—8—9—2—10—H	17
两个驾驶员驾驶 1 台车，每天由 H 出发返回 H 的循环 1 次途经 5 个站点	H—2—8—6—10—5—H、H—6—4—13—8—11—H、H—6—5—3—12—11—H、H—6—11—8—9—4—H、H—10—8—2—1—5—H	17.5
两个驾驶员驾驶 1 台车，每天由 H 出发返回 H 的循环 1 次途经 6 个站点	H—6—5—4—8—9—11—H	17
两个驾驶员驾驶 1 台车，每天由 H 出发返回 H 的循环 2 次途经 2 个站点	H—8—6—H—13—6—H	17.5

该满意方案的主要特点是：满足货运需求比例为 79.5%，配备 16 台牵引车，牵引车独自行驶总时间为 41 小时，平均每台牵引车独自行驶 2.6 小时，占其工作时间的 15%。

表 3-8　　算例所得甩挂运输车辆调度方案对货运需求的满足情况

	H	1	2	3	4	5	6	7	8	9	10	11	12	13	总计
H	0	1	1	1	0	1	4	1	2	1	1	2	1	1	17
1	0	0	0	0	0	1	0	0	0	0	0	0	0	1	2
2	1	1	0	0	0	0	0	0	2	0	1	0	0	0	5
3	1	0	0	0	0	0	0	0	0	0	0	0	1	1	3
4	2	0	0	1	0	0	0	0	1	0	0	0	0	1	5
5	2	0	0	1	1	0	0	0	0	0	1	0	0	1	6
6	2	0	0	0	1	2	0	0	0	0	1	1	0	0	7
7	0	0	0	0	0	0	0	0	0	0	0	0	2	0	2
8	1	0	1	0	0	0	2	0	0	3	0	1	0	0	8
9	1	0	2	0	1	0	0	0	0	0	0	1	0	0	5
10	1	0	0	0	0	1	0	1	1	0	0	0	0	0	4
11	3	0	0	0	1	0	0	0	1	0	0	0	0	1	6
12	1	0	1	0	0	1	0	0	0	0	0	1	0	0	4
13	2	0	0	0	1	0	1	0	1	1	0	0	0	0	6
总计	17	2	5	3	5	6	7	2	8	5	4	6	4	6	80

3. 同样实验条件下满意的卡车行驶路线方案

(1) 装卸作业时间为 2 小时的情形。

依据卡车司机的工作时间约束，以 8.6 小时为每个司机每天可工作的时间，每台卡车可由 1 名或者 2 名司机值乘。司机的工作时间由驾驶卡车的运行时间和卡车在站点上进行装卸货物操作时耗用的停留时间、卡车在 *H* 上的停留时间组成。设定卡车在所有站点上的停留时间为 2 小时，主要用于货物装卸作业。

追求目标：①某卡车由 *H* 发出途径不重复的若干站点后回到 *H*；②无论由 1 名或者 2 名司机值乘，要充分利用好司机的工作时间。

依据类似思路从这些备选方案中选取满意的方案集合如下：

H—1—4—H、H—2—11—H、H—4—9—H、H—7—12—H、H—9—4—H、H—11—2—H、H—1—5—H、H—2—1—H、H—4—8—6—H、H—5—3—4—H、H—5—4—3—H、H—6—5—13—H、H—6—11—8—H、H—10—8—11—H、H—12—13—6—H。

共使用 15 台卡车，每车配备 2 名司机，满足货运需求的比例为 55%，卡车空驶总时间为 20.5 小时，平均每台卡车空驶时间为 1.4 小时，占其工作时间的 8.2%。

（2）装卸作业时间为 3 小时的情形。

依据卡车司机的工作时间约束，以 8.6 小时为每个司机每天可工作的时间，每台卡车可由 1 名或者 2 名司机值乘。司机的工作时间由驾驶卡车的运行时间和卡车在站点上进行装卸货物操作时耗用的停留时间、卡车在 H 上的停留时间组成。设定卡车在所有站点上的停留时间为 3 小时，主要用于货物装卸作业。则所有的备选方案一共有 13 个，此时，企业共使用 13 台卡车，每车配备 2 名司机，满足货运需求的比例为 35%，卡车空驶总时间为 26.5 小时，平均每台卡车空驶时间为 2.0 小时，占其工作时间的 11.8%。

3.3 基于启发式算法的汽车列车调度问题求解案例①

3.3.1 实践需求背景

卡车加挂全挂车的汽车列车在进行运输生产时，除了其后半部分的全挂车可承载货物，其前半部分即卡车也可承载货物。在国外，卡车加挂全挂车运输模式的应用很普遍。如：

① 本节主要参考：Johanna C. Gerdessen. Vehicle Routing Problem With Trailers [J]. European Journal of Operational Research, 1996, 93: 135 -147.

1. 荷兰农副产业成品配送活动

荷兰的奶制品加工业一直很繁荣，这种蓬勃发展引发了农副产品相关的大量运输需求，其实际运输量很大。同时，奶制品配送中心与其辐射服务的客户或市场的运距也较大。在货运量具备一定规模、运距达到一定限度条件下，大容量载运工具特别是卡车加挂全挂车的运输模式必然越来越得以广泛采用。实际上，针对荷兰奶制品业的货运需求，货运和物流业者普遍采用卡车加挂全挂车的运输模式。但是，作为最终消费品的奶制品往往需要运送到消费者散布居住的各种区域，尤其是位于拥挤的城市区域的终端客户。卡车加挂全挂车的汽车列车由于车体长、要求的转弯半径大、行驶平稳性要求等因素限制，与卡车相比，汽车列车往往需要消耗更多的城市路面行驶时间才能完成配送过程；条件更严格的情形是，有些城市道路条件并不允许汽车列车的通行，这使得汽车列车将全挂车甩下仅由卡车实现部分终端客户的配送作业成为可行的办法。

2. 荷兰农副产业原料配送活动

实践中，混合动物饲料的运输也存在类似于农副产业成品配送活动的问题。由于混合动物饲料需要运达至零散分布的各个农户，荷兰的很多农场交通并不便利，农场道路网上有许多窄路或小桥梁。这样，在使用汽车列车进行农场干线道路网的运输后，必须在合适地点将挂车分离，由卡车途经窄路或小桥梁而混合动物饲料配送至农户。

3. 挪威原料奶收购活动

在挪威的很多城市，乳品公司从农民手中收集牛奶，乳品公司使用的牛奶专用罐被安置在卡车和挂车上，由于大多数农场的位置以及道路条件等原因，卡车加挂全挂车组成的汽车列车一般无法直接进入农场，所以要将全挂车甩下并停放到恰当的停车点，由卡车单独进入农场。当卡车收集完牛奶并返回挂车停车点后，或者将牛奶由卡车倒换到挂车，或者挂上挂车继续运输过程。由于牛奶最多可以在农场储存 3 天，这就意味着时效性。

4. 瑞士某食品公司的货物配送活动

该食品公司在瑞士全境共有 45 家连锁分公司，公司动用了 21 辆卡车和 7 辆挂车向各分公司提供服务，要解决的就是卡车和挂车组合调度问题。值得关注的是，对于很多具有一定规模的公司而言，由总部配送中心向其子公司进行货物运输的过程中，由于货运量较大，需要动用大容量载运工具，特别是卡车加挂全挂车的汽车列车运输方式。然而很多子公司可能处在城市交通拥堵或是不便的道路交通环境中，或者是子公司处于空间狭窄不方便车体长、转弯半径大的汽车列车停放，需要提前将全挂车甩下仅由卡车实现部分终端客户的配送服务。

5. 邮政投递的车辆停放与巡回路线的设计

在这种邮政投递路线的设计中，现实条件只允许邮递员驾驶装载各种邮件包裹的邮车先从邮政服务中心出发到达指定的邮车停放地点；尔后，邮递员再带上邮件徒步寻访街道旁的客户。当邮递员遍历完这一个邮车停放点附近区域的客户后，必须返回到邮车停放点，继续开车到达下一个邮车停放点，进行下一次的巡回性邮件配送。完成整个邮件投递任务之后，邮递员还需要驾车返还邮局。如果把邮车看做是挂车，而邮递员类比于卡车，这就可以等价于卡车加挂挂车的路径问题。

3.3.2 问题描述

货运和物流企业在使用汽车列车满足上述货运需求时，不得不面对的一个关键问题就是汽车列车、卡车的路径设计问题。在有若干货运需求点（客户点）需要货运服务时，货运和物流企业应如何确定汽车列车甩挂挂车的停靠地点以及如何安排卡车和汽车列车的行驶路径，才能在保证服务时限要求的同时节省物流成本呢？这是汽车列车运输组织方面的一类问题。分析研究这类问题的理论基础是车辆路径问题（VRP），可以将 VRP 概括为：在车辆额定载重约束条件下，寻找适合不同车辆运输路径的集合，使运输总成本最低。当将 VRP 中的车辆类型加以区分，考虑到汽车列车的组织特点时，就可形成带挂车的车辆运输路径问题（VRPT）。

汽车列车运输、卡车运输各有其优势和不足，如：汽车列车的规模经济性明显，但其在空间狭小道路条件下的灵活性大大降低，而卡车的灵活性和成本节约优势明显。兼顾汽车列车运输、卡车运输的技术经济优势，可初步设计如下的运输组织过程（见图 3 – 2）：

——卡车加挂挂车组成汽车列车驶离场站；

——汽车列车服务于若干方便到达的客户点；

——汽车列车在特定停靠点将挂车甩下存放；

——卡车服务于若干汽车列车不方便到达的客户点；

——卡车回到挂车停靠点；

——卡车加挂挂车组成汽车列车，汽车列车服务于若干方便到达的客户点；

——汽车列车回到场站。

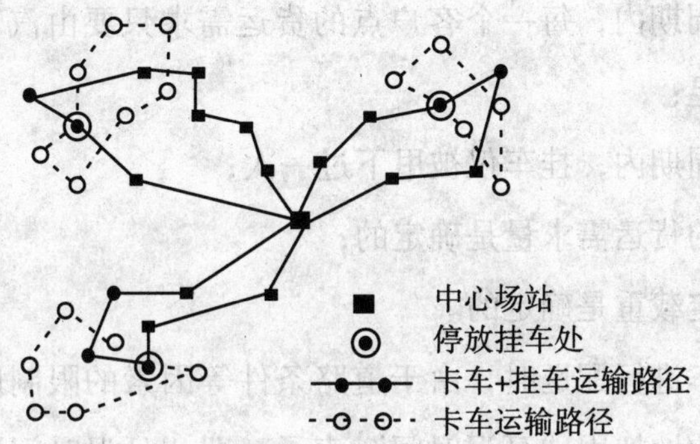

图 3 – 2 带挂车的车辆运输路径问题（VRPT）的解决方案示意

3.3.3 求解方法

VRP 问题已被证明属于 NP－hard 问题，所谓 NP－hard 问题就是指在多项式时间（即合理时间）里很难找到一种可以获得最优解的算法。尽管问题的最优解不可寻，然而我们可以尝试应用启发式算法在合理时间内找到相对满意的解。这些启发式算法可以分为两类：构造启发式算法和改进启发式算法。构造启发式算法旨在找到一个相对合理的可行解，而改进启发式算法则旨在改进这个可行解。

较之 VRP 问题更加复杂的 VRPT 也属于 NP－hard 问题，寻求获得精确解的难度极大。实际上，针对实践现象进行理论建模是非常困难的，也不利于实践问题的解决。不妨将实践现象进行简化，寻求可参考的解。为此，确定以下假设：

汽车列车或卡车耗用的运输时间与运距成正比，即汽车列车或卡车的平均速度是稳定的；

任何客户点都能够满足汽车列车的甩挂作业要求，即任何客户点都可成为汽车列车的停靠点；

在一个作业周期内，每一个客户点的货运需求只要由汽车列车或者卡车配送 1 次即可满足；

在一个作业周期内，挂车仅被甩下过一次；

每个客户点的货运需求量是确定的；

所有车辆额定载重是确定的。

采用汽车列车进行配送时，由于道路条件等因素的限制所导致的相对于卡车的运输时间的增加用“延迟时间”表示，即“延迟时间”就是用汽车列车配送和单独用卡车配送相比多耗费的运输时间。

解决 VRPT 时，可追求的目标有多种表现，如使运输时间最短、使“延迟时间”最短、使燃油消耗量最小等。

1. 方法1

首先先忽略汽车列车甩挂全挂车的作业，采用启发式算法单纯解决车辆运输路径问题（VRP），在获得车辆运行方案之后，将每条路线分解为汽车列车运行路线与卡车运行路线，并确定合理的汽车列车停靠点。

具体计算步骤见图3－3。

说明如下：

Step1　初步计算汽车列车的最低配置量，用P表示：

$$P = \frac{\text{总运输需求}}{\text{车辆载重}}$$

Step2　平衡地选择P个客户点：首先选择离中心场站最远的顶点，然后重复以下步骤$P-1$次：①计算每个未选点到其最近的已选点的距离；②选择上述点中距离最远的点。这样确定的P个客户点中的每一点均被分配一台汽车列车，以这P个点作为汽车列车的初始停靠点，这样，每条汽车列车路径确定出两个点：中心场站和初始停靠点。

Step3　对于除上述P个客户点之外的其他客户i，先用计算如果该点被可停靠于P点的汽车列车服务可获得运距节省值：

$$s(i,p) = d_{p0} + d_{i0} - d_{ip}$$

式中：d_{p0}——中心场站0到点P的距离；

d_{i0}——中心场站0到点i的距离；

d_{ip}——点i到点P的距离。

找出上述计算中最大的$s(i, p)$，并将客户点i插入对应的点P所在的路线中。

在满足不超过车辆额定载重的前提下，对每个未选点进行上述计算，直到所有分配任务均给出。

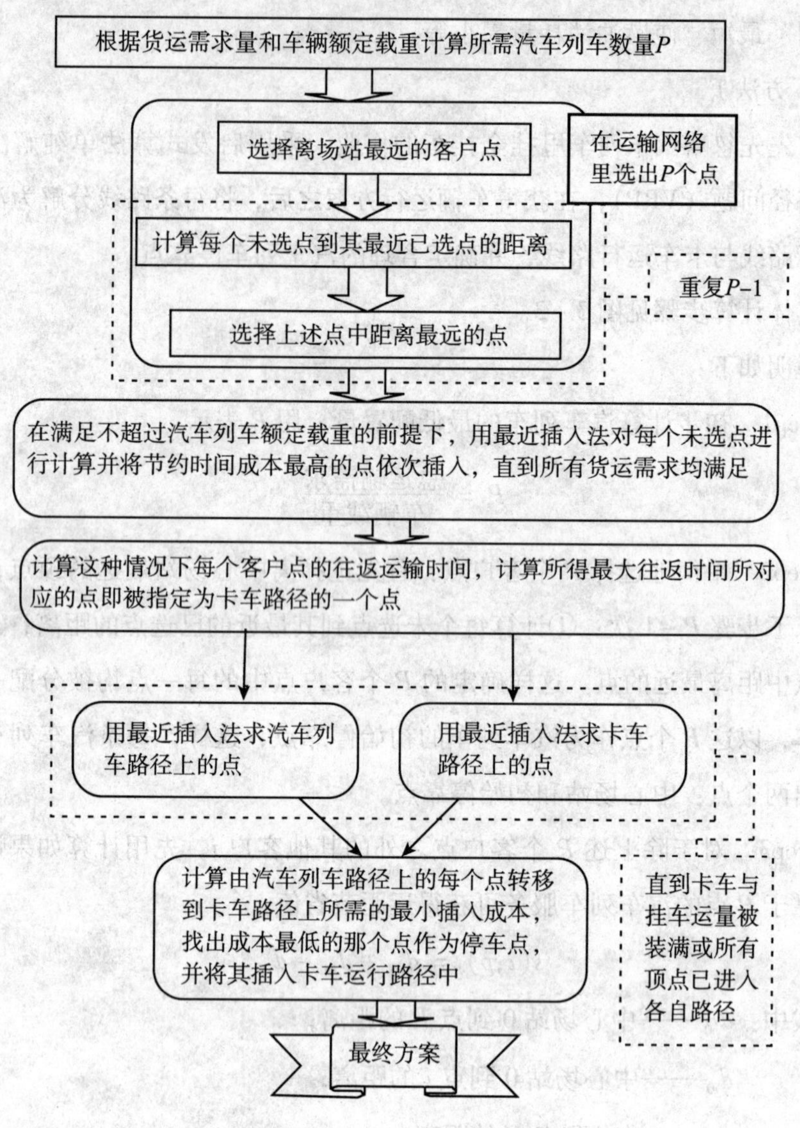

图 3－3　启发式算法 I 流程示意

此时，初始方案已具有雏形，见图 3－4。

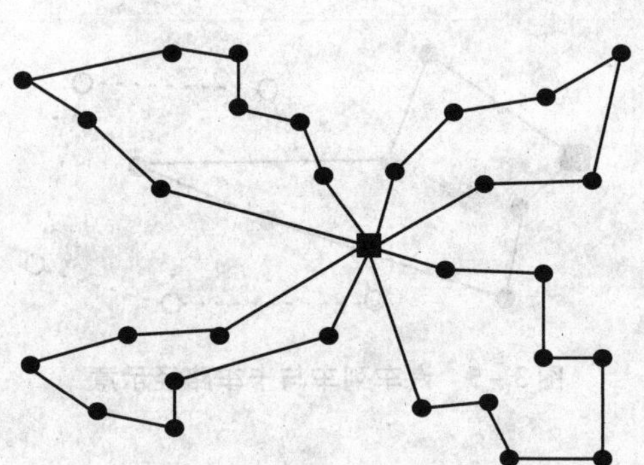

图 3-4 标准车辆运输路径问题（VRP）的解

Step4 中心场站已经被分配到汽车列车的运行路线中，因此汽车列车的运行路线上已有一个点；

对于每个客户点 i，计算客户点的往返运输时间 v_i：

$$v_i = \frac{2 \times \text{站点到客户点的距离}}{\text{汽车列车速度}} + i\ \text{点的停顿时间}$$

计算所得最大 v_1 所对应的 i 点即被指定为卡车路径的一个点；

在剩下的客户点中，对于汽车列车路径，按最近插入法求 Δv_i：

$$\Delta v_i = \frac{\text{采用最近插入法得到的}\ i\ \text{对应的路径长度}}{\text{汽车列车速度}} + i\ \text{点的停顿时间}$$

对于卡车路径，同样按最近插入法求 Δt_i：

$$\Delta t_i = \frac{\text{采用最近插入法得到的}\ i\ \text{对应的路径长度}}{\text{卡车速度}} + i\ \text{点的停顿时间}$$

然后，将拥有 $|\Delta v_i - \Delta t_i|$ 最大值的顶点 i 插入相应路径中。

重复上述步骤，直到汽车列车与卡车实现满载或所有客户点已被纳入运行路径中。此时，可获得解的雏形见图 3-5。

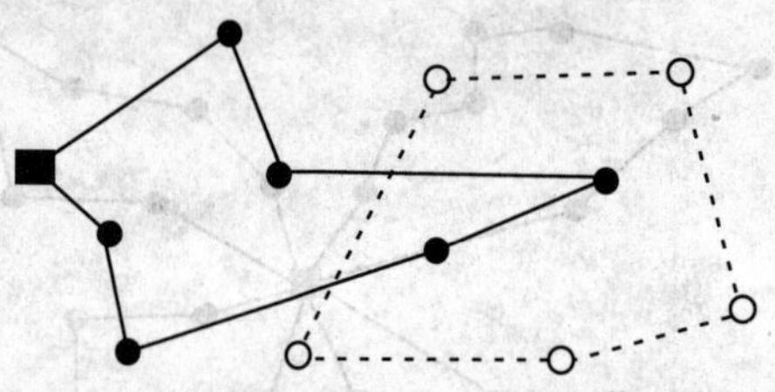

图 3-5　汽车列车与卡车路径示意

计算由汽车列车路径上的每个点转移到卡车路径上所需的最小插入成本（以时间为单位），找出成本最低的那个点作为停车点，并将其插入卡车运行路径中，见图 3-6、图 3-7。

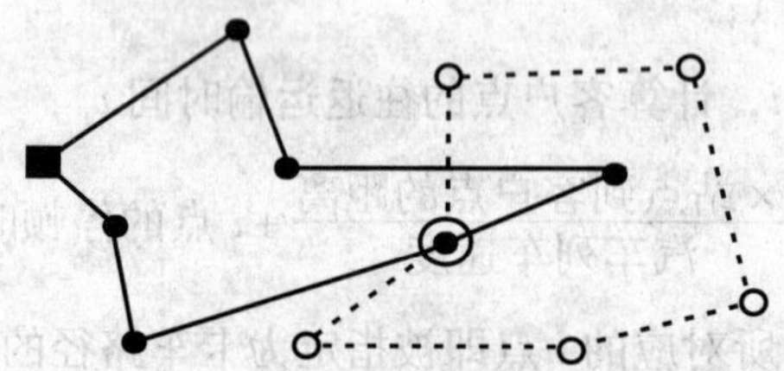

图 3-6　带挂车的旅行商问题（TSPT）的解

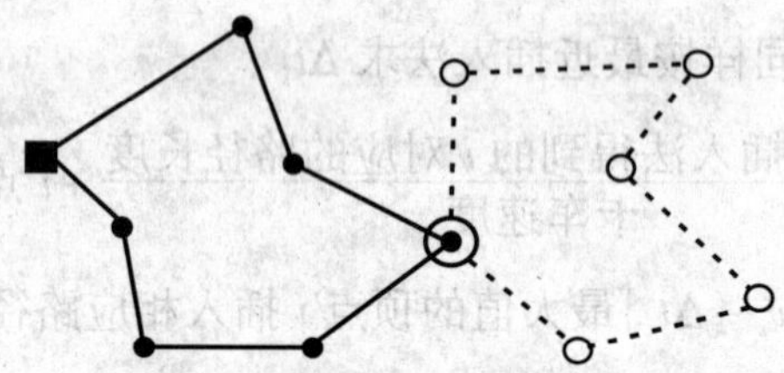

图 3-7　由启发式算法 I 所获得的最终解的示例

最近插入法（the Cheapest Insertion Rule or the Nearest Insertion Rule）的一般步骤是：首先从一个节点出发，找到一个最近的节点，形成一个往返式子回路；在剩下的节点，寻找一个离子回路中某一节点最近的节点，再在子回路中找到一个弧，使弧的两端节点到刚寻找到的最近节点的距离之和减去弧长的值最小，实际上就是要使新找到的节点加入子回路以后使得增加的路程最短，就把这个节点增加到子回路中。重复以上过程，直到所有的节点都加入到子回路中。

2. 方法2

此方法在路径规划开始之前就将各个客户点纳入汽车列车路径或卡车路径中，而且这个过程是一个一个客户点逐个进行的。具体由以下三步组成(见图3－8)：

（1）构造卡车路径；

（2）为每一台挂车选择一个停靠点，并将其插入相适合的卡车路径中；

（3）将停靠作为每条汽车列车路径的初始点。

3. 方法3

在确定停车点之前，将会对汽车列车路径与卡车路径进行选定并对其作充分的改进。主要分为以下三个步骤：

（1）构造卡车路径；

（2）构造汽车列车路径；

（3）选择一个合理的停靠点将上述路径连接起来。

具体算法流程见图3－9。

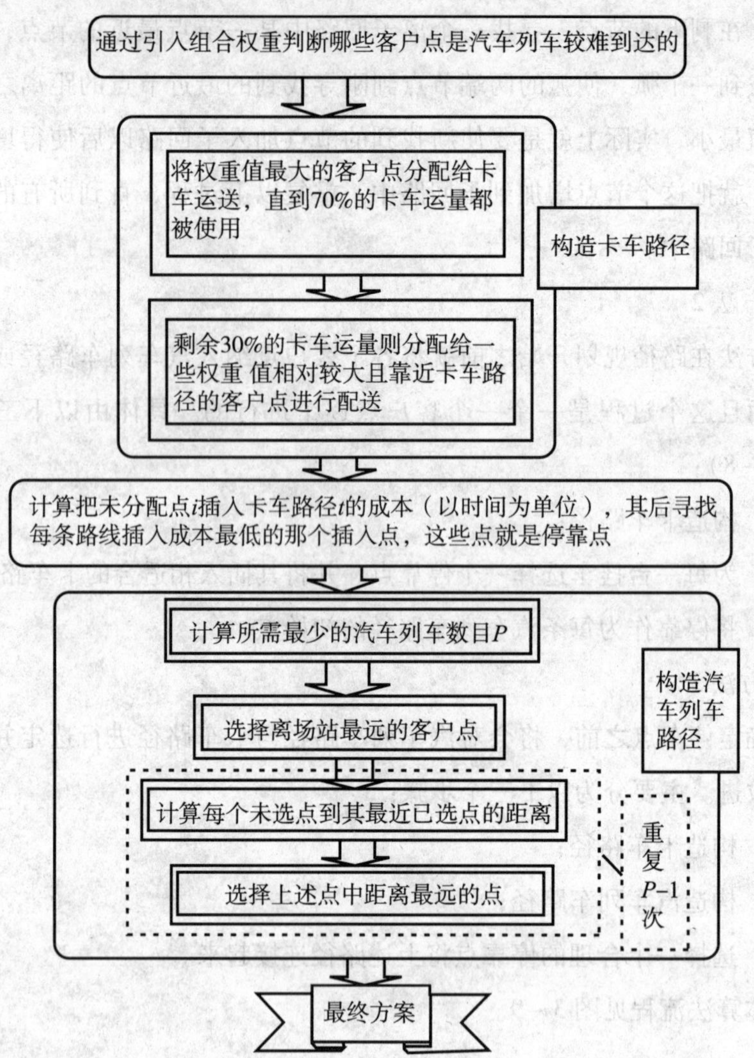

图3－8　启发式算法Ⅱ流程示意

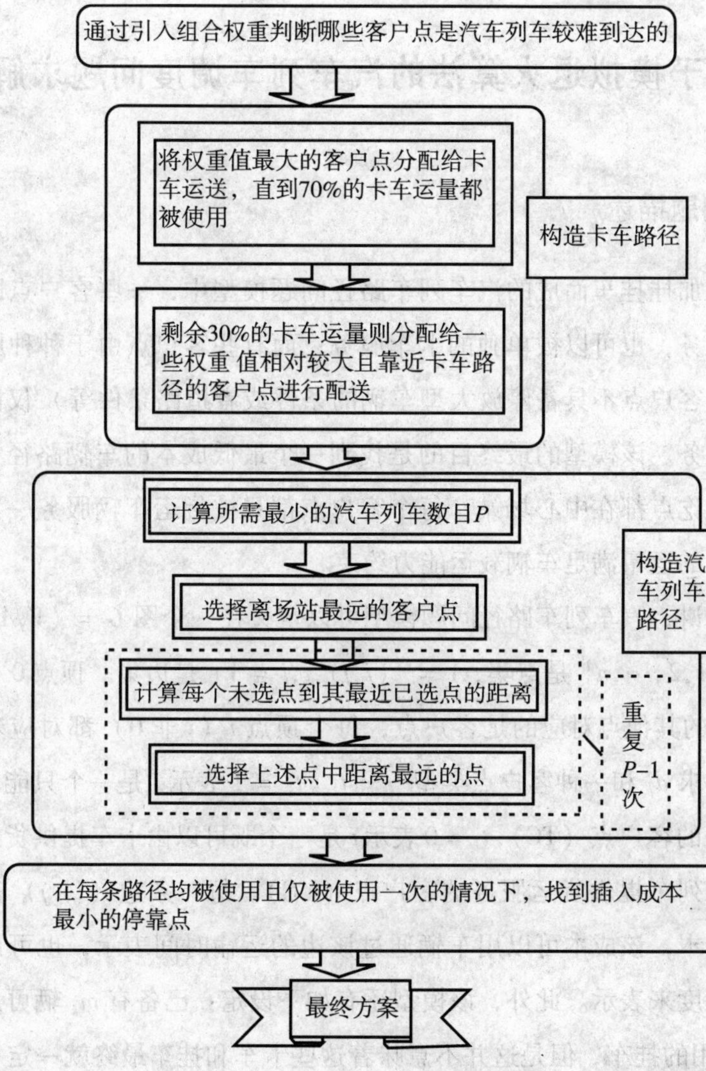

通过引入组合权重判断哪些客户点是汽车列车较难到达的

将权重值最大的客户点分配给卡车运送，直到70%的卡车运量都被使用

剩余30%的卡车运量则分配给一些权重值相对较大且靠近卡车路径的客户点进行配送

构造卡车路径

计算所需最少的汽车列车数目P

选择离场站最远的客户点

计算每个未选点到其最近已选点的距离

选择上述点中距离最远的点

重复$P-1$次

构造汽车列车路径

在每条路径均被使用且仅被使用一次的情况下，找到插入成本最小的停靠点

最终方案

图3-9 启发式算法Ⅲ流程示意

3.4 基于模拟退火算法的汽车列车调度问题求解案例[①]

3.4.1 问题描述

在卡车加挂挂车而成的汽车列车路径问题模型中，一些客户点既可以被汽车列车服务，也可以被单独的卡车服务；而有些客户点由于种种原因（如运输管制、客户点不具备停放大型车辆的条件或者道路条件等）仅能由卡车提供货运服务。该模型的最终目的是找到一个最低成本的车辆路径集合，使这些路线起讫点都在中心场站，每个客户点都只被货运车辆服务一次，而且任何路线上的运量满足车辆载运能力约束。

具体来讲，汽车列车路径问题模型可以定义在一个图 $G=(V,A)$ 上：其中 $V=\{0,1,2,\cdots,n\}$ 是点集，$A=\{(i,j),i,j\in V\}$ 是边集。顶点0代表中心场站，V 里的其他点对应的是客户点，每个顶点 i（i 非0）都对应着一个非负的货运需求 d_i 和一种客户点类型——t_i。$t_i=1$ 表示 i 是一个只能由卡车提供货运服务的客户点（TC），$t_i=0$ 表示 i 是一个既可以由卡车提供货运服务又可以由汽车列车提供货运服务的客户点（VC）。每一条边（i，j）都对应着某种运输成本，该成本可以用车辆通过该边的运输时间表示，也可以仅用该边的空间长度来表示。此外，该模型还有如下设定：已备有 m_k 辆可用的卡车和 m_r 辆可用的挂车，但是这并不意味着这些卡车和挂车最终就一定被全部使用。忽略极少数情况，可以假定卡车数多于挂车数，且所有卡车都有同样的额定载重量 Q_k，所有的挂车都有同样的额定载重量 Q_r。

① 本节主要参考：Shih－Wei Lin，Vincent F. Yu，Shuo－Yan Chou. Solving the Truck and Trailer Routing Problem Based on a Simulated Annealing Heuristic［J］. Computers & Operations Research，2009，36：1683－1692.

图3－10提供了一个汽车列车路径问题的可能解决方案。针对服务对象（即客户点）可能具备的停车条件的不同，在汽车列车路径问题的解决方案中可能有三种路径：①纯汽车列车运输路径（PVR）：路径中的每个客户点均由汽车列车提供货运服务（图3－10中的实线部分）；②纯卡车运输路径（PTR）：路径中客户点只能由单一卡车提供货运服务（图3－10中的虚线部分）；③混合运输路径（CVR）：由主路线和子路线组成，主路线是纯粹的汽车列车运输路径（PVR），子路线是纯粹的卡车运输路径（PTR），主路线和子路线的交点、重合点被称为子场站。一条子路线起讫点都在同一个子场站或是中心场站。

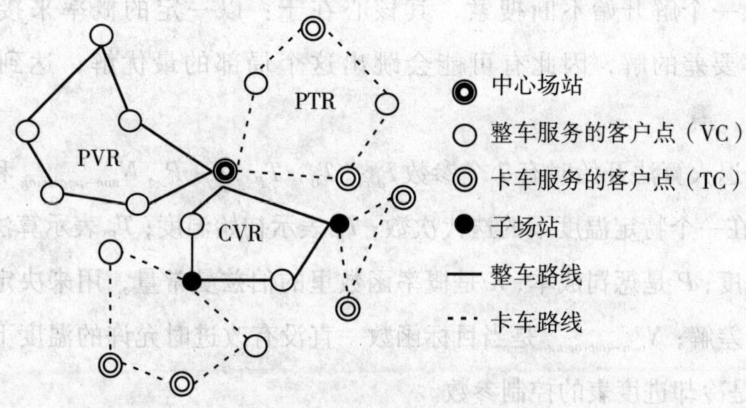

图3－10　卡车挂车路径优化问题（TTRP）解决方案示意

3.4.2　求解方法

1. 模拟退火算法概述

模拟退火算法是仿照物理上的退火过程来进行算法设计的。物理上的退火是将金属构件加热到高于或近于临界点，保持一定时间，随后缓慢冷却，从而获得接近平衡状态的组织与性能的金属热处理工艺。具体地讲，就是将固体加温至温度充分高，再让其徐徐冷却，加温时，固体内部粒子随温度升高变为无序状，内能增大，而徐徐冷却时粒子渐趋有序，在每个温度都达到平衡态，最后在常温时达到基态，内能减为最小。

用固体退火模拟组合优化问题时，需将内能 E 模拟为目标函数值 f，温度 T 演化成控制参数 t，即得到解组合优化问题的模拟退火算法：由初始解 i 和控制参数初值 t 开始，对当前解重复“产生新解→计算目标函数差→接受或舍弃”的迭代，并逐步衰减 t 值，算法终止时的当前解即为所得近似最优解。退火过程由冷却进度表控制，包括控制参数的初值 t、每个 t 值时的迭代次数 L 和停止条件等。模拟退火算法本质上就是在一个解空间里从一个解开始不断搜索，其核心在于：以一定的概率来接受一个比当前解要差的解，因此有可能会跳出这个局部的最优解，达到全局的最优解。

模拟退火算法开始时有 7 个参数 I_{iter}，T_0，T_F，K，P，$N_{non-improving}$ 和 α。其中 I_{iter} 是在一个特定温度下的迭代次数；T_0 表示初始温度；T_F 表示算法结束时的终止温度；P 是惩罚成本；K 是概率函数里的伯兹曼常量，用来决定是否接受一个较差解；$N_{non-improving}$ 是当目标函数一直没有改进时允许的温度下降的最大值；α 是冷却进度表的控制参数。

2. 运算步骤

在运用模拟退火算法求解汽车列车调度问题时，可遵循一个基本流程（见图 3-11）。实际上该流程可分为两个阶段，首先是利用特定方法寻找到一组初始可行解，然后应用模拟退火方法逐渐寻求最优解。

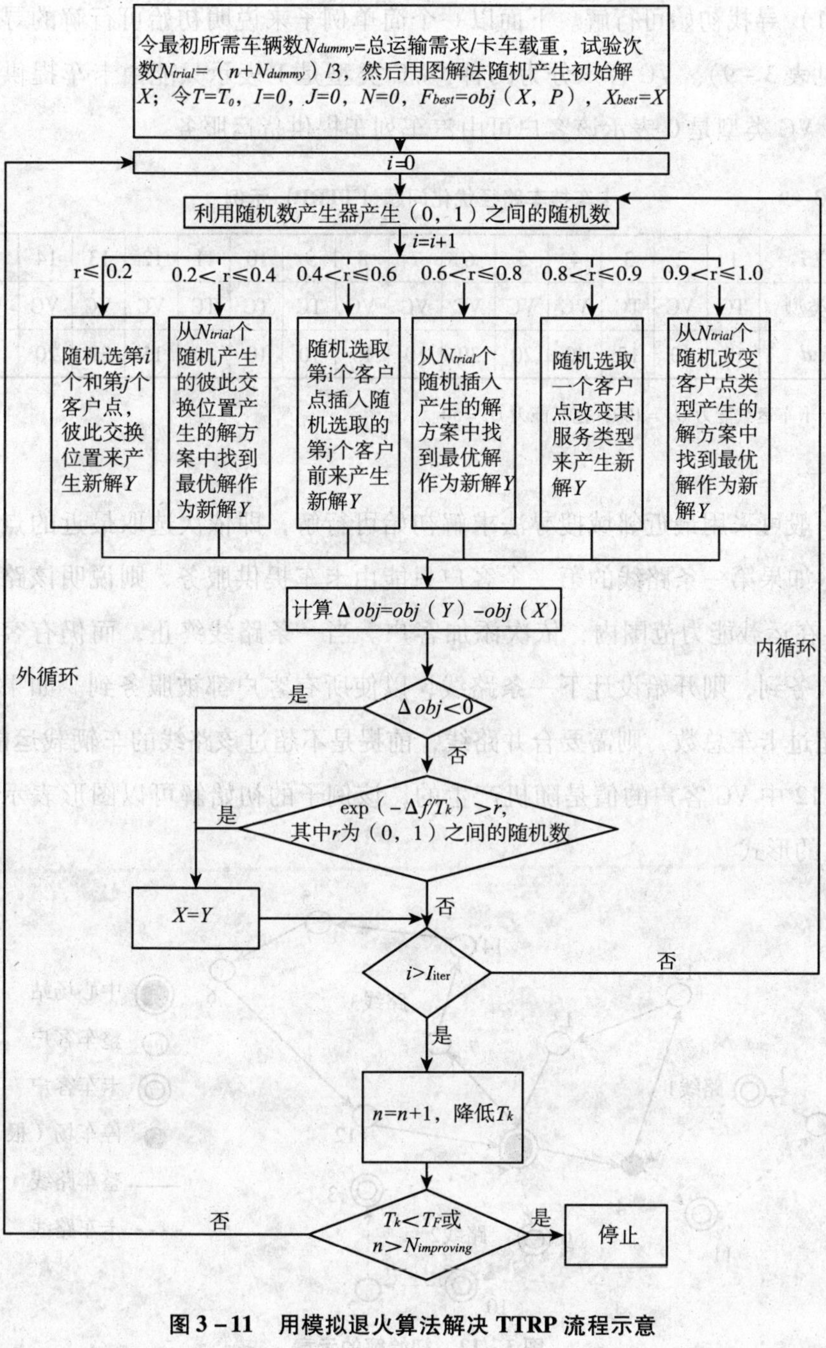

令最初所需车辆数N_{dummy}=总运输需求/卡车载重，试验次数N_{trial}=（$n+N_{dummy}$）/3，然后用图解法随机产生初始解X；令$T=T_0$，$I=0$，$J=0$，$N=0$，$F_{best}=obj$（X，P），$X_{best}=X$

$i=0$

利用随机数产生器产生（0，1）之间的随机数

$i=i+1$

- r≤0.2：随机选第i个和第j个客户点，彼此交换位置来产生新解Y
- 0.2＜r≤0.4：从N_{trial}个随机产生的彼此交换位置产生的解方案中找到最优解作为新解Y
- 0.4＜r≤0.6：随机选取第i个客户点插入随机选取的第j个客户前来产生新解Y
- 0.6＜r≤0.8：从N_{trial}个随机插入产生的解方案中找到最优解作为新解Y
- 0.8＜r≤0.9：随机选取一个客户点改变其服务类型来产生新解Y
- 0.9＜r≤1.0：从N_{trial}个随机改变客户点类型产生的解方案中找到最优解作为新解Y

计算$\Delta obj=obj(Y)-obj(X)$

$\Delta obj<0$：是 → $X=Y$；否 →

$\exp(-\Delta f/T_k)>r$，其中r为（0，1）之间的随机数：是 → $X=Y$；否 →

$i>I_{iter}$：否 → 内循环（返回产生随机数）；是 →

$n=n+1$，降低T_k

$T_k<T_F$或$n>N_{improving}$：是 → 停止；否 → 外循环（返回$i=0$）

图3－11 用模拟退火算法解决TTRP流程示意

(1) 寻找初始可行解。下面以一个简单例子来说明初始可行解的寻找过程(见表3-9)。VC客户分为两种,VC类型是1表示只能由卡车提供货运服务,VC类型是0表示该客户可由汽车列车提供货运服务。

表3-9　卡车挂车路径优化问题(TTRP)示例

客户 i	1	2	3	4	5	6	7	8	9	10	11	12	13	14	15
客户类型	TC	VC	TC	VC	VC	VC	VC	VC	TC	TC	TC	VC	VC	VC	VC
需求 d_i	10	10	15	40	20	30	10	15	10	10	10	15	30	20	20

注:卡车运载能力 $Q_K=100$;拖车能力 $Q_r=50$。

一般可采用最近邻域搜寻法求解初始可行解,即依次选取最近的点进行服务。如果第一条路线的第一个客户只能由卡车提供服务,则说明该路线为PTR,在运载能力范围内,依次添加客户。当一条路线终止,而仍有客户没有被服务到,则开始设计下一条路线,以使所有客户都被服务到。如果路线总数超过卡车总数,则需要合并路线,前提是不超过该路线的车辆载运能力。图3-12中VC客户的值是随机产生的,该例子的初始解可以图形表示为图3-12的形式。

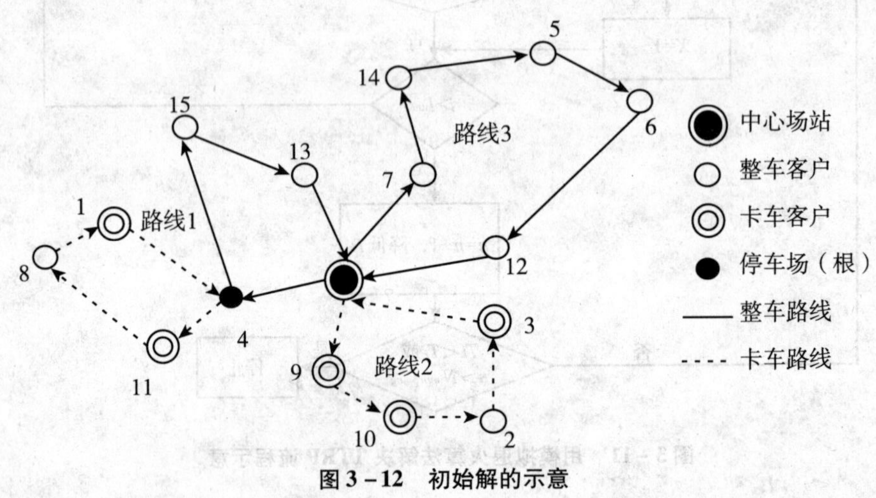

图3-12　初始解的示意

(2) 用模拟退火算法求最优解。邻域函数又叫状态空间或状态产生函数，它是编码的可行解的集合，用 $N(X)$ 表示，邻域函数中的候选解由四种方式产生：插入、交换、改变 VC 的类型和在 N_{trial} 条路中选最好的（BONT）。具体的：

插入——随机选取第 i 个客户点插入随机选取的第 j 个客户前，概率为0.2。

交换——随即选第 i 个和第 j 个客户点，彼此交换位置，概率为0.2。

改变 VC 类型——随机选取一个 VC 客户改变类型。

BONT——其中包括三种类型：插入、交换和改变 VC 类型，概率分别为0.2、0.2 和0.1。总概率为0.5。然后在得到的解中选一个最好的。

以上几种情形获得最优解的总的概率为1。

模拟退火算法的具体步骤为：

① 随机产生一初始可行解 X_0，令 $X_{best} = X_0$，计算目标函数值 $obj(X_0)$。

② 设置初始温度 T_0。

③ 当 $T > T_F$ 时对当前最优解 X_{best} 按照邻域函数产生一新解 Y，计算新目标函数 $obj(Y)$，并计算目标函数增量。如果增量小于0，则 $X_{best} = Y$；如果增量大于 0，则先计算 $p = \exp[-\Delta E/T(i)]$；如果生成的随机数 $r = random[0,1] < p$，$X_{best} = Y$；否则，$X_{best} = X_{best}$；注意这一过程中要不断更新 i；当 $i = I_{iter}$ 时，结束本次内循环，同时根据 $T = \alpha T$ 更新 T。

④ 重复上述循环，直至 $T_k < T_f$ 或外循环次数大于 $N_{improving}$ 而解仍没有优化改变时停止。

⑤ 输出当前最优解，计算结束。

3.5 大型钢铁厂内循环甩挂运输车辆调度问题求解案例①

3.5.1 实践需求背景

由于种种限制，在国外被广泛采用的卡车加挂全挂车汽车列车运输模式在我国无法使用。我国允许的甩挂运输方式是由半挂牵引车与一辆半挂车组合而成的半挂汽车列车实现的。实际上，半挂汽车列车是在全挂汽车列车之后发展起来的汽车列车，而它较之全挂汽车列车有如下优点：半挂汽车列车部分载质量由牵引车驱动桥承担，可以提高驱动桥的附着重量，使牵引车的牵引力得到充分利用；半挂汽车列车牵引连接装置不用牵引杆，而用牵引座与主销连接，可以缩短汽车列车总长，改善了汽车列车的机动性；半挂汽车列车由于没有全挂汽车列车之间的牵引杆，行驶时的摆动现象大为减少，行驶稳定性较好；半挂汽车列车由于采用牵引座与主销连接，避免了全挂汽车列车牵引环与挂钩连接的撞击、振荡现象，可减少汽车行驶噪声。

对于大型钢铁企业而言，降低厂内运输成本是降低企业物流成本的关键。我国大型钢铁企业在改扩建过程中往往只重视和强调新上项目的总平面布置，忽视或不重视厂内物流规划，导致总平面规划与厂内、外物流规划脱节，造成厂内物流运距长，运输折返、迂回、交叉等诸多不合理的运输作业，使得我国钢铁企业的厂内运输成本一直居高不下。

甩挂运输由于其能够增加牵引车的有效工作时间、加快车辆周转、减少牵引车和驾驶员的数量、节省人工成本和车辆购置费用等特点，能大幅度提

① 本节主要参考：梁波．大型钢铁企业厂内车辆循环甩挂运输模式研究［D］．中南大学硕士论文，2009.

高货运生产效率。对于我国大型钢铁企业而言，甩挂运输能够大幅度降低车辆的装卸停歇时间，提高车辆时间利用率，减少厂内机动车辆使用数量，从而降低厂内运输成本。

3.5.2 问题描述

在一个大型钢铁厂内，有若干个生产单元。在某个时段内，该钢铁厂内产生若干项运输任务，每项运输任务包括一个装货点、一个卸货点以及所运货物的重量；运输任务允许开始的时间窗非常接近。由于生产单元的装卸能力不足，导致车辆到达后的装卸停歇时间很长。如果组织车辆环线行驶进行集配货，大部分运输任务将无法在规定的时间内完成，故只能实行一对一运输，这使得车辆利用率很低。为了减少车辆的装卸停歇时间，提高运输生产效率，并保证生产按时进行，该钢铁企业考虑采用循环甩挂运输模式。

大型钢铁厂内循环甩挂运输问题可以描述为：在调度开始时刻，各装货点先将其外发货物装入预备半挂车（假设各装货点配备足够数量的半挂车），待货物装入半挂车后，牵引车从车场驶出（牵引车停放在车场），前往装货点拖挂半挂车，将装有货物的半挂车运送至相应的卸货点，然后甩下半挂车，牵引车再前往下一个装货点拖挂半挂车，如此反复，直至调度周期内的所有运输任务都被完成，最后牵引车返回车场。要求给出牵引车行车路线设计和出行时间安排，在给定的约束条件下，及时完成该时段内的运输任务以保证生产，并使得牵引车使用数量最少和运输费用最小。

以上描述可以通过一个例子予以说明（见图 3－13）。在图 3－13 中，A、B、C、D、E、F 分别代表钢铁厂内的生产单元，O 代表车场；箭头方向代表运输任务的指向，由装货点指向卸货点，一共有 7 项运输任务；A、B、C、D、F 皆配有一定数量的半挂车，牵引车停放在车场 O。首先 A、B、C、D、

F处的装卸设备将外发货物装入预备挂车，然后从车场O派出牵引车前往A、B、C、D、F中的某个点拖挂半挂车，牵引车把载货半挂车运至装货点对应的卸货点并甩下后，再前往其余装货点拖挂半挂车。如果有任务时间窗的约束，从车场派出一辆牵引车可能无法在规定时间内完成7项运输任务，那么还需要派出其他牵引车。目标是要求派出的牵引车最少，并设计派出牵引车的行驶路径（即甩挂方案），使行驶总费用最小。

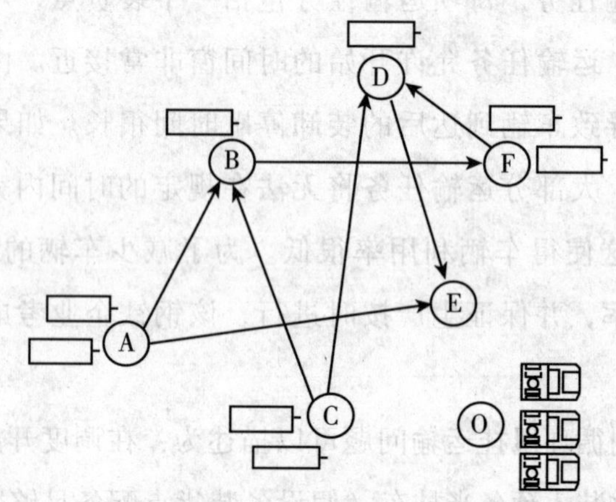

图3-13 大型钢铁企业厂内循环甩挂运输问题描述示意

3.5.3 求解方法

本案例所研究的循环甩挂运输问题属于车辆调度问题的范畴，是一种带时间窗的装货与卸货问题。该问题涉及牵引车分配、甩挂运输时间安排、人员安排、路径选择等问题，牵涉的范围较广，需要根据生产节点的要求以及当前运输资源的状况，进行合理的选择和分配方法。

本案例采用的是禁忌搜索算法，其计算流程见图3-14。

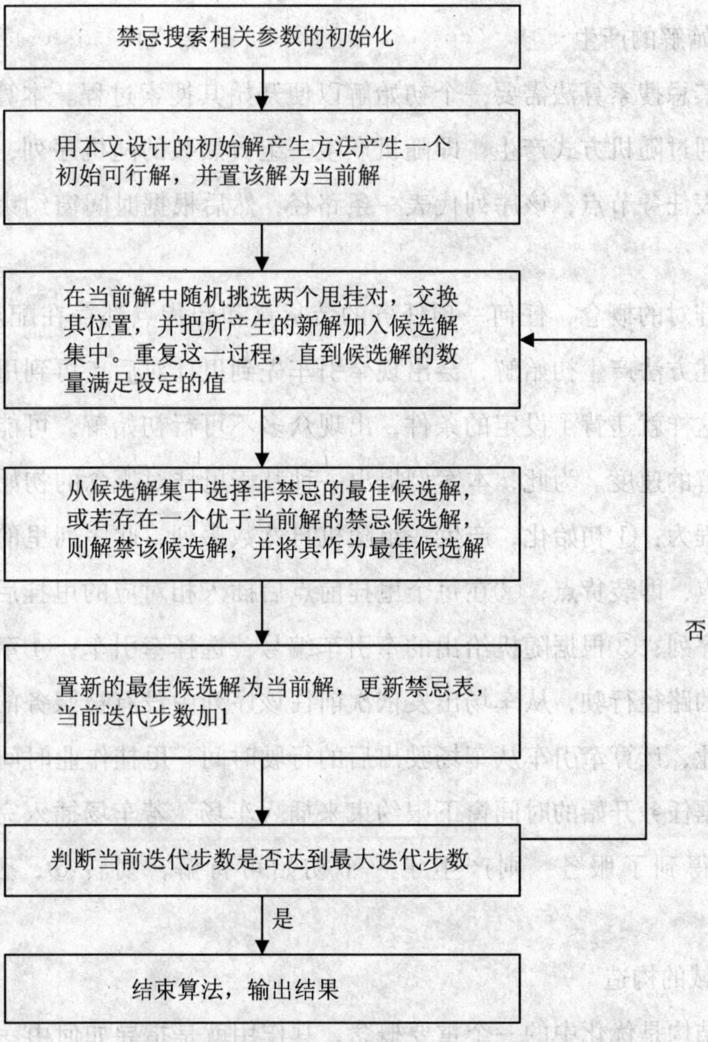

```
禁忌搜索相关参数的初始化
        ↓
用本文设计的初始解产生方法产生一个初始可行解，并置该解为当前解
        ↓
在当前解中随机挑选两个甩挂对，交换其位置，并把所产生的新解加入候选解集中。重复这一过程，直到候选解的数量满足设定的值  ←──┐
        ↓                                                                                    │
从候选解集中选择非禁忌的最佳候选解，或若存在一个优于当前解的禁忌候选解，则解禁该候选解，并将其作为最佳候选解      │ 否
        ↓                                                                                    │
置新的最佳候选解为当前解，更新禁忌表，当前迭代步数加1                                          │
        ↓                                                                                    │
判断当前迭代步数是否达到最大迭代步数 ──────────────────────────────────────────────────────────┘
        ↓ 是
结束算法，输出结果
```

图 3－14　循环甩挂运输问题求解流程示意

本案例提出了一个“甩挂对”的概念，即由于牵引车在行驶过程中只能拖带一个半挂车，因此牵引车到达某项任务的装货点后，则下一个访问点必须是该任务的卸货点。由此可知，牵引车的甩挂作业点之间有两两相互对应

的关系。

1. 初始解的产生

任何禁忌搜索算法需要一个初始解以便开始其搜索过程。本算法中，初始解可以通过随机方式产生，即随机产生一组自然数的随机序列，序列里的自然数代表任务节点，该序列代表一条路径，然后根据时间窗约束的要求插入车场。

由甩挂对的概念，任何一项任务的装货点和卸货点都存在配对的关系，如果按上述方法产生初始解，会出现牵引车先到甩挂对后点再到甩挂对前点的情况，这样就违背了设定的条件，出现众多不可行初始解，可能会降低搜索到最优解的速度。为此，本案例提出一种基于甩挂对概念的初始解产生方法，其过程为：①初始化，产生一组随机自然数序列，此序列里的自然数均为甩挂前点，即装货点；②在每个甩挂前点后插入相对应的甩挂后点，形成一组新的序列；③根据随机给出的牵引车编号，选择牵引车；④牵引车按新序列对应的路径行驶，从车场出发依次前往该序列中没有被服务的点，并进行甩挂作业，计算牵引车从车场驶出后的行驶时间、甩挂作业时间和等待时间；⑤根据任务开始的时间窗下限约束来插入车场，若车场插入完毕后，所有的点都得到了服务，则产生了一个初始可行解，则转⑥，否则转③；⑥结束。

2. 邻域的构造

邻域结构是优化中的一个重要概念，其作用就是指导如何由一个解来产生一个（组）新的解。禁忌搜索算法是一种基于邻域搜索技术的算法，确定邻域操作方法是构造该算法的关键。本案例采用两交换法实施邻域操作，再将获得的新解进行调整形成候选可行解。两交换法是指随机选择当前解中的两个元素，并交换其位置的邻域操作方法。本案例以当前解中的甩挂对作为随机交换的元素。

3. 禁忌表的处理

禁忌表用于记载在最近的 l（禁忌长度）次迭代中解的变换特征。在每一次迭代时，都必须将上一步所进行的变换填入禁忌表中，而表中的其他元素相应地减 1 直到等于零为止。禁忌表的长度 l 设为一固定值。

4. 解的评价

本案例建立的模型有两个需要优化的目标：所使用的牵引车数和牵引车行驶费用。车辆数可以通过解中数字 0 来确定。由于最小化所使用的牵引车数是第一层优化目标，因此，所用牵引车数较少的解总是比所用牵引车数较多的解好，尽管由此可能引起牵引车行驶费用的增加。而对于所用牵引车数相同的解，则比较牵引车的行驶费用。

5. 终止准则

当总迭代次数达到一个给定的值时，算法终止。

4 甩挂运输网络与场站

本章旨在探讨甩挂运输最关键的依托载体——甩挂运输网络和场站。

第一，作为货物运输乃至物流网络的主要组成部分之一，甩挂运输网络应有合理的整体功能定位。本章将甩挂运输网络上的基本元素划分为牵引车行驶路线、牵引车技术作业停靠点、挂车交流路线、挂车集散点，其中，甩挂运输网络上各类节点及其功能定位是关键。

第二，本章从宏观层面将甩挂运输网络节点分为T类一级、T类二级、T类三级、S类一级、S类二级、WH类、RH类等类型，并指出各类节点的一般功能。结合省域甩挂运输网络上场站布局的实例，阐述甩挂运输网络节点布局规划思路和牵引车运行方案形式等关键问题。

第三，甩挂运输场站内部的平面布局是否科学合理，关系到土地资源利用率、运输生产效率和企业经济效益等，本章采用案例解析的方式，根据收集整理的国内外数十个道路甩挂运输场站、滚装运输场站、铁路货运场站内部的功能区分布情况，对道路运输、港口和铁路运输等不同领域内的甩挂运输场站内部的平面布局给予展示。借助统计分析，给出我国甩挂运输场站内部布局的参考指标。

第四，挂车停车区、挂车装卸位的布局是甩挂运输场站内部的功能区布局的

关键。本章给出若干个挂车停车区、挂车装卸位布局的参考方案。通过梳理甩挂运输车辆在不同类型场站内的作业环节，给出铁路多式联运站、滚装运输场站内甩挂运输车辆的一般作业流程。

第五，鉴于我国甩挂运输场站建设和运用处于相对滞后状态，本章提出若干用于保障我国甩挂运输网络运行的措施，如投资引导和扶持、企业组织模式创新等。

本章适合的阅读对象为：道路运输和物流领域的高层决策者、中基层管理者；场站建设和经营管理者；科研工作者；高等院校运输和物流相关专业教师、学生。

4.1 甩挂运输网络概述

4.1.1 甩挂运输网络的整体功能定位

作为宏观层次的物流网络、道路运输网络的主要组成部分之一，甩挂运输网络的整体功能定位表现为以下方面。

1. 甩挂运输网络是货运网络特别是道路货运网络的骨干，其网络效应、规模效益、快速响应效果显著

首先，汽车列车具有运输效率高、吨千米油耗低、经济效益好、能够实现“门到门”运输等优势。实践表明，随着公路运输业的发展，吨位大、效率高、可实现一车多挂的半挂车成为最合适的公路长途运输工具。其次，甩挂运输网络上普遍采用由牵引车加挂各种半挂车组成的汽车列车，便捷地甩下/挂上半挂车使车辆的交流活动非常活跃，汽车列车的走行路径也可灵活多样，这可提高道路货运的市场响应水平，并可充分挖掘甩挂运输的网络效应。此外，高效率的车辆运行水平必然要求货运市场和货运需求的开发保障，以

实现较好的实载率，从而货运量可达到更大规模。

2. 甩挂运输网络必然呈现出轴辐式结构，其囊括了若干个形成了完备化功能、系列化功能的各类网络节点

在运输能力方面，由于甩挂运输网络所体现出的大规模、高效率货运业务模式和一般道路货运所体现出的小规模货运业务模式之间有明显的差异，二者之间应存在衔接环节，甩挂运输网络上的各类场站成为这种衔接环节的主要载体。轴辐结构可作为甩挂运输网络的合理结构。在轴辐式甩挂运输网络上（见图4-1），牵引车、半挂车集聚的各类场站是轴心节点，承担着大量甩挂运输车辆的集散作业，同时这些轴心节点又辐射服务着各种大小不一的货运需求点。

从有形资源的掌握看，轴心节点集结着大量的挂车，配备有充足的牵引车动力，装备布局着其他相关的场内作业设施设备，能够提供各种现代物流服务。一个轴心节点可以服务于多个货运站，而一个货运站可能拥有多个货运需求点（装车点），轴心节点之间构成道路甩挂运输的骨干网络。

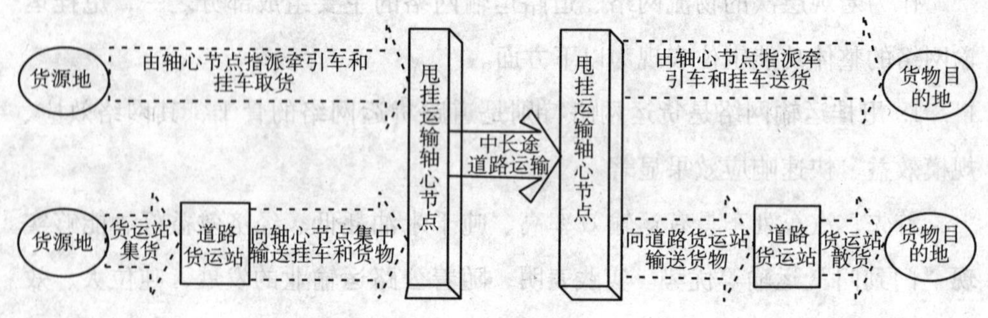

图4-1 甩挂运输轴辐式结构示意

3. 甩挂运输网络更易于与铁路、水运等大容量运输方式实现对接，这主要基于甩挂运输的便捷的换装方式和不同运输方式间运力的合理匹配效率

开展甩挂运输可以促进道路运输与铁路运输、水路运输的多式联运，实

现以道路甩挂运输为基础的驮背运输、滚装运输，充分发挥各种运输方式的技术经济优势，并减少针对货物的装卸作业量，提高装卸效率和载运工具的容积利用率。在驮背运输、滚装运输的多式联运过程中，由牵引车将装好货物的挂车拖至铁路货场或港口，牵引车将挂车移送至铁路平车、船舶甲板或舱位后与挂车分离，到达目的站或目的港后，再由另一端的牵引车将挂车运至目的地。这种多式联运组织形式明显减少了对汽车动力部分的占用，提高了铁路车辆和船舶的容积利用率，提高了换装效率。可见，以甩挂运输为基础的驮背运输、滚装运输可以有效地提高长途干线运输过程的运行速度，降低运输成本。

4.1.2 甩挂运输网络的基本构成

由于甩挂运输车辆调度组织和运行过程与传统的道路运输车辆运用过程不同，甩挂运输网络方案的设计方式也有明显的差异。甩挂运输网络上的关键组成元素有：牵引车行驶路线、牵引车技术作业停靠点、挂车交流路线、挂车集散点。

(1) 牵引车行驶路线主要受到牵引车及其乘务组有效工作时间、货物运输需求、空驶需求等因素的影响，其主要表现形式是牵引交路的形式和最佳行驶距离。

(2) 牵引车技术作业停靠点一般可不设定为专门的场站，可结合挂车集散点、高速公路服务区布局、干线公路交叉点布局等因素综合选择最佳地点以及配备有关设施设备。

(3) 挂车交流路线应与主要空间运输联系方向相一致，它是不同区域之间货物交流方向和交流量的最直接的表现。

(4) 挂车集散点应能够直接服务于大量挂车的集散，也可服务于货物的集散。

可见，设计甩挂运输网络方案时，应从全局的角度区别不同的网络元素，分别采取合理的设计方式，并能够实现不同网络元素间协同效应的发挥。在实践中，基于通达性良好的公路线路基础设施网络，甩挂运输车辆的行驶路线主要受甩挂运输网络节点（即各类场站）的影响。

对于牵引车技术作业停靠点的基本定位：由于甩挂运输组织技术重在提高车辆动力部分的利用率，所以为车辆动力部分提供保障性的技术作业服务成为甩挂运输组织的关键环节之一，牵引车技术作业停靠点就是为车辆动力部分以及司乘人员提供保障服务的主要基础设施。牵引车技术作业停靠点的主要任务是在甩挂运输牵引车的运行区段上的关键点（如区段的末端、区段上应当进行牵引车检修的地点、区段上有助于保障驾驶员途中休息的地点，主要受牵引车和驾驶员合理运行时间或合理运行距离的影响）提供整备作业或更换牵引车驾驶员乘务小组，或为过路车提供简单检修、加油、休息等安全性要求的技术作业。牵引车技术作业场站在甩挂运输网络上的分布主要决定于下列因素：第一，牵引车运行区段的合理距离。甩挂运输网络上牵引车运行区段的合理距离是根据牵引车的技术经济指标、牵引交路类型及驾驶员乘务小组合理的连续工作时间确定的；第二，甩挂运输网络规划。甩挂运输网络规划受甩挂运输经营主体的业务发展规划的影响，其所确定的牵引车技术作业场站在甩挂运输网络上的位置和作用与周边相邻场站的功能分工等因素有密切关系。一般应把牵引车技术作业场站设在有大量半挂车集聚的地点、主干快速通道且有一定数量车流集散的地点（如高速公路的交叉处、公路与铁路的衔接区）。

对于挂车集散点的基本定位：挂车集散点拥有大量的半挂车运力，而半挂车在多数情况下可配合仓储设施实现一些基本物流服务功能，所以挂车集散点除了具备大面积的半挂车停靠区域外，还可具备道路货运站的基本功能。这里所指的道路货运站是用于进行甩挂运输货物集散、暂存、转运的场所，

规模可大可小。道路货运站的功能表现在以下方面：首先，为实现甩挂运输货物的集散，道路货运站应能够连接长途运输和短途配送/集货，所以其必须具有货物受理、分拣、装卸搬运、配送、车辆调度、货运信息管理等功能。此时，甩挂运输的运营可形成以道路货运站为载体的运输组织、货物分拣中转和车辆调度中心，以“始发站的货物受理、取货服务及装车发运→干线货物运输→货运场站集中装卸分拣作业→干线货物运输→到达站的卸货分拣、货物自提及送达服务”为作业流程。其次，为在甩挂运输货物的暂存环节创造利润空间，道路货运站还可提供保管、库存调节、流通加工（拆零、配货、贴标签）、信息处理等一系列增值服务。暂时保管是道路货运站的主要内容之一，可使商品创造时间效益、稳定商品价格、便于售后服务。加工服务是道路货运站根据用户的需要把货物进行生产/消费前的准备性加工，然后再按要求定点、定量、定时送交用户，该服务尤其适用于鲜活商品和农副产品，道路货运站可具备对这类商品进行简单加工的功能，如计量、分装、包装等。为与客户对接业务，并进行必要的理货，最大限度地减少道路货运站的库存，提高效率和效益，道路货运站的信息管理功能也是不可少的。

4.1.3 甩挂运输网络节点分类及其功能

考虑到甩挂运输用载运工具、运输组织方式等差异，将甩挂运输网络节点分为以下类型：

1. T类，即牵引车（Tractor）技术作业停靠点

可细分为：

（1）T类一级。该类节点可与挂车集散点实现集群式布局，甚至可直接作为挂车集散点的一部分，配备有大量的牵引车，一般要配备维修车间和加油（加气）设施，能够为牵引车提供全方位的维护保养检测服务，配备牵引车和驾驶员调度中心，以实现对牵引车和驾驶员的实时精准管控。牵引车可

提供短途接驳半挂车服务，也可进行长途运输，个别的还可进行场站内作业。

(2) T类二级。该类节点位于有一定限值数量以上的进站牵引车集聚的高等级公路附近，可配备少量的备用牵引车，能够为牵引车提供行驶途中安全检查与简单维护、加油（加气）、必要时可更换牵引车，能够为驾驶员提供休息、餐饮等服务。

(3) T类三级。该类节点可灵活设置，一般应位于有一定限值数量以上的甩挂运输车辆通行路线上，甚至可与高速公路服务区共享设施设备，能够为甩挂运输车辆和驾驶员提供中途停泊所需的必备的安全空间。

2. S类，即半挂车（Semi-trailer）基地

可细分为：

(1) S类一级，该类半挂车基地的主要功能有两点：一是拥有规模较大的半挂车停车区域，且保有大量的半挂车；二是拥有一定规模的仓库，主要用于落地、中转货物的集散、换装作业。为确保半挂车的健康状态，应配备半挂车车况检查、维护功能；为确保半挂车的高效调度运用，应配备半挂车调度组织功能；为确保货物的集散、换装作业，应配备理货、分拣、暂存等功能。在该类节点上，半挂车可应客户要求“空去重发”（即空车到客户指定地点装货，满载后直接进行运输）、“空去重回”（即空车到客户指定地点装货，载货后返回半挂车基地、卸货换装）、“重发”（经货物的调度换装，满载半挂车驶离半挂车基地）、“空回”（半挂车完成单程运输任务后空驶返回）等。由于需进行一定的货物集散作业，该类节点应具备若干基本物流服务功能。

(2) S类二级，该类半挂车基地的主要功能定位于：拥有大规模、集约化半挂车停车区，保有大量的半挂车。为确保半挂车的健康状态，应配备半挂车车况检查、维护功能；为确保半挂车的高效调度运用，应配备半挂车调度组织功能。该类节点可允许载货的半挂车停靠，但不进行针对货物的作业。

在该类节点上，半挂车可应客户要求“空去重发”（即空车到客户指定地点装货，满载后直接进行运输）、“空回”（半挂车完成运输任务后空驶返回）等。

3. WH类，即水陆多式联运（Water-Highway Multi-Modal）节点

该类节点使甩挂运输结合滚装运输以实现水陆多式联运。由于滚装船运力与道路运输运力的差异以及滚上滚下式的装卸作业特点，该类节点需配备半挂车待渡区域，还需配备专用的场站用牵引车。一般不配备半挂车上货物的换装、装卸集散功能。

4. RH类，即公铁多式联运（Railway-Highway Multi-Modal）节点

该类节点使甩挂运输结合驮背运输以实现公铁多式联运。由于铁路货物列车运力与道路运输运力的差异，该类节点需配备半挂车停车区域，还需配备仓储设施以实现货物的换装、装卸集散功能。

根据我国交通运输体系现状、甩挂运输发展所需各种条件，初步确定上述7类节点的数量、基本功能等（见表4-1）。

表4-1　　各类甩挂运输网络节点的一般定位

节点名称	基本功能	数　量	重要性
T类一级	大规模、完备化牵引车场站	可与S类节点并行布局，至少与S类节点总数相当	★★★★★
T类二级	规模和功能适中的牵引车场站	视牵引车运距、T类一级节点分布情况而定	★★★
T类三级	规模小、功能单一的牵引车场站	灵活设置，数量若干	★★
S类一级	大规模、完备化半挂车场站	视经济地域的产业联系状况和消费能力而定	★★★★★
S类二级	大规模、集约化的半挂车停车区域	视经济地域的产业联系状况而定	★★★★

续 表

节点名称	基本功能	数 量	重要性
WH类	甩挂运输结合滚装运输的多式联运场站	视近海运输条件和水陆联运需求而定	★★★
RH类	甩挂运输结合驮背运输的多式联运场站	视铁路运输条件和公铁联运需求而定	★★

4.2 甩挂运输场站选址与布局

4.2.1 甩挂运输场站选址布局的一般工作流程

甩挂运输场站是实现甩挂运输组织工作最主要的依托节点。在生产力资源分布、经济社会资源需求状况、运输行业空间布局等因素的影响下，不同的甩挂运输场站布局方案可能会对整个道路货运系统乃至现代物流系统的运行成本和收益产生很大的差异。所以，在已有的各种环境条件下，如何设置甩挂运输场站，使整个道路货运系统的运行费用低、服务水平好、经济效益和社会效益高，是进行甩挂运输场站空间布局的核心问题。

一般而言，甩挂运输场站选址和整体布局应以费用低、服务好、辐射强以及社会效益高等为主要目标。费用低就是寻求甩挂运输场站的包括前期规划建设费用和中长期经营费用在内的总费用要低；服务好就是甩挂运输场站的空间布局方案应能保证在货物及时、顺畅、完好地送达客户过程中提供切实有效的运输功能支撑；辐射强以及社会效益高就是甩挂运输场站空间布局方案应从整个区域经济系统的高度，使甩挂运输场站的地域分布与区域资源和需求分布相适应，从而适应经济区域经济发展需求。

甩挂运输场站布局的一般工作流程可分为以下步骤：

1. 收集整理各种资料

虽然我国甩挂运输相关的统计数据专项资料相对欠缺，个别的甩挂运输数据材料零散分布于不同领域（如：道路货运资料一般分布于交通运输领域，车辆资料一般分布于汽车制造和销售领域），但大量丰富的道路货运资料为发掘甩挂运输活动特点提供了间接有效的依据。通过对历史资料的收集整理，可以获得关于货运系统现状的认识，确定甩挂运输场站潜在服务对象的需求，并初步确定甩挂运输场站的类型、功能定位、选址原则等前提条件。准确的第一手资料对于后续备选地址的选择以及定量化模型的设计均有重要作用。一般的，开展甩挂运输场站布局的分析论证工作前应收集整理以下类型的资料。

第一，能够表征各经济区域经济社会发展状况的各种资料。如：国民经济发展主要统计指标和统计数据；区域性产业发展现状和发展规划材料；现代物流业、交通运输业发展主要统计数据和发展规划材料；各种交通运输线路和场站布局地图；等等。

第二，货物运输需求方（生产商贸企业）的调研材料。如：货物运输需求方的企业性质、企业规模、生产产品种类等基本情况；企业的原材料、零部件采购、运输、库存情况；产成品销售、运输、库存情况；企业物流外包情况；企业自有物流服务能力情况；企业对第三方物流服务、运输等的需求状况；信息技术使用状况；等等。

2. 甩挂运输货物流量流向分析与预测

甩挂运输场站应形成层次清楚、功能分布合理的整体布局，而进行区域性空间货物运输联系分析工作是保障甩挂运输场站系统化布局的基本前提。该工作可从以下方面逐步展开：

第一，确定甩挂运输得以推动和发展的主要经济因素。以我国现阶段的现实背景为例，改革开放以来，我国经济和社会发展为交通运输行业的快速发展提供了动力。特别是进入21世纪以来，我国工业化与信息化融合发展的背景为综合交通运输行业的发展提供了重要的技术支撑和运输需求条件。快速发展的工业化和城市化，对交通运输无论是量的方面还是质的方面都提出了新的、更高的要求，但由于我国大的运输比例结构存在问题，道路运输组织化、集约化又比较低，致使运输效率低、成本高的痼疾长期得不到解决。该因素已经成为我国道路甩挂运输发展的重要动因。所以，从现阶段我国的基本国情看，工业化是甩挂运输得以推动和发展的主要经济因素。

第二，确定甩挂运输业务的市场定位，也即分析甩挂运输可承载的货物类别。考虑到甩挂运输的技术经济条件，适宜采用甩挂运输的货运需求应满足的基本条件是货运需求量较大且稳定，此外，甩挂运输服务水平一般较高（特别是在运输速度、运输过程安全性等方面），所以一般应优先选择那些对于运价承受能力强的货运需求。在分析甩挂运输可承载的货物类别时，可采用以下几个主要的标准：①货物品类与国民经济产业分类相一致。这一标准便于依托经济统计数据定量地分析运输与经济间的联系。②符合并有利于发挥甩挂运输的技术经济优势，特别是在大吨位厢式挂车的大量使用、中长运距作业方面。③有利于甩挂运输服务具有较传统运输组织形式更大的利润空间，这一标准更多是为了选择那些运价承受能力较高的货物。

第三，确定空间货物运输联系主要方向。货物运输需求的派生性特征决定了货运需求要受产业结构、产业间投入产出联系的影响，要分析货物运输需求的主要流向，就必须在了解和把握产业结构变动规律的同时，确定产业间投入产出联系空间分布的主要方向。产业结构变动与经济发展过程密切联系，经济发展阶段、水平和速度都会直接影响产业结构变动，产业结构变动会直接影响货物运输需求结构（即货物的种类、货物的批量、理化性质等）。不同产业的货物运输需求在数量上和质量上有明显的差别，随着产业结构的变化，经济发展对货物运输需求必然发生变化。同时，由于社会化、专业化分工的发展，各个经济地域依托其各种资源禀赋形成了可承接不同产业的优势，一定时期内特定的产业主要分布于特定的经济地域。所以，空间货物运输联系方向主要由分布于不同经济地域上的产业与其他产业（可能分布于同一经济地域，但多数分布于其他经济地域）之间的联系确定了。

第四，确定空间货物运输联系主要方向上的货物流量。在明确空间货物运输联系主要方向的基础上，可借助一定的技术分析方法，逐一分析空间货物运输联系方向所涉及两个经济地域之间的货物运输量。如：参照交通规划技术中的重力模型，两个城市间的公路货运量可表示为：

$$J = K \cdot \frac{G_1 \cdot G_2}{r^{\alpha}}$$

式中：J——公路货运量表征；

G_1 和 G_2——城市的工业增加值；

r——两个城市间的公路里程；

α——阻力系数。

首先使用已知统计数据推算 K 的取值，然后根据 K 的取值、各城市的工业增加值以及城市间的公路里程，逐一计算各城市间的主要空间运输联系方向上的货物流量状况。

第五，对甩挂运输货物流量进行测算和预测。由于甩挂运输体系只是全社会货物运输体系的一部分，在明确了空间货物运输联系主要方向上的货物流量数据后，应采取一定手段确定甩挂运输的市场占有率，从而估算在不同流向上的甩挂运输货物流量。为使甩挂运输场站布局规划具备前瞻性，还应采用可行的预测技术对甩挂运输货物流量进行预测。

3. 提出各类甩挂运输场站空间布局方案

由于甩挂运输场站类型多样，而不同类型的场站所承担的功能有所不同，在设计甩挂运输场站空间布局方案时可分层次、兼顾功能协同地开展工作。

首先，根据甩挂运输货物流量分析和预测结论，从大量货物产生或消失的经济地域中选取若干地点用于布局S类节点（即保有和聚集大量半挂车的场站)。依据货运需求是由生产制造过程产生还是由社会最终消费产生，可将S类节点细分为S类一级节点和S类二级节点；其次，由于半挂车本身不带动力，而S类节点上聚集了大量的半挂车，为便于S类节点上半挂车的交流，应在S类节点附近并行布局T类节点（即T类一级节点)；再次，甩挂运输的动力部分（即牵引车）的灵活调度组织能够确保甩挂运输车辆的高效运行，而牵引车和驾驶员的经济运距并不能与S类节点（与T类一级节点并行布局）的空间布局完全匹配，所以，有必要在T类一级节点的布局基础上选取若干专门用于牵引车和驾驶员途中作业的节点；最后，由于依托甩挂运输可便捷地实现滚装运输和驮背运输，所以，在港口和铁路货运站的适当地点，可分布公铁、水陆多式联运节点。

4. 甩挂运输场站选址

在进行甩挂运输场站具体位置选择时，要根据各种影响因素进行定性分析并审慎评估，大致确定几个备选的地址。备选地址的选择是否恰当，将直接影响后续对最优方案的确定，这种选择过程可以借助一些定量手段。此外，备选地址的数量要适当，备选地址过多，在后续选择优化方案时的工作量加大，导致规划成本高；备选方案过少，可能导致最后的方案偏离最优方案太大，选址工作效果差。

在获得现场第一手资料基础上，可以建立数学模型，通过定量化计算辅助决策备选方案的优化选择，从而获得预期的优化地址。随着选址理论和计算机技术迅速发展和广泛应用，构建数学模型进行定量化选址的做法得到有效支持。由于在定量分析中所构建的理论模型往往只能抓住经济社会联系的主要方面，暂时忽视其他的一些因素，当直接应用定量模型得出的结果进行甩挂运输场站选址时，常常会发现在理论模型上最为可取的选址地点在实践中行不通。为此，应采取合适的手段将理论模型难以囊括的因素考虑进来，综合地理、地形、环境、交通状况、劳动条件以及有关法规等条件对优化结果进行合理的评价，进一步修正理论模型的优化结果，使之具备可行性。

4.2.2 我国甩挂运输场站选址布局的主要依据

1. 充分考虑甩挂运输发展与工业化进程之间的互动联系

改革开放以来，我国经济社会发展为道路货物运输的快速发展提供了巨大的需求驱动。特别是进入21世纪以来，我国工业化与信息化融合发展的背景为道路货物运输行业的发展提供了重要的技术支撑和需求驱动。作为一种能够产生良好经济效益的运输组织方式，道路甩挂运输的发展具有其技术经济要求。要广泛采用甩挂运输组织形式，一个必备的条件是充足且稳定的货物运输需求（稳定且量大的货源）。所以，道路甩挂运输的技术经济特征决定了在其发展初期，应注重与工业间链式关系的培育和形成。实际上，由道路货物运输与工业发展水平间的双向因果关系，甩挂运输要与工业间形成链式关系已经具备了一定的经验和前提条件。

2. 充分利用牵引车或驾驶员的有效工作时间

货运企业每天的业务量以“吨千米”衡量，包含货物重量和运距两方面。货运企业每天的货物周转量（吨千米）＝每车的额定载重（吨）×实载率（%）×车辆行驶时间（小时）×车辆平均速度（千米/小时）。

依据企业日常运营状况，可初步确定有货物承载时的车辆行驶时间（小时）。此外，还可将用于空车调配时车辆的行驶时间（小时）考虑在内。甩挂运输车辆的行驶时间是二者之和。

在包乘制下，每个驾驶员的工作时间＝所驾驶车辆的行驶时间＋中途停靠时间；在轮乘制下，∑驾驶员工作时间＝∑车辆的行驶时间＋∑中途停靠时间。一般的，企业多采用包乘制。可见，驾驶员或牵引车的有效工作时间是甩挂运输运力组织的关键影响因素。

建模分析驾驶员工作时间模式的不同对于劳动力成本的影响后发现，假设驾驶员每周允许工作48小时，则在连续工作4天休息1天（此时工作日的工作时间为5×6.86÷4=8.6小时）的人员调度模式下，企业可获得最好效益。

当每个驾驶员每天可工作8.6小时时，设定平均速度为45千米/小时（已将车辆停靠时间的影响考虑在内），则：

（1）若1台牵引车配备1个司机驾驶，则每天可行驶里程为：8.6×平均速度=387千米；

（2）若1台牵引车配备2个司机驾驶，则每天可行驶里程为：8.6×平均速度×2=774千米；

（3）若1台牵引车配备3个司机驾驶，则司机每天应工作的总时间为：8.6×3>24，已跨天，不容易实施，暂认为不可行。

这样，可依据387千米和774千米（或者这两个数的分数倍数。实际上，距离越短，则稳定的货物交流量越小，不利于发挥甩挂运输的规模化优势）这两种运距来寻找各牵引车的行驶路线。

3. 尽可能地提高甩挂运输网络的连接度

在其运营组织方面，甩挂运输车辆能够体现出高效运转的技术经济优势，为尽量避免车辆的无效走行，在规划构建甩挂运输网络时，应尽量使各种场站之间有顺畅合理的连接通道，以便场站之间的功能化分工，保障各种甩挂运输车辆能够获得合理的运行路线。从网络的角度看，就是尽可能提高网络的连接度。

连接度从几何特性的角度表示网络的发达程度，有多种表示方法，其中常用的是β指数、环路指数μ。

β指数为网络的边的数量与顶点数量的比值，即：

$$\beta = \frac{E}{V}$$

式中：β——网络的连接度；

E——网络中的边的数量；

V——网络中顶点的数量。

β是网络中线路数与节点数之比，反映了平均每个节点连接的线路数。当$\beta < 1$时，网络呈树状；当$\beta > 1$时，网络中存在回路。

环路指数$\mu = E - V + P$（式中：E——网络中的边的数量，V——网络中顶点的数量，P——网络子图的个数），环路指数表示网络的环路数，网络越发达，连接程度越高，μ值越大。

此外，还有可用于描述网络上某点与其他点之间的连接情况的参数，即点的连接指数：

$$C = \frac{L}{\sqrt{A \times N}}$$

式中：C——网络上点的连接指数；

L——网络上点之间的连接线路长度；

A——网络上点所在区域的面积；

N——网络中点的个数。

当$C = 1.00$时，网络为树形结构；当$C = 2.00$时，网络为格子形结构；当$C = 3.41$时，网络为格子加对角线形结构；当$C = 3.22$时，网络为正三角形结构。当$C \leqslant 1.0$时，网络的连接度较差；当$1.0 < C \leqslant 2.0$时，网络的连接度较好；当$2.0 < C \leqslant 3.22$时，网络的连接度好，网络基本完善；当$C > 3.22$时，网络的连接度达到理想状态。

对于甩挂运输网络的建设与发展而言，连接度指标具有描述、评价的应用价值：①连接度指标的取值可以表征甩挂运输网络的实体状态，如$C = 1.00$时网络为树形结构，当然这种描述具有一定的局限性；②连接度指标的取值范围可以为评价甩挂运输网络的构建状态提供参考，如$2.0 < C \leqslant 3.22$

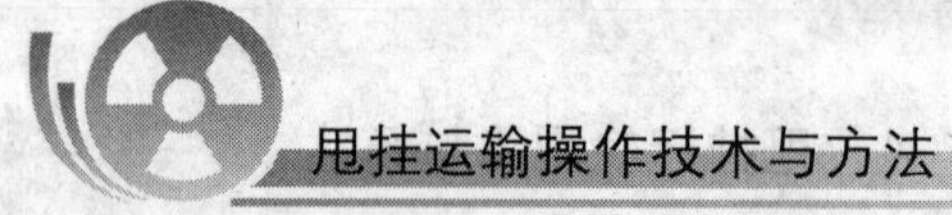

时，网络的连接度好、网络基本完善。

4.2.3 甩挂运输场站用地规模的主要影响因素

1. S 类场站

S 类场站承载着大量半挂车的停靠和流动，也可以承载部分货物的换装、储存。鉴于该类场站的功能定位，其空间布局必然与经济社会发展所引发的大量的货物产生和消失现象有密切联系。由于不同经济区域、行政区域对于交通运输用地规划的差异，S 类场站应分布于其所辐射服务区域的、能够适当缩减甩挂运输车辆在集散货物过程中行走距离的位置。

对于 S 类场站的用地规模，应视其具体功能而定：

若 S 类场站主要定位于半挂车的停靠，则其用地规模主要受到半挂车保有数量和半挂车停车区域面积利用效率等因素影响。半挂车保有数量由 S 类场站所辐射服务区域的半挂车需求量决定，半挂车总量中包括正在货物发送点或者到达点进行装卸作业的半挂车、正在途中承载货物运输的半挂车、正在途中不承载货物运输而回空的半挂车、场站内正在进行货物中途换装的半挂车（若有换装作业）、场站内保有的备用半挂车，等等。特定场站的半挂车保有总量应在甩挂运输货物流量分析结果基础上进行估算。半挂车停车区域面积利用效率可以用容许停靠的半挂车最大数与停车区域面积之比来衡量。半挂车的停车位包括半挂车的平面投影面积和适当的盈余空间，半挂车停车区域应设置一定数量和走向的站内道路，这些道路保证了半挂车的便捷调动。站内道路的宽度对于半挂车停车区域面积利用效率影响较大，同时也影响着半挂车的停靠方式。以三轴 13 米长的半挂车为例，当其以垂直于道路走向的停靠方式存放时，进出停车位时所需的转弯空间约为 5 个车道的宽度；当其以与道路走向呈 45°角的停靠方式存放时，进出停车位时所需的转弯空间约为 3 个车道的宽度。在实践中，以与站内道路走向呈 45°角的停靠方式存放半挂车的案例众多。

若S类场站除了用于半挂车的停靠，还有货物换装作业时，则需增设换装仓库。因为这种仓库要承担若干半挂车的同时换装货物的作业，既要保证设置足够数量的货物装卸位，还要尽量减少搬运活动行走距离，所以换装仓库一般设置为长条形状。

2. T类场站

T类场站承载着大量牵引车的停靠和流动，应尽量配备加油（加气、充电）、维修等设施以保障牵引车的良好使用状态。一部分T类场站（即T类一级节点）要与S类场站并行布局，此时只要在S类场站中预留一定空间即可。鉴于途中作业需要，还须在T类一级节点基础上布局T类二级节点。鉴于甩挂运输线路主要依托高速公路，而高速公路上不乏资源有明显闲置的服务区、出入口等既有设施，所以，可考虑选取甩挂运输交通流量大的路段和合适的高速公路服务区、出入口作为T类二级节点。

对于T类场站的用地规模，可视其承载的牵引车数量和特定区域的规划用地条件灵活确定。在T类场站，站内道路数量是保证各牵引车便捷出入的基本条件。由于牵引车的长度一般不超过8米，其所需的转弯半径相对小，可适当增加站内道路数量。此外，在实践中，有些甩挂运输场站将其半挂车停车位和牵引车停车位合用，每个半挂车停车位甚至可停靠2台牵引车。

4.2.4 省域甩挂运输场站选址布局案例

1. T类场站和S类场站的布局方案

依据《山东省道路甩挂运输组织关键技术研究》研究报告和我们收集整理的国内外50余个道路甩挂运输场站、20余个滚装运输场站的统计分析结果，提出以下节点空间布局方案（见表4-2）。有必要指出的是，以下所估算的车辆停放区域和仓储作业区域的规模和面积均是按照甩挂运输100%的市场占有率为基数的。若将甩挂运输的市场占有率设定在 a（$0<a\leqslant100$），则在该估算结果基础上乘以 a 即可。

表 4－2　T 类场站和 S 类场站的布局方案示例

节点名称	空间分布	节点数量	车辆停放区域		仓储作业区域	
			规模	面积	规模	面积
T 类一级	烟台	2～10	至少 1000 台	3 万平方米（45 亩）		
	淄博	6～30	至少 3000 台	9 万平方米（135 亩）		
	青岛	—				
	济南	—				
	临沂	—				
	潍坊					
	东营	3～20	至少 2000 台	6 万平方米（90 亩）		
	德州	1～7	至少 700 台	2 万平方米（30 亩）		
	菏泽	—				
	济宁	—				
	日照	—				
	威海	—				
S 类一级	烟台	2～7	至少 3000 台	9 万平方米（135 亩）	200	3 万平方米（45 亩）
	淄博	6～21	至少 10000 台	27 万平方米（405 亩）	600	7.5 万平方米（112 亩）
	青岛	—				
	济南	—				
	临沂	—				
	潍坊	—				

续 表

节点名称	空间分布	节点数量	车辆停放区域		仓储作业区域	
			规模	面积	规模	面积
S类二级	东营	3~11	至少5000台	13.5万平方米（202亩）		
	德州	1~4	至少2000台	4.5万平方米（68亩）		
	菏泽	—				
	济宁	—				
	日照	—				
	威海	—				

注：表中“—”指数据暂时空缺。

在确定T类二级场站的空间布局方案时，应综合考虑以下因素：T类一级场站的空间布局，驾驶员或牵引车的有效工作时间内的合理运距，高等级公路服务区、出入口资源利用状况，等等。建议选取位于以下区域的高速公路服务区作为T类二级场站的备选方案：济青高速与东青高速连接区域，京福高速与日东高速连接区域，同三高速与潍莱高速连接区域，聊城市附近，京沪高速与日东高速连接区域，等等。

2. 牵引车运行路径

由各类节点的布局状况和牵引车/驾驶员的工作模式，可确定以下几种牵引车运行路径。

（1）局部范围内的多次往返形式。

依托T类一级节点，牵引车或驾驶员在其归属场站和2小时左右运距圈内多次地往返运行。此时每台牵引车可配备1名驾驶员。主要实现局部范围内的货物集散作业过程。

(2) 区域范围内的往返（接力）形式。

依托T类一级节点，牵引车或驾驶员在其归属场站和4小时左右运距圈内进行2次往返运行。此时每台牵引车配备2名驾驶员。不同的牵引车之间可通过运行路径上布局的T类或S类场站进行交接，以实现所拖半挂车的中长途运输。

(3) 长运距的往返形式。

依托T类一级节点，牵引车或驾驶员在其归属场站和8.5小时左右运距圈内进行1次往返运行。此时每台牵引车配备2名驾驶员。在必要时，不同的牵引车之间可交接所拖半挂车，以实现长途运输。

4.3 甩挂运输场站内部布局

4.3.1 甩挂运输场站内部平面布局及案例

甩挂运输场站内部的平面布局是否科学合理，关系到土地资源的利用率和运输效率，这是甩挂运输作业流程中的关键节点。我们拟采用案例解析的方式，对道路运输、港口和铁路运输等不同领域内的甩挂运输场站内部的平面布局给予说明。

根据已收集整理的国内外50余个道路甩挂运输场站、20余个滚装运输场站、10余个铁路货运场站内部的功能区分布情况，选取以下典型实例，以展示各类甩挂运输场站的特点。

1. 道路甩挂运输场站布局实例Ⅰ

图4－2为道路甩挂运输场站布局方案来自北美某场站实例。

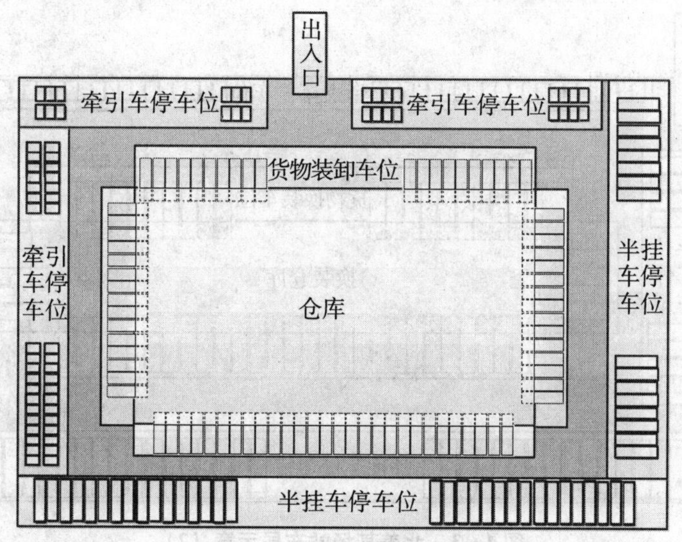

图 4－2 北美某场站布局示意（1）

该道路甩挂运输场站是一个集甩挂运输作业、仓储等功能于一体的综合性场站。其主要功能区包括牵引车停车区、半挂车停车区、仓库和半挂车换装停靠区等。其中，半挂车换装停靠区主要用于甩挂运输车辆依托仓库进行必要的货物换装、货物暂存作业；仓储面积大，允许若干的甩挂运输车辆同时进行货物的换装作业。该场站布局基本呈对称形式，牵引车停车区和半挂车停车区的用地面积分配合理，有利于保障甩挂运输车辆的生产效率。场站内道路/通道呈环形，使得甩挂运输车辆可以顺畅驶入停车区以及从停车位驶出。由于半挂车换装停靠区与场站其他车辆停靠区共用通道，提高了场站面积利用率。

2. 道路甩挂运输场站布局实例Ⅱ

图 4－3 为道路甩挂运输场站布局方案来自北美某场站实例。

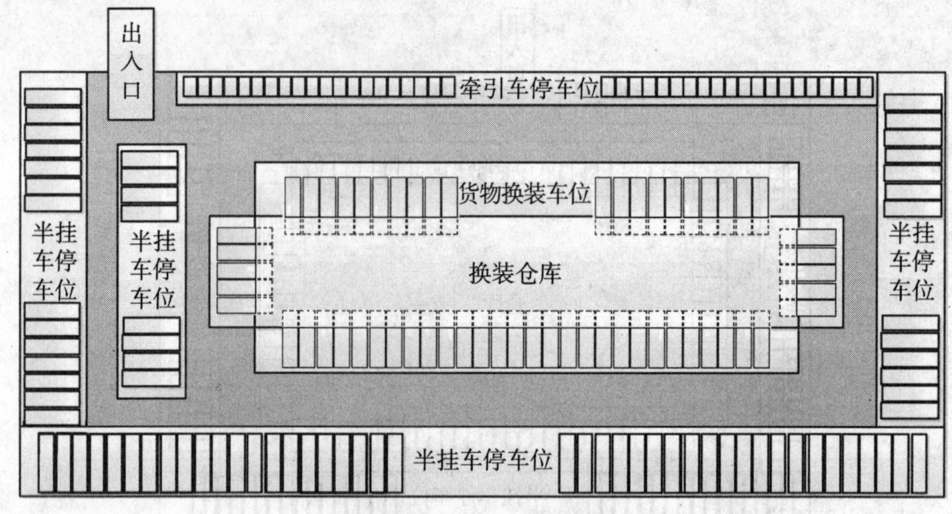

图 4－3　北美某场站布局示意（2）

在该场站中，换装仓库的长度与宽度的尺寸相差明显，较长的长度保障了半挂车换装车位数量，较短的宽度有利于减少换装作业过程中货物搬运的行走距离。该场站主要功能之一就是实现甩挂运输车辆在中途进行货物换装作业。场站内的通道能够辐射到每辆甩挂运输车辆，使牵引车和半挂车都可以自由驶入、驶出。

3. 道路甩挂运输场站布局实例Ⅲ

图 4－4、图 4－5 为道路甩挂运输场站布局方案来自北美某场站实例。

该场站主要用于道路甩挂运输车辆停放，其主要功能区是半挂车停车区和牵引车停车区，各种功能区的用地面积以及空间布局设置合理。甩挂运输车辆均采用45°角的斜停形式，可在保障车辆顺畅行驶的同时有效减少场站内通道的用地面积。

4. 港口甩挂运输场站布局实例Ⅰ

图 4－6、图 4－7、图 4－8 为港口内的甩挂运输场站布局方案来自北欧某场站实例。

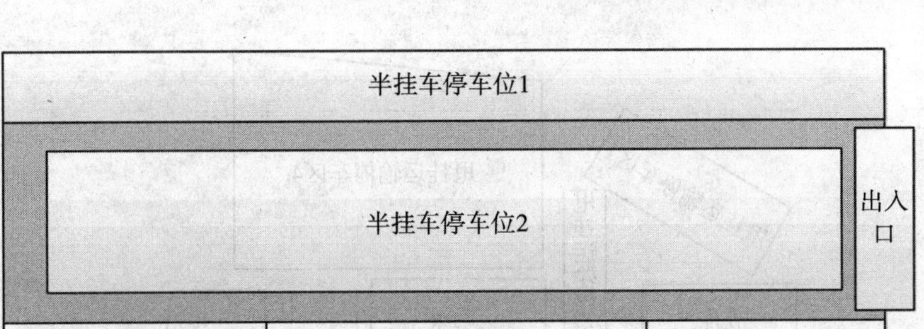

图 4－4　北美某场站布局示意（3）

图 4－5　半挂车停车位 1、2、3、4 及牵引车停车位车辆停靠方式示意

本实例的场站规模大，可以承载的多式联运货物运输量和周转量大，普遍采用甩挂运输车辆，且甩挂运输功能区所用的土地面积大，场站内布局了 6 个甩挂运输车辆停靠区（包括待渡区）和多个仓储区，滚装船码头设置在场站的中部，具备 3 个滚装船泊位。

本案例的场站功能区类型多，且各种功能区的数量多、面积大。陆域部分各功能区的布局方式有助于减少甩挂运输车辆到滚装船的行走距离。此场站的布局方式为滚装运输提供了高效率的换装平台，3 个泊位及其辐射的各个陆域的功能区保障了高效的多式联运换装过程。甩挂运输停车区内部车辆

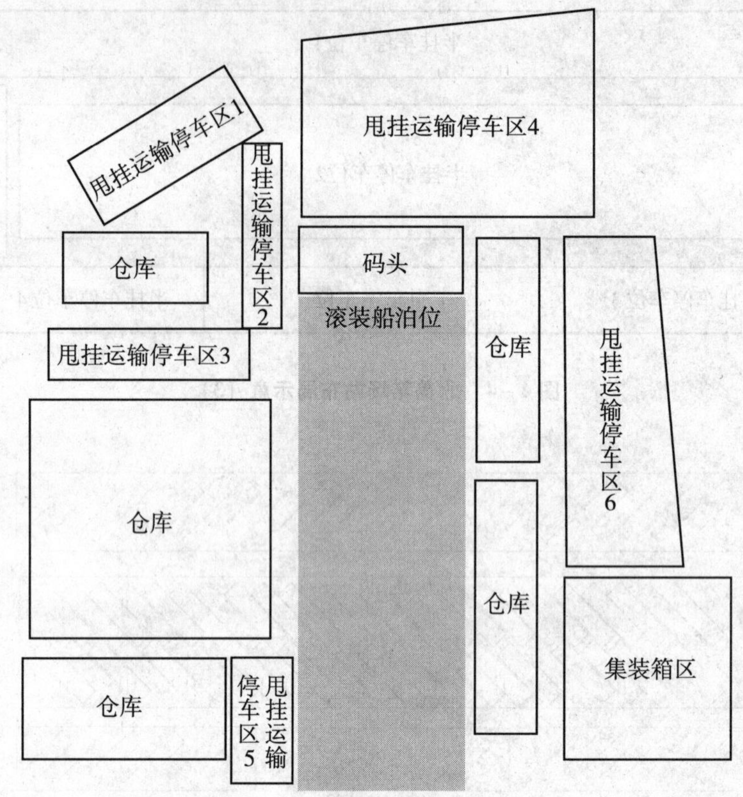

图4-6　北欧某场站布局示意

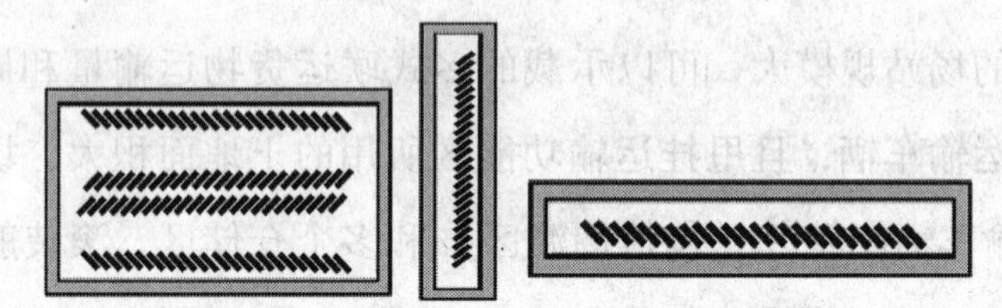

图4-7　甩挂运输停车区内部（左、中、右分别为停车区1、2、3）

的停靠方式多样，较小的停靠区（包括区域2、3、5）采用45°斜停方式，利用了有限的区域面积；较大的停靠区（包括区域1、4、6）采用了多通道下

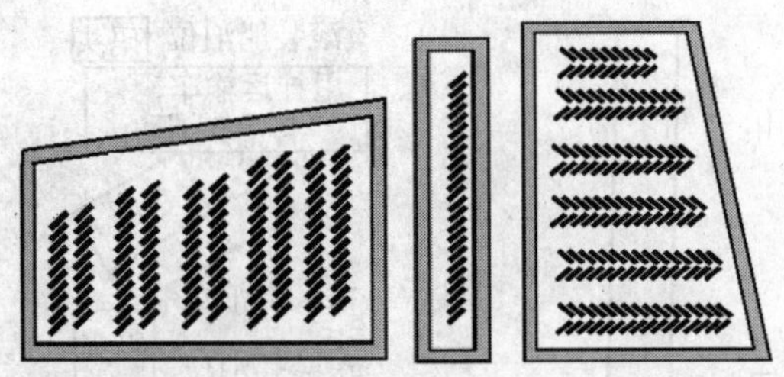

图 4－8　甩挂运输停车区内部（左、中、右分别为停车区 4、5、6）

的 45°斜停方式。

5. 港口甩挂运输场站布局实例Ⅱ

图 4－9、图 4－10、图 4－11 为港口内的甩挂运输场站布局方案来自地中海沿岸某场站实例。

此场站是集甩挂运输与滚装运输为一体的典型的多式联运场站，水域部分特别建造了保持滚装船停靠稳定性的人工堤。该场站的规模很大，包括 5 个甩挂运输停车区（待渡区）、5 个码头以及 7 个滚装船泊位。陆域部分具备发达的公路网以及各种仓储设施（图中未标出）。依托海岸线的多个码头及其若干滚装船泊位的布局合理，而甩挂运输车辆停靠区域与码头衔接密切、顺畅，有利于多式联运过程的高效、大容量。甩挂运输车辆停放区域的面积较大，或者采用 45°斜停方式，或者采用“背靠背”的 45°斜停方式，有效地利用了用地，且保障了车辆通行效率。

6. 铁路甩挂运输场站布局实例

图 4－12 为公铁联运场站布局方案来自欧盟某国的某场站实例。

该公铁联运场站为通过式场站，场站以公铁联运作业为主，分为仓库、挂车停放车区、铁路装卸区等功能区。该场站依靠建设用地地貌的自然特点和铁路正线的走向，合理利用了铁路线之间的空间进行仓库、停车区的规划建设，是在现有铁路正线确定的条件下建设基于甩挂运输的公铁联运场站的

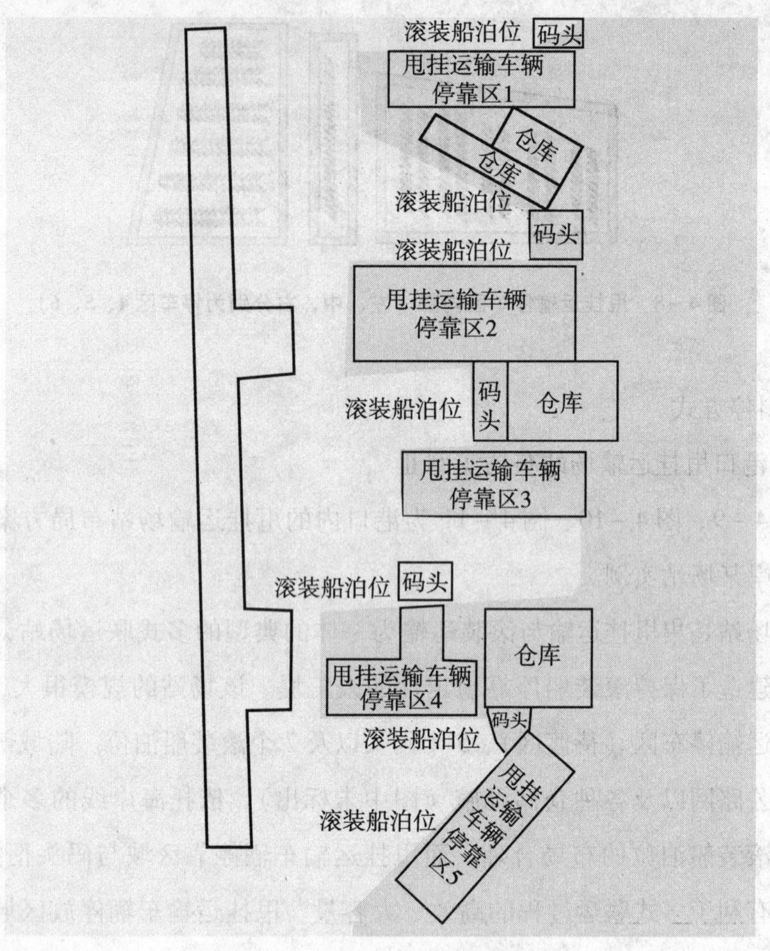

图 4－9　地中海沿岸某场站布局示意

较为典型的案例。多式联运换装区的铁路装卸线可以允许线路两侧均配备有甩挂运输车辆临时停靠位。甩挂运输车辆临时停靠位与铁轨呈斜角度，不仅节省了临时停靠位的面积，也方便了甩挂运输车辆的装上和卸下。从基本参数看，该场站仓库用地面积在 8 万平方米以上，挂车停放区的车位 150 余个，铁路装卸线可同时装卸的半挂车数为 10 台。

图 4－10 甩挂运输停车区内部（左、右分别为停车区 1、2）

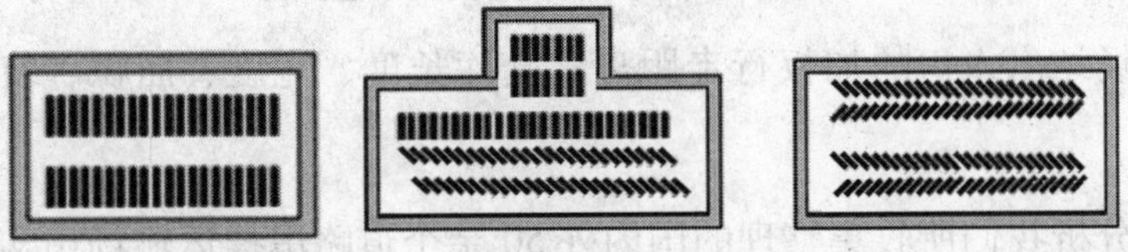

图 4－11 甩挂运输停车区内部（左、中、右分别为停车区 3、4、5）

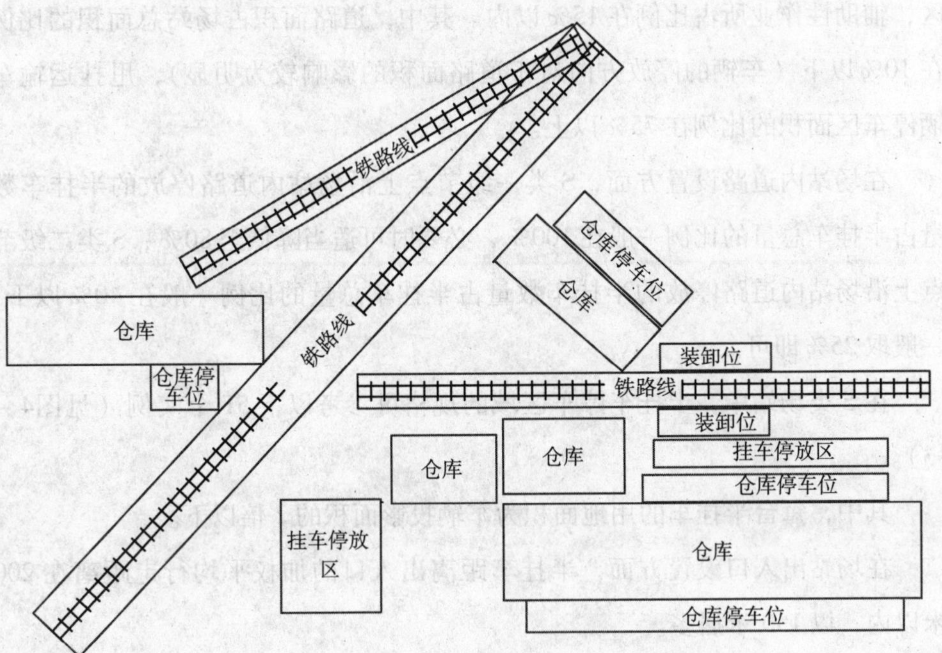

图 4－12 欧盟某国的某场站布局示意

4.3.2 甩挂运输场站内部布局的参考性指标

1. 道路甩挂运输场站（S类、T类）

道路甩挂运输场站的描述性定量指标包括：半挂车停车区的道路数、长度、宽度、占地面积，半挂车停车位总数，半挂车到场站出入口的加权行走距离；牵引车停车区的道路数、长度、宽度、占地面积，牵引车停车位总数，牵引车到场站出入口的加权行走距离；仓库长度、宽度、面积、装卸用车位数；等等。

通过分析我们所收集整理的国内外50余个道路甩挂运输场站实例，拟定以下针对道路甩挂运输场站规划设计的参考性指标。

场站总面积的85%以上为半挂车停车区、仓储区、道路、牵引车停车区，辅助性作业所占比例在15%以内。其中，道路面积占场站总面积的比例在10%以下（车辆的停放方向对于道路面积的影响较为明显），甩挂运输车辆停车区面积的比例在75%以上。

在场站内道路设置方面，S类一级节点上沿场站内道路停放的半挂车数量占半挂车总量的比例一般在100%，必要时可适当降低至80%；S类二级节点上沿场站内道路停放的半挂车数量占半挂车总量的比例一般在40%以下，一般取25%即可。

在S类场站中，半挂车停车区域的规格可参考以下51个实例（见图4－13）。

其中，每台半挂车的用地面积为车辆投影面积的2倍以下。

在场站出入口设置方面，半挂车距离出入口的加权平均行走距离在200米以内，以150米居多。

在仓库与装卸车位配置方面，仓库面积在1.8万平方米以下，以3000平方米、6000平方米、1万平方米居多。万平方米仓库面积配置的车辆停靠装

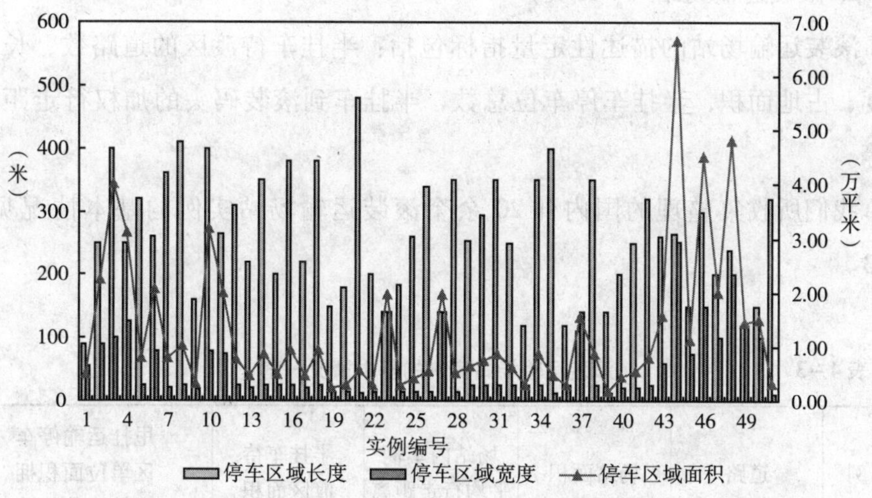

图 4－13 半挂车停车区域主要参数

卸用车位数以 70 ~ 90 个为宜。垂直停靠居多，也有锯齿形停靠位。

仓库的规格可参考以下 38 个实例（见图 4－14）。

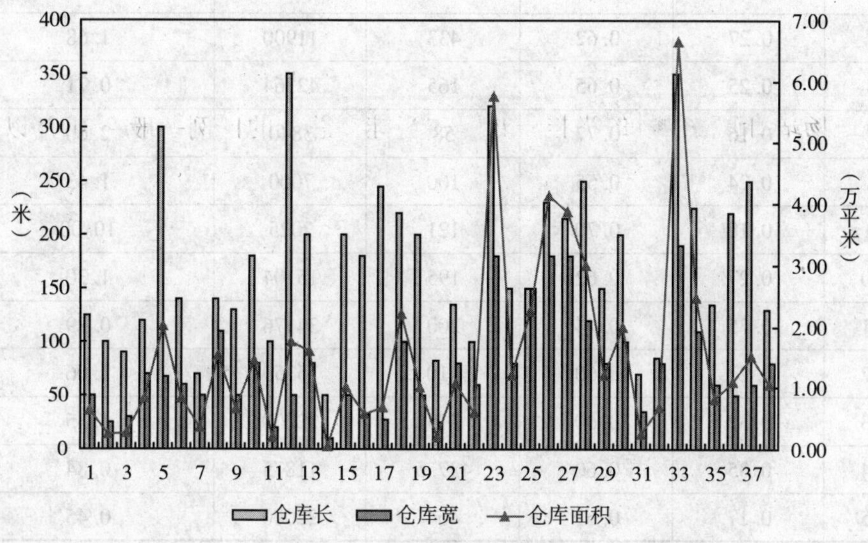

图 4－14 仓库的主要参数

2. 滚装运输场站（WH 类）

滚装运输场站的描述性定量指标包括：半挂车待渡区的道路数、长度、宽度、占地面积，半挂车停车位总数，半挂车到滚装码头的加权行走距离，等等。

我们所收集整理的国内外 20 余个滚装运输场站实例的基本情况见表 4－3。

表 4－3　　滚装运输场站实例的基本情况一览

实例编号	道路通畅性	场站面积利用率（%）	场站内车辆平均行走距离（米）	半挂车待渡区面积（平方米）	甩挂运输停车区单位面积拥有的滚装船泊位数（个/万平方米）
1	0.18	0.7	258	11196	1.80
2	0.23	0.67	126	6800	1.47
3	0.23	0.60	149	9984	2.00
4	0.25	0.60	182	5700	1.75
5	0.27	0.62	433	11900	1.68
6	0.25	0.65	165	42364	0.71
7	0.16	0.77	58	3840	2.60
8	0.24	0.55	100	7000	1.43
9	0.18	0.70	121	2025	10.00
10	0.27	0.62	195	15104	1.30
11	0.35	0.44	200	34176	0.29
12	0.27	0.60	110	75250	1.06
13	0.32	0.60	315	22200	1.35
14	0.35	0.60	437.5	11875	0.84
15	0.17	0.61	464	22000	0.45

续 表

实例编号	道路通畅性	场站面积利用率（%）	场站内车辆平均走行距离（米）	半挂车待渡区面积（平方米）	甩挂运输停车区单位面积拥有的滚装船泊位数（个/万平方米）
16	0.3	0.62	115	5600	1.79
17	0.2	0.68	135	7000	0.29
18	0.2	0.72	110	9775	3.07
19	0.25	0.55	125	7500	1.33
20	0.2	0.7	238	4200	2.33
21	0.3	0.58	250	41875	0.48
22	0.36	0.52	250	27900	0.36
23	0.15	0.72	140	6688	1.50

根据上述20余个滚装运输场站实例，拟定以下针对滚装运输场站规划设计的参考性指标。

半挂车待渡区长度在150米以内，长宽之比在4∶1以下，每一独立待渡区域的车位数在90个以内，每车的用地面积为车辆投影面积的2倍以内。道路面积占总面积的比例在30%以内，车位面积占总面积的比例在60%以内。为减少场站内通道宽度，车辆一般以与通道呈45°角的方向停放。

借助多元统计分析方法（如主成分分析法），得到表4－4列出的几个综合评价效果较好的案例。

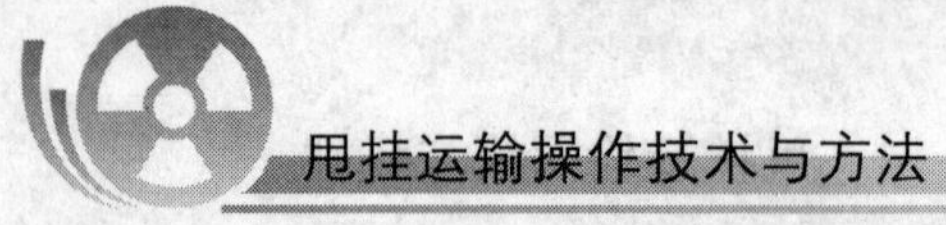

表 4－4　　综合评价效果较好的滚装运输场站实例基本情况

案例顺序	道路通畅性	场站面积利用率（%）	场站内车辆平均走行距离（米）	半挂车待渡区面积（平方米）	甩挂运输停车区单位面积拥有的滚装船泊位数（个/万平方米）
Ⅰ	0.35	0.44	200	34176	0.29
Ⅱ	0.27	0.60	110	75250	1.06
Ⅲ	0.36	0.52	250	27900	0.36
Ⅳ	0.25	0.65	165	42364	0.71
Ⅴ	0.17	0.61	464	22000	0.45
Ⅵ	0.35	0.60	438	11875	0.84
Ⅶ	0.20	0.68	135	7000	0.29
Ⅷ	0.30	0.58	250	41875	0.48

4.3.3　道路甩挂运输场站主要功能区布局设计

1. 甩挂运输车辆转弯所用空间

甩挂运输车辆转向时，牵引车与挂车的瞬时转向中心往往并不重合，两者的运动轨迹也明显不同。通常将半挂车后轴中心的转向运动轨迹，与牵引车前轴中心的转向运动轨迹的接近程度，称为半挂车对牵引车的追随性。影响追随性的因素有牵引车与挂车的轴距、列车铰接点的位置、牵引车的转向速度、道路状况和轮胎特性等。从图 4－15（美国 WB19 汽车列车 180°转弯轨迹）中可以看出，甩挂运输车辆转弯时所经过的面积与转弯角度相关。在不同的转弯角度下甩挂运输车辆的转弯轨迹不同，所占用的地面投影面积也不同。为描述问题，我们选择 45°、90°、180°作为转弯角度的一般采样。在实践中，应根据不同车辆在不同转弯角度所形成的轨迹作为场站内车辆停靠方式选择及占地面积计算的依据。

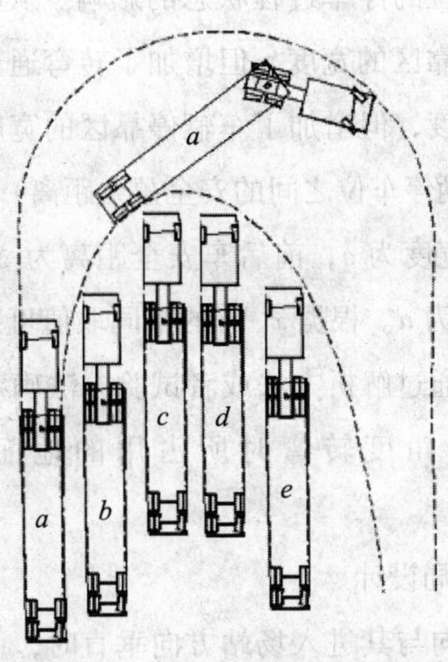

图 4－15　转弯角度为 180°时其他车辆的可选停靠位置

在图 4－15 中，甩挂运输车辆 a 转弯角度为 180°时所占用的地面投影是不规则的、但其边缘曲线又是连续变化的，图 4－15 中的 b、c、d、e 四辆车的停放位置均不会与 a 车上各点的运动轨迹发生干扰和碰撞。

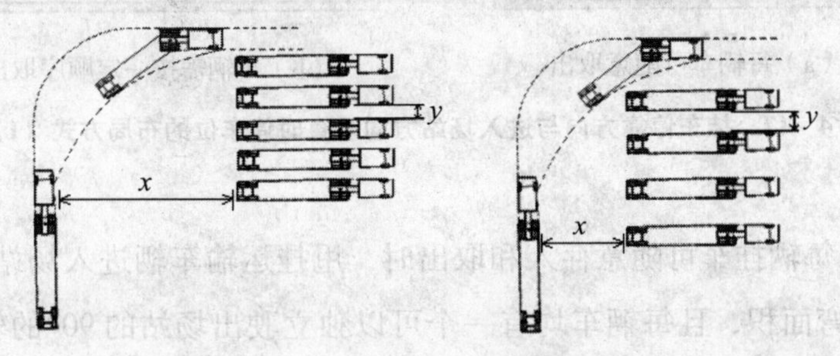

图 4－16　甩挂运输车辆驶入场站停车位的两种情况（转弯角度为 90°时）

图 4－16 中，甩挂运输车辆转弯角度为 90°时所占用的地面投影大小不一，这主要受到甩挂运输车辆是呈完全水平状态再驶入停车位，还是呈未完

全水平状态即驶入停车位的停车过程状态的影响。从图 4－16 可以发现，第一种情况可节省车辆停靠区的宽度，但增加了转弯通道的宽度；第二种情况则节省了转弯通道的宽度，但增加了车辆停靠区的宽度（这里 x 表示车辆转弯通道宽度，y 表示车辆停车位之间的安全盈余距离）。

设车辆长度为 p，宽度为 q，前后车安全距离为 Δp，左右车安全距离为 Δq，场站内每排车辆数为 n。根据 x、y 的不同取值可以估算每辆车所需的最小场站面积。此外，将通过解析方法或者试验方法确定的甩挂运输车辆在用 45°、90°、180° 的转弯角度转弯时所占用的地面投影面积记为 $S_{45°}$、$S_{90°}$、$S_{180°}$。

2. 挂车停车区的布局设计

（1）当挂车停靠方向与其进入场站方向垂直时，可采取的停车位布局方案主要有两种（见图 4－17）。

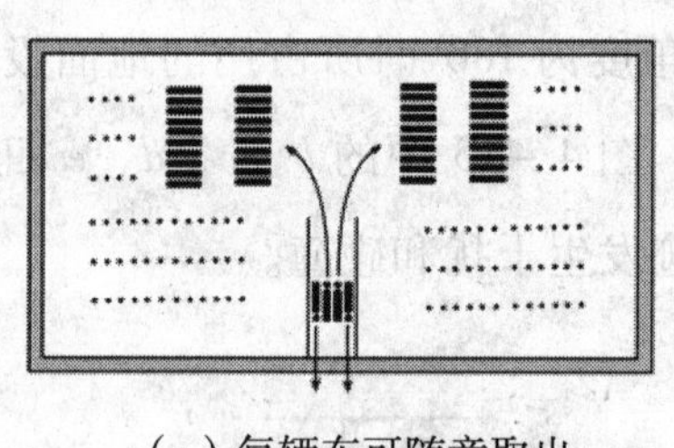

（a）每辆车可随意取出

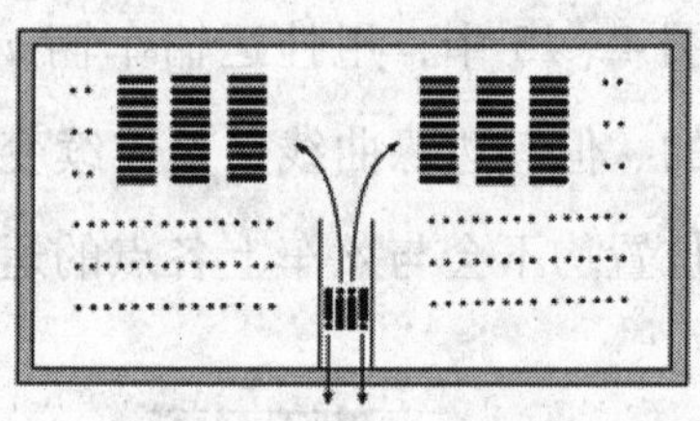

（b）车辆需按一定顺序取出

图 4－17　挂车停靠方向与进入场站方向垂直时停车位的布局方式（1）

当要求每辆挂车可随意存入和取出时，甩挂运输车辆进入场站时需要占用 90°的转弯面积，且每辆车均有一个可以独立驶出场站的 90°的转弯面积，最靠近场站边界的挂车在驶出场站时需要 180°的转弯面积。此种情形下的场站面积 S 可表示为：

$$\frac{S}{2} = mS_{90°} + m(n-1)S_{90°} + mS_{180°}$$

当要求每辆挂车可按顺序存入和取出时，只需要为最靠近场站边界的少部分甩挂运输车辆配备90°的转弯面积，且最靠近场站边界的挂车在驶出场站时需要180°的转弯面积。此种情形下的场站面积 S 可表示为：

$$\frac{S}{2}=mS_{90°}+2(n-1)S_{90°}+mS_{180°}+(m-2)(n-1)S_{车}$$

式中：$S_{车}$——每辆甩挂运输车辆占用的场站面积。

$$S_{车}=(p+\Delta p)\cdot(q+\Delta q)$$

（2）当挂车停靠方向与其进入场站方向平行时，可采取的停车位布局方案主要有两种（见图4－18）。

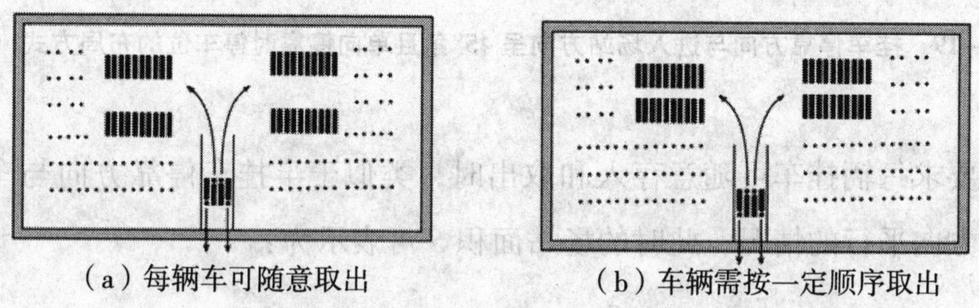

（a）每辆车可随意取出　　（b）车辆需按一定顺序取出

图4－18　挂车停靠方向与进入场站方向平行时停车位的布局方式（2）

当要求每辆挂车可随意存入和取出时，甩挂运输车辆进入场站时需要占用90°的转弯面积以进入横向通道，且每辆车需要占用90°的转弯面积以进入停车位，车辆驶出场站时可沿其上一排车进入场站时的路径行驶。此种情形下的场站面积 S 可表示为：

$$\frac{S}{2}=mS_{90°}+mnS_{90°}$$

当要求每辆挂车可按顺序存入和取出时，甩挂运输车辆进入场站时需要占用90°的转弯面积以进入横向通道，且每辆车需要占用90°的转弯面积以进入停车位，车辆驶出时每车只需一个90°的转弯面积。此种情形下的场站面积 S 可表示为：

$$\frac{S}{2} = (m+2n)S_{90^\circ} + (m-2)nS_{车}$$

（3）当挂车停靠方向与其进入场站方向呈45°角且单向停靠时，可采取的停车位布局方案主要有两种（见图4－19）。

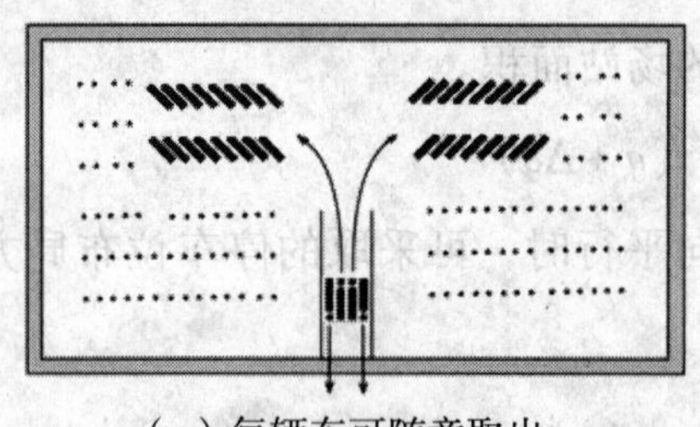

（a）每辆车可随意取出

（b）车辆需按一定顺序取出

图4－19　挂车停靠方向与进入场站方向呈45°角且单向停靠时停车位的布局方式（3）

当要求每辆挂车可随意存入和取出时，类似于半挂车停靠方向与车辆进入场站方向平行的情况，此时的场站面积 S 可表示为：

$$\frac{S}{2} = mS_{45^\circ} + mnS_{45^\circ} + (m+n)S_{90^\circ}$$

当要求每辆挂车可按顺序存入和取出时，场站面积 S 可表示为：

$$\frac{S}{2} = mS_{45^\circ} + nS_{45^\circ} + (m+n)S_{90^\circ} + (m-1)(n-1)S_{车}$$

（4）当挂车停靠方向与其进入场站方向呈45°角且双向停靠时，可采取的停车位布局方案主要有两种（见图4－20）。

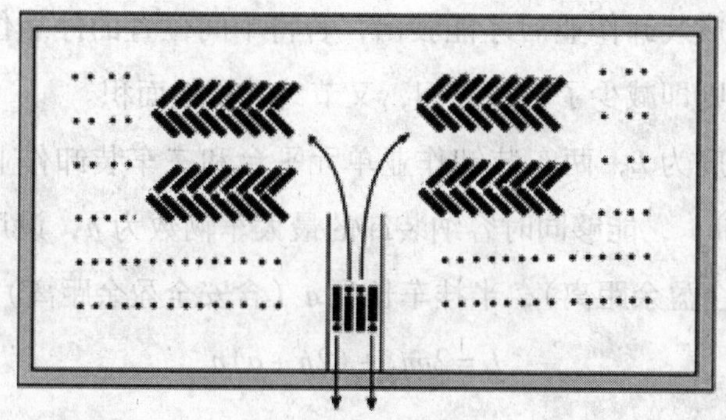

图 4－20　车辆需按一定顺序取出

此种情况下，车辆需按一定顺序进出，以保证停车位的紧密分布和挂车存取的效率，此时的场站面积 S 可表示为：

$$\frac{S}{2} = mnS_{45^\circ} + mS_{135^\circ}$$

3. 挂车装卸位的布局设计

甩挂运输场站的挂车装卸位主要用于将挂车暂时停靠在仓储设施旁并进行货物的装卸作业。考虑到包括挂车车门设置、装卸效率等在内的多种因素，挂车装卸位的布局方案可分为以下几种。

（1）单侧面装卸时的挂车停靠形式。

图 4－21　单侧面装卸的挂车停车位设置

此种情况下，仓储设施的每个装卸作业单元平台可以为 2～3 台挂车进行装卸作业。若为 2 台挂车，则能够保证每台挂车的调动灵活性和装卸效率；若为 3 台挂车，中间挂车的机动灵活性较低，并且需要等待同一平台上其他至少一辆挂车完成装卸作业后才能驶出，若将中间位置的停靠位设为需长时间装卸的挂车，则即减少了等待时间，又节约了用地面积。

若仓库的长度为 L，两车装卸作业单元平台和三车装卸作业单元平台的个数分别为 n_1 和 n_2，能够同时容纳装卸的最大车辆数为 n，设甩挂运输车辆总长为 p（含安全盈余距离），半挂车长为 q（含安全盈余距离），则：

$$L = 2pn_1 + (2p + q)n_2$$

$$n = 2n_1 + 3n_2$$

场站内用来服务车辆装卸作业的面积为 $S = L \times d$。

(2) 双侧面装卸时的挂车停靠形式。

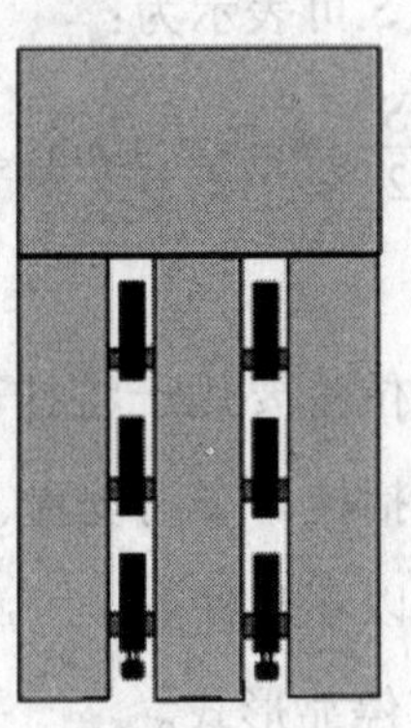

图 4－22　双侧面装卸的挂车停车位设置

此种情况下，每辆挂车的装卸效率明显高于单侧面装卸的情形，但挂车需遵循“先进后出”的原则，在实践中可将吨位大、装卸作业时间长的货物所在的挂车作为“先进入”的车辆。此种设置方案适用于装卸较大吨位的货物，并且可以方便地进行不同挂车之间货物的交流换装。

设 L_1、L_2 分别为三辆车长度方向所需的场站服务台的宽度和长度，则：

$$L = \frac{(L_1 + d) \cdot n}{3} + L_1$$

场站内用来服务车辆装卸作业的面积为 $S=(L_2+S_{90^\circ}/p)\times L$。

(3) 后门装卸时的挂车停靠形式（垂直）。

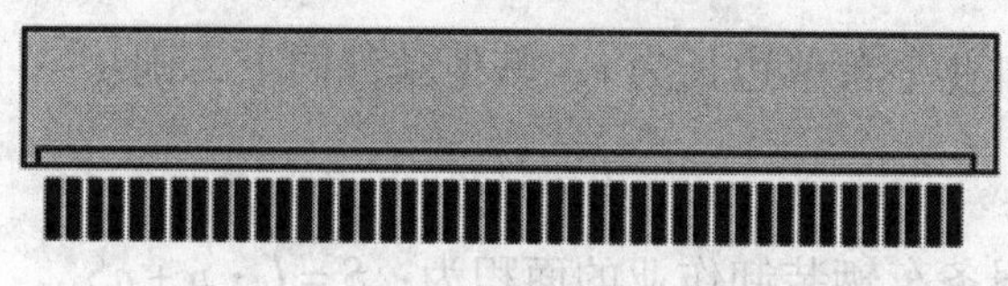

图 4-23 后门装卸的挂车停车位设置（1）

此种情况是一种适应性强的挂车停靠方案，对货物和车辆没有特殊要求，但是此种情况会产生额外的场站面积以用来为甩挂运输车辆的 90°转弯所需（倒车入停车位、从停车位驶出）。

若车辆宽度为 d（含安全距离），则：

$$L=dn$$

场站内用来服务车辆装卸作业的面积为 $S=L\cdot p+nS_{90^\circ}$。

(4) 后门装卸时的挂车停靠形式（45°角）。

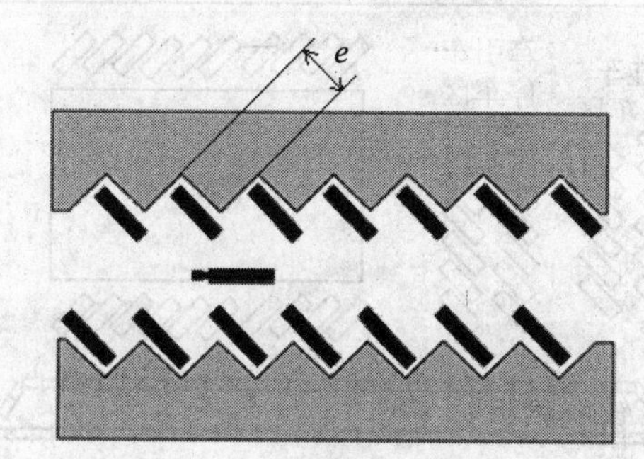

图 4-24 后门装卸的挂车停车位设置（2）

此种情况发挥了挂车后门装卸适用性广的优点，并且由于其与装卸作业

平台呈45°交角，所占用的转弯通道面积较少。若使用图4－24所示的方式进行场站仓库的装卸作业功能区的布局，则两个装卸区可以共用一条通道，更加节省用地面积。

若每个装卸作业平台单边长为e，其他条件同上，则：

$$L=\sqrt{2}en$$

场站内用来服务车辆装卸作业的面积为：$S=L\cdot p+nS_{45^\circ}$。

4.3.4 基于甩挂运输的多式联运场站内一般作业流程

1. 铁路多式联运场站

世界各国的集装箱公铁多式联运组织技术和方法已较为成熟和广泛运用，集装箱公铁联运的市场份额较为可观。相对于集装箱，公路挂车被认为是一种“带轮子的集装箱”，所以甩挂运输公铁联运组织技术与集装箱公铁联运有可资相互借鉴之处。从美国、欧盟等国家和地区的实践经验看，基于公路挂车的公铁多式联运场站有着较为成熟的布局方式和作业流程（见图4－25）。

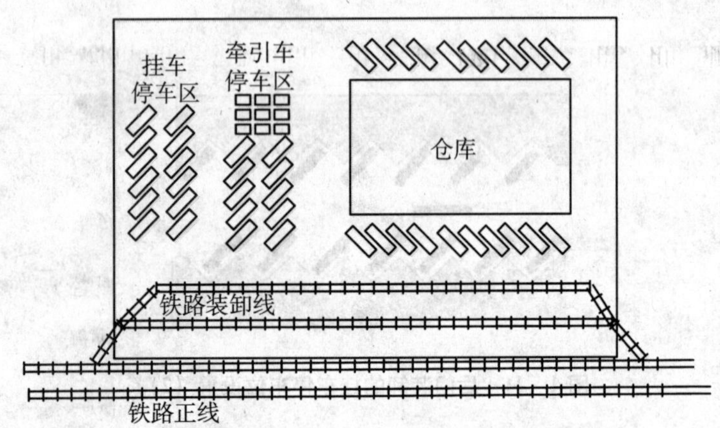

图4－25 基于甩挂运输的公铁联运场站的内部布局示意

承载公路挂车的铁路货物车辆一般为普通平车或专用平车。从一般原理看，一列铁路重车由正线行车过程至到达公铁多式联运场站开始，经过装卸、整备等作业后，到新装的铁路重车离开场站的过程，可细分为几个主要的环节（见图4－26）。

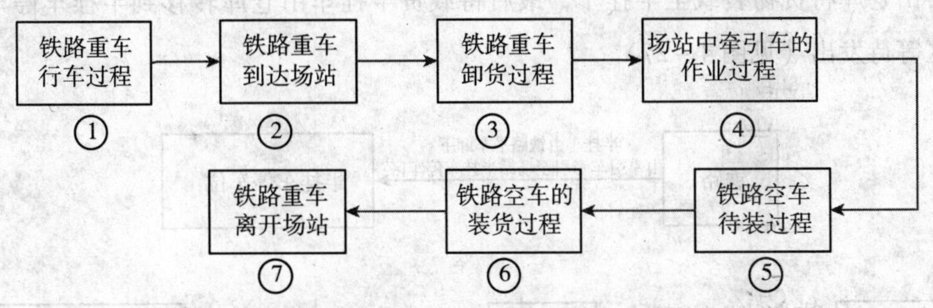

图4－26　基于甩挂运输的公铁联运场站基本作业环节

（1）铁路重车到达公铁联运场站。

承载着公路挂车的铁路重车到达公铁联运场站后，或者要经过更换铁路机车的作业（如电力机车更换为内燃机车），或者无须更换铁路机车，或者要经过铁路机车的位置更换作业，之后可使铁路列车停靠到场站的装卸线上等待公路挂车的卸下作业。当铁路货物列车的总长小于或等于装卸线的长度时，装卸线可以一次性地完成对整列铁路列车的卸货作业；当货物列车的总长大于装卸线的长度时，则需将铁路列车解体、分多次进行卸货作业。在欧洲公铁联运较发达的地区，铁路货物列车长度一般在750米以内，多式联运场站装卸线分为长装卸线和短装卸线两种，其中长装卸线长度在600～700米，可以实现铁路货物列车的整列装卸作业；短装卸线长300～400米，可以实现半列铁路货物列车的装卸作业。若设定装卸线长度为l米，铁路货物列车长度为L米，则需将铁路货物列车解体为$N=\left[\frac{L}{l}\right]+1$部分（方括号代表取整数）。

（2）铁路车列的装卸作业。

铁路重车的卸货作业可以分为两种情况：一是挂车从铁路平车直接被转移到场站的半挂车停车区；二是货物从铁路棚车或铁路集装箱等转移到仓库，再由仓库将货物装载至半挂车，最后将载货半挂车由仓库转移到半挂车停车区等待发出（见图4－27）。

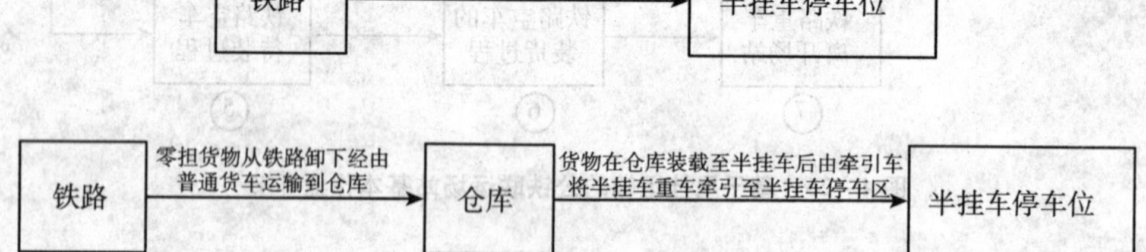

图4－27　铁路重车的卸车作业

以上两种情况分别对应着经由铁路列车运输公路半挂车和运输零担货物的情形。对于铁路货车装卸作业过程中，半挂车的装卸效率明显高于零担货物的装卸效率，可见，若是半挂车和零担货物的混编铁路货物列车进行装卸作业，则会降低整个公铁联运过程的场站内作业效率。以下着重分析半挂车从铁路货物列车到停车区的换装过程。

在铁路运输过程中，半挂车被固定在铁路平车上，在到达铁路装卸线后，有两种类型的半挂车装卸方式，即水平装卸和垂直装卸。每种类型又分别有三种具体的作业方式。

首先，水平装卸半挂车，即半挂车直接开上/开下铁路平车，这种方式分为以下三种不同的作业方式。

第一种方式：采用这种方式进行半挂车装卸时，需要在铁路与地面间加

装渡板，牵引车拖带半挂车由铁路平车的一端驶上、经过半挂车捆绑固定作业后，牵引车再从该铁路平车的另一端驶下，从而完成一辆半挂车的装载（半挂车的卸载方式与此相反）。此种方式的优点在于半挂车的装上/卸下速度快，国外实践经验表明只需 5 分钟即可完成一辆半挂车的装上或卸下，并且不需要配备特殊的装卸设备，有利于为场站节约设施设备的购置和维护成本；此种方式的缺点也比较明显，即只能在单独一节铁路平车上完成作业，实际上铁路列车是由多节平车连接而成，运用此种方式需要进行多次铁路列车的解体与编组作业，导致总体装卸效率降低（见图 4－28）。

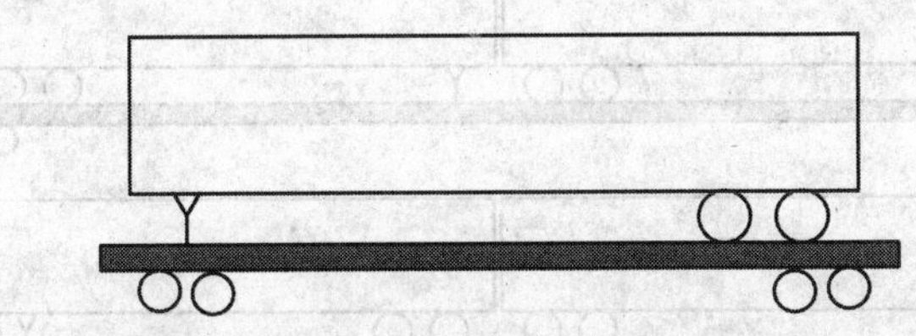

图 4－28　铁路平车承载 1 台半挂车示意

第二种方式：此种方式需在铁路车列两端与各节平车之间加装渡板，牵引车拖带挂车所构成的汽车列车以滚装的形式按顺序驶上铁路车列，在汽车列车到达所在的停靠位置后进行捆绑加固作业。在铁路运输过程中，汽车列车被作为运输作业对象。此种方式的装卸效率很高，对场站的装卸设施设备要求很低，但会浪费铁路运能，且明显降低了牵引车的周转速度。这种方式在欧盟国家的使用较为普遍，据称主要是因为欧洲的铁路运能相对过剩且牵引车数量较多（见图 4－29）。

图 4－29　铁路平车承载汽车列车示意

第三种方式：牵引车可以以前行或倒车的方式将半挂车拖带至铁路平车上，同时结合铁路平车的解体和编组作业，实现装卸半挂车所需时间的最小化。在实践中，单节铁路平车承载双挂车的形式比较普遍，即两辆半挂车为“头靠尾”或“尾靠尾”的方式，第一辆牵引车以前行或倒车的方式将半挂车拖至某节铁路平车的半段，另一辆牵引车只能以倒车的方式将半挂车拖至该铁路平车的另一半段，实现两辆半挂车同时装载于一台铁路平车上（见图4－30）。

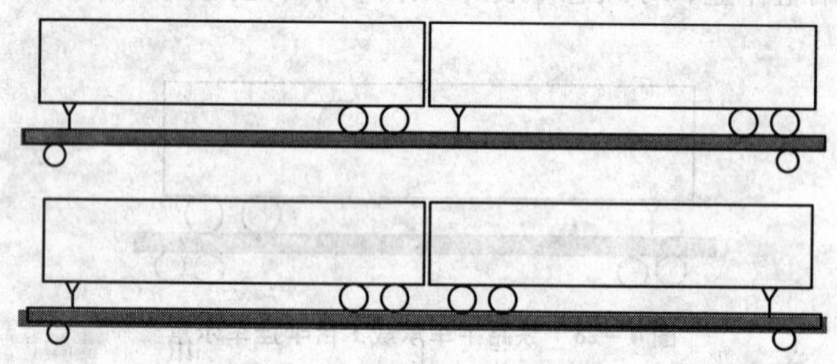

图4－30　铁路平车承载两台半挂车示意

其次，垂直装卸半挂车，即使用起重设备进行半挂车的装卸，类似于集装箱公铁联运的作业过程，按起重设备的不同可以分为三种方式。

第一种方式为使用叉车装卸（见图4－31）。使用叉车进行半挂车的装上和卸下时，一般需要采用重型叉车。一般重型叉车的承载能力为10～50吨，可以满足不同类型半挂车的重量要求。叉车这种流动机械可以发挥机动灵活的特点，国外实践表明，叉车装卸半挂车可以达到每小时十余台。

第二种方式为使用正面吊装卸（见图4－32）。正面吊与起重机的共同点是都具有伸缩式的吊臂，而在底盘、动力、传动、吊具等方面与叉车类似，较常用的是额定载重40吨的正面吊。正面吊被广泛应用于集装箱码头、堆场、铁路集装箱货场站等。正面吊适合于半挂车的装卸作业，正面吊作业和

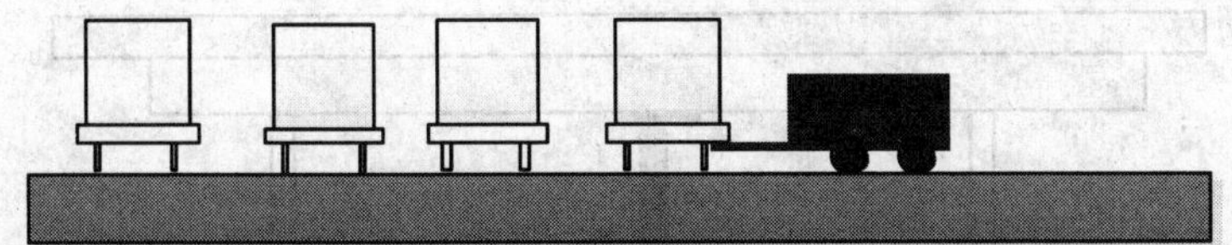

图 4－31 叉车装卸半挂车示意

运行时需要留有不小于 16 米宽的通道，场地利用率有所降低，重载作业时轮压大，对场地的承载要求高，可能会与场站内行驶和暂时停靠的牵引车和半挂车形成生产流线上的相互干扰。

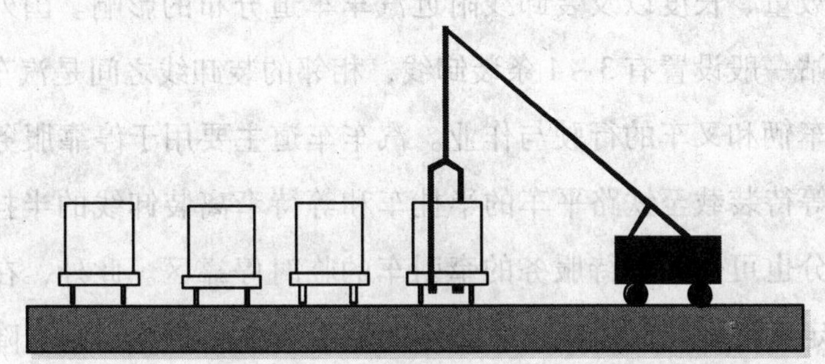

图 4－32 正面吊装卸半挂车示意

第三种方式为使用门式起重机装卸（见图 4－33）。门式起重机即门吊，它的金属结构像门形框架，承载主梁下安装两条支脚，可以直接在地面的轨道上行走，主梁两端具有外伸悬臂梁。门式起重机具有场地利用率高、作业范围大、适应面广、通用性强等特点，在集装箱码头被广泛使用，它也适用于半挂车的装卸作业。国外实践表明，门式起重机装卸半挂车可以达到每小时 20 余台。值得注意的是，门式起重机的高度较高，在集装箱堆场中可以发挥其高度优势实现集装箱的多层堆垛，而半挂车由于带有车轮、不能将半挂车堆垛。

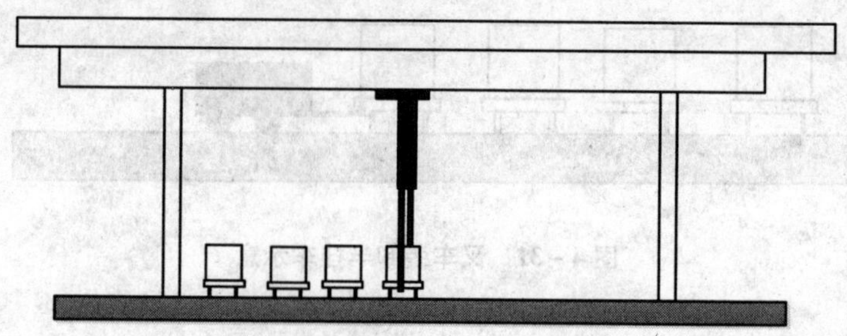

图 4-33　起重机装卸半挂车示意

铁路车列的挂车装卸效率不仅与装卸方式以及装卸设备有关，还受到铁路装卸线的数量、长度以及装卸线附近汽车车道分布的影响。国外较成熟的公铁联运场站一般设置有 3~4 条装卸线，相邻的装卸线之间是汽车车道，用于甩挂运输车辆和叉车的行驶与作业。汽车车道主要用于停靠服务为装卸线的牵引车、等待装载至铁路平车的半挂车和等待牵离装卸线的半挂车，汽车车道的一部分也可作为等待服务的牵引车的临时停靠区。此外，在一定宽度的车道和一定长度的装卸线上，若备用的牵引车数量过少，则会降低装卸作业的效率；若备用的牵引车的数量过多，则在汽车车道上会产生车辆的拥挤和堵塞。

(3) 场站中牵引车的作业。

公铁多式联运场站中包含半挂车停车区和仓库两个重要的功能区，这需要牵引车作为动力来源，以实现货物以及半挂车的场站内移动作业。根据具体情况的不同，牵引车的作业方式有多种表现，如：甩下空挂车，挂上重挂车；甩下重挂车，挂上空挂车；只挂上重挂车；只甩下重挂车；只挂上空挂车和只甩下空挂车。场站中挂车的数量是由装卸线的长度、仓库的存储量和铁路列车的到发频率等因素决定的；牵引车的数量是由半挂车的数量决定的。

(4) 铁路列车的待装和驶离场站过程。

铁路重车完成半挂车的卸载过程后，空车驶向待装线，若场站为短装卸线，则在整列铁路车辆完成卸载作业后，等待半挂车的装载作业。

待装载半挂车的铁路空车进入装卸线后，牵引车拖带半挂车由场站中半挂车停车区或仓库行驶至装卸线，由仓库行驶至装卸线的半挂车一般是由场站内的空半挂车在仓库完成装载货物的作业后再进行公铁联运的换装作业。

铁路平车上所有半挂车完成装载和加固作业后，铁路重车将驶离甩挂运输公铁联运场站。在实践中，铁路列车一般采用夕发朝至的方式，即夜间行车，上午到达公铁联运场站，经一天的在站停留，下午或晚上离开场站开始下一个循环运行过程。

综上所述，我们可设计出在一个作业周期内的基于甩挂运输的公铁多式联运场站内部作业流程（见图 4－34）。

2. 滚装运输场站

滚装运输是指通过装卸设备或通过车辆自身的动力使人与货物连同车辆一起开上滚装船，到达目的地之后再整体开下滚装船的运输组织形式，滚装运输是实现陆海联运的主要方式之一。作为一种多式联运形式，基于甩挂运输车辆的滚装运输过程可以将甩挂运输的优势和滚装运输的优势相结合，产生更好的经济效益和社会效益。

一般的，基于甩挂运输车辆和滚装运输的多式联运过程可包括几个基本环节（见图 4－35）。

（1）滚装作业前的准备。

甩挂运输车辆经干线道路的行驶过程后，到达滚装运输场站。若泊位有滚装船停靠且滚装船已做好装船准备、允许车辆滚装作业，则甩挂运输车辆可直接经由场站、码头开上滚装船，干线运输用牵引车可以返回场站从事场站内有关作业或驶出场站从事干线甩挂运输过程；若滚装船尚未到达泊位或者滚装船不允许车辆的滚装作业，则甩挂运输车辆可以暂时停靠在场站内的

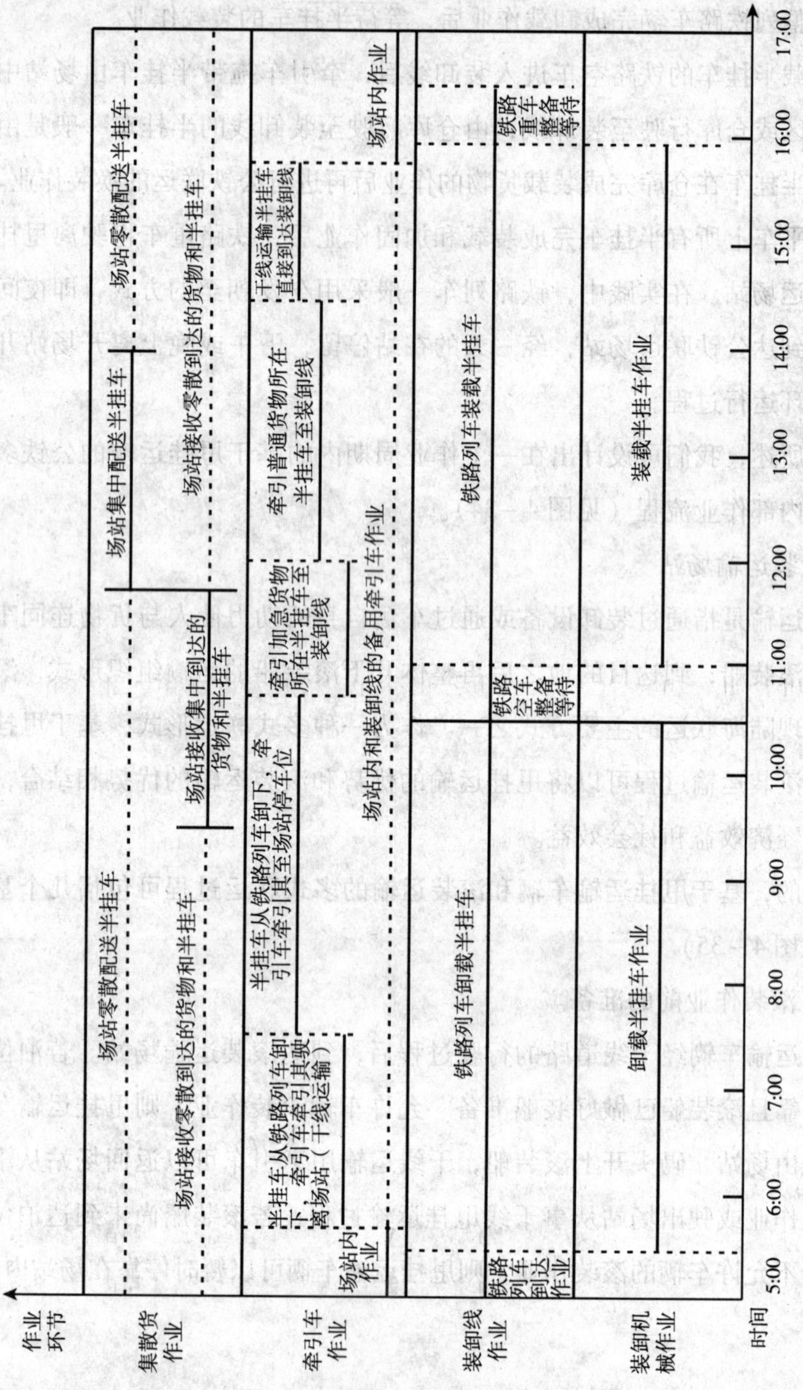

作业环节
集散货作业
场站零散配送半挂车
场站集中配送半挂车
场站零散配送半挂车
场站接收零散到达的货物和半挂车
场站接收集中到达的货物和半挂车
场站接收零散到达的货物和半挂车
牵引车作业
场站内作业
半挂车从铁路列车卸下，牵引车牵引其驶离场站（干线运输）
半挂车从铁路列车卸下，牵引车牵引其至场站停车位
牵引加急货物所在半挂车至装卸线
牵引普通货物所在半挂车至装卸线
干线运输半挂车直接到达装卸线
场站内和装卸线的备用牵引车作业
场站内作业
装卸线作业
铁路列车到达作业
铁路列车卸载半挂车
铁路空车整备等待
铁路列车装载半挂车
铁路重车整备等待
装卸机械作业
卸载半挂车作业
装载半挂车作业
时间
5:00 6:00 7:00 8:00 9:00 10:00 11:00 12:00 13:00 14:00 15:00 16:00 17:00

图4-34　公铁多式联运场站内分时段作业流程示意

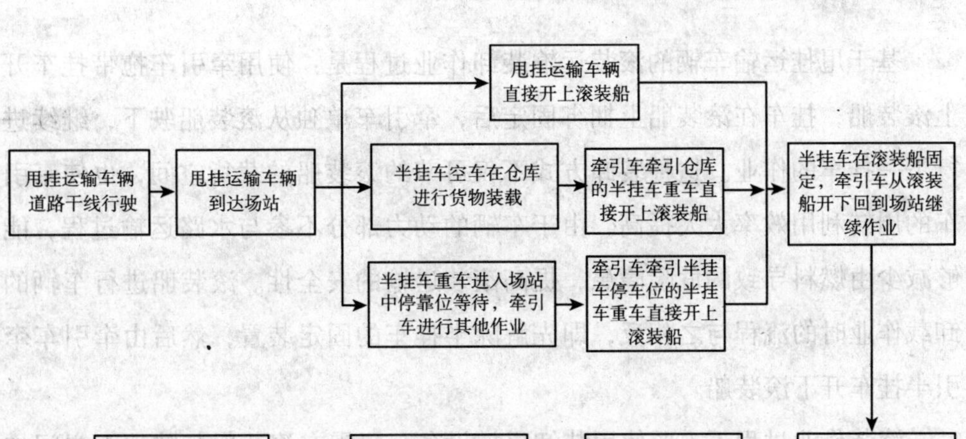

图 4－35　基于甩挂运输车辆和滚装运输的多式联运过程基本环节

停车区，或者在场站内停车区使牵引车和挂车分离，牵引车可以从事场站内有关作业或驶出场站从事干线甩挂运输过程，半挂车则等待场站内牵引车拖带至滚装船。

滚装运输港口包括甩挂运输场站和滚装码头两大最基本的功能区，其中甩挂运输场站是进行甩挂运输作业的区域，滚装码头是水陆运输的交接界面。滚装运输港口布局形式多种多样，按适用对象可分为综合性滚装运输港口和专业性滚装运输港口，按面积大小可以分为大型滚装运输港口和小型滚装运输港口。综合性滚装运输港口可以进行甩挂运输车辆的滚装运输以及集装箱运输。此种港口的功能区较多，需要将甩挂运输区域与集装箱、仓储区和道路的合理规划布局。专业性滚装运输港口是指专门用于甩挂运输车辆的滚装运输港口，此类港口的大部分区域均为甩挂运输车辆停靠区，港口的滚装船泊位较多，仓储区等区域一般在离码头有一定距离的位置，可以实现甩挂运输与滚装运输的良好衔接，减少甩挂运输车辆在换装过程的行走距离。

（2）滚装作业。

基于甩挂运输车辆的滚装运输装卸作业过程是：使用牵引车拖带挂车开上滚装船，挂车在滚装船上捆绑固定后，牵引车单独从滚装船驶下，继续进行下一挂车的作业。这种装卸方式不仅可节约滚装船的载货空间，也使牵引车的周转利用效率大大提高，由于车辆的动力部分不参与水路运输过程，能够减少由燃料导致的危险隐患，提高滚装运输的安全性。滚装船进行车辆的卸载作业时的流程与之相反，即先解除半挂车的固定装置，然后由牵引车牵引半挂车开下滚装船。

滚装作业过程不需要使用装卸机械设备，只需在滚装船与陆地面之间加设跳板即可实现车辆开上/开下滚装船的过程。在滚装船上的挂车需要进行固定，当滚装船到达目的地后，挂车则需解除固定设备以便由牵引车拖带下船。滚装船与陆地面之间的跳板一般设置为两条车道宽度，甚至可供甩挂运输车辆同时进行上船和下船的作业。根据跳板搭接在滚装船位置的不同，滚装船跳板有艏跳板、艉跳板和舷侧跳板等类型，其分别搭接在滚装船的艏部、艉部和中部舷侧，采用艉跳板的滚装船较为普遍（见图 4 – 36）。

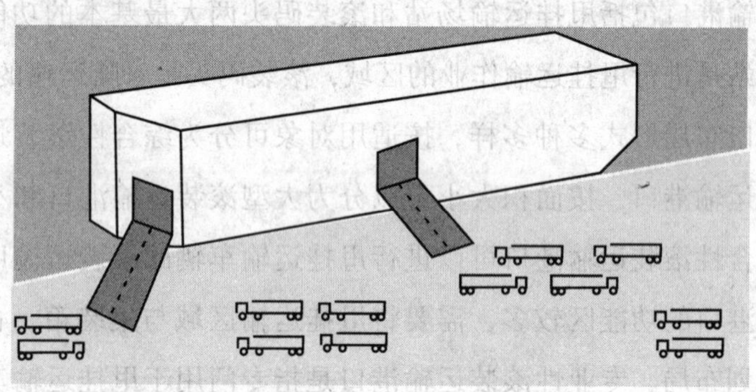

图 4 – 36　滚装船装卸半挂车示意

码头是保障甩挂运输车辆安全便捷地驶上滚装船的关键区域，如果码头区域内甩挂运输车辆周转效率低下，则会限制整个港口、场站的作业效率，该区域科学布局的主要影响因素是甩挂运输车辆的转弯面积和通道长度。转弯面积保障了甩挂运输车辆的通过性，过小的转弯面积会使甩挂运输车辆转弯难度加大、转弯车速大大降低；过大的转弯面积会降低场站的有效面积利用率。图 4－37、图 4－38 所展示的是从实践案例中提取的码头区域参考样例。在图 4－37 中，人工码头延伸至港口水域中，其两侧均可以停靠滚装船，同时保证滚装船尾部与码头的良好衔接。在图 4－38 中，码头设置在海岸线折角处，滚装船沿着海岸线停靠。

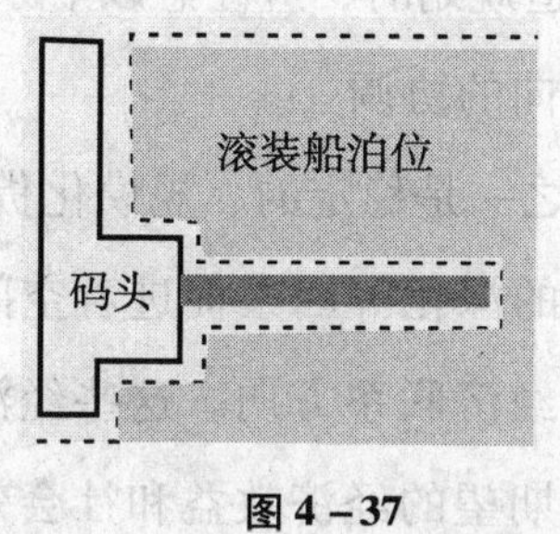

图 4－37

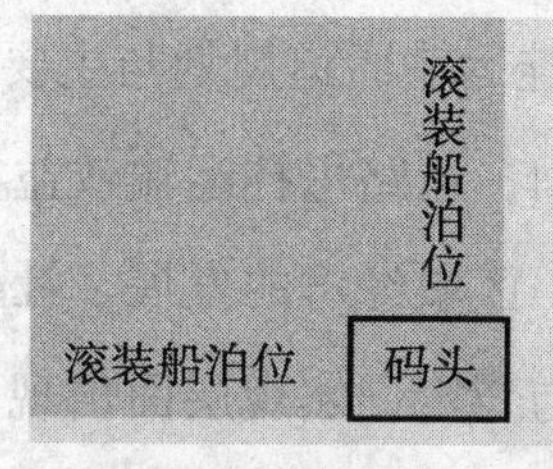

图 4－38

（3）滚装作业后的环节。

滚装船完成车辆装载作业和其他水运必须的辅助作业后，便驶离港口进行水路运输，待滚装船到达下一个滚装运输港口之后，将开始进行新一轮的滚装运输作业过程。

滚装运输场站中牵引车的作业方式与公铁联运场站中的作业方式相似，根据具体情况的不同，牵引车也可实现以下这几种作业方式：甩下空挂车，挂上重挂车；甩下重挂车，挂上空挂车；只挂上重挂车；只甩下重挂车；只挂上空挂车和只甩下空挂车。与公铁联运场站不同的是，由于滚装运输港口一般可承担集装箱运输业务，故牵引车可能还会进行集装箱的拖挂作业。

4.4 甩挂运输通道规划

4.4.1 甩挂运输通道选取的基本原则

甩挂运输通道是道路货物运输网络的主干骨架，可以承担区域间道路货物运输联系的大部分业务，畅通的甩挂运输通道对于道路运输网络整体效益的实现起到决定性作用。在进行甩挂运输通道规划时，应注意以下原则。

1. 甩挂运输通道规划与主要经济联系方向的协调

一方面，道路甩挂运输效益实现的条件之一是稳定的、规模化货运需求；另一方面，区域经济的发展、社会分工协作的深化等因素促进着空间运输联系的形成与稳定，宏观层面出现大量的主要经济联系方向。这些经济联系方向上存在规模稳定的货物交流需要。为保证期望的经济效益和社会效益的实现，甩挂运输通道规划应尽可能地与经济社会的规模化空间运输联系所引发的货运需求相对应。

2. 甩挂运输通道规划与公路主干线布局的协调

道路甩挂运输通道更多的是虚拟意义上的概念，其规划与设置需依托既有的公路干线规划与建设布局状态，公路干线的空间布局决定着道路甩挂运输通道的空间布局。由于在道路甩挂运输通道上运行的往往是大容量、高速度的甩挂运输车辆，这就要求道路甩挂运输通道所涉及的公路具备较高的设计标准和较为通畅的车流运行状态。

3. 甩挂运输通道规划与道路货运经营网络的协调

甩挂运输通道规划更多的是宏观层次、战略意义上的概念，实施规划工作的主体往往不是一般的道路货运企业。而在货运市场上，道路货运企业是甩挂运输通道的主要使用者。进行甩挂运输通道规划时，应考虑道路货运具体业务开展与经营的整体状态，尽可能使宏观层次、战略意义上的规划工作与企业微观层次上的业务经营相对应。

4. 甩挂运输通道规划与其他运输方式的协调

随着综合运输体系的发展，各种运输方式在追求自身发展的同时，更加注重与其他运输方式间的协调配合，以提高综合运输资源的配置效率。在道路运输领域，甩挂运输通道属于较高层次的运输网络元素，甩挂运输通道必然对其他运输方式的大容量运输通道的形成与发展起到替代或补充的作用，所以，在规划甩挂运输通道时，需注重各种运输方式间的协作。

4.4.2 甩挂运输通道选取方法

1. 甩挂运输通道选取的基本依据

在经济活动中，各产业都需要其他若干产业的产出，以满足其进行生产活动的生产要素需求，同时又把自己的产出作为一种市场供给提供给其他产业，这就形成了“一对多”、“多对多”的错综复杂的供需关系。若将每个产业部门看做节点（vertex），部门之间所发生的投入或消耗关系看做边(edge)，则基于国民经济各个产业部门之间的投入产出关系，可建立投入产出关联网络模型，可抽象为由点集 V 、边集 E 、权集 W 组成的网络 $G = \{V, E, W\}$ 。其中，点集 V 由所有产业部门组成，网络的节点数记为 $N = \|V\|$ 。边集 E 由产业部门之间联系的边组成，即如果部门 i 对部门 j 有投入关系，则在部门 i 和部门 j 之间存在一条由部门 i 指向部门 j 的有向边 e_{ij} ；如果部门 i 对部门 j 没有投入关系，则有向边 e_{ij} 不存在，其中 $i,j \in \{1,2,\cdots,N\}$ 。由于部门之间的投入与消耗在量上有明显的差异，所以边权集 $W = \{w_{ij}\}$ 在该网络模型中表达着重要的信息，其中 w_{ij} 就是部门 i 和部门 j 之间的实际投入量或消耗量（实物量/价值量），绝大多数情况下 $w_{ij} \neq w_{ji}$ 。此外，有些部门对本部门的产品也有消耗（ $w_{ii} \neq 0$ ），即，该网络中存在自环。所以，投入产出关联

网络模型（网络 G）是带有自环的、有向、加权网络。

参与社会生产过程的各个生产部门之间为实现生产活动必须进行各种联系，特别是交流产品、人员、资金、信息等。由于各个生产部门分布在不同的空间区域，部门之间的联系必然产生空间转移活动，从而使各部门之间在空间上形成种种联络路线。从其演变过程看，经济活动的专业化分工及其空间分布和空间运输联系及运输网络布局之间存在密切的互动关系（见图4－39）。

可见，产业发展与空间运输联系之间体现出密切的互动作用关系。服务于经济社会运输需求的货物运输活动的空间分布情况应与产业的空间分布和产业投入产出联系状况相一致。作为甩挂运输网络上主要的线要素的甩挂运输通道，应当与甩挂运输网络所辐射服务的经济区域的产业间投入产出联系相一致，由此可确定甩挂运输通道选取的基本依据。

2. 甩挂运输通道选取的一般流程

根据各种运输方式的技术经济特征及其在运距上的分工情况，作为道路货运组织形式之一的甩挂运输在区域性中短途货运市场上占据优势。另外，道路货物运输与工业发展关系密切。所以，以产业经济学和运输组织基本原理为理论基础，在既有的统计数据基础上，通过区位商与比较劳动生产率计算和梯度计算，选取中长期内能够产生有效作用的产业以及所关注产业的主要联系（投入）产业；依据投入产出表计算各产业的影响度、中心度；从而确定产业间的联系和产业的经济地域分布，最终确定工业品主要交流方向和关键节点。通过这样的分析工作，可确定主要的运输组织线路及其上的流量，从而可确定甩挂运输通道的分布（见图4－40）。

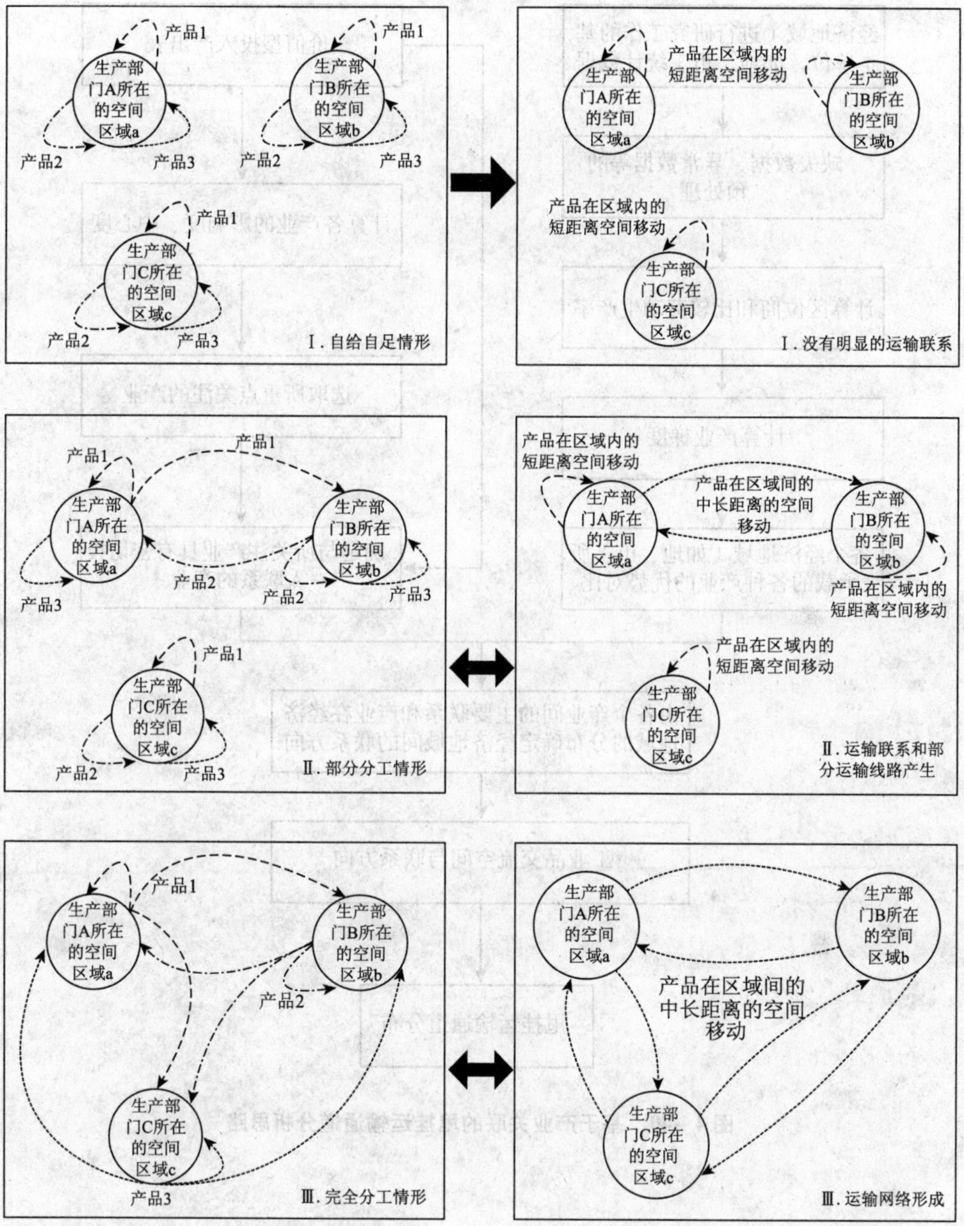

产品1 产品2 产品3
生产部门A所在的空间区域a
生产部门B所在的空间区域b
生产部门C所在的空间区域c
Ⅰ. 自给自足情形

产品1 产品2 产品3
生产部门A所在的空间区域a
生产部门B所在的空间区域b
生产部门C所在的空间区域c
Ⅱ. 部分分工情形

产品1 产品2 产品3
生产部门A所在的空间区域a
生产部门B所在的空间区域b
生产部门C所在的空间区域c
Ⅲ. 完全分工情形

经济地域分布与社会分工的形成过程

产品在区域内的短距离空间移动
生产部门A所在的空间区域a
生产部门B所在的空间区域b
生产部门C所在的空间区域c
Ⅰ. 没有明显的运输联系

产品在区域内的短距离空间移动
产品在区域间的中长距离的空间移动
生产部门A所在的空间区域a
生产部门B所在的空间区域b
生产部门C所在的空间区域c
Ⅱ. 运输联系和部分运输线路产生

产品在区域间的中长距离的空间移动
生产部门A所在的空间区域a
生产部门B所在的空间区域b
生产部门C所在的空间区域c
Ⅲ. 运输网络形成

空间运输联系与运输网络的形成过程

图4－39　产业发展与空间运输联系之间的互动示意

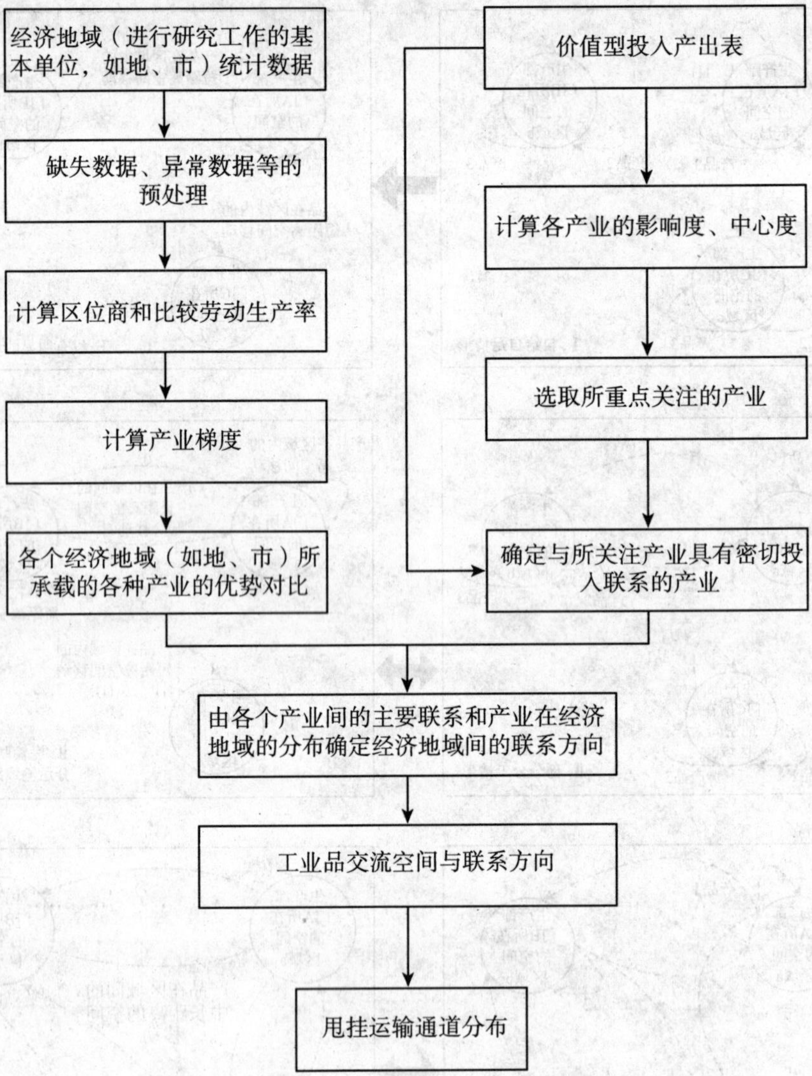

经济地域（进行研究工作的基本单位，如地、市）统计数据

缺失数据、异常数据等的预处理

计算区位商和比较劳动生产率

计算产业梯度

各个经济地域（如地、市）所承载的各种产业的优势对比

价值型投入产出表

计算各产业的影响度、中心度

选取所重点关注的产业

确定与所关注产业具有密切投入联系的产业

由各个产业间的主要联系和产业在经济地域的分布确定经济地域间的联系方向

工业品交流空间与联系方向

甩挂运输通道分布

图 4－40　基于产业关联的甩挂运输通道分析思路

4.4.3　省域甩挂运输通道案例

首先，以“优势产业”的概念来表示那些在国民经济或者区域经济中对

其他产业的带动作用明显（即对其他产业的影响作用大）、在整个经济系统中发挥重要作用的那些产业部门。使用山东省2002年价值型投入产出表的数据，借助DEMATEL方法计算各产业的影响度、被影响度、中心度和原因度。从计算结果看，木材加工及家具制造业、仪器仪表及文化办公用机械制造业、金属制品业等工业对其他产业部门的影响度最大，发展这些产业将促进其他产业的发展，因此对于这些产业的管理和调控将对其他所有的产业部门产生巨大的影响。此外石油加工炼焦及核燃料加工业、非金属矿物制品业、金属冶炼及压延加工业、化学工业等行业的影响也较为显著。综合影响度和被影响度两方面因素看，食品制造及烟草加工业、化学工业、通用专用设备制造业、金属冶炼及压延加工业等由于对其他产业部门的较大影响度而仍处于尤为突出的重要地位。

其次，借鉴产业梯度的一般计算方法，测算山东省各地市产业梯度。从2002年到2008年，随着山东省区域经济发展战略的实施、产业结构调整进程的加快，各产业的空间分布有所变化。这种变化表明，山东省产业转移和空间分布呈现出分散与集群并存的规律。实际上，这种变化与山东省对于各个产业的空间布局规划方案相吻合。

再次，由上述分析过程可确定山东省优势产业及其所分布的具备较高梯度系数的城市，根据投入产出表，可找出与山东省优势产业有密切投入产出联系的产业及其所分布的具备较高梯度系数的城市。这样，就可得到以产业的投入产出联系为依据的各地市之间的主要联系方向。

最后，从空间运输联系方向的角度可确定山东省甩挂运输通道的走向如下：济青高速的济南—潍坊沿线、潍莱高速与同三高速的潍坊—烟台沿线、同三高速的青岛—日照沿线、京福高速的德州—济南沿线、东青高速沿线等。若在进行产业间空间联系分析的同时，还估算了空间运输联系方向上的货运量，则还可从货物交流规模的角度，确定甩挂运输通道的主要走向如下：济青高速的淄博—潍坊沿线、济青高速的潍坊—青岛沿线、潍莱高速与同三高速的潍坊—烟台沿线、东青高速沿线等。

4.5 现阶段我国甩挂运输网络运行的保障措施

4.5.1 投资引导和扶持

交通运输行政主管部门的场站建设补助资金有针对性地向甩挂运输网络上的T类一级、S类、WH类场站倾斜。采取措施放大补助资金的带动效应，鼓励和引导民间资金向甩挂运输网络建设上流动。

由于专业化的货运和物流企业、社会化的货运物流服务，有利于整合社会资源，集约使用土地，从而提高货运和物流运作的效率和效益，所以，交通运输行政主管部门所选定的甩挂运输网络建设运营项目将充分体现对于专业化、社会化货运和物流企业发展的支持政策。以是不是专业化货运物流企业、能不能提供社会化的货运和物流服务等标准来筛选扶持项目，配备制定具体的实施细则。

此外，应将甩挂运输运营活动纳入现代服务业发展专项资金支持范畴，每年从专项资金中安排一定比例、可变比例的甩挂运输行业发展扶持资金，用于甩挂运输业的快速成长。如：对经交通运输行政主管部门认定的重点甩挂运输企业进行人力资源培训、企业制度建设等方面的资助和指导；对于在甩挂运输网络建设和运输组织管理方式改善方面有明显成效的运输企业，给予滚动资助或奖励。

4.5.2 企业组织模式创新

为充分发挥甩挂运输的技术经济优势，在目前道路货运和物流行业市场集中度不高的条件下，引导和鼓励甩挂运输试点企业和相关企业组建甩挂运输经济联合体。欧盟是世界上最大的经济联合体，其组织管理体制值得借鉴。

甩挂运输经济联合体就是在现阶段竞争激烈的货运物流市场上，打破所有制、地区的界限，由两个以上单一货运/物流企业在专业化协作（包括甩挂运输市场营销专业化、甩挂运输场站经营专业化、牵引车调度专业化、半挂车保有专业化等）和经济合理（包括该经济联合体整体成本的降低和效益的明显增加）原则的基础上，进行部分与全面统一经营管理所形成的经济实体。甩挂运输经济联合体是一个经济组织，应围绕甩挂运输市场开发阶段、甩挂运输运营生产阶段、甩挂运输保障条件等环节，根据自愿互利原则，通过专业化协作实现互利共生。

甩挂运输经济联合体应拥有若干甩挂运输场站、车辆的经营管理权或所有权，这是其作为经济实体的决定性条件。为此，在省厅的引导和扶持保障政策中，要突出对甩挂运输经济联合体的有效支持。

4.5.3 企业形式创新

甩挂运输的开展要依托大量的牵引车、挂车等车辆装备，属于资金密集型行业。针对当前山东省各类交通运输企业在资金储备、人力资源储备等方面的优势和不足，要鼓励设计专业化甩挂运输企业，并着力引导该种新型企业的组建和运营。专业化甩挂运输企业主要体现为以下形式：

(1) 车辆主导型甩挂运输企业，即甩挂运输装备租赁公司。甩挂运输装备租赁公司应拥有牵引车及其基地、挂车及其基地，可以拥有货场堆场、站台、仓库及办公房屋等，主要开展装备租赁业务，即面向道路货运市场上的大量中小运输企业，为其提供牵引车、挂车运力和装卸机械的租赁。甩挂运输装备租赁公司的运力可以通过新购置、允许社会车辆挂靠等方式进行扩充，无论采用哪种扩充方式，最根本的一点是甩挂运输装备租赁公司应具备强有力的运力调控能力，一方面保证向各种道路货运企业提供可靠的运力服务，另一方面保障自身尽可能低的运营成本。

（2）场站主导型甩挂运输企业。以既有的道路货运站运营管理企业为核心，鼓励甩挂运输车辆与该类场站形成企业（集团）关系，面向各类运输需求提供站内增值服务和干线运输服务。

（3）线路主导型甩挂运输企业。以既有的高速公路建设和运营管理企业为核心，以高速公路沿线资源闲置的场站或区域为依托，鼓励甩挂运输车辆与该类场站形成虚拟组织乃至企业（集团）关系，面向各类运输需求提供沿高速公路行驶的甩挂运输服务。

4.5.4 市场准入与资质管理

目前，甩挂运输市场发育仍不完善，完全依靠市场作用难以达到优化资源配置的目的，需通过一定的行业准入标准来引导和规范行业发展。在现阶段，准入或退出标准可包括：一定数额的最低注册资本是获得相应资质的依据，鼓励规模化经营；具备相应的经营管理能力，有助于提高整个行业的经营管理水平和服务水平，且避免过度竞争。

对于甩挂运输企业资质的获得，可通过“企业申请—现场考察—专家评分”的程序，对甩挂运输市场进行严格的市场准入管理。对运输企业的经济实力、车辆技术条件、组织管理能力和人力资源基础等关键方面制定明确的、易操作的规定，从运输能力供应方着手，引导有能力、有意愿开展甩挂运输的道路货运和物流企业规范化、规模化、组织化发展。对于甩挂运输企业资质的管理评估，可考虑尽快建立以提供甩挂运输企业信用登记、信用评估、风险预警等为主要内容的信用评价制度、推行企业信用公示制度。

在对甩挂运输企业进行调查和统计的基础上，建立甩挂运输企业绩效考核参考体系，并面向各类交通运输和物流企业予以公布。按照“奖优不罚劣”的原则，对于在大范围开展甩挂运输、取得良好的社会效益（特别是在节能减排方面）和经济效益的企业，从行政收费领域给予一定的奖励；对于开展甩挂运输但效果一般甚至不好的企业，不给予惩罚，但可根据绩效考核结果为相关企业提供改进方向。

5　甩挂运输经营主体

本章旨在探讨开展甩挂运输业务的市场主体的表现形式——道路运输企业和甩挂运输装备租赁企业。

道路运输企业是我国目前开展甩挂运输业务的主要市场主体。在发展甩挂运输的过程中，道路运输企业有较好的发展基础，但也面临来自运输和物流市场上的生存和竞争压力。本章提出道路运输企业发展甩挂运输过程中可遵循的一般工作流程。

在现阶段我国交通运输业发展背景下，甩挂运输可被视为一种行业投资项目，投资甩挂运输的发展可以实现资本的增值。甩挂运输的发展要依托微观层次的货运企业来承载，货运企业等经济实体自然成为运作甩挂运输这一行业投资项目的载体，但这个载体一般难以具备资本运作能力，所以甩挂运输装备租赁活动的实现需要另外类型的企业形态。本章提出甩挂运输装备租赁企业这种市场主体形式，并详细解释该种类型企业的基本功能定位、运作方法、赢利能力等。

本章适合的阅读对象为：道路运输和物流领域的高层决策者；科研工作者；高等院校运输和物流相关专业教师、学生。

5.1 道路运输企业

传统道路运输企业，在我国更多地是脱胎于国有运输企业。由于历史延续，这类企业都积累了大量的资源，包括车辆装备、货运场站等有形资产和人力资源、运营网络、企业信誉、知名度以及管理经验等无形资产，这些存量资源都是非常可观的经营基础条件。随着改革开放以来市场经济体制建设过程，大多数道路运输企业按照现代企业制度成立或已进行过改制，部分道路运输企业的国有资本仍处于控股地位。改革开放以来，道路运输企业改革与发展取得了明显的成绩，但与其他行业相比，道路运输企业在规模、品牌、效益方面还存在很大差距。货运业的发展，尤其是用现代物流的理念整合资源、改造传统的货运业务方面，尚欠缺跨越式的步伐。

5.1.1 道路运输企业的粗放式发展

虽然我国的道路货运业存在一些问题和发展压力，但道路货运业以其较为合理的生存和发展模式支持了多年来中国经济社会的平稳快速发展，我国的道路货运业呈现出相对稳定和繁荣的表面现象。这种表面现象是由我国经济社会旺盛的货运服务需求和逐步改善的货运行业政策环境刺激和保障的。

正是由于货运行业发展政策环境的逐步改善、经济社会发展的货运需求极大地刺激了货运市场的快速发展，我国的道路货运企业在数量上发展迅速。以道路货运企业总量为例（见图 5 -1），从 20 世纪 80 年代中期我国道路货运系统实施市场化改革以来，道路货运企业数量基本呈现出线性增长的趋势，从 1985 年的 140 万户左右增长到 2009 年的 520 万户左右。

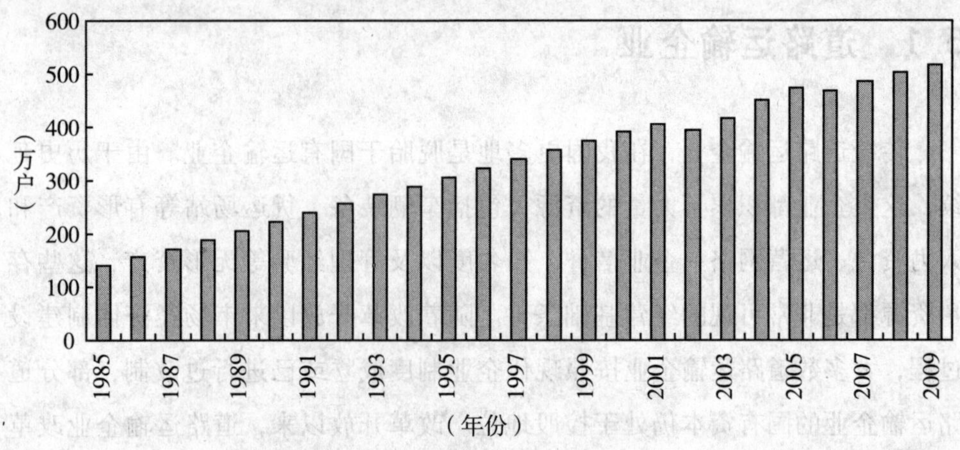

图 5－1　我国道路货运企业数量

尽管道路货运企业的数量增长快速，但由于需求较为充足的货运市场的规模扩张速度更快，使道路货运企业均可获得一定的生存空间，而货运业务量上的增加是这种生存空间的最基本的体现。以道路货运企业整体为例，虽然在 20 余年的时间内其数量增长了近 3 倍，但从平均水平看，单个道路货运企业每天可获得的货物发送量一直维持在 10 吨左右（见图 5－2），特别是 2005 年以来，单个道路货运企业每天可获得的货物发送量有明显的增加趋势；从每个道路货运企业每天可实现的货物周转量看，这个指标长期稳定在 500 吨千米/天（见图 5－3），特别是随着道路货运运距的增加，这个指标自 2007 年以来有明显的增加。

可见，虽然道路货运企业数量增加快速，但这些企业仍然能够在旺盛的货运市场上找到粗放式的、以业务量为保障的生存空间。

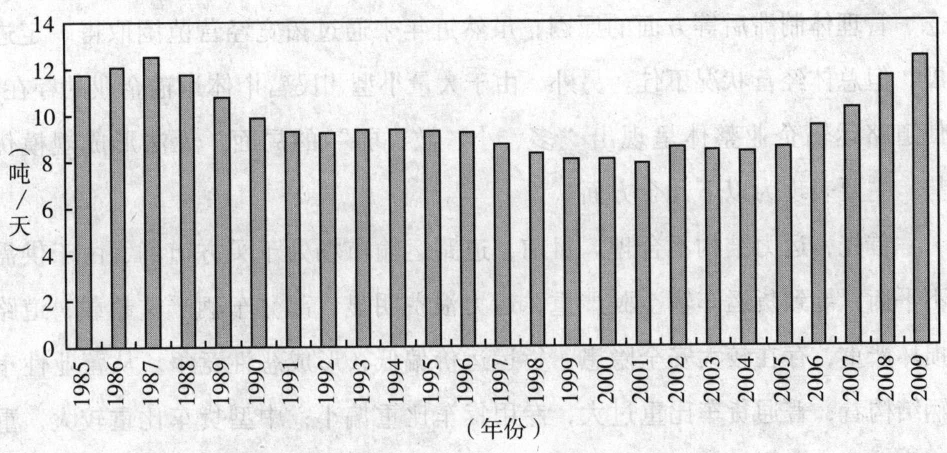

图 5－2　我国道路货运企业平均每天的货物发送量

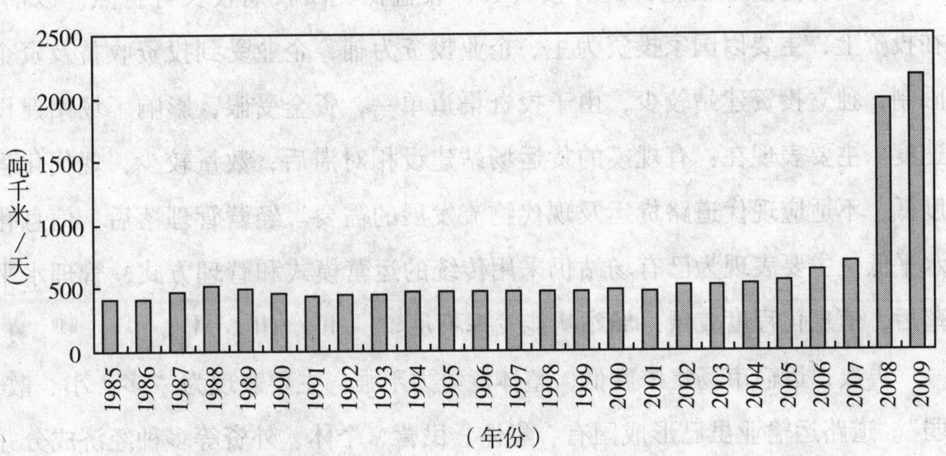

图 5－3　我国道路货运企业平均每天实现的货物周转量

5.1.2　道路运输企业的生存压力

1. 道路运输企业的表面问题

传统道路运输企业具有较好的发展基础，但由于长期以来形成的经营观念、管理体制滞后等方面的原因，虽然近年来通过拓宽经营范围取得一定进展，但总体经营状况不佳。另外，由于大量小型、民营个体运输企业的存在，使道路运输企业整体呈现出“多、小、散、弱”的局面，无法形成规模优势。主要表现为以下几个方面。

首先，运力结构不合理。目前，道路运输市场处于买方市场，由于供需不平衡，导致货运车辆空驶严重，运力浪费明显；部分车辆严重超载，道路损坏严重，存在较大安全隐患；货运运价偏低，形成恶性竞争。从营业性车辆结构看，普通货车比重过大，专用货车比重偏小；中型货车比重较大，重型货车比重过小。车辆结构性矛盾与国民经济和社会发展不适应。

其次，场站建设相对滞后，经营管理方式落后，信息化程度较低。道路运输场站作为基础设施，具有投资大、收益低、回收期较长等特点。以前，在投资上，主要以国家投资为主、企业投资为辅，企业受到投资收益及资金限制，独立投资建站较少，由于投资渠道单一，资金受限，影响了场站建设速度。主要表现在：有规模的货运场站建设相对滞后，数量较少，现代化程度低，不适应现代道路货运及现代物流发展的需要。经营管理落后、信息化水平低，主要表现为已有场站仍采用传统的运营模式和管理方式，管理水平落后，信息化程度较低，场站功能发挥不足。

再次，运输市场集中度低，整体竞争力不强。主要表现为“多、小、散、弱”。道路运输业虽已形成国有、集体、民营、个体、外资等多种经济成分并存的格局，但民营、外资等经济成分由于受体制、政策等因素影响，市场占有率低，发展速度较慢。国有企业由于历史等原因虽占有一定市场资源，由于受体制、机制等因素影响，发展缓慢，赢利能力较差，致使整个运输市场主体多、小、散、弱，市场集中度较低，整体竞争能力不强。究其原因，一是社会生产力水平和社会化大生产程度低的直接结果；二是计划经济向市场经济体制转型过程的必然产物。由于道路运输业具有投资少、见效快、易操作等特点，道路运输市场放开后，市场投资多元化，准入标准的降低使社会剩余劳动力和资本发生转移，致使多种经济成分快速进入道路运输行业。从体制和主观上看，一方面，市场主体投资实行市场化运作与运输市场资源配置实行计划配置相互矛盾；相应配套改革措施不完善、不到位，管理方式方法不适应市场经济规律，造成各种经济成分在市场资源占有上不平衡；另一方面，国有运输企业管理体制和经营机制与市场经济体制不适应，尚未真正建立起与市场经济体制相适应的现代企业制度，企业内部没有形成规范的法人治理结构，管理思想和方式仍然落后，导致机制不灵活，活力不足。

最后，企业发展后劲不足。公路普货运输等传统服务供大于求，现代物流与供应链一体化的专业服务能力不足；企业之间的竞争手段主要体现为价格战，且相互间挖大客户的行为多。多数企业在高成本、低收益、微利润状态下运行，缺乏发展后劲。土地、燃油等各项生产要素普遍短缺，成本持续攀升。更为关键的是，道路货运成本的变动不能与货运服务价格实现联动，导致企业的赢利压力大、应对盈亏平衡点发生变动的能力弱。此外，道路货运行业的从业人员数量多，但中高层次的人才缺乏。道路货运企业数量多，但每一企业的固定编制职工少（2010 年平均每个道路货运企业的职工人数为 1.5 人）且从业人员的流动性极大，“跳槽”现象普遍，不利于道路货运企业的长远发展。

2. 道路运输企业的本质问题

虽然我们可以将现阶段我国道路运输企业的生存压力初步归纳为上述几点，但这几点仅是直接的、表层的，究其深层次的原因，可归结为管理问题。阐述如下：

(1) 第二、第三产业联动不够导致货运需求管理效率低。

产业联动是指以制造业与物流业的产业关联为基础，将制造业物流业务与物流企业的物流运作联合起来，进行产业协作的活动，实现双方互利共赢。

制造业是物流业发展的主要需求基础，现代物流是提升制造企业核心竞争力的重要手段。制造业与物流业联动发展，有利于制造业产业升级，有利于提高物流业的服务能力。从实践进展看，现阶段我国物流业和制造业联动主要体现在大型企业群体。但是，两业联动的发展不仅存在于大型制造企业中，中小企业物流外包等联动发展需要比大企业更为强烈。目前，制约制造业参与到两业联动的因素很多，如人员安置问题、国有企业的资产转移问题、成本利润的合理分配问题等。当前我国的物流业和制造业联动的力度不够、效率不高、覆盖面不广、业务量不大，导致的一个直接结果就是制造业的物流需求过于分散地被数量极大的货运和物流企业所掌握，制造企业和货运物流企业之间通过物流供需关系呈现出多对多的联系，即一家制造企业将其物流需求外包给多家货运/物流企业，而一家货运/物流企业也承接着多家制造企业的物流需求。制造企业和物流企业间的长期合作关系薄弱，导致包括道路货运企业在内的各类物流企业的货源稳定性差，货运/物流企业的市场拓展模式一般局限在两类：一是采用粗放式发展方式、挖墙脚、争“蛋糕”，二是采用集约式发展方式，注重维持市场占有率下的成本控制。无论采用哪种方式，对于流动资金的掌控能力、企业的融资能力成为一种关键因素。

(2) 市场秩序欠稳导致货运市场管理调控力度不够。

经过多年的发展，我国道路货运行业呈现出一个特点：微观层次的个别的道路货运企业经营的高度组织性、有计划性和整个道路货运行业相对无序状态之间的显著差别。一方面，我国道路货运行业一直处于粗放式发展，企业的经营管理水平参差不齐、总体较低，货运市场主体多而散、企业集中度低，低层次竞争手段充斥市场导致竞争不规范；另一方面，虽然道路货运行业的整体表现状况不佳，但作为赢利主体的单一货运企业往往因地制宜地采取各种策略开展形式多样的经营活动，无论企业规模是大还是小，业务开展模式往往呈现出通用性特点；由于企业数量众多而单一企业资源配置和调控

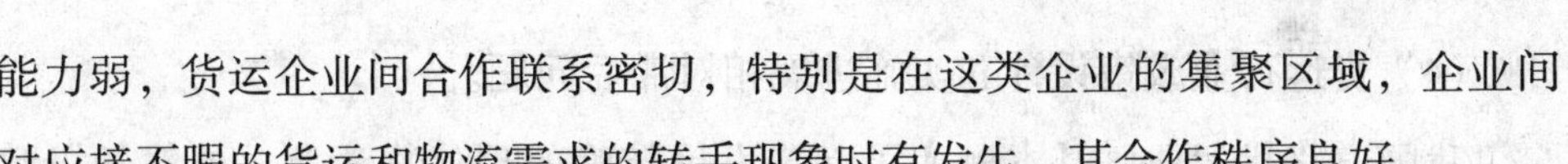

能力弱，货运企业间合作联系密切，特别是在这类企业的集聚区域，企业间对应接不暇的货运和物流需求的转手现象时有发生，其合作秩序良好。

(3) 企业经营管理手段制约着企业管理能力。

我国道路货运企业生存于整体运行质量较低的物流市场环境中，其面临的生存压力很大，一旦企业在残酷的竞争过程中形成相对稳定的运作模式，发展惯性的影响使其很难对既有的业务运行模式（如业务网络扩张模式、运力调度模式、场站布局和经营模式等）做出激进式调整，对于能够实现区域性、网络化、规模化经营的企业尤其如此。实际上，多数货运企业的抗变动能力、应对市场突变能力是比较弱的。例如，在道路货运市场上，个体、挂靠现象普遍，这使得具备规模的企业难以有力、全面地掌控运力。我国道路货运经营业户中，个体业户占90%，全国道路货运业户平均每户拥有车辆数约1.5辆。多数货运企业的发展经验来源于传统道路运输企业，货运企业往往局限于传统的运力资源组织调度经验和方法，单纯追求短期的经济效益；多数货运企业车辆保有量少，往往不具备规模化经营的条件，而合作开展业务时涉及收益分配、风险分配、责任划分等问题，难度大。再如，对于道路货运企业而言，驾驶员队伍是其关键的资源之一，也是管控难度最大的一种人力资源。我国对于卡车驾驶员的需求量很大，由此吸引了大量的劳动力由第一产业转移到了运输业，但这个转移过程缺乏有力有效的资质监管工作，致使驾驶员队伍的整体素质、从业技能水平等不稳定，直接影响了货运服务水平。实际上，多数企业并没有形成较为完善和成熟的驾驶员工作模式和机制。驾驶员的休息时间难以保障时就会导致因途中睡觉、疲劳驾驶而引发的运输安全问题；而对于驾驶员的薪酬，或者采用固定工资制，或者采用固定工资结合绩效工资，将其能够承担的作业量作为绩效予以奖励。但是，驾驶员的绩效工资一般没有制度上的保障。

(4) 货运行业政策设计和实施进展相对滞后问题。

我国道路货运业已基本融入了起步发展较晚的现代物流业，虽然各级政府配备了各种鼓励和规范物流业发展的政策措施，但在这些政策措施的实施、执行过程中，不乏因为政策的漏洞导致的市场混乱现象，且往往额外增加道路货运企业的成本负担，从而大大影响其赢利能力。例如，公路货运车辆的通行费越来越成为公路货运总成本中占据重要比例的部分，在有的企业，通行费竟然能够占总成本的30%～40%。实际上，我国政府对于收费公路的收费标准、收费时限有明确的要求，但在地方有关机构的执行过程中，由于误解、变通政策，导致通行费的收取行为不规范。对于货运市场相对失序、企业主要依靠价格优势保持货源的货运企业而言，通行费无疑成为企业的额外增加的重要负担。随着2011年开始的收费公路治理工作的开展，公路通行费的平均收费水平有望降低，这可缓解货运企业的发展压力。再如，经过多年酝酿，国家发展改革委、财政部、交通部、国家税务总局于2008年12月拟定了成品油价税费改革方案，提高现行成品油消费税单位税额，不再新设立燃油税。“费改税”有利于道路货运企业不必顾虑以前各种规费的征收造成的不必要支出，有利于货运企业合理谋划其运力资源的使用，但“费改税”导致了企业成本支出方式的变化，因此，货运企业应及时适应这种变化。实际上，由于“费改税”，货运企业对于燃油价格更加敏感，在目前的总成本构成中，企业的燃油成本能够占总成本的35%～60%，而燃油价格的波动与货运服务价格的波动之间没有形成联动机制，导致货运企业的利润空间大大减小，现金流的控制能力大大削弱。

5.1.3 道路运输企业的可持续发展策略

1. 集约化发展

首先，任何企业要发展，都必须有一个充满活力的经营机制。对有着浓厚国有企业色彩的传统道路运输业来讲，改良老企业也好，创建新公司也罢，都必须解决政企职责不分、自主权难以落实、激励机制不到位、约束机制不健全、经营观念落后、历史包袱沉重、赢利能力不高等深层次问题。此外，服务品牌、服务形象、良好的企业文化以及优秀的员工队伍是企业最宝贵的无形资产，同时也是促进企业发展的重要资本。对包括道路运输在内的服务行业来讲，服务形象和服务品牌的塑造至关重要，一个企业服务品牌的知名度和美誉度，大大影响着企业的经营和发展。

其次，我国交通运输主管部门通过强制推广符合技术要求的道路货运车型，可督促货运企业购置技术条件好的车辆，这些车辆的普遍采用有利于道路货运行业技术装备的升级。另外，货运企业在购置了新的车辆装备后，若能够根据其业务发展条件适时推行水平更高的管理模式，则更有利于道路货运效率的提升乃至产业升级，从而降低物流成本。但是，除了配备车辆装备，对于货车的调度组织技术是实现企业效益的关键，实际上，中国多数货运企业并不能够具备高水平的车辆调度组织技术。换种思路看，随着现代物流管理技能的宣传普及，如果我国货运企业理性地接受并适度加强了其专业化车辆调度组织技术，则企业运输组织方式的优化调整必然促使企业更新车辆装备，以支撑实现优化调整后的货运车辆调度组织模式。无论采取何种途径推动货运物流效率的提升，货运企业购置和更新车辆装备是必须的环节，而货运企业提升其运能资源调度组织技能水平则是核心的环节。

此外，道路货运企业的发展需要多种人力资源的支撑。在中基层次人才方面，运输作业人员大多沿用传统作业方式，其知识和技能积累少，有的企业希望这种人员能够学到新的技能，但一方面能够提供“知识充电”服务的机构少，另一方面整个行业并没有形成激励这种活动的机制。所以，为有效、尽快提升道路货运业人力资源质量，在加快并保障高等院校交通运输和物流管理类学生的培养环节的同时，还应推广提升专业水平好的相关培训机构的

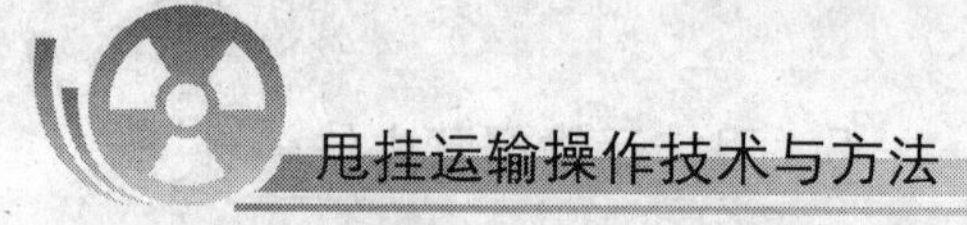

作用，尽可能地实施针对中基层人才的、在职的、短期的培训活动。

2. 综合化发展

传统道路运输企业是计划经济的产物，主要职能是为生产企业和销售企业提供原材料及产成品的运输服务。最近几年，随着市场竞争的日益激烈，特别是我国加入世界贸易组织后国外高水平物流服务企业的进入，传统道路运输企业只为客户提供运输服务已远远不能满足现代物流发展的要求，这也促进和推动了道路运输企业通过提升其服务水平，为生产商和销售商提供综合化的物流服务。另外，在当今的经营环境中，随着社会分工的逐步细化，生产企业很难顾及到产品生产和销售的各个方面，为了提高自身在市场上的核心竞争力，必须集中精力发展自身的核心产品，而把采购和销售等环节中的物流业务适当外包，从单一的企业之间的竞争转型为企业联盟（供应链）之间综合实力的竞争，为传统的运输企业业务拓展提供了良好的市场需求机遇。

从整体看，现代物流业与道路运输业的区别主要表现为：道路运输业只提供简单的位移服务，现代物流则提供增值服务；道路运输业是被动服务，现代物流是主动服务和个性化服务；道路运输业实行人工控制，现代物流实施信息管理；道路运输业无统一服务标准，现代物流实施标准化服务；道路运输业侧重“点到点”或“线到线”服务，现代物流构建区域性服务网络；道路运输业是单一环节管理，现代物流是系统整体优化。

传统道路运输企业可抢抓发展机遇，充分发挥自身在物流运作方面的专业优势，以现代物流和供应链管理思想为指导，找好市场的切入点，不失时机地拓展市场，在单纯的运输服务基础上，不断拓宽原有的业务范围，向真正的第三方物流企业转型，争取为社会提供综合的第三方物流服务。

3. 集团化发展

以现有道路货运企业和场站设施为依托，实现资产优化与重组，改造成规模化、集约化和网络化的道路货运企业是现阶段我国渐进地开展甩挂运输的途径之一。结合既有的实践经验和理论研究成果，组建规模化、集团化的甩挂运输企业可采用以下运作模式。

第一，股权联合。即凭借一个企业对另一个企业的资金参与而建立起来的控股与被控股的关系，参与到这类模式的资金可以是政府投资、国有企业股份转让、个人出资和吸引外资等。依据出资方的构成特点，在实践中可有两种方式：一是由甩挂运输线路附近的工商企业、物流企业与道路运输企业协商确定各自的出资份额，共同投资形成一个新的按现代企业制度运作的甩挂运输企业；二是区域内各个道路运输企业通过协商确定各自的出资份额，共同出资设立一个新的按现代企业制度运作的甩挂运输企业。

第二，协议模式。即通过某种框架协议形式组建的一种联合体，参加联合的各成员拥有完全的进入退出自主权，享有独立的法人地位，联合体不具有法人地位，其车辆和场站的产权也不属于联合体。在这一模式下，各经营实体一般都保持各自的隶属关系，各自独立核算。这种模式的优点是有利于专业化协作与分工、有利于资源配置，扩大甩挂运输生产能力，提高经济效益和效率；缺陷是组织结构内部比较松散，联盟纽带脆弱。

第三，虚拟模式。这是一种临时性企业联盟，它突破单个企业开展甩挂运输所面临的货源与运输能力的局限，通过对不同经济区域的货源和运输能力进行整合，以开放的动态联盟方式共同经营甩挂运输，共同承担运输成本与风险、共享收益。虚拟模式具有高度的柔性和快速的反应能力，但虚拟模式所要求的运输组织结构更加完善、运作更加高效、应对市场能力更强，所以要真正获得协同运行效果的难度大。

5.1.4 道路运输企业发展甩挂运输的一般流程

1. 前期准备

道路运输企业以其长期以来积累的发展基础，在开展甩挂运输业务方面

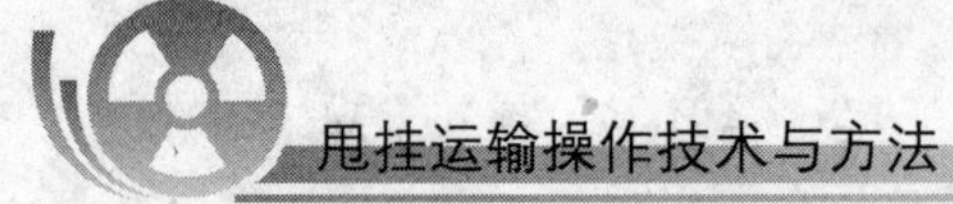

更具先天优势。相对而言，道路货运企业只需适当对货运车辆装备及其管理方式进行过渡调整即可较为快捷地开展甩挂运输活动。但由于甩挂运输组织模式要求更为先进的车辆装备和较高的组织管理水平，道路货运企业仍需做好一些前期准备工作，主要包括：

第一，企业知识更新和人员技能水平的提升。甩挂运输组织模式较传统的卡车运输模式有着更加明显的效率和效益优势，但这些优势的实现是需要企业在管理技术、流程规范等方面予以有力保障的。道路货运企业以往形成的业务开发、运力资源配置、生产效果测算等方面的规范、规章制度并不能切实符合甩挂运输模式，且企业内各类从业者的观念、工作习惯、专业技能等也是基于传统卡车运输活动，而甩挂运输车辆的技术性能和运行过程操作方法等较传统的单体卡车有很大的不同，在开展甩挂运输活动之前，应从企业整体的、全局的范畴更新各种规范和管理制度，应从局部的、个体的角度培训专业人员，使其掌握甩挂运输专门技能。

第二，甩挂运输方案设计与论证。基于既有的市场开发状况，道路货运企业应在明确甩挂运输规模化、网络化优势效应的前提下选取合适的经济区域和客户群，作为甩挂运输组织模式的运用对象。基于既有的车辆装备状况和运力资源配置情况，道路货运企业应科学抉择车辆装备由卡车向甩挂运输车辆的过渡方式，或者分步、分批次淘汰老旧车辆，补充甩挂运输车辆，或者投放一批甩挂运输车辆，逐步替代原有卡车。基于既有的场站设施状况，道路货运企业应确立场站改造方案（包括功能区规模设置和空间布局、站内道路网络分布、仓储设施规划等内容），确保既有货运场站在尽可能降低投资和运营成本条件下具备承接甩挂运输车辆的能力。

第三，甩挂运输业务宣传和客户关系开发维护。由于甩挂运输模式的专业性，甩挂运输有关知识并非为各类社会单位和人员所熟知，特别是对于道路货运企业的主要客户而言，其与运输企业长期以来形成的合作模式可保证货运业务供需双方在沟通协调方面的最低成本优势。一旦某主要客户被选定为甩挂运输模式实施对象，由于甩挂运输车辆的作业特点和作业要求，必然导致客户对货运企业运输组织模式的困惑，或者由于客户指定作业场所并不适合甩挂运输车辆的作业、为推行甩挂运输需要客户对其作业场所做出调整或改造，这都需要客户对货运企业的理解和支持。所以，货运企业在推行甩挂运输模式之前应做好业务宣传，并能够在客户因甩挂运输模式的推行有额外支出时应尽可能地从甩挂运输所获得收益中予以弥补。

2. 模式选择与实施

甩挂运输车辆运用组织模式的选取和实施是道路货运企业开展甩挂运输的关键环节。一旦选定甩挂运输车辆运用组织模式，则甩挂运输业务所涉及的车辆类型和数量、场站分布、客户分布等均可确定。车辆调度工作是甩挂运输组织模式的核心技术，甩挂运输车辆运用组织模式的核心是甩挂运输车辆调度方案，这是由甩挂运输组织模式的本质特征决定的。甩挂运输唯一的竞争优势是由牵引车和挂车的自由分离和结合而能够产生的生产效率和提升运输效益，而牵引车和挂车的自由分离和结合作业需要科学合理的车辆调度方案做基础。甩挂运输车辆调度涉及对汽车、列车、牵引车、挂车等的分类调度和综合运用。此外，甩挂运输车辆调度方式的不同决定了企业运输网络的形式，运输网络依据车辆类型和调度方式而形成层次化、功能化结构。

网络化是甩挂运输效益得以充分发挥的可靠依托，但道路货运企业已经构筑起的业务网络并非能够完全应和甩挂运输网络模式。道路货运企业根据其市场开发情况而构建的卡车运输网络上可以包含专线，也可以包含局域性运输网络。要将这种卡车运输网络转化为甩挂运输网络，则不可避免地出现若干运输路线上甩挂运输车辆装不满的问题。为保持企业业务发展的稳定性，道路货运企业一般采取渐进式分步发展策略，一般可从卡车专线运输向甩挂运输转变来推行甩挂运输模式。“一线两点”是常用和实施难度小的甩挂运输形式，只需合理配备牵引车和挂车比例，并适当改造线路两端所用场站的基础设施和作业流程，即可实现甩挂运输活动。但“一线两点”最大的挑战就是，随着传统卡车被替代为甩挂运输车辆，二者在运力上差距很明显，若该线路上的货物交流量不能达到一定的规模、双向货物交流不均衡，则甩挂运输模式的效益将被大大削减。

甩挂运输模式可有很多备选类型，各种类型又各有其优势和适应条件。道路货运企业应根据既有发展基础和潜在市场开发预期，选取恰当的甩挂运输模式。当然，在企业不同的发展阶段，甩挂运输模式也会发生改变。

3. 效果评估与改进

道路货运企业之所以能够推定甩挂运输模式，主要是看重甩挂运输能够产生的经济效益。站在不同的企业的角度，可能对甩挂运输效果的关注点有明显的差异，甩挂运输的实施企业随着其经营目标的不同而对甩挂运输的期待也不一样。越是微观一些、与具体业务更接近一些的企业部门，其对甩挂运输经济效益的关注程度要多一些；越是宏观一些、与战略发展更接近一些的企业部门，其对甩挂运输社会效益的关注程度要多一些。依托运输企业内的某个部门开展甩挂运输，目标可能仅局限于提高部门的赢利能力和运输环节的利润率，开展甩挂运输所涉及的范围可以很小（如仅在个别运输线路上开展甩挂运输）、组织和实施起来简单一些；而在运输行业范围内推广甩挂运输，目标可以很宏观（如实现节能减排、提高行业服务能力和水平），而实施起来要考虑方方面面、复杂程度很高。针对不同的甩挂运输实施企业及其所关注的甩挂运输的经济效益和社会效益，对甩挂运输效果进行评价时所选取的指标体系、所能够采取的评价方法有明显的区别。如：对运输企业内的运输部门开展甩挂运输进行效果评价时，可以侧重从财务统计体系选取一些关键指标，并采用成熟的、较为简单的方法进行效果评估。对运输行业开展甩挂运输的效果进行评价时，既要注意甩挂运输能够对相关企业产生的经济效益，又要注意甩挂运输能够对整个行业乃至整个社会所产生的社会效益，指标体系可以很复杂，而所能够采用的评价方法可能是综合化的。道路货运企业可定期实施甩挂运输效果评估工作，并根据评估结果进行反馈，对实施过程中暴露出的问题和薄弱环节予以改进和强化。

5.2 甩挂运输装备租赁企业

5.2.1 交通运输领域的典型租赁活动

1. 飞机租赁

随着经济社会发展和科技进步，航空运输活动对于飞机的需求不断增加。但航空运输业是资本密集型行业，需要巨额资金的支持，航空公司不可能大量使用自有资金购买昂贵的飞机。由于航空运输业本身的特点导致航空公司的资产负债率较其他行业高，限制了其利用银行贷款等形式进行间接融资的规模。而具有融资功能的飞机租赁业务正好满足了各航空公司对飞机的融资需求。此外，二手飞机交易市场的成熟，使飞机使用权能够实现方便的转移，这为航空公司提供了灵活的飞机租赁交易方式。飞机是标准化的资产，即使由于承租人违约而使租赁公司被迫收回飞机，飞机仍可方便地重新进入租赁市场或另行转租。飞机的剩余价值相对稳定，并易于评估，租赁公司可以凭借飞机较为稳定的担保价值，在资本市场上获得更为广泛的融资来扩展其飞机租赁业务。种种因素极大地推动全球飞机租赁业的发展。

飞机租赁包括融资租赁和经营租赁。在行业实践中，经营租赁所占份额小，多数飞机租赁活动为融资租赁。经营租赁指出租方提供飞机的短期使用权。在飞机经营租赁中，飞机的所有权始终不会转移给承租人，承租人从租赁公司短期租用飞机以满足营运运力需求，而无意拥有该飞机的所有权。经营租赁的基本特点包括：承租人仅拥有租赁期内的飞机使用权，并无其他权益；经营租赁活动不会影响承租方的债务结构；交易灵活，航空公司可在需要时即时引入租赁飞机以补充运力；承租方不承担飞机技术更新、残值等风险。飞机融资租赁可以定义为：航空公司（承租人）从租赁公司（或直接从飞机制造商）选择指定型号、一定数量的飞机，并与租赁公司（出租人）签订有关租赁飞机的协议，在租期内飞机的法定所有者——出租人将飞机的使用权、收益权转让给承租人，承租人按期支付租金，租赁期满后，承租人可以续租，也可以按市场价格或固定价格优先购买，或者按规定条件把飞机偿还给出租人，飞机所有权可能转移，也可能不转移。融资租赁的基本特点有：飞机的型号、数量由承租人指定；关于飞机的所有收益权及风险均转让给承租人；在租赁期内，飞机只能由承租人使用；在租赁期内，租赁协议不得随意解除；飞机融资租赁已发展成为以融通飞机资金为主，兼有维修、保险、飞机制造商支援、旧飞机处理和咨询等内容的系列化综合服务。

对于航空公司而言，飞机融资租赁是较为常见的引进飞机方式，这类租赁方式以物为载体，目的在于融资并完全支付飞机全部价值。其本质是：承租人以支付租金的方式，分期付款购买了飞机。飞机融资租赁有多种操作方式，一般表现为单一投资者租赁和杠杆租赁。单一投资者租赁是指只由出租人一方出资购买租赁所需的飞机。杠杆租赁在实践中被较多地采用，杠杆租赁至少涉及三方：出租人、承租人、贷款人。出租人承担设备采购成本的20%～40%，其余资金通过贷款获取，飞机的所有权属于出租人。许多经济发达国家为了刺激投资，作为飞机所有人的出租人往往可享有按设备购置成本为基础计算的减税优惠，而出租人也会通过降低租金的方式，将部分减税收益转让给承租人。

飞机租赁具有明显的经济意义：首先，飞机租赁业务是较好的投资领域，可以为各投资方带来较为稳定的长期的投资回报。对于航空公司而言，飞机租赁为其增加了融资渠道，利用飞机租赁，航空公司不需要一次支付巨额购机资金，只需按期支付租金就可以使用飞机，这在较大程度上缓解了航空公司的资金需求。对于租赁公司等投资者而言，飞机租赁为其提供了投资品种和投资领域。在飞机租赁业务中，投资者可获得因折旧所导致的延迟纳税或投资抵税等税收优惠；飞机的使用寿命为20~30年，租赁期结束后飞机一般还留有一定的市场价值，且航空公司一般具备足够的营运能力用于赢利以偿还租金；飞机的变现能力强，即便出现拖欠租金支付问题，租赁公司也可以立即收回飞机进行转租或再销售；其次，飞机租赁是另一种飞机销售形式。对于飞机制造商而言，飞机租赁可促进其飞机销售量。购置飞机需要巨额资金，大批量购买飞机会给航空公司造成严重的财务负担，通过飞机租赁的融资作用，航空公司大批订购飞机成为可能，这间接地增加了飞机的销售量。实际上，世界主要的工业生产制造商都倾向于建立自己的现代租赁公司，通过租赁的方式推销其产品；最后，飞机租赁可拉动各方投资，促进投资资金的活跃性。飞机租赁是一种较为稳定的投资方式，租赁公司这一载体可吸收股东的投资，或在货币市场、资本市场采取借贷、拆借、发行债券、上市等融资手段拉动各种贷款，吸收民间资金，从而促进整个社会投资。

1986年全球只有15%的飞机通过融资租赁的形式获得，1990年为17%，而2006年则上升到30%。未来飞机租赁有望获得更大的发展，这主要是基于以下考虑：全球民航客运量增长快速，低成本航空公司的业务量加快扩张；飞机价格高昂，数以亿计（以波音飞机为例，其宽体机都在1亿美元以上），这使得资金紧张的航空公司越来越倾向于租赁飞机而不是购置飞机；飞机制造商的制造能力和交货进程中的不稳定因素（如波音公司B787飞机和空客公司A380飞机的延期交货现象）很可能打乱航空公司机队发展计划，导致飞机供应出现供不应求或者供求不同步问题，造成航空公司进入租赁市场寻求飞机以解决运力不足的问题。

飞机租赁发源于美国，尔后由美国迅速发展到欧洲、日本和整个世界。经过数十年的发展，飞机融资租赁业务已经遍布全球，无论是航空公司的规模大小，也无论是经济发达国家的航空公司还是发展中国家的航空公司，都采用融资租赁方式获取航空运力。第二次世界大战后，美国面临着由军事工业（军品）向民用工业（民品）的转变问题，而科技进步与设备陈旧落后的矛盾日益突出，资金供求矛盾大，一些企业需要中长期投资资金，旧的信贷方式无法满足这种新的需求，急需新的信用方式的出现。现代租赁业就是在这样的需求背景下产生的。对出租人而言，经营飞机租赁是为了享受减税利益，提高投资收益率；对承租人而言，采用飞机租赁是为了获得较低的租金，使租赁的融资成本比其他信贷的融资成本低。飞机租赁可分为减税租赁和有条件销售租赁，也可将融资租赁分为单一投资租赁和杠杆租赁。典型的美国杠杆租赁的参与人包括：承租人；产权参与人（即享有税收利益的飞机所有权人）；物主受托人（产权参与人并不直接出面，而是设立信托，成为信托人，并将飞机转移给受托人管理）；贷款人（一般由银行、保险公司等组织担任）；合同受托人（根据贷款人的要求，设立合同受托人并由其管理债权人的利益）；飞机制造商；出租人（负责安排交易，收取佣金，出租人担负中介角色）。尽管飞机租赁在我国发展的时间并不长，但发展速度很快，飞机租赁已成为我国航空公司飞机融资不可或缺的重要手段。我国民航飞机租赁业务始于20世纪80年代初期。早在1979年，我国民航通过中信公司从瑞士某公司引进了“租赁”这种资金筹措方式。1979年年底，民航与瑞士某公司谈判并草签了租赁3架某型号飞机的意向书，但由于种种原因，前两架飞机均未租赁成功。此后，我国民航采用美国投资减税杠杆租赁的方式与美国某租赁公司签订了一架某型号飞机的租赁协议书，租期15年，从此开始了我国民航租赁飞机的进程。仅在1980—2001年的十余年间，中国民航采用融资租赁方式引进飞机437架。此外，1980年至2000年年底，中国民航还通过经营租赁方式引进飞机 117 架。

2. 船舶租赁

在经济发达国家的工业化进程中，船舶业起着重要的作用。广义上讲，船舶业可以包括造船工业和航运业，是支持航运、海洋开发、国防建设和国民经济的战略性产业。船舶业作为一个产业关联度高，生产规模大，劳动力、资金和技术密集型的产业，往往可以体现一个国家的现代制造业水平。整条船舶产业链依靠金融业、航运业、造船业三者维系平衡，其发展离不开金融业的支持。融资是船舶业发展的一个非常重要方面，是影响船舶业竞争力的重要因素。

早在 19 世纪八九十年代，欧美日等国家就建立了光船租赁登记制度，这种制度能把船舶拥有者同租赁者区别开来，因此不会受到以税收为基础的融资租赁规定的限制，促使船舶融资租赁得到迅速发展。

船舶融资租赁是目前国外普遍采用的一种船舶融资方式，就是出租人按照租赁协议将船舶长期出租给承租人、船舶在承租人的占有控制下运营，出租人在租期内向承租人收取租金。通常情况下，船舶融资租赁是由银行或租赁公司等专业金融机构提供造船或买船资金并确定船舶所有权，然后由该金融机构将所建造或购买的船舶租给航运公司使用，并从航运公司收取租金，租赁期限一般贯穿船舶的整个生命周期。待租期结束，航运公司可以选择是否获得该船舶的所有权。船舶融资租赁的方式多样，包括直接租赁、转租赁、回租、杠杆租赁、综合租赁等。一般的，船舶融资租赁具有如下特点：①以“融物”达到融资的目的。船东通过该模式，能够一次性获得 100% 融资与船舶的使用权，再以分期付款方式支付租金，相当于船东得到了一笔低息长期信贷；②还款压力小。由于租金支付额通常以年金为基础确定，整个租期内所产生相同的年支出，并不随利率的变化而变化。在船东最初使用船舶产生经营收入现金流量的同时，无须承担巨大的还本付息压力；③船舶融资租赁可在各国享受由资产加速折旧所带来的税收减免优惠。

船舶融资租赁的形式包括直接融资租赁、回租、杠杆租赁等。直接融资租赁就是租赁公司购买船东选定的船舶，然后将其光租给船东使用，船东在租赁期内按期偿还租金。租赁期满后，双方根据融资租赁合同中的约定，以名义上的价款将船舶所有权转移给船东或第三方。回租就是船东将自有的船舶出售给租赁公司，同时再将船舶租回继续经营使用，船东在租赁期内按期偿还租金。租赁期满后，双方根据融资租赁合同的约定，以名义上的价款将船舶所有权转移给船东。杠杆租赁是指作为出租人的融资租赁公司以自有的资金支付购买船舶总价的一部分，然后以该船作为贷款抵押，以转让收取租金的权利作为贷款的额外保证，从银行等金融机构获得购买新船其余款项的贷款，再把新船租给承租方使用，承租方向贷款方支付租金，以替出租人偿还贷款。

船舶融资租赁旨在将船舶的所有者同使用者分开，这可以有效减免使用者的税收压力，在航运市场受到资金紧缺的大量中小船东的欢迎。但船舶融资租赁通常要求有一套严格的交易机制，并不适用于成为资产交易商的船东以及依靠短期资产增值来达到船舶投资收益最大化的船东。目前航运业中的高收入船型，如集装箱、干散货船、油轮、液化汽船都能产生长期、稳定的收入，在这种情况下，资产长期可靠的利用对经营者来说比短期利用所创造的价值更大。另外，由于世界船队趋于老化，船队更新所需的资金量巨大，船东不得不到资本市场去寻求新的融资渠道，而融资租赁因在国际航运业更具竞争性而备受船东青睐。

经过探索与尝试，我国有关融资机构在船舶融资方面取得了一系列经验和成果，如：2001 年，中国进出口银行与挪威某公司签署了贷款总额为 6000 余万美元、为期 10 年的出口买方信贷协议，用于支持该外国公司向中国船舶工业贸易公司购置数艘液化石油汽船，这是我国首次对船舶出口提供出口买方信贷。2002 年，长运股份与上海金海岸企业发展股份有限公司签订了《创新租赁合同》，金海岸以租赁为目的，购买价值 1 亿元的 20 艘船舶租赁给长运股份，租赁期 5 年；租金按季度逐期偿付，在租金之外，长运股份须向金海岸缴纳一次性手续费和管理费；租赁期满后，长运股份支付金海岸一定转移手续费，船舶的所有权归属长运股份；此外，长运股份必须先付给金海岸设备总价值一定比例的押金。这样，长运股份仅以较少的支出获得多艘船舶的使用权。2003 年，福建联华国际信托投资有限公司向社会筹集 3600 万元人民币，计划期限三年，用于向国外购买一艘散装货轮，同时将该船以融资租赁的方式出租出去，这是国内信托投资公司首次开展船舶融资租赁业务。2006 年，中海集运与工商银行、招商银行等金融机构签约某型集装箱船银团贷款。此次银团贷款是中国海运集团首次面向境内银团进行贷款，这一事件加深了中海集团与各金融机构的合作，引起国内外融资机构与航运企业的极大关注。一系列成功的融资案例表明，国内金融机构正在国内外积极寻求投融资渠道，加强与国内外船东和造船企业的联系，逐步提高船舶融资的市场份额。作为融资主体，船舶融资租赁公司可为船舶工业吸纳大量投资资金。通过船舶融资租赁，航运企业既能为银行寻找稳妥的投资渠道，为中国造船业的扩大内需提供支持，还能为航运企业提供低成本、高质量的运力供给。总的来看，船舶融资租赁在我国融资领域所占的比例较小。由于在船舶融资租赁方面专业性不强、国家缺乏相应的政策支持，国内涉足于船舶融资租赁领域的金融机构非常少，和国外的融资机构相比，无论在专业性和风险规避等方面都有很大的差距。

3. 铁路运输设备租赁

铁路运输设备的生命周期一般在 20 年左右，单位价值大且技术较为复杂，非常适合作为融资租赁的对象。国外融资租赁已相当发达，不但融资租赁在运输设备占的比重普遍较高，而且融资租赁方式在运输设备投资中所占的比例也明显高于其在其他设备投资中的比重。融资租赁，尤其是多方资本介入的融资租赁，能够筹集大量资金，解决铁路运输装备制造企业所需的生产资金，同时保证所生产机车车辆的销售问题，而铁路运输部门在不需要一次支付巨额资金的情况下，能使用资金数额是自有出资金额数倍的资产。所以，可以通过融资租赁来打通铁路运输设备生产企业和运输企业之间的产销渠道，实现机车车辆生产企业、铁路运输部门、租赁公司等多赢的局面。

铁路运输行业适用的融资租赁模式有直接融资租赁、销售式租赁、售后回租、经营租赁等。直接融资租赁是最典型的融资租赁模式，也是铁路运输业在引入融资租赁业务初期最有可能采用的模式。在这种模式下，铁路运输企业根据自身的业务需求选择设备供应商及设备，租赁公司则为铁路运输企业提供设备购置资金，并与设备供应商签订供货合同；租赁公司与铁路运输企业签订租赁合同，约定租金水平、租赁期限等租赁事项。租赁期满后，设备所有权转移至铁路运输企业。在销售式租赁模式中，机车车辆制造商可以投资成立独立核算的租赁子公司，也可以与专业的租赁公司合作，将设备出售给租赁公司。铁路运输企业与租赁公司签订租赁合同，引入所需要的设备。销售式租赁既可解决铁路运输企业在设备采购中的资金问题，又可为设备制造商提供新型销售方式。如果铁路运输企业希望引进新的车型而又缺乏资金时，则可以通过售后回租的模式，将现有的机车车辆出售给租赁公司，获得资金进行设备更新升级，同时再与该租赁公司签订租赁合同，租回已出售的车辆，维持现有的运输生产活动。经营租赁的优越性在于设备价值不计入资产负债表，在为企业带来利润的同时，不增加企业的资产价值，有利于提高资产利润率和资产周转率等财务指标；租金计入成本，可起到抵税的作用。因此，铁路运输企业可以利用经营租赁在一定程度上调整企业的财务指标。

从国家层面看，针对铁路运输行业开展融资租赁，该国家的融资租赁业发展水平、铁路运输市场化程度以及铁路技术装备水平直接影响着铁路融资租赁市场的发展。从世界范围看，欧美国家铁路租赁业最为发达。

美国有世界上最为成熟的租赁市场，租赁业务种类繁多。在铁路运输行业，美国很早就开始了机车和货车的租赁活动。在美国铁路运输设备租赁市场中，承租方主要是各铁路货运公司，出租方主要有三种类型：一是铁路运输设备制造商。对制造商而言，租赁既是业务的拓展，更是一种有力的促销方式。这类制造商在生产、销售铁路运输设备的同时，也开展租赁业务，一些制造商甚至通过合资或独资成立子公司来从事租赁业务，这种合资或独资公司一般能够开展机车租赁、维修、零部件销售等业务；二是银行、财务公司、投资银行等金融机构；三是专业化租赁公司。这三类出租方有的从事多个行业产品的综合租赁，有的专门从事铁路运输设备的租赁。美国大部分铁路运输设备租赁公司提供的租赁形式多样，既有融资租赁，又有经营租赁；既有单一投资租赁，又有杠杆租赁；既有直接租赁，又有转租赁、回租租赁等。而对于美国铁路货运公司，租赁是融资和获得设备使用权的一种经常性手段。美国铁路公司之所以大量采用租赁的方式获得移动设备，是因为公司面临国际评级公司的信用评级和投资者的估值，这些外部评级和估值直接影响公司的融资成本和股票市值。租赁可以改善公司的财务报表结构，维持和提高公司的信用水平。

英国铁路机车车辆租赁业的市场结构独具特色，该市场上有 3 家租赁公司占据绝对主导地位。1994 年英国铁路改革后成立了 3 家机车车辆租赁公司，接管英国铁路的机车车辆，几经周转，最终 3 家银行分别成为这些公司的最终投资者。1994 年英国铁路形成了 23 家列车运营公司，承担铁路旅客运输业务，这些列车运营公司采取向机车车辆租赁公司租用的办法引进机车车辆。机车车辆租赁对英国铁路运输发展的作用体现在多个方面：第一，为铁路运输企业提供了更多的灵活的选择（包括数量的多少、租赁时间的长短等各种租赁业务）；第二，租赁公司的国际化采购促进了机车车辆的标准化及可靠性，并可获得多国制造商的专业支持；第三，租赁公司的大批量采购，可以获得更多的价格折扣，有利于降低列车运营公司的成本；第四，租赁公司可以集中零散的新型机车车辆需求向制造商订货，促使制造商进行技术升级，然后再将这些新型机车车辆分租给众多列车运营公司；第五，租赁通过提供表外融资改善了铁路运输企业的资产负债状况。英国铁路运输行业的特许经营机制，促使运输服务商追求特许经营期内机车车辆使用收益的最大化，因而经营租赁成为普遍采用的租赁形式。经营租赁一方面满足了铁路运力需求，另一方面避免了巨额的残值处理。对于租赁服务商，除了向客户提供已有机车车辆租赁、改造和维修、购进新车以供出租外，有的也开展回租租赁业务。

我国铁路运输设备融资租赁实践起步较晚。1998 年，广深铁路公司采用融资租赁模式引进瑞典产某型号摆式列车投入在广深线上运营。实践证明，该型号摆式列车以良好的服务质量和较低维修费用，取得了较好的社会效益和经济效益。在租赁期内，出租方提供技术支持和维修服务，广深铁路公司除支付租金外，仅支付一定的技术支持费和少量的维修费。购置后，广深公司与出租方签订了技术支持协议，该协议规定出租方有偿继续提供维修技术支持。我国铁路融资租赁的部分成功经验表明，租赁是扩大利用外资、加快引进国外先进技术装备、促进铁路技术装备现代化的重要途径。随着我国铁路运输转变经营机制，投资资金初步形成良性循环，融资租赁业务在铁路运输行业将会得到日益广泛的运用。

4. 小汽车租赁

小汽车租赁的定义不一，但至少应包含汽车租赁的三个基本要素：汽车租赁经营者（出租人）、汽车承租人和租赁标的物——汽车使用权，并以租赁合同的形式将三个基本要素有机地联结为一体。小汽车租赁业可视为公共交通范畴，既为人们的出行提供了方便，又缓解了小汽车总量控制与出行用车之间的矛盾，在一定程度上有助于缓解交通拥挤的状况，在很大程度上提高了整个社会车辆资源的利用效率，有明显的社会效应。此外，小汽车租赁业还可带动新车销售、促进小汽车制造业的发展。小汽车制造商通过对小汽车租赁市场的介入，可增加小汽车品牌的认知度，扩大市场占有率，从而把潜在需求转变为现实需求。

小汽车租赁业经过了近百年的发展，特别是经过第二次世界大战之后的高速发展，已逐步在小汽车消费中占据了重要地位，目前，世界各国开办的小汽车租赁公司达数千家，经营网点数以万计，营业收入以千亿美元计。目前，国际市场上的小汽车租赁已经发展成为一个比较成熟的、呈现良好发展态势的产业，而且在经营性租赁的基础上，融资性租赁、二手车销售、车辆保险等多种与之相关的业务也得以开展。

小汽车租赁经营的一般业务流程包括：①租车预定：客户通过电话或亲自到汽车租赁经营店进行租车预定，登记有关租赁内容（包括租赁时间、归还时间、租车类型以及其他相关内容等）。汽车租赁经营店根据客户要求按时提供租赁用车。②选择汽车：客户在租赁网点可以亲自选车，从车的类型、品牌、颜色以及在可接受的付费条件下的用车等级方面都可进行选择。③还车结算：归还租赁的汽车时，只需把车开到租赁公司的停车场，交割汽车的行驶里程、油箱所剩油量等。租赁公司的服务员记录上述信息并进行付费结算。④车辆维护：归还的车辆要进行正常的检查和维护，以准备下次租用。

据有关机构估计，世界小汽车制造业生产的整车中的二、三成在出厂后直接进入小汽车租赁市场，小汽车租赁业在国外已经成为小汽车工业巨大的“蓄水池”。在西方各主要小汽车大国，小汽车租赁业经过长期的竞争和发展，已形成了庞大的小汽车租赁服务网络。在众多的小汽车租赁公司中，出现多个小汽车租赁业巨头，几家主要的小汽车租赁公司已占据了全球绝大部分的业务。这些小汽车租赁公司的优势体现在不同方面，有的企业以允许使用信用卡消费和以方便客户为主要目的的计算机化驾驶说明书和车载导航系统为其主要优势，有的企业以提供强有力的预订系统为其主要优势，有的企业以提供特殊服务（如关照计划、管家服务、救援服务、导航计划等）和特殊设备（如儿童安全椅、白天开启灯、无烟车辆等）为主的优质服务为其主要优势。

在20世纪30年代，美国芝加哥机场建立起第一家机场小汽车租赁网点，飞机+小汽车、火车+小汽车的联运服务方式（顾客在出门前就把目的地所需要的小汽车租好，下了飞机或火车，就可直接使用已提前在那里等待的小汽车）出现。此后较短时间，顾客租车后可以在小汽车租赁公司设立的任何一个租赁网点退还车辆，这使租车、还车变得十分方便，形成了网络化小汽车租赁的模式。第二次世界大战后，小汽车租赁业务在世界各地迅速展开，这些独立的、分散的小汽车租赁公司开始联合起来，形成网点众多、覆盖面广的小汽车租赁网络。在西方经济发达国家，小汽车租赁业很大程度上伴随着航空运输业的蓬勃发展。在20世纪七八十年代，航空运输价格的降低使航空运输业得到了快速发展，在一定程度上间接促进了小汽车租赁业的发展。20世纪90年代前期，世界金融业的衰退给小汽车租赁业带来了挑战。小汽车租赁企业间的兼并重组竞争激烈，造成了20世纪90年代中期的小汽车租赁行业的重组进程，这实际上也促进了小汽车租赁业的网络化、规模化发展。20世纪90年代后期，多数小汽车租赁公司经过改组和重组，积极采用全球定位系统等现代通信信息和计算机技术来改善租赁服务网络、提高预约服务效率、改进预订通信系统，进一步完善了小汽车租赁服务功能。

1989年我国出现了第一家小汽车租赁公司，开始营运时该企业只有不足百台汽车。20世纪90年代初期，北京市又先后出现了几家公司，小汽车租赁行业渐成气候。从最初的1家企业、不足百台汽车起步至今，经过20余年的发展，在国家工商部门注册的小汽车租赁公司就数以千计，运营车辆数万辆，在国内大部分省会城市、沿海开放城市都出现了小汽车租赁公司，其中北京、上海、广州等地的发展水平在全国整个行业中处于领先地位。在这数千家小汽车租赁企业中，绝大多数企业规模小，缺乏抵御市场风险和市场拓展的实力。从车型上看，国内汽车租赁市场的运营车辆以轿车为主，还包括一些微型客车以及中轻型客车、货车，但这些车辆在整个汽车租赁市场所占的比例非常小。从档次上看，与国外市场经济型车和小型车占主导地位的租赁车辆构成不同的是，国内以中档车为主流车型。从租赁车辆状况看，与国外租赁车辆快速更新不同的是，国内租赁公司由于缺乏资金支持，租赁车辆使用时间长、更新慢。

北京市是我国小汽车租赁业的起源地，1996—2000 年是北京市小汽车租赁业发展的黄金时段，租赁车数量从 5000 多辆猛增到 2 万余辆。但此后北京市实行了政策限制，租赁业基本处于停滞不前的状态。根据《北京市汽车租赁管理办法》，从事汽车租赁经营的，应当具备下列条件：符合本市汽车租赁业发展规划确定的行业总规模和企业经营规模；有固定的营业场所；有不少于租赁车辆总价值 3% 的流动资金；停车场地的泊位数不少于租赁车辆数的 30%；有保障网络化经营的计算机管理系统；车辆安全、车辆技术岗位上应当有具有中、高级职称的专业技术人员，鼓励现有汽车租赁企业按照自愿原则通过重组等方式扩大经营规模。租赁车辆应符合下列要求：车辆技术状况等级为一级；行驶和运营的牌证齐全有效；按国家规定办理保险；符合本市规定的机动车污染物排放标准；属于客运车辆的，应当安装防盗设备。实际上，北京市多数小汽车租赁企业并不能满足该管理办法所提的条件。这从一定程度暴露出小汽车租赁企业的经营状况和实力方面的问题。

目前国内的租赁小汽车退役后，大都通过二手车市场拍卖给用户，也有部分小汽车在租赁期满后，被承租人按照核算残值直接买下。有关规定指出，租赁小汽车使用年限为 8 年，但是在国内小汽车租赁业中，租赁小汽车的更新期一般不足 5 年。另外，由于租赁方式不同，租赁小汽车的具体使用年限有较大的差异，有的租赁小汽车在租期年满后，被承租人按照核算小汽车的残值买下，在这种情况下，小汽车的实际租赁使用期限为租车期限；也有的租赁小汽车经营若干年后被新车型淘汰，小汽车租赁公司提前将其送入二手车市场拍卖给用户。

5. 公路货车租赁

由于世界上经济发达国家普遍使用汽车列车，国外挂车租赁企业数量较多，且经营历史长，以下是北美几家挂车租赁企业的大体情况。

（1）American Trailer Exchange, Inc. 位于亚特兰大（美国佐治亚州首府）20 号州际公路边，是一家专门从事挂车和二手挂车保管、买卖、租赁的企业。Great Western Leasing & Sales, Inc. 自 1971 年开始在美国犹他州盐湖城开展挂车的销售和租赁业务。1997 年更名为现在的名称，主要从事卡车和挂车的销售和租赁服务。Semi-Trailer Sales & Leasing, Inc. 经营了近 40 年，是美国北达科他州某一型号挂车独家租赁企业。Trailers – Online, Inc. 是一家有 50 多年历史的家族式企业，提供二手半挂车的买卖服务。

（2）XTRA Lease 是北美最大的挂车租赁企业之一，成立于 1992 年，由两个区域性挂车租赁企业（AJF Leasing and Strick Lease）合并而成。拥有遍布美国和加拿大的 80 多个场站，总部位于美国密苏里州。企业有 600 余员工，拥有一支由 10 万辆挂车组成的车队，包括厢式挂车、底盘车、平板车、仓储用挂车和恒温车。提供的服务产品包括挂车跟踪和定位服务、全天候道路应急服务、提供企业解决方案、挂车的集散服务、基于租赁与被租赁的融资服务、挂车上牌和登记服务。值得指出的是，该企业是行业内首个能够提供 24 小时公路应急服务的企业，使用企业自主开发操作的公路监测系统（没有外包），能够监控所有在路上行驶的厢式挂车，并提供在线租赁服务（在线查询挂车信息、在线填写租赁申请等）。

(3) Newrent, Inc. 是一家经营了40余年的家族式企业，服务于新泽西、宾夕法尼亚、纽约等州的运输企业。提供各种类型挂车的租赁服务，并出售若干种品牌的挂车。拥有车辆保养修理点，以保证供租赁的车辆处于最好的状态。提供的服务产品包括运输用挂车的长/短期租赁、仓储用挂车和集装箱的长/短期租赁、挂车保养维修、挂车的集散。长期购置或者允许挂靠挂车或者车队。

(4) Ryder System, Inc. 是一家有近80年历史的国际性物流运输企业，提供的服务包括车辆管理解决方案（向客户提供卡车、牵引车、挂车的租赁、维护服务）、供应链解决方案（从原材料到产品的全程物流供应链服务）、个性化合同运输服务。其客户遍布北美、拉丁美洲、欧洲和亚洲，年收入近50亿美元。其租赁业务最早出现于1938年。

(5) Sennett Semi-Trailer, Inc. 有40多年的经营历史，从事新挂车和二手挂车的销售、检修、租赁、融资服务。拥有数百辆新挂车和二手挂车，能够提供遍布加拿大全国的运输服务。最主要的业务是二手半挂车的销售，擅长于二手半挂车的整修和专用化定制。

由上述国外半挂车租赁/销售企业的基本情况，可得到以下几点经验性结论：

(1) 从其发展看，最早成立的企业有近80年的历史，多数企业有40~50年的历史，即出现于20世纪六七十年代，距20世纪40年代甩挂运输形式的大量采用晚20~30年。

(2) 从事半挂车买卖和租赁的企业在设置场站时，场站一般位于主要交通线路附近，场站多用于停放挂车，场站内的布局较为简单（多数面积为挂车停车场），场站的占地面积视需求而定。

(3) 该种类型企业主要定位于半挂车的租赁，也可提供诸如半挂车买卖、维护、融资、上牌、运行过程监控等服务。

(4) 该种类型企业一般借助电子商务网站实现与客户的信息交互，通过网站，客户可方便地获得半挂车的保有信息、该种类型企业的需求信息等。

(5) 该种类型企业往往要形成一定的规模。拥有大量半挂车和遍布较大区域的该种类型企业，可方便地面向大区域客户提供运输服务。

(6) 该种类型企业可提供挂车租赁服务，企业的竞争优势体现在：①能够向客户提供短期的挂车使用服务。当运输企业或工商企业处于运输需求高峰，或开发了新的运输客户，或自身运力出现短缺时，可向挂车租赁企业短期租赁挂车；②客户可使用其自身保有的挂车作为抵押甚至直接出售，向挂车租赁企业寻求融资；③当客户要对用于车辆的新技术（如车辆跟踪技术）进行试验测试以决定是否购置该新技术时，可借助挂车租赁企业的车辆进行新技术的试验。

(7) 该种类型企业经营的半挂车类型多样，且企业一般应掌握一些核心的技术，如挂车维修保养技术、挂车改装技术、车辆运行过程监控技术。

5.2.2 甩挂运输装备租赁概述

1. 甩挂运输装备租赁的一般定位

甩挂运输装备租赁可视为现代租赁业务中的一种类型。现代租赁业务有其产生和发展的必然性：第二次世界大战后，由于美国经济须尽快实现军备工业向民品工业的转变，再加上科技进步与设备陈旧落后的矛盾突出，资金供求矛盾很大，很多企业需要中长期投资资金，旧的信贷方式又无法满足这种新的需求。此外，美国当时是世界上信用最发达的国家之一，发达的信用使企业家清楚地认识到，占有财产所有权并不是获得利润的唯一条件，从某种意义上讲，使用财产比占有财产更能获取利润，而租赁就是通过使用财产而获取利润的优化方式之一。种种因素促使企业家对分期付款信用方式进行演化，从而产生了现代租赁业务。

根据国内外实践经验，适合从事租赁活动的领域很多。从企业的经营特点和设备特点看，服务运营商和其经营所需设备是租赁业最适合发展的领域。如：具有网络和线路特许特点的民航、水路运输、铁路运输、城市交通及道路运输所需的各种交通运输工具和设施；具有机构性质特许的金融、保险、证券等行业所需的设备和设施；具有区域垄断性质的供水、供电、供气等行业所需的设备和设施；具有相当经营规模的超市、连锁等现代流通企业所需的设备和设施。

甩挂运输装备租赁属于一种服务形式，信用在这种服务形式中发挥着关键的作用。在甩挂运输装备租赁的框架下，甩挂运输生产活动所涉及的包括甩挂运输车辆在内的各种运输装备，其所有权和使用权在信用的保障下实现了分离。即在相关各方约定的租赁期内，作为租赁物的甩挂运输装备的使用权归承租人，承租人通过科学合理地运用这些装备实现其货运生产活动。甩挂运输装备租赁信用与银行信用都存在所有权与使用权的分离，但是银行信用中的所有权与使用权的分离仅限于货币形态，甩挂运输装备租赁信用中的所有权与使用权的分离不仅停留在货币资金形态，而是拓展到了实物资本。

甩挂运输装备租赁能够同时实现融资和融物，而这里的融资和融物互为手段和目的的关系。从出租方的角度来看，通过各种融资方式获得大量资金，并据此购进若干甩挂运输装备，供各种货运企业使用，通过收取租金等形式获得赢利是其经营目标。从承租方的角度来看，通过租赁的方式获得更好的甩挂运输装备，并据此开展货运生产活动以获取市场份额和运输收入，通过稳定的发展获得外界的资金、运力支持是其采用租赁方式的目的。通过租赁甩挂运输装备，承租方可有效拓宽其融资渠道。传统的融资渠道很难满足现阶段货运企业发展的需要，尤其是对于中小货运企业而言，由于规模小、信用水平得不到广泛认可，很难得到政府和银行的贷款，而且也很难通过发行股票或债权的方式融资，采用租赁的方式对这些货运企业的可持续发展将起

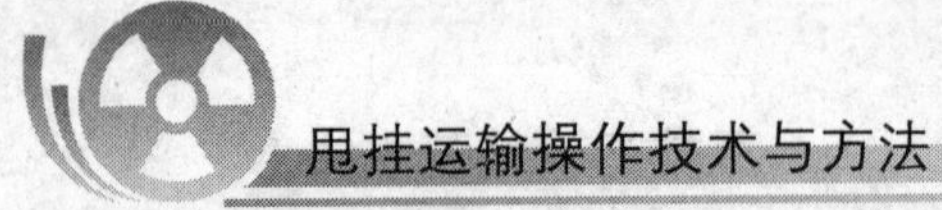

到关键的作用。

甩挂运输装备租赁可体现为多种方式，从租赁期限上看，可分为短期租赁和长期租赁。短期租赁有助于承租方根据业务发展情况灵活调控运力配置，以达到成本投入和运输收入之间的合理平衡，但短期租赁并不见得有利于甩挂运输装备租赁活动各参与方长期的利益平衡。长期租赁有助于实现甩挂运输装备租赁活动各参与方长期的利益平衡，出租方旨在为承租方提供融资服务，所以在甩挂运输装备类型和数量的选取方面往往要充分尊重承租方的专业化意见，承租方可根据其业务发展状况、运输资源掌控状况等因素，提前接洽交通运输设备制造商并确定其所需的甩挂运输装备。长期租赁合同应具备一定程度上的不可解除性，合同双方有义务遵守，任何一方不得随意撤销，这是由甩挂运输装备的专用性、租赁的长期性决定的，为的是寻求双方利益的均衡状态。承租方不能因为货运业务量的减少萎缩而在租期未到期前提前终止合同、归还装备。租赁期满，甩挂运输装备可由承租方按照合同的规定留购、续租或者退还给出租方（出租方可使该装备进入二手交易市场）。

从运作模式看，甩挂运输装备租赁可体现为融资租赁、经营租赁和售后回租等。融资租赁就是针对货运和物流企业有意使用的既定类型、数量、品牌的甩挂运输装备，由租赁公司购置这些装备，再将其租赁给货运和物流企业。在租赁期内，租赁公司拥有所有权，货运和物流企业拥有甩挂运输装备的使用权，对于甩挂运输车辆的保险、维护、回收报废等的承担可由双方协商确定。经营租赁是指货运和物流企业为了满足短期的运力需要，向租赁公司临时租入甩挂运输装备，期满后可选择续租或退回的一种做法。在租赁期内，货运和物流企业拥有甩挂运输装备的使用权，应主动承担部分车辆保险与日常维护等。售后回租是指货运和物流企业向租赁公司出售甩挂运输装备的产权，获得一笔资金，同时又继续租赁该甩挂运输装备。在租赁期间，租赁公司拥有产权，货运和物流企业拥有使用权，应主动承担部分车辆保险与日常维护等。

此外，甩挂运输装备租赁经营主体的成本支出包括装备折旧费用、企业管理费用、维修保养费用、管理人员工资及福利费、驾驶员工资及福利费、车辆保险费、市场交易费用、不可控成本等。

2. 甩挂运输装备租赁的基本条件

作为一种商业运作模式，甩挂运输装备租赁应依附于特定的经济实体或者行业投资项目。在现阶段我国交通运输业发展背景下，甩挂运输业务本身就是一种行业投资项目，发展甩挂运输被视为我国交通运输行业应对气候变化、节能减排、提升道路货运业产业水平的战略选择。在这种发展需求下，投资甩挂运输的发展可以实现资本的增值。此外，甩挂运输的发展要依托微观层次的货运企业来承载，货运企业等经济实体自然成为运作甩挂运输这一行业投资项目的载体，但这个载体尚不具备资本运作能力，所以甩挂运输装备租赁活动的实现还需要另外类型的企业形态。

如果将甩挂运输装备租赁看做一种融资模式，则这种融资模式应具备明确的赢利前景，以便吸引各种资本的引入。赢利是资本的天然属性，资金流向赢利能力强的产业和项目是经济发展的必然抉择。所以投融资模式必须拥有一个或若干个具有远期或近期赢利前景的建设项目作驱动，而且预期项目回报率必须不低于传统的投资方式。虽然目前存在各种发展障碍和问题，但我国甩挂运输有良好的发展前景，这个特性使其具有良好的赢利前景。另外，投融资模式必须以低风险运作机制作保障。收益与风险是成比例的，投资者在选择投资项目时，总会在收益和风险之间作出权衡，在收益相当时，投资者会选择风险较小的投资项目；在风险相当时，投资者会选择收益较大的投资项目。甩挂运输装备租赁应由经验相对丰富的市场主体进行运作，以降低风险。

一般而言，我国甩挂运输装备租赁模式应以融资租赁公司为运作主体，涉及多个参与方（包括融资租赁公司、银行、潜在投资人、运输装备制造商、货物运输企业等），能够以良好的赢利前景吸引大量投资资金聚集，在低风险机制保障下，投资于甩挂运输装备的一种资本运作策略，这种运作的最终目的是资本增值，而能够带来的行业效应就是有力支持货运行业的装备升级改造、提高货运行业发展质量。

3. 甩挂运输装备租赁的参与方及其收益

租赁的参与方不外乎两大类：出租方和承租方。从国际经验看，出租方的类型可以分成以下几种：金融机构类，就是由金融机构成立独资或控股的租赁公司，其目的是为其所拥有的资金寻求能满足用户需求的资金投入方式。这类租赁公司的资金力量雄厚、融资成本低、有金融机构为依托，客户群体多；厂商类，主要是由厂家或商家为投资背景成立的租赁公司，投资目的是促销和从事产品的租赁经营服务。这类租赁公司的优势是为客户提供灵活的租赁方式和优质的租赁物维修保养服务；战略投资机构类，主要是政府、保险公司、券商、投资银行等投资机构，投资目的是寻求新的投资组合和投资方式，其优势是有长期资金来源；经纪机构类，这类租赁公司与厂家、中介机构和客户都有广泛的联系，擅长进行市场调查、制订计划书、进行项目评估和设计各种融资方案，往往以出租人的身份在出资人、出卖人、承租人之间牵线搭桥促成租赁交易。不同类型的租赁公司在不同国家的市场地位有所差异，如美国的制造商和银行系统经营的租赁公司在租赁市场中占有重要地位，而日本的综合性租赁专业公司在租赁市场中的地位更为重要。

甩挂运输装备租赁的参与方主要包括为以下几类：

(1) 融资租赁公司。既有的各种融资租赁公司自然成为甩挂运输装备租赁模式运作的主要市场主体，这样可以发挥融资租赁公司相对丰富的融资租赁管理经验，充分利用融资租赁中的各种创新模式，使用其灵活的运作方式和广泛的接口。在我国，这些融资租赁公司包括由中央银行批准成立的金融租赁公司（如中国租赁有限公司、新世纪金融租赁有限责任公司）、由原外经贸部批准的外商投资租赁公司（如中国外贸金融租赁公司、远东国际租赁有限公司）、专门从事交通运输的专业租赁公司（如铁路领域的中铁租赁有限公司、中铁建筑设备租赁公司等）。

（2）承租方。甩挂运输装备租赁模式的承租方是各种货运和物流企业，其中以道路货物运输企业为主，他们是资产使用人。现阶段道路货运企业要发展甩挂运输，面临着购置新型车辆装备的压力，甩挂运输车辆装备的初期投资数额较大，而其中的半挂车使用时间又较传统载货汽车长，甩挂运输车辆装备能在投入使用后的较长经营期内产生相对稳定可观的收益。一旦道路货运企业的甩挂运输业务得以规模化开展，他们必然占有各种资源优势，甚至可能在某些局部范围内占有垄断优势，优质资产的数量会获得扩展，有利于企业信用度的提高。承租方可能用其在甩挂运输经营期内产生的稳定收益作担保获取银行贷款。

（3）银行和潜在投资方。作为金融机构，银行主要提供融资功能。在有承租方（如道路货运企业）经营收益作担保的情况下，银行可向潜在投资方放贷，以起到资金传导和中介作用，激发潜在投资方参与甩挂运输装备租赁活动。潜在投资方是指有投资甩挂运输意愿，了解甩挂运输投资风险、投资收益和运作方式，有投资能力的市场主体，在条件适宜的情况下会投资于甩挂运输。这些投资方可以包括各级人民政府、能源生产企业、大宗原材料生产企业以及其他一些期望投资的企业。以目前我国的铁路运输行业为例，已有投资方成功进入的范例，如在我国大秦铁路线的建设中，中煤集团、大唐国际、大同煤矿集团、秦皇岛港务集团、华能集团等进行了入股投资；在广深铁路的建设中有中国机械工业集团公司、宝钢集团公司、中国海洋石油总公司、申能股份有限公司等进行了入股投资。这些投资方有建设投资铁路、增强运输能力的需求，且投资铁路建设也是它们资本输出的良好渠道，可从

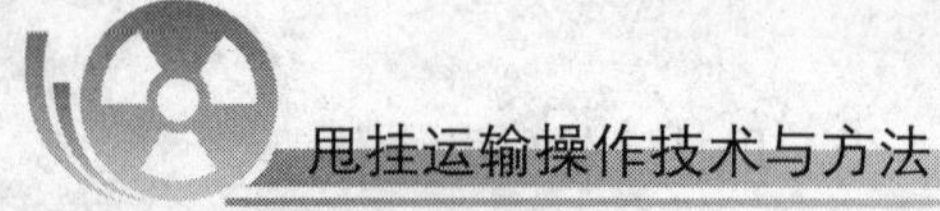

中获取收益。

(4) 甩挂运输装备制造企业。主要是承租方所使用的各种甩挂运输装备的生产制造商，也包括甩挂运输车辆改装商。这些生产制造企业数量较多且具备相当的生产能力，所生产的甩挂运输车辆产品种类多，相互间替代性明显。但在需求方因投资实力因素影响导致的购买能力受限的情况下，甩挂运输装备制造企业并不见得能够实现满负荷生产，而在车辆销售环节也面临较大的市场竞争压力，甩挂运输装备制造企业愿意通过灵活的方式扩大其销售量。对于制造商而言，租赁可作为一种营销方式，通过与租赁企业建立稳定合作关系，制造商可加速设备的流通销售，并可以带动专业服务、培训、配件等相关业务。所以，有关生产制造企业应通过各种方式积极介入甩挂运输装备租赁领域。在国际租赁市场中，厂商类出租人是非常重要的组成部分。鉴于我国监管体制的特殊性，有条件的大型制造企业集团可向中央银行申请成立集团财务公司、以取得融资租赁经营资格，也可利用金融租赁公司增资扩股的时机介入融资租赁业；由于介入金融机构或直接成立财务公司的要求较高，对于一些无法满足条件的企业，也可以采取提供售后服务、购回担保的方式与融资租赁公司合作。

各个参与方是在期望收益的驱动下参与甩挂运输装备租赁活动的。从一般的角度，承租方能够获得的收益主要表现在：首先，在甩挂运输装备被运用前的选取和购置环节，承租方可以与出租方、制造商一起洽谈并掌握各种装备的技术水平和更新状况，承租方有灵活选择和使用甩挂运输装备的余地，这有利于降低承租方在装备技术更新、装备无形损耗加剧的风险；其次，承租方无须一次性支付巨额的装备购置资金，而是随着其货运业务经营过程按期支付租金，这可大大降低承租方在甩挂运输装备上的资金投入，为承租方将有限的资金投向市场开发和客户维护方面提供了条件。如果承租方能够把盈余资金投向收益率更高的其他业务活动或项目，则可提高其资金的使用率和收益率。对于资金短缺的货运或物流企业而言，只要按期支付租金，就可引进先进的甩挂运输车辆装备。每年支付租金的数额一般只相当于购买车辆价款的一到两成。这样，货运或物流企业虽缺少自有资金，但仍能通过这种筹资方式来扩大运力规模或进行车辆技术改造和更新。相比于一般的借款，除了可免去借款协议中许多特有的限制性条款外，租金的支付可以根据货运或物流企业的特殊要求设定。最后，甩挂运输装备较传统的货运车辆的技术含量（如轻量化技术）、价格都要高，而国产车辆较进口车辆的技术含量和性价比也有明显的差异，若承租方能够借助租赁过程获得并运用技术先进的甩挂运输装备，则可加快承租方的装备升级进程，有利于货运行业的产业结构调整和效率提升，也有利于承租方优化调整货运服务水平和货运服务成本的平衡点。如果甩挂运输装备是由国外进口，则由出租方购买可以避免承租方由于利率、汇率变动引发的各种金融风险。如：假定某中小货运企业要购置3台牵引车和9台半挂车以建成一个生产单元（这里的生产单元可以是保障一个区域性业务网络的正常运行所需的最少运力配置），若依靠本身积累资金，按照其赢利情况，每年只够价款的50%，这样要等2年才能凑满购置这个生产单元的资金。如果采取租赁的方式，它每年积累的50%的资金就可以作为租用3台牵引车和9台半挂车的租金。这样，2年中可建成2个生产单元。比较后就可明显地看到，租赁方式可以赢得时间，而时间效应因素给企业带来的经济效益在一定时期内可以达到积累购买方式的数倍。

出租方能够获得的收益主要表现在：首先，出租方能够在甩挂运输战略发展过程中将其资金投向甩挂运输装备，这本身已隐含了出租方看好甩挂运输发展前景的前提。而实际上，随着我国交通运输行业节能减排和应对气候变化压力的增加，我国道路货运行业效率提升和产业结构升级的需求日益迫切，甩挂运输被视为破解现阶段交通运输行业发展矛盾的有效手段之一，且国内外甩挂运输发展差距过于明显，我国发展甩挂运输已是一种必然；其次，出租方依托其强大的融资能力拥有大量专业化甩挂运输装备的所有权，而这些装备的使用权被转交给了承租方，这有利于出租方将其投资风险进行分散控制。虽然甩挂运输装备也属资金密集型产品，但较之于飞机、铁路机车车辆、船舶等，道路货运用甩挂运输车辆的投资额度要小得多。这使出租方在既定的投资强度下可拥有更多的甩挂运输车辆，有利于出租方实现规模化经营（如批量化进行甩挂运输车辆的购置、年检、购买保险等）；再次，在甩挂运输装备租赁过程中，若承租方有意参与承租方的经营，则可为各种货运和物流企业提供与车辆装备相关的各种增值服务，获取额外的收入，同时也可实时了解和监控承租方的运营过程，保障租金的按时收取；最后，甩挂运输装备租赁活动主要着眼于动产，这本身已将融资和租赁业务进行了扩展创新，扩大了租赁活动的发展空间。当租赁业务结束，出租方收回的甩挂运输装备可直接流通到二手交易市场，也可返回交通运输设备制造商进行改进升级，还可再次出租，保障了出租方拥有灵活的退出机制。

如果甩挂运输装备制造企业能够真正参与到甩挂运输装备租赁过程中，则其可获得的收益表现在：首先，对于甩挂运输装备制造企业而言，租赁活动是一种整车促销的途径，在装备制造和改装企业数量众多、技术水平参差不齐、整车销售市场竞争激烈的情况下，甩挂运输装备租赁业务有利于扩大装备制造企业所生产产品的销售范围和认知度；其次，在甩挂运输装备租赁企业的参与下，装备制造企业可以提高其整车产品的销售率和回款率。由于整车销售风险的一部分为甩挂运输装备租赁企业承担，装备制造企业承担的销售风险比直接面对客户进行分期付款销售要低。从实践经验看，为设备制造商服务是现代租赁业务发展的初始动力，也是现代租赁业务最具发展潜力的领域；最后，如果装备制造企业直接控股或设立租赁公司，在扩大其市场营销渠道的同时，还可以提供服务租赁，即除了出租整车外，还可以配备各种服务人员，这不仅增加了租赁服务的收入，还有利于租金的收回。

4. 甩挂运输装备租赁的产业效应

对于我国货运和物流行业发展而言，甩挂运输装备租赁可产生若干良性效应，主要表现在：

第一，甩挂运输装备租赁可推动货运和物流行业的运力资源整合与共享。

从国际经验看，发达国家公路运输业一般经历了一个从零散逐渐走向整合的过程，许多发达国家自20世纪80年代放松运输管制以来，个体运力迅速发展，随着竞争的加剧和用户对运输质量要求的提高，零散运力不断被淘汰和整合，行业集中度不断提高。自20世纪80年代我国放松道路运输管制以来，个体和私营运输企业营运货车拥有量及其在全社会营运货车总数中的比例迅速增加，道路货运经营业户总数达数百万，但平均每个经营业户拥有的车辆数很低。这样一来，大量的零散运力造成道路货运市场相对无序和效益低下，因为零散运力不利于道路运输组织化程度和专业化水平的提高，运输服务形式单一，附加值低；市场经营主体过多、过散，导致市场竞争无序，无法通过有效的竞争机制形成道路运输规模化经营；零散运力提供者受经济利益的趋动，存在欺行霸市、垄断货源等现象，交通事故和商务事故频发，在损害货主利益的同时也导致整个行业信用水平下降。

要改变当前我国道路货运市场的状况，既要加强运输市场管理和相关法规建设、调整运输产业政策、加强对零散运力的管理和管制，更要鼓励和引导企业通过资源整合手段进行规模化和集约化运营。整合道路货运零散的挂车运力有多种方式，一般包括收购、入股、分包与合作等。收购，就是把个体车主的挂车按照评估的现值购入运输企业，作为企业资产；入股，就是个体车主以其挂车或其他资产对企业参股入股；分包，就是企业与车主（兼司机）签订中长期的运输业务分包合同；合作，就是企业与车主（兼司机）签订业务合作协议。从整合的力度和预期效果看，收购和入股的可行性更好一些，而这两种形式都与融资有关联。

实际上，甩挂运输装备租赁可以为收购和入股提供风险更低、预期效益更好的运作途径。在甩挂运输装备租赁业务的开展过程中，通过各种科学的调度组织办法，可明显提高甩挂运输车辆的使用效率，并缓解各类企业在资金使用和运力扩张之间的矛盾，有利于从行业层次上控制货运车辆数量的急速增加态势，间接缓解部分繁忙交通线路上的交通流量压力，在很大程度上提高了整个社会的车辆利用率，节能减排的社会效应明显。所以，甩挂运输装备租赁应作为交通运输体系，特别是城际货物运输体系的重要组成部分。

第二，甩挂运输装备租赁可带动关联产业的发展而获得良好的市场效应。

从国内外租赁业的发展历程看，甩挂运输装备租赁是交通运输设备制造产业链中的重要环节。租赁业与交通运输设备制造业是休戚与共的，以甩挂运输车辆为例，其生产制造过程仅是汽车列车被运用并创造价值的前提环节，在汽车列车运用过程中还要发生各种各样的活动，如汽车营销服务、汽车信贷服务、汽车租赁服务、汽车维修养护、汽车保险服务等。从产业链整体看，租赁业作为汽车产业的一个环节，具有不容忽视的作用。甩挂运输车辆租赁的上游是制造商，其下游是二手车交易市场或其他市场主体，甩挂运输车辆所有权、使用权的转移和货币资本的循环流动形成了一个闭环。租赁经营者以货币资本向制造商购买汽车，获得车辆所有权和使用权，出租其使用权并获取租金，营运期结束后，出售车辆给二手车市场或其他市场主体，转让其所有权和使用权，获取车辆残值收益。由于租赁活动的存在，各方都可以获得利益。对于汽车制造商而言，租赁活动是其扩展销售途径的重要手段，租赁活动可以缓解市场需求与购买力不足之间的矛盾，将潜在消费需求转化为现实的购置消费。对于二手车交易市场或其他市场主体而言，可以获得更多的车辆选择机会。对于租赁经营者而言，除了可以获取正常的经营收益以外，还可能获得汽车制造商的实物资本或货币资本的投入，分散市场经营风险。此外，甩挂运输装备租赁可为交通运输业和保险业之间搭建更好的信任平台，有利于交通运输意外事件的妥善处置和保险业的稳定发展。

第三，甩挂运输装备租赁可加快货运车辆的更新进程。

长期以来，我国道路货运车辆技术状况不佳，车型庞杂，运力结构不合理，车辆标准化程度低，特别是一些车辆非法改装现象严重，大大加剧了道路货运业发展的滞后。相比铁路、水运、航空等其他货运方式，道路货运的技术水平滞后，而道路货运的市场化形势也为货运车辆的升级改造造成了行业管理方面的极大不便。对于各类货运企业而言，通过甩挂运输装备租赁的方式实现车辆的更新，可避免企业经营的一些风险。首先，各类货运企业不必为新车辆的添置和旧车辆的提前或准时退出背上沉重的债务包袱。在现行财务制度下，贷款买车将增加企业资产，但同时要增加企业的长期负债，企业的高负债将降低企业自身的价值，不利于企业的经营和发展。而采用租赁方式使货运企业只用较少的资金投入即可获得需要较多的资金才能购买的甩挂运输车辆，企业没有贷款的财务压力，减少了资金的沉淀和固化风险，有利于带动整个资金周转的加快，从而为其增加利润创造了条件。其次，由于多数货运企业的财务状况并不十分乐观，向银行的购车贷款随时可派作他用。例如，用于补充流动资金或用于市场开发、客户维护等。而甩挂运输装备租赁是融资和融物的结合，它是以实物形态提供的信用，可控性强，不像货款信用那样易于扩张，因此可以保证专款专用，使购置车辆的资金得到充分的保障。可见，对于急需资金添置更新运力而财务状况堪忧的多数货运企业而言，上述两点具有很大的吸引力，它既可改善货运企业的投资结构，又有利于资金的有效利用，无疑是货运企业车辆更新升级的有效途径。

5. 甩挂运输装备租赁的发展动因

(1) 甩挂运输装备租赁能够在产业联系中寻求合理定位。

笼统而言，甩挂运输装备租赁还算不上一个独立的产业，其集金融、贸易、租赁和交通运输辅助服务于一体，能够在越来越细化的专业化分工过程中获得生存和发展的原始动力。但是，成熟发展的甩挂运输装备租赁可以与多个相关产业之间产生投入产出联系甚至协同发展效应，创造更多价值。

甩挂运输除了可以作为道路货物运输组织的一种形式，还可以以其技术、经济优势与铁路运输、水运配合实现多式联运，所以，甩挂运输装备租赁与汽车制造业、船舶制造业、铁路车辆制造业、金融业、道路运输业、铁路运输业、水路运输业等有着非常密切的联系（见图5-4）。

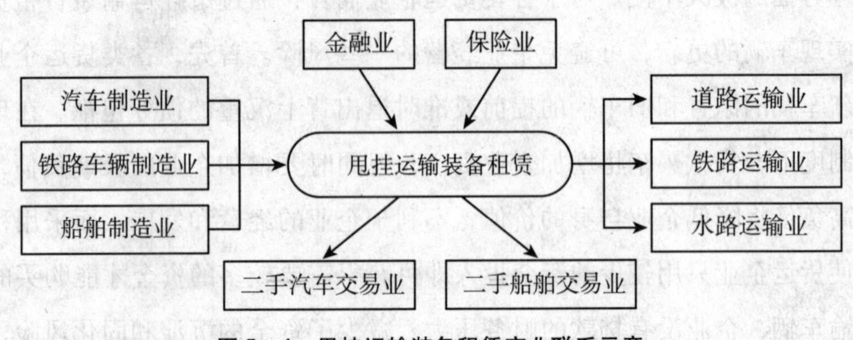

图5-4 甩挂运输装备租赁产业联系示意

在国民经济投入产出部门分类中，汽车制造业、船舶制造业、铁路车辆制造业等都属于交通运输设备制造业。交通运输设备制造业为交通运输业的发展提供了装备支撑，交通运输业的发展质量会受到交通运输设备制造水平的影响和制约。甩挂运输装备租赁主要是面向各种货物运输生产活动提供装备支持，所以，甩挂运输装备租赁服务主体所能够掌握的各种设备（特别是甩挂运输车辆）的规模、类型结构等，在很大程度上受到交通运输设备制造业的影响。从投融资联系方面看，交通运输设备制造企业可通过各种方式投资于甩挂运输装备租赁，以通过对甩挂运输装备租赁市场的介入，寻求新的途径提升其品牌认知度、提高市场占有率。

包括道路运输业在内的交通运输业为甩挂运输装备租赁提供了发展空间。从生产的角度看，甩挂运输装备租赁是交通运输业提供货运服务产品前的一个环节，即使没有这个环节，交通运输业还是能够以各种方式实现货运生产活动，但甩挂运输装备租赁环节的增加能够为交通运输业的货运生产过程提供更好的发展空间，特别是在保障车辆技术水平、增加运力、扩大融资等方面。所以，甩挂运输装备租赁是交通运输业的一种“投入”，而交通运输业的发展状态、发展需求是甩挂运输装备租赁得以生存和发展的基本条件。

甩挂运输装备租赁的核心能力之一就是在强大的融资能力支持下保有大量的甩挂运输装备，并且能够保证这些装备的及时更新和健康的工作状态，而金融业能够为甩挂运输装备租赁提供有力的资金保障。保险业可以有效地降低甩挂运输装备租赁因为骗租、欠租、违约等商务风险和各种交通运输事故风险导致的潜在损失，保障甩挂运输装备租赁活动的正常运营。

为了向交通运输业提供状态良好的运输装备，甩挂运输装备租赁活动所用各种租赁装备到了一定的使用年限后，或者直接销售给承租者，或者通过二手交易市场（如二手汽车交易市场、二手船舶交易市场）向各类用户销售。二手交易市场是保证甩挂运输装备租赁所用的各种运输装备流通顺畅的关键环节，发达的二手交易市场为租赁业的旧装备提供了良好的出路。

（2）甩挂运输装备租赁能够解决货运企业资金短缺困境。

当货运和物流行业处于粗放式的发展状态时（如目前我国的物流行业），多数货运企业在高成本、低收益状态下运行，土地、燃油等各项生产要素普遍短缺，成本持续攀升。更为关键的是，包括道路货运在内的物流成本的变动不能与物流服务价格实现联动，导致企业的赢利压力大、应对盈亏平衡点发生变动的能力弱。资金短缺成为制约企业进一步发展的关键因素之一。

道路货运和物流业在我国具有良好的发展前景，对货运车辆有着大量的和持续的需求，货运企业是甩挂运输装备租赁的主要服务对象，同时也是国内外交通运输设备制造商最大的用户市场。但由于各种原因，货运企业的融资渠道单一，车辆更新的后续资金存在不同程度的缺口，随着时间的推移，

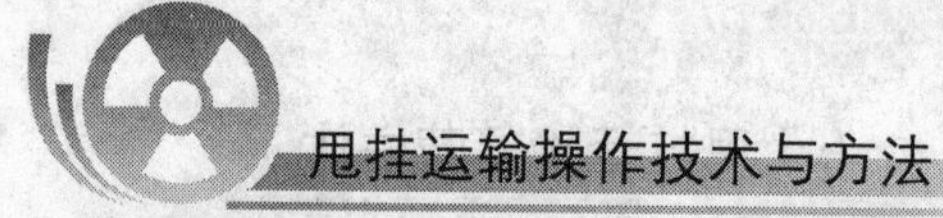

这种更新需求和资金缺口的矛盾日益显现；另外，我国货运车辆制造商在现有条件下生产能力相对充足甚至过剩，所以应寻求一种途径，利用金融服务有效嫁接货运车辆生产供给与货运业务有效需求。

实际上，资金短缺不只是货运企业面临的困境，租赁服务能够在民航业中迅速发展，主要的驱动因素就是飞机融资租赁能够解决作为承租人的航空公司面临的购机资金短缺的困境。航空运输业是高技术、高投入、资金密集型行业，对资金的需要巨大。飞机是航空公司最主要的生产设备，但其价格高昂，所以飞机价值在航空公司固定资产中的比重很高。各个航空公司对资金的需要大部分来自于机队的扩充和更新。20 世纪 50 年代中期以来，世界航空运输业发展迅速，总体上保持了良好的发展态势，这就使整个空运行业对飞机的需求量不断增加。与高技术、高投入的一面不同，航空运输业作为国民经济的基础性产业，其行业利润率很低，这种特点决定了航空公司不能仅仅依靠自有资金购买飞机，必须通过外部融资来解决其购机资金。各航空公司不论其经营业绩多么优良，都普遍存在不同程度的购机资金短缺的困境，而作为机队融资手段——飞机融资租赁正好能够满足航空公司的融资需求，解决航空公司购机资金不足的困境。此外，新的航空公司的大量涌现，对飞机的需求迅速增加。随着新航空公司的大量出现，空运业的竞争日益加剧。航空公司为应对激烈的市场竞争，必须努力降低运营成本，这就必须获得新的、油耗更低的飞机，但大多数航空公司缺乏足够的财力购买这些飞机，租赁便成为这些航空公司的战略选择。

目前我国货运企业普遍存在规模偏小、数量偏多的问题，面对竞争激烈的货运市场环境和企业自身相对薄弱的赢利能力、相对难以有效控制的成本支出，货运企业普遍采用粗放式发展方式，在这样的发展过程中，大量的中小企业在融资能力方面的欠缺是导致其资源配置和调控能力薄弱的重要制约因素，所以流动资金、融资成为一种关键的竞争手段。即使各个货运企业已经意识到融资能力问题，但其在竞争失序的货运市场上疲于应付，不得不将有限的资金集中于客户的维护方面，企业自身运力更新的资金需求便被置于一边，由此导致整个货运行业的车辆技术状况不佳，引发单位生产的燃油消耗量大、事故频发等一系列问题。甩挂运输装备租赁能够解决货运企业资金短缺困境，是现阶段甩挂运输装备租赁在我国能够生存和发展的基本条件。

借助甩挂运输装备租赁，货运企业可有效解决因购置新车而出现的资金短缺问题。采用租赁形式，货运企业可以在投入较少资金的情况下，获得货运车辆的使用权。拥有使用权就能达到货运企业正常运营的目的，因为货运利润的取得不在于拥有车辆所有权，而在于拥有使用权。货运车辆投入运营后，货运企业可以从日常运营收入中分期支付租金，既解决了因购置车辆出现的资金短缺问题，又使货运企业早更新、早使用、早受益，货运企业不必为车辆更新背上沉重的债务包袱。

5.2.3 甩挂运输装备租赁的运作方法

1. 甩挂运输装备租赁的运作模式

参考交通运输领域租赁活动既有的实践经验，甩挂运输装备租赁的运作模式可以有多种类型，以下列举几种，实践过程中可灵活运用。

(1) 融资租赁模式。甩挂运输装备出租方（如租赁公司）按照货运企业指定或者有意愿采用的车型、数量和品牌等要求购进甩挂运输装备，并与货运企业签订融资租赁合同，在货运企业租用一定的期限后，将甩挂运输装备的产权转让给货运企业。在签订租赁合同的同时，货运企业应交付一定比例（如20%～30%）的保证金和手续费（如10%以内），其余的租赁费用定期（如按月、按季度）支付。整个租赁过程发生的租金总量一般要等于或超过甩挂运输装备的初始购置价格。在租赁期内，租赁公司拥有所有权，货运企业拥有甩挂运输装备的使用权，对于甩挂运输车辆的保险、维护、回收报废等的承担可由双方协商确定。租赁期满以后，货运企业以名义价格取得甩挂运输装备的所有权，整个租赁过程结束。在实践中，甩挂运输装备出租方应具备融资租赁的资质，若不能具备该资质，也可参照融资租赁模式运作“租售结合型”销售方式，将租赁业务和销售业务有机结合，并注意防范出租方的法律风险。

（2）经营租赁模式。货运企业通过支付租金从出租方租入需要的甩挂运输装备，但区别于融资租赁，经营租赁的租期较短、交易结构简单，租期结束后货运企业一般不可购买该装备，是一种可撤销的、不完全支付的短期的融资方式。在租赁期内，货运企业拥有甩挂运输装备的使用权，应主动承担部分车辆保险与日常维护等。

在经营租赁模式下，传统的出租方一般倾向于将一些老旧装备投入到租赁市场。随着货运市场竞争加剧，再加上出租方融资实力的增强，经营租赁市场也可以有新购置的各种装备。与融资租赁相比，经营租赁交易结构简单，通常只限于货运企业和出租方之间的交易；经济租赁的租赁期一般较短，主要用于支持货运企业的短期经营行为；甩挂运输装备通常由出租方成批量地由生产制造企业购买，所以这些装备的通用性较强；由于是一种短期行为，出租方的经营租赁活动频繁，每次租赁业务具备不完全支付性，出租方应权衡短期行为与长期效益之间的关系；对于货运企业而言，通过经营租赁模式可及时扩充其运力，且基本不影响资产负债率。

（3）售后回租模式。甩挂运输装备出租方（租赁公司）与货运企业以双方协议价格购买货运企业既有车辆，再以长期租赁方式回租给货运企业，并提供必要的增值服务。在租赁期间，租赁公司拥有产权，货运企业拥有使用权，应主动承担部分车辆保险与日常维护等。这样一来，一方面，货运企业的车辆管理负担大大减轻，固定资产比例被有效降低，并可获得部分流动资金来源；另一方面，租赁公司可通过较低的经营风险扩张其装备数量规模，并可获得稳定的租赁业务。

值得注意的是，我国在汽车租赁业务实践过程中出现了两种发展模式，一是汽车制造商和银行、融资租赁公司共同建立风险共担、优势互补的平台，融资租赁公司依托汽车制造商的专业背景为承租人提供售后服务和收回租赁汽车的处置服务，汽车制造商借助融资租赁公司销售汽车产品，银行在控制风险前提下提供融资服务；二是汽车制造商和其所属的汽车销售公司、汽车租赁公司、财务公司构筑紧密型汽车融资租赁模式，这种模式可以涵盖汽车消费全过程。如：国内某重型汽车制造商所属的财务公司在汽车融资租赁业务方面的一般做法是：用户与该财务公司商谈确定所选汽车车型，按照汽车制造商统一确定的整车产品价格与用户签订租赁合同，销售公司负责租赁汽车产品的售后服务，财务公司冲减销售公司在财务公司的贷款以支付车款。在签订租赁合同的同时，客户预交20%以上车款的保证金和一定比例的手续费，并按月交付租金以冲抵其余车款。租赁期满后，用户可以以较低的名义价格取得汽车所有权，从而完成全部租赁过程。

2. 甩挂运输装备租赁的一般流程

从运作模式看，甩挂运输装备租赁的基本类型包括融资租赁、经营租赁和售后回租等。比较来看，融资租赁的流程相对复杂。以下是构建甩挂运输装备融资租赁的一种运作流程。

第一，以某融资租赁公司为主导，由货运企业、银行、潜在投资人、甩挂运输装备制造商就融资租赁模式相关事宜协商，就各自出资金额、资金运作方式、收益分成、资产管理及各自权利义务关系达成共识。

第二，货运企业与潜在投资人签订协议，货运企业以未来一定时期内的经营收益作担保，申请金融机构（如银行）向潜在投资人贷款。必须明确的是，潜在投资人收到贷款后，要加上一定规模的自有资金，加入该融资过程，委托融资租赁公司以融资租赁方式投资于甩挂运输装备。

第三，潜在投资人与金融机构签订贷款协议，金融机构向潜在投资人提供贷款，货运企业以其经营收益为上述贷款作担保。

第四，潜在投资人收到贷款后，加入其备好的自有资金，与融资租赁公司签订委托租赁协议，将这些资金投入到甩挂运输装备租赁融资模式，同时，装备制造商与融资租赁公司签订委托租赁协议，以实物委托租赁的方式投入到甩挂运输装备租赁融资模式。此时，潜在利益是潜在投资人进入该种租赁模式的驱动力，潜在投资人的预期收益率应不小于贷款利率。

第五，融资租赁公司接受潜在投资人委托租赁的要求，引入外部资金并加入自有资金，货运企业也可投入一定量的资金，融资租赁公司协调、组织融资租赁事宜，并与装备制造商签订购买协议。融资租赁公司可采用向装备制造商分期付款方式进行。

第六，融资租赁公司与货运企业签订租赁协议，将装备出租给货运企业，装备制造商向货运企业发出设备，货运企业即可开始使用新的甩挂运输装备。融资租赁公司充当了融资租赁模式的运作人、出租人、管理者和协调人等多重角色。

第七，融资租赁公司向货运企业收取租金，并按照其与潜在投资人、供应商达成的合作协议进行收益分配。

3. 甩挂运输装备租赁的保障措施

甩挂运输在我国尚处于试点发展阶段，而甩挂运输装备可能涉及牵引车、半挂车、汽车列车、滚装船、铁路车辆、装卸机械等多种装备，甩挂运输装备租赁业务的开展可能面临多种挑战。如：①甩挂运输装备租赁业务的起步问题。在我国，货运和物流市场、租赁市场的欠成熟发展明显制约着甩挂运输装备租赁的起步发展。在国内外其他相关行业，租赁甚至已成为很普通的发展模式，出租率相对稳定和均衡，而我国货运市场上频繁的周期性业务波动使得货运运力的变动滞后于市场需求的变化，承租方希望获得外界灵活、可靠、低价格的运力租赁支持，出租方则被定位为运力“蓄水池”的角色，租赁价格高则租赁业务量受限，租赁价格低则收益受限，承租、出租两方的收益分配在总体上失衡。可见，冷热不均的阶段性运力租赁需求和收益分配谈判难度极可能导致甩挂运输装备租赁经营主体不敢大量购置和持有各种甩挂运输车辆。这必然限制我国甩挂运输装备租赁的起步发展。②甩挂运输装备租赁业务的发展问题。如前所述，甩挂运输装备租赁可定位在一个联系相对稳定的产业网络上，甩挂运输装备租赁的发展必然与有关产业的发展形成相辅相成的状态。在国外的实践中，汽车租赁业是一座桥，一头连着新车市场，一头连着二手车市场。租赁公司和汽车制造商之间签订回购合同，租赁公司购得新车，使用若干年后再退回给制造商，制造商把回购来的车投放到二手车市场上销售。制造商通过与租赁公司的联手来保持其市场占有率，租赁公司也始终将状态较好较新的车辆租赁给客户。我国甩挂运输装备租赁业务要获得良性发展，必然需要装备制造商、二手交易市场等对于甩挂运输装备租赁业务的认知、认可。这需要既有的制造商、交易商等市场主体能够在甩挂运输装备租赁的发展过程中给以协调配合和共赢发展的策略措施，也需要时间。

为保障我国甩挂运输装备租赁业务的顺利起步和稳定开展，以下提出若干针对性的策略和措施。

第一，融入我国甩挂运输试点过程中正在进行的甩挂运输场站的网络化构筑进程，将甩挂运输装备租赁业务瞄准网络化、规模化运作，实现快速起步，并在甩挂运输试点过程中起到一定的推动作用。

从国外的实践经验看，运输租赁业务呈现出租赁网络不断扩大、网络优势充分发挥的态势。网络具有显著的外部性，单一区域经营与由数片区域形成的网络化经营之间收益差别巨大，建立大规模的租赁网络是国外租赁企业发展的一般战略。以国外各大小汽车租赁公司的发展为例，扩大租赁网络是其发展的一个共同特点。小汽车租赁业中经营规模最大的小汽车租赁公司之一的某企业，在全球100多个国家或地区设有数千多个租赁网点，营运车辆数十万辆，业务范围遍及全球的机场、商业区、居民区和度假胜地等。实现甩挂运输装备租赁业务的网络化运作，可以大大提升租赁服务响应速度，从而获得良好的市场份额，更为关键的是，网络化的运作可带动租赁业务的规模化发展，从而极大地增强了甩挂运输装备租赁业务在甩挂运输发展过程中的地位和作用。甩挂运输装备租赁业务的网络化发展离不开其所依托的各种站点的网络化空间布局和构建，而在甩挂运输场站体系中，多数场站拥有服务内容齐全的停车功能区。可考虑将甩挂运输装备租赁业务开展和甩挂运输场站体系构筑过程有机地结合起来，实现二者的协同发展。

第二，甩挂运输装备租赁企业应积极地与其他各种企业开展战略合作，并结成为战略伙伴。

开展甩挂运输装备租赁业务的市场主体离不开其他各类参与方的积极参与：在制造商的积极参与下，运输装备制造商提供的服务可保障租赁公司的各种运力实现技术水平上的快速更新。追溯国外汽车租赁业的发展历史，实质上就是一部与汽车制造业密切合作的历史。汽车租赁业不仅与汽车制造业紧密合作，而且与金融业、保险业、其他运输业等跨行业的合作更加紧密。在市场经济体制中，市场的需求指导着各行业的运作途径，汽车租赁业和金融、保险、民航机场等行业的广泛协作，其动力就是来源于市场的需求。

第三，积极防范信用风险。

信用风险就是租赁当事方各自所承担的由于对方不能全部或部分履约所造成损失的风险。随着经济社会的发展，信用受到前所未有的重视，尤其在装备租赁和信用贷款等大额融资领域更是如此。信用评估、资信调查等在正式交易前被相关企业广泛考虑和采用。信用级别的高低在很大程度上决定着交易额的多少和交易成功与否。货运和物流市场的波动，出租方和承租方谈判力量的消长，都会直接或间接导致违约现象的发生。出租方的信用风险主要体现在出租方的违约行为对承租方所造成的后果。出租方资金不足或者其对运力的调度组织不良，可造成承租方不能及时获得运力的扩充而失去市场机会，从而蒙受客户开发和经营收入等方面的损失。所以，在甩挂运输装备租赁合同中应明确出租方的违约责任。相对而言，承租方的违约风险可能更多一些。如：承租方由于经济状况不景气、经营管理不善、对市场需求和业务开发规划的定位发生较大偏差等，当其出现利润下滑甚至亏损时，可以导致其资金周转失灵，强大的资金压力可以导致承租方最终选择违约，要求提前撤销租赁合同或不付租金等。为在最大程度上减少风险损失，出租方除明确租赁合同中的违约赔偿条款外，还可采取其他措施来规避风险，如：进行资信调查及项目评估，这项工作要在租赁合同签订前充分开展，并应将其贯穿于整个租赁过程的始终。

5.2.4 道路甩挂运输车辆租赁公司

开展道路甩挂运输涉及的车辆装备往往属于资金密集型产品，资金实力一般的中小货物运输企业往往难以具备大量购置和维护保养的能力。但是，一旦甩挂运输得以开展，其能够产生的规模经济效益往往是很可观的。既然道路运输体系的组成部分之一——线路基础设施部分可由独立的市场主体进行建设、经营和管理，那么可否考虑将道路运输体系的另一组成部分——运输工具也由独立的市场主体进行购置和管理？从交通运输行业领域的典型的、成功的租赁现象可见，设计一种旨在提供道路甩挂运输车辆租赁服务的企业类型是可行的。

1. 道路甩挂运输车辆租赁公司的多重角色

虽然属于现代租赁服务业态中的一种市场主体类型，但是道路甩挂运输车辆租赁公司除了具备现代租赁企业的基本特征外，还应具备道路货物运输

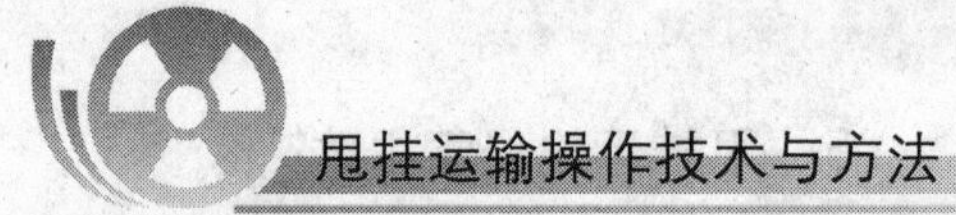

的专业化特征，这使道路甩挂运输车辆租赁公司集多种角色于一身。

从租赁业务联系的层面看，道路甩挂运输车辆租赁公司的立足点在于：在当前交通运输行业应对气候变化和节能减排的历史背景中，甩挂运输被作为战略发展选择，甩挂运输具备中长时期内的良好发展前景；但是，现阶段我国货运和物流企业的可持续发展能力大大制约了其车辆装备的升级更新，道路甩挂运输车辆租赁公司能够通过现代租赁服务的形式有效支持并加快我国道路货运业的装备升级步伐。为使道路甩挂运输车辆租赁公司获得稳定而健康的起步发展状态，有关部门和市场主体要加大甩挂运输战略发展的宣传力度，积极联系战略投资者、引进潜在投资资金，并与具备轻量化制造技术等先进绿色制造技术的汽车列车制造商联系洽谈形成战略联盟。当各种基本条件具备后，道路甩挂运输车辆租赁公司就以市场主体和运营实体的身份承载起中间人、媒介的身份，将各种潜在投资资金与货运和物流企业的资金需求连接起来，将甩挂运输车辆制造企业的生产和整车供应能力与货运和物流企业的车辆更新升级需求连接起来，通过提供增值服务，获得可观的道路甩挂运输车辆租赁利润。

从货物运输业务开展的层面看，道路甩挂运输车辆租赁公司介于传统的各种中小型道路运输企业和道路基础设施建设与养护企业之间（见图5－5）。传统的各种中小型道路运输企业往往与道路货运市场的需求方（客户群）保持稳定、密切的供需关系，掌握大量的货源、直接与运输需求方接触是这些企业的关键优势；但由于自身实力（包括购置新的运力和整合既有的运力方面）不足，传统的各种中小型道路运输企业在运力扩张方面存在障碍，而道路甩挂运输车辆租赁公司正好可以为其提供合理的运力资源。传统的各种中小型道路运输企业在使用高速公路以及其他收费公路时，往往处于被动地位，必须按规定缴纳各种通行费；道路甩挂运输车辆租赁公司的出现，除了能够有力推动被确定为节能减排有效手段之一的甩挂运输的发展，从而产生良好的社会效益和经济效益之外，还可使在高速公路以及其他收费公路上通行的交通流呈现出有组织、有一定规律的特征。这些交通流往往带有规模性，由此产生了道路甩挂运输车辆租赁公司相对于道路基础设施建设与养护企业的一种议价能力。可见，道路甩挂运输车辆租赁公司的出现很有可能促进道路货运成本的降低，从而扩展道路货运服务的利润空间。

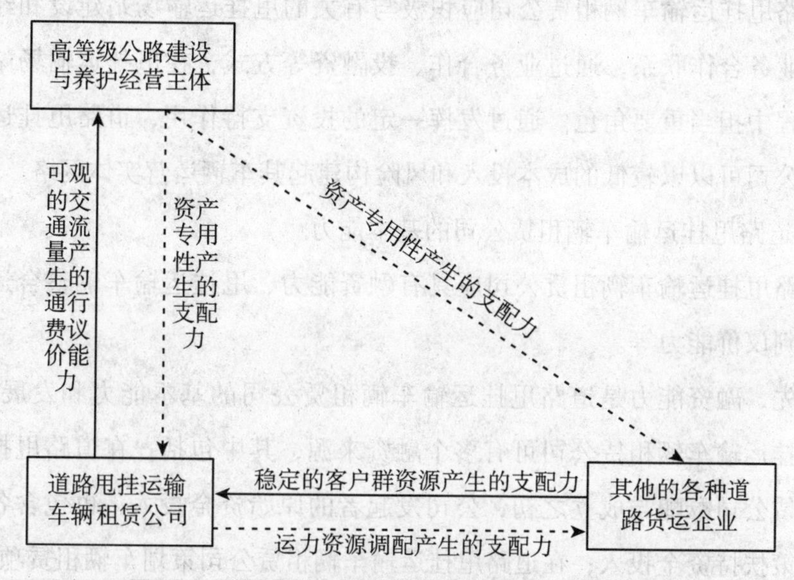

图5－5　道路甩挂运输车辆租赁公司的市场地位示意

注：实线表示占主导地位的力量，虚线表示占次要地位的力量。

从企业运作的层面看，网络化应是道路甩挂运输车辆租赁公司的核心竞争力和关键优势之一。由于道路货物运输的“门到门”特点，道路甩挂运输车辆租赁公司的车辆租赁需求可遍布若干经济区域，实现甩挂运输车辆租赁的网络化经营，可大大提升道路甩挂运输车辆租赁公司的租赁服务响应速度，从而获得良好的市场份额和稳定的客户群，此外，网络化经营可带动租赁业务的规模化发展，从而极大地增强道路甩挂运输车辆租赁公司租赁业务在甩挂运输发展过程中的地位和作用。道路甩挂运输车辆租赁公司租赁业务的网络化发展离不开其所依托的各种站点的网络化空间布局，特别是车辆停靠待租功能区的科学分布。相对而言，这种站点的规划建设和运营管理的成本投入较高，道路甩挂运输车辆租赁公司往往并不适合从事站点的建设和经营。在现阶段我国甩挂运输试点过程中，甩挂运输场站的网络化构筑工作正在开展，道路甩挂运输车辆租赁公司应积极与有关的甩挂运输场站建设和经营企业建立业务合作联系，通过业务合作、投融资等方式，在甩挂运输场站体系构筑过程中担当重要角色。通过发挥一定的投资支持作用，道路甩挂运输车辆租赁公司可以以较低的成本投入和风险构建起其车辆运营实体网络。

2. 道路甩挂运输车辆租赁公司的基本能力

道路甩挂运输车辆租赁公司应具有融资能力、甩挂运输车辆整合运用能力、谈判议价能力等。

首先，融资能力是道路甩挂运输车辆租赁公司的基本能力和发展前提。道路甩挂运输车辆租赁公司可有多个融资来源，其中包括：在道路甩挂运输车辆租赁公司酝酿与成立之初，公司发起者的原始资金投入，也包含各级政府的政策扶持资金投入；在道路甩挂运输车辆租赁公司策划车辆租赁项目时，吸引交通运输设备制造商、潜在投资者等获得的资金投入；在道路甩挂运输车辆租赁公司经营过程中，联合承租方的运营实力等获得的金融机构的贷款；具备一定实力的道路甩挂运输车辆租赁公司也可通过发行证券、商业债券等获得投资资金；等等。除了要具备获取来自各方的各种投资的能力外，道路甩挂运输车辆租赁公司还应具备资金管控能力和抗金融与贸易风险能力。资金管控能力可保障道路甩挂运输车辆租赁公司能够在科学筛选甩挂运输车辆租赁项目的前提下，全程跟踪租赁过程并及时获得回笼资金，以确保其资金周转和运用效率；抗风险能力可在平衡各种投融资活动基础上，保障道路甩挂运输车辆租赁公司的经营绩效。

其次，甩挂运输车辆整合运用能力是道路甩挂运输车辆租赁公司所具备的专业化、用于增强其赢利能力的基本手段。道路甩挂运输车辆租赁公司可采用的租赁方式多样，如融资租赁、经营租赁、售后回租等，而现阶段我国道路甩挂运输车辆租赁公司的经营应兼顾既有的道路货运行业的发展状况（特别是该行业市场集中度低，规模小、经营分散的企业占多数），并不见得要通过租赁的模式冲击道路货运行业市场主体，可以采取合作的方式，在道路货运市场运力的整合过程中发挥积极作用。一方面，道路甩挂运输车辆租赁公司可依托其强大的融资能力和持有并投放的大量新型甩挂运输车辆，促进道路货运市场车辆技术状况的升级改造；另一方面，道路甩挂运输车辆租赁公司可依托其强大的融资能力，积极寻求与既有道路货运企业之间开展甩挂运输车辆的售后回租，为道路货运企业的资金周转提供便利，也获得了与道路货运企业之间的深度合作。道路甩挂运输车辆租赁公司的运力可以通过新购置、允许社会车辆挂靠等方式进行扩充，无论采用哪种扩充方式，最根本的一点是道路甩挂运输车辆租赁公司应具备强有力的运力调控能力，一方面保证向各种道路货运企业提供可靠的运力服务，另一方面保障自身的尽可能低的运营成本。除了能够整合道路货运市场的运力，道路甩挂运输车辆租赁公司还应尽可能地具备对于甩挂运输车辆的简单的调度组织指挥能力，这样就可从专业化货运运力服务的角度为承租方提供一些增值服务，从而获取除了基本租赁服务收入之外的额外收益。从社会效益的角度看，具备车辆调度组织指挥能力的道路甩挂运输车辆租赁公司可为社会车辆的高效率周转使用、节能减排作出一定贡献。

最后，谈判议价能力是道路甩挂运输车辆租赁公司得以扩张发展和可持续发展的关键手段。道路甩挂运输车辆租赁公司拥有大规模甩挂运输车辆的所有权，一般应拥有牵引车及其基地、挂车及其基地，可以拥有货场堆场、站台、仓库及办公房屋等，主要开展甩挂运输车辆租赁业务，也可适当开展道路货运服务。道路货运市场上的大量的中小运输企业可根据其业务情况灵活租赁牵引车、挂车。道路甩挂运输车辆租赁公司可负责所购置的牵引车、挂车的管理、运用和维修，通过提供一系列租赁增值服务获取更多的利润。由于甩挂运输车辆主要用于规模化、干线货物运输业务，相对于道路基础设施（特别是高速公路等高等级线路）建设与养护企业，道路甩挂运输车辆租赁公司拥有的车辆所形成的交通流可呈现出组织化的特征，并且这种交通流可呈现出规模性，由此使道路甩挂运输车辆租赁公司获得了针对道路基础设施建设与养护企业的一种议价能力。另外，道路货运行业与保险行业关系极为密切，道路货运业的进步与发展不仅需要保险业的支持，而且也会促进保险业的发展。但是，目前我国牵引车和挂车的交强险费率并不合理，明显增加了道路货运企业的成本，成为发展甩挂运输的主要障碍之一。若道路甩挂运输车辆租赁公司能够依据其拥有大量甩挂运输车辆的特点谈判争取保险方面的优惠支持，并非不具可行性。

3. 道路甩挂运输车辆租赁公司的赢利能力

道路甩挂运输车辆租赁公司的收入与成本发生主体间的关系见图 5 - 6。道路甩挂运输车辆租赁公司的收入来源主要是为其他各种道路货运企业提供载运工具租赁业务而获得的各种作业费用清算，如果道路甩挂运输车辆租赁公司能够依托其运力资源开展一些货运服务，则直接的货运收入也可成为其收入的一部分。道路甩挂运输车辆租赁公司的成本主要体现为以下方面：首先是道路甩挂运输装备的购置投入、折旧、日常维修维护等费用，也就是为货物运输服务以及货车车厢和牵引车的购置、运用维修而发生的各种耗费；其次是道路甩挂运输装备所需场站的运营管理、资产折旧等费用；再次是甩挂运输车辆的通行费等变动费用（该部分费用应与运力租赁者即货运企业协商确定分担的比例）；再次是牵引车动力费用（该部分费用应视情况与运力租赁者即货运企业协商分别承担）；最后是其他各种可能的费用，如租赁某道路运输企业既有场站的租赁费等。

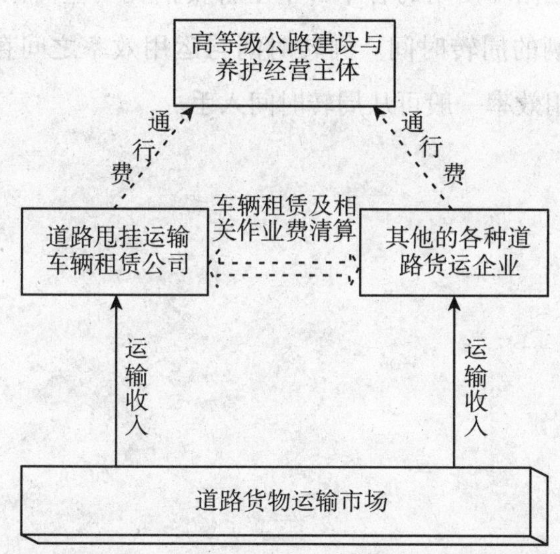

图 5－6　道路甩挂运输车辆租赁公司的收入与成本

道路甩挂运输车辆租赁公司的主力车型应符合我国经济社会发展和运输技术进步的整体趋向。随着我国工业化进程，我国经济总量和经济发展水平显著提升，由此带来大规模的货物集散需求，在大规模需求的驱动下，专注于专业化长途厢式货运的道路货运企业开始大量涌现，一直以来散户形式的运输组织形式开始受到冲击。运输服务形式的改善可以提高道路货运车辆的使用效率，有利于加快货运车辆的专用化进程。近年来，越来越多的专用货车被投放到道路货运市场，厢式货车、罐式货车、冷藏车等逐渐成为在我国道路上运行的主要车型。

道路甩挂运输车辆租赁公司应具备的核心能力之一是对于货运车辆的调度管理，这其中如何加速货运车辆的周转、提高货运车辆运用效率是关键。一般地，货运车辆在循环使用过程中，要经过一些主要环节，如：在始发站上的装车作业，载重运行过程，载重车辆在甩挂运输作业场站上进行的各种

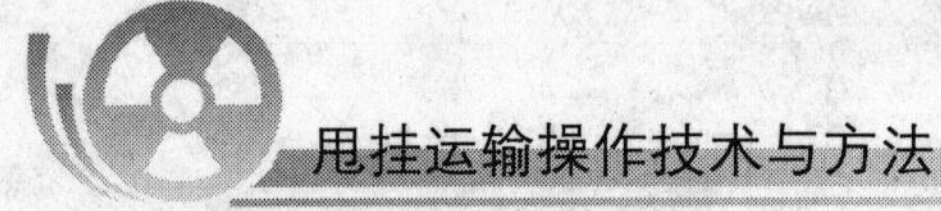

中转作业，在终到站上的卸车作业，由于货物流向不均衡导致的空驶运行过程等。货运车辆在循环使用的各个环节上都要消耗一些时间，这些时间的总和构成了货运车辆的周转时间。周转时间与运用效率之间存在密切的联系，提高货运车辆运用效率一般可从周转时间入手。

6 典型企业甩挂运输试点工作进展与对策

本章导读

本章旨在梳理若干甩挂运输试点企业实践经验和面临的挑战，提出加快甩挂运输试点工作的对策。

随着我国甩挂运输试点工作的开展，有关企业积极作为，从组织管理制度保障、甩挂运输业务模式设计、货源组织管理、运能资源配备等方面开展有益的探索。但不容忽视的是，甩挂运输试点过程仍面临一系列亟待解决的问题。鉴于山东省采取措施鼓励甩挂运输发展的经验，本章简要给出具备示范意义的可用于深入推进甩挂运输试点工作的对策措施。

本章适合的阅读对象为：道路运输和物流领域的高层决策者；科研工作者。

6.1 典型企业甩挂运输试点工作进展概况

“十一五”以来，特别是自 2007 年以来，交通部组织召开多次甩挂运输工作专题会议，研究并推动我国甩挂运输的发展。2010 年秋，根据《关于促进甩挂运输发展的通知》（交运发［2009］808 号），交通部启动开展甩挂运输试点工作，并制定了颇具操作性的“甩挂运输试点工作实施方案”。结合现阶段我国甩挂运输发展实际，交通部选定了浙江、江苏、上海、山东、广东、福建、天津、内蒙、河北、河南10省（区、市）以及中外运长航集团、中国邮政集团等作为首批试点省份（单位），每个省（区、市）可推荐1～3家试点单位作为市场载体。随着包括交通部在内的国家有关部委对甩挂运输试点工作的支持、鼓励和推动，交通运输行业开展甩挂运输的步伐明显加快。目前我国甩挂运输的试点省份都有实力较强的运输企业开展甩挂运输试点业务，甚至部分地级市有2家以上企业开展试点工作。这些企业既有传统的骨干道路货运企业，也有新兴的物流企业。其业务范围涵盖普通货运、集装箱货物运输、特种货物运输（如油罐车运输）、物流服务、货运代理、货运信息配载等。

甩挂运输试点工作启动以来，各甩挂运输试点企业不等不靠、积极开展工作寻求发展机遇，围绕场站基础设施改造、货运市场开拓、运力资源整合、甩挂运输平台搭建等核心问题开展了一系列的探索性实践活动，开辟甩挂运输线路，健全运输网络体系，初步摸索出了适合各自实际的甩挂运输组织管理模式，甩挂运输业务量获得了明显的增长，经济效益和社会效益明显。从行业层面看，甩挂运输不仅带动了大吨位道路货运车辆的发展，而且有利于实载率的提高，对降低单位运量的碳排放具有积极的作用。以山东省为例，自2008年开始组织渤海湾陆海联运滚装甩挂运输试点，采用基于甩挂运输车辆的滚装运输、实现牵引车和挂车的分离，可从根本上消除由载重车燃油引起事故的隐患、显著提高滚装运输的安全水平。同时，滚装运输比陆路运输节省了大量的运输时间和燃油消耗，运输服务时限和节能减排效果十分明显。

对于企业自身的投入产出而言，甩挂运输带来的经济效益是十分可观的，下面以某物流公司的实践为例具体说明。某物流公司组织实施甩挂运输试点，统一购置了大吨位挂车，从运行效果看，挂车的主要生产指标都比单车有明显的提升。据初步统计，通过两年多的实践，该公司累计节省购车资金2000余万元，甩挂运输车辆月完成货运量4万余吨，运行效率提高近30%以上，甩挂运输车辆单车每月毛利增加2万多元，单位周转量降低油耗约20%，月节约燃料3万余升，月减少碳排放80余吨。具体来说：

首先，货物送达的时效性显著提高。以该公司一条跨省的1000千米运距的专线为例，未实行甩挂运输前，该公司承诺的货物运到期限为24小时，开展甩挂运输后货物运到期限被缩短为16小时。实践表明，仅货物运到期限缩短这一优势就可为公司吸引更多的货运需求。目前在几条甩挂运输线路上，该公司都给货主限时送达的承诺，此举令该公司在同业竞争中处于优势地位。货物送达的时效性显著提高的主要因素之一就是一车多挂的甩挂运输车辆配置方式。

其次，实载率提高，运输成本降低。由于甩挂运输的基本工作模式可以提高每辆牵引车的有效工作时间，因此实行甩挂运输不仅可减少牵引车的购置成本，而且也尽可能地避免了车辆无效行驶活动的发生，这从一定程度上提高了道路货运车辆的实载率。采用单体卡车运输时，为了尽量提高车辆的运行效率、减少装卸等待时间，实载率最多在70%左右；采用甩挂运输方式后，车辆的实载率有了较大的提高，甚至能达到90%。据该公司测算，采用甩挂运输方式后，运输成本大约会降低20%，但运输成本的节约与特定线路的运输有密切的关系。

再次，车辆使用效率大幅提高，企业车辆费购置成本降低。据分析，采用单体卡车运输时，车辆在场站的装卸等待时间为2~6小时，而采用甩挂运输方式，车辆只是在站内进行简单的趟检、加油以及单证交接，时间一般在半小时内。根据该公司开展甩挂运输专线运输情况统计，牵引车运行效率会提高50%以上，这样有利于减少牵引车的购置和使用数量，使企业车辆购置成本明显降低。

最后，有助于降低货损货差和相关人员的劳动强度。采用甩挂运输方式的货物可由短途接驳配送车辆直接换装到干线运输挂车上，不必进入仓库中转倒装到干线运输车辆上，减少了一次装卸环节；同样，到达的货物也可以由挂车直接换装到配送车辆上，同样减少了一次装卸作业。据统计，与单体卡车运输方式相比，甩挂运输方式的货损、货差率可降低 40%，企业由此节约了大量的理赔金，并且装卸作业人员的工作强度也明显降低。

我们考察了多个省（区、市）的若干家较为典型的甩挂运输试点企业。在这些典型企业中，一半以上的企业为公路快速货运企业，有 20% 的企业为外贸运输企业，有 20% 的企业以多式联运业务为主。这些企业的注册资本从几百万元到几亿元不等；企业自有牵引车总数普遍在 10 辆以上，多的甚至达上千辆，甩挂运输企业的平均拖挂比接近 1∶2，有的企业达到 1∶3。开展甩挂运输试点的企业都有 1 个以上的场站在开展甩挂运输业务，部分企业的运输网络构建较为完备，在一定区域内形成了网络优势。这些典型的甩挂运输试点企业在组织管理制度建设、运输业务形式创新、货源组织、运力资源配备等方面取得了较好的实践经验。

6.1.1 组织管理制度

1. 企业组织管理制度的重要意义

货运企业组织管理制度就是货运企业在日常运营、企业发展战略实施过程中所形成的组织管理机制，是企业组织运行方式的原则性规定，包括对企业成员的责、权、利关系的合理界定。对于货运和物流企业而言，首先要保证各个物流和运输环节的有效衔接，确保企业日常运行的稳定高效，其次还要策划与选择企业的货运和物流发展中长期战略，并筹措与分配运能资源来实现这些战略。两者都需要合理的组织管理制度来予以保障。

合理的组织管理制度是货运和物流企业实现企业目标、提高企业竞争力、获得和提高其经济效益的重要保证。一方面，合理的组织管理制度可确保货运和物流企业发展战略的有效实施。战略是企业经营思想和价值取向的集中体现，同时又是制订企业规划和计划的基础。战略决定组织结构，组织结构服务于战略。企业依据战略确定相应的组织结构，并对企业的发展目标、人力资源安排、信息等组织要素进行有效排列组合，提高组织结构的整体效能。另一方面，货运和物流企业还可以针对不同的项目积极开展组织管理制度创新，建立合理的分工协作体系，增强协作程度与分工效率，提高企业生产率和经济效益。组织管理制度是企业全体员工为实现企业目标而进行分工协作所形成的结构体系，合理的组织管理制度可以把企业各种资源协调整合、各项工作统筹安排、各类人员合理布局，使员工个体的能力和企业整体的需要协调统一，发挥出由个体集合起来的最佳整体效应。同时，货运和物流企业通过组织管理制度创新，改变企业的人力、物力及其他资源配置和信息的传递方式，可实现企业内部资源的有效整合、提高企业资源配置效率。

2. 甩挂运输试点企业组织管理制度

多年来我国公路建设规模扩张快速、建设质量明显提高，为甩挂运输的发展提供了坚实可靠的基础设施基础；随着我国汽车制造行业的技术改进和产业升级，道路运输车辆装备日趋系列化、标准化、高档化，有力地消除了甩挂运输在车辆技术方面的障碍，为甩挂运输的发展提供了优良的装备支持。但是，由于多数道路货运企业疲于应付低层次竞争手段充斥的货运和物流市场，作为运输系统三大关键要素之一的道路货物运输组织管理模式的升级步伐缓慢，组织管理手段与高等级公路和优良的装备水平不相适应，货运企业的成本管控和组织模式越来越成为阻碍我国甩挂运输发展的“瓶颈”。

对于开展甩挂运输的试点货运企业而言，科学合理的组织管理制度应起到以下积极作用：

首先，为保证甩挂运输试点工作的顺利开展，有关企业应从组织管理制度上给予充分保障，这是整合企业组织结构和人力资源的必然选择。甩挂运输试点企业可设立甩挂运输指挥部，由企业最高层管理者亲自担任总指挥，以提高甩挂运输组织管理工作的档次。同时，下设市场营销部、车辆管理部、场站管理部、信息中心、客服中心等职能部门，这样既能有效保证企业对外与市场的充分对接，从而为甩挂运输提供良好的外部环境，又能保证企业内部各资源能够得到有效整合。职能部分的设置可采用直线式管控的实体组织，也可采用矩阵式管控的虚体组织。

其次，为保障甩挂运输试点工作的开展，应按照企划方案的要求，着力强化甩挂运输的货源保障、运力保障、场站保障和网络运营保障，通过精细化的组织管理制度，切实推进甩挂运输试点的开展：一是强化货源组织，在甩挂运输试点线路沿线，要配备专业化高层次的市场营销人员，着力加大市场宣传和开拓力度，以保障试点线路货源的规模和稳定性；二是强化技术保障团队建设，企业可以考虑陆续引进运输车辆调度管理、场站全景管理、物流信息管理等方面的专业技术人才，组建甩挂运输专业技术团队，为企业的甩挂运输业务发展进行科学筹划，同时强化对企业运营管理团队的专业培训，全面提升企业对甩挂运输的认识、理解和把握能力；三是强化运营管理，在甩挂运输的各个环节（组货、调度、场站等），选配专业的管理人员，保障各环节的顺畅衔接；四是强化资源整合，依托企业既有的业务网络优势、运力调控优势和场站优势，进一步提升和强化甩挂作业场站的资源集聚功能，依托信息化手段，实现场站、线路、车辆资源的整合，逐步推进企业从“一线两点”的相对简化的专线甩挂运输扩展延伸发展到跨区域的网络型甩挂运输组织模式。

3. 试点企业对甩挂运输组织管理制度的探索

（1）成立企业行政管理层面的甩挂运输领导小组。

为推进甩挂运输试点工作在企业经营层面的顺利进行，一些甩挂运输试点企业尝试通过建立行政管理层面的领导小组来领导甩挂运输的整体管理工作，从战略决策层次保证甩挂运输业务的有序开展。

以设置甩挂运输领导小组的某甩挂运输试点企业为例：该公司在正式启动甩挂运输业务之前就召开专门会议，研究决定成立以公司总经理为组长的甩挂运输领导小组，主管货运经营的副总经理任常务副组长，各职能部门负责人及公司内部各分或子公司负责人为甩挂运输领导小组成员；同时成立甩挂运输办公室，可挂靠在公司办公室或者某职能部门内。一般来说，甩挂运输业务的一些具体的指导工作由该领导小组责成一名副组长代表领导小组予以负责；甩挂运输领导小组办公室负责领导小组的日常事务处理，并承担研究公司关于甩挂运输项目的各类请示、报告、分析工作，对相关建设项目和计划等准备材料并报上级行政主管部门审批，办理下达甩挂运输计划任务书和资金安排计划；甩挂运输领导小组主要负责指导、监督、评估企业甩挂运输项目开展进程。

该公司自建立后，行政管理层面的甩挂运输领导小组先后组织开展了前期调研论证、实施工作方案制定、甩挂运输基础数据信息管理机制开发、配套运输基础设施改造、甩挂运输线路规划设计等一系列工作。从后续工作安排看，甩挂运输领导小组需在加大资金投入和行政支持、加快甩挂运输相关设施的建设改造、强化公司内部组织协调、加强信息化建设、实施高效率运输车辆管理等方面开展更深入和专业化的指导工作。从甩挂运输领导小组掌握的情况看，目前该企业甩挂运输项目推进取得一定的成效，2011 年上半年该公司甩挂运输实现运输收入近 200 万元，获得运输利润近 5 万元，而甩挂运输相关的组织管理工作并没有给公司增加额外的成本支出。这在一定程度上说明对于开展甩挂运输的货运和物流企业而言，成立企业行政管理层面的领导小组有助于甩挂运输项目的推进和实施效果的掌握。

（2）设置合理的激励机制。

激励机制可作为企业推进甩挂运输试点工作的一种有效的内在驱动力。在组织管理方式上，甩挂运输试点企业积极创新管理体制，建立完善的业绩考核与激励制度，业绩考核与激励机制主要包含以下两方面的内容。

首先，企业对甩挂运输职能部门的经营业绩进行考核。企业相关职能部门负责人根据以往的经营情况及企业下一阶段发展预期，拟定并认可相应的经营业绩考核办法，所采用的具体考核指标和基本要求如下：①效益指标。包括甩挂运输亏损一票否决制；净资产收益率，按比率增减分；运输收入，按完成率增减分；②效率指标。包括货车周转时间，按完成率增减分；货物发送量，按完成率增减分；运输劳动生产率，按完成率增减分；③安全指标。包括行车安全，均按指标扣分，对严重者一票否决；④质量指标。包括严重货损等商务事故，为扣分指标。

在经营过程中根据行业政策、经济社会环境和价格等的变化，在审核期末对期初预算进行调整，之后对甩挂运输部门经营业绩考核指标进行审核评定，并确认考核结果。考核结果为优秀、良好、合格的给予一定的奖励；考核结果不合格的予以警示，但不惩罚。

其次，对参与甩挂运输的职工建立相应的考核和激励机制。职工考核指标包括工作业绩、能力和态度，工资按考核结果发放。工资结构设置中以基本工资为主，奖金为辅。

由于奖金是收入分配的主要形式，为规范奖金的发放，企业应拟定专门的奖金管理办法和细则。奖项包括月度综合（生产）类奖励、安全类奖励、经营管理类奖励、考核评比类奖励等。奖励项目设置以甩挂运输职能部门的关键绩效指标为依据，同时要考虑企业各分或子公司的地区经营环境差异及不同奖励项目间的平衡，区分贡献大小而施以不同的奖励。

形成有层次的激励体制，有助于企业上级管理部门与员工之间相互约束和促进，有利于甩挂运输工作的顺利开展。以某公司为例，该公司在管理体制上，强化“甩挂运输以公司配货为核心，车为单元”的组织管理模式，推行公司扶持、单车核算、多劳多得、奖罚分明，在工作方式上，改变以往单纯以车辆出勤率的角度确定工作方式的思维模式，变为提高车辆出勤率、配货率、节能减排、安全运营等方面综合考虑确定工作模式。

(3) 项目推进部模式。

部分参与甩挂运输试点的货运或物流企业积极运用目标管理的办法，实行项目推进责任制，采用项目推进部模式。项目推进部模式有助于层层落实甩挂运输项目，相关职能部门负责人签订目标责任书，之后这些部门负责人将总目标分解到不同项目推进部，保证总体目标实现，提高组织效率。

以下以某设立甩挂运输项目推进部的企业集团为例，具体说明开展甩挂运输项目的运输企业可参考的运作模式。

为推进甩挂运输试点项目的开展，该公司成立了以集团分管副总为负责人的甩挂运输试点项目推进领导小组，明确了人员编制及其分工职责，领导小组下设甩挂运输试点项目推进办公室，负责甩挂运输试点项目的推动及监督落实工作。在具体工作中，公司依托现有优势资源，成立了 4 个甩挂运输项目推进部以具体推进项目进展：甲市—乙市甩挂运输项目推进部，丙市—丁市专线甩挂运输项目推进部，戊市—己市专线甩挂运输项目推进部、危险品甩挂运输项目推进部。

①甲市—乙市甩挂运输项目推进部是该企业甩挂运输试点工作的主要承载体，该企业与该甩挂运输路线端点之一的乙市的一家物流公司强强联合，发挥双方的资源优势，共同推进甩挂运输试点工作。目前，两家企业已经进行了多次合作座谈，对双方的合作方式、车辆投入、货源组织、干线运输、落地货配送、结算等具体事宜进行了广泛深入的沟通。为推进工作进展，根据座谈约定，双方首先分别开展了市场调研和分析工作，在掌握了市场行情

和货源的基础上，该甩挂运输线路起点的甲城市的日用品、服装鞋帽、文体用品、五金灯具等商品的进出，与线路终点乙市的大批发市场的集散货形成了很好的市场对接，双方日发送货物近千吨、30 多个车次。

②以零担货运专线为主的丙市—丁市甩挂运输项目推进部和戊市—己市甩挂运输项目推进部。依托公司既有的发展成熟的专线开展甩挂运输业务，货运量较为充足，实施难度大大降低。目前，丙市、丁市两个货物场站已经完成了升级改造，本项目部已经投入了 20 余辆牵引车和挂车（牵引车、挂车比例为 1∶2）开展甩挂运输试点。戊市至己市专线由于业务量发展迅速，公司在本线路上投入 30 余辆牵引车和挂车（牵引车、挂车比例为 1∶2.5）开展甩挂运输试点作业。

③危险品甩挂运输项目推进部。该项目推进部主要围绕某化工集团的甲醇等化工产品，购置相应的标准化罐车，减少产品两头装、卸、储存环节对车辆运行时间的占用。危险品甩挂运输项目虽然符合双方的经营要求，但是受单一产品影响（特别是化工产品不能混装，每一罐车的应用范围有限），企业总体效益偏低，目前，已经投入牵引车和危险品罐车 40 余辆（牵引车、挂车比例为 1∶2）。

（4）岗位责任管理与总结分析制度。

岗位责任管理制度，是指在定编、定员的前提下，根据精简、高效、统一的原则，对企业每个部门和每个岗位在管理过程中所应承担的工作内容、数量和质量以及完成工作的程序、标准、时限、应有的权利和应负的责任等进行明确规定的一种制度。

以建立了岗位责任管理与总结分析制度的某甩挂运输试点企业为例，该企业按照“以责定岗”原则，分别设立了车辆调度、安全管理、机务管理、货源组织、装卸理货、客户服务等岗位，并制定了详细的岗位职责和操作标准，明晰了甩挂运输业务操作的各环节管控职责，确保了甩挂运输项目运转

有法可依、有章可循。

此外，甩挂运输试点企业应切实加强甩挂运输试点总结分析工作，细化甩挂运输日常管控措施，搭建合理的总结分析制度，有助于循序渐进地推进甩挂运输试点进程。以开展甩挂运输试点的某货运公司为例，自 2010 年 8 月第一条甩挂运输线路开始运作至今，该公司确立了以月为单位的总结分析制度，对试点线路的货源情况（包括货运量和货源结构）、货物交接环节、装卸搬运工作量、货物运到期限、货损货差率等进行分析总结，对发现的问题及时制定相应的改进措施，丰富管控手段，确保了甩挂运输的效率和效益。

岗位责任管理与总结分析制度有助于及时发现甩挂运输实际运营中的困难和问题，有助于企业持续改进甩挂运输作业模式，从而完善企业内部流程。

6.1.2 甩挂运输业务形式

开展甩挂运输的根本目的是减少牵引车在装卸货环节的停歇时间，从而增加牵引车运行的时间效率，提高车辆运输生产率。因此，道路运输企业在进行甩挂运输生产组织时，必须立足于这一出发点，合理有效地设计甩挂运输方案。

开展甩挂运输时，从运力角度看，车辆行驶线路是保证甩挂运输车辆安全行驶的重要基础条件。由于汽车拖带挂车后，汽车列车的动力性、通过性、行驶稳定性、转向操纵性、机动灵活性等都不同于单体汽车，因此，甩挂运输车辆运行线路的路面要较为平坦、坡度不大、弯道平缓；从道路通行条件考虑，应当选择交通量较小、交通状况良好的线路，以保证汽车列车安全行驶、顺畅通过。从货源角度看，开展甩挂运输必须具有适宜的货源条件：①货源充足。只有在货源充足、运输量大的情况下，才有必要投入足够的运力，开展甩挂运输时要增加周转挂车的数量并提高牵引车的周转速度，相当于增加了运力的投入。只有货源充足，保证车辆有足够的运输量，才能充分发挥甩挂运输车辆的工作效率。②货物起运点和接收点相对固定。一方面，稳定的运输客户群可以保证货源的稳定，从而保证有针对性地、合理地配备挂车；另一方面，固定的装卸货地点便于挂车的存放、维护和调度；此外，相对固定的始发、终到地点有利于牵引车运行路线的确定，便于驾驶员对路况的熟悉与掌握，有利于提高车辆运行过程效率。

1. 按货物运输类型的分类

一般而言，货物运输的主要类型有整批货物运输、零担货物运输、快件货物运输、集装箱运输、特殊货物运输（如危险货物、超限货物等）和其他一些专用运输（如冷藏货物运输、鲜活农产品运输、商品汽车运输等）。在这些货物运输类型中，有的适宜采用甩挂运输，有的则不适宜。

（1）整批货物甩挂运输形式。

按照行业习惯，道路运输中的整批货物是指一次托运量在3吨以上，或虽然不足3吨但其性质决定需要一辆整车运输的货物。一般情况下，对于货源稳定、货运量较大、装卸货地点比较固定的“一线两点”之间的整批货物运输，适宜在装货点和卸货点两端都进行甩挂作业，即采用“一线两点、两端甩挂”的组织方式，在装货点和卸货点都配备周转挂车。以半挂牵引车拖带挂车在两点之间穿梭运行，可以采用“一牵一挂”的列车组合，也可以根据运输量和道路条件采用“一牵两挂（一辆半挂车加一辆全挂车）”的双挂列车组合形式，这是效率较高的甩挂运输组织形式。例如，在同一区域内，对一些大型生产企业和商贸企业与港口、火车站以及大型物流中心之间的同城货物运输，生产企业大型零部件配送中心向其生产线上进行的零部件配送等类型的运输活动，都可以采用这种甩挂运输组织方式。

对于货主一端装卸条件差、装卸速度慢，而港口或物流中心一端装卸速度快的情况，可只在货主一端甩挂，在港站不甩挂，即采用“一线两点、一端甩挂”的组织方式，以保证交通运输流的均衡。

（2）零担货物和快件货物甩挂运输形式。

零担货物运输和快件货物运输属于网络化运输形式，其运输组织化程度较高，运输场站等节点设施较齐全，从组织条件上比较适宜采用甩挂运输。我国大多数零担和快运企业都采用分级制网络结构，即按经济地理区位、货物吞吐量和节点重要度等因素将运输场站分为不同级别。对于大城市和重要枢纽位置的一级场站，货物吞吐量较大，场站与场站之间多有高等级干线公路连接。因此，在高等级零担站和快运货运站之间，如果货运量较大，可以采用甩挂运输方式。甩挂运输的组织形式，可根据运输线路的类型选择“一线多点、沿途甩挂”或“循环甩挂”等形式。即：如果场站与场站之间的运输线路为往复式多场站的线型结构，可以根据各个场站货运量的规模，配备一定数量的周转挂车，在沿途各个场站之间组织甩挂运输；如果场站与场站之间的运输线路为闭合循环式回路，则同样可在沿途各个场站之间组织甩挂作业，形成循环甩挂运输。目前我国的零担运输和快件运输企业大多数是自建营运网络，可以由企业根据各个场站之间货运量规模，配备一定数量的周转挂车，并统一组织对周转挂车的使用与管理。值得注意的是，需要在整个运输网络上统一安排往返方向牵引车的运行时间表，以保证各场站周转挂车的装卸作业与牵引车过往时间相协调。

零担班车拖带挂车的列车组合形式，根据道路状况可采用“一牵一挂”的半挂列车形式、“一主一挂”的全挂列车形式，也可以采用“一牵两挂”的双挂列车形式。在编挂汽车列车时，要注意遵循“近货后挂，远货先挂”的编挂原则。

对于零担和快件运输的支线运输，虽然其运输量较小，但如果沿途节点缺乏仓储等作业基础设施时，也可考虑以挂车实现运输停顿功能，同时组织线路上的甩挂运输。

（3）集装箱甩挂运输形式。

道路集装箱运输是最适宜采用甩挂运输的一种运输形式。早在1996年，我国原国家经贸委就会同原交通部等部门联合发出通知，鼓励开展集装箱甩挂运输。因为道路集装箱大多数是承接和转运海运集装箱，为港口和铁路车站进行集装箱集疏运服务，运输距离一般较短，而集装箱在货主一端的装货和卸货点大多需要进行就车装货或拆箱卸货，装卸作业时间较长，采用甩挂运输可以大大提高牵引车周转速度。另外，对集装箱的运输作业大多数是利用专用集装箱半挂车实现，开展甩挂运输不需占用牵引车装卸作业时间。此外，集装箱半挂车结构简单，购置费用较低。因此，开展集装箱甩挂运输具有显著的经济优势和现实意义。

集装箱甩挂运输可根据运输距离长短、道路交通状况以及集装箱装卸条件采取“两端甩挂”或“一端甩挂”的方式进行组织。集装箱甩挂运输的车辆组合结构，以半挂列车（即半挂牵引车拖带半挂车）为主，道路交通条件特别好的地区可以采用双挂列车（即半挂列车加全挂车）组合形式。

2. 按运距及运输组织方式的分类

(1) 中短途运输。

以某企业在某地级市范围内开展的甩挂运输业务为例：该甩挂运输试点企业实施了从某厂区到某物流园仓储区的30千米短倒，配备了8台牵引车，发车频率为20次/日；此外还进行了某物流园到该企业所在城市港口某功能区之间的集装箱甩挂运输，运距约为10千米，配备了13台牵引车，发车频率为30次/日。随着甩挂运输试点工作的推进，该试点企业不断拓展新业务，与两家大型粮油企业开展甩挂运输业务合作，主要应用集装箱运输袋装豆粕，每天运量为300余吨。由于这两家大型粮油企业提供的货源相对稳定，运距在400千米以内，该甩挂运输试点企业日均投入牵引车与挂车的比例为1∶3，每车运量为30吨；在回程货物运输方面，该企业所在港口的资源非常丰富，包括陶瓷、化工原料、水泥、钢材等货类，货源相对稳定。值得注意的是，甩挂运输线路上的往返货源组织除了有运量的要求外，还应考虑货物品类的选择。从实践看，装卸时间相对于运输时间的比例越高，就越能体现甩挂运输的某种优势。所以短途运输能达到经济效益的最大化。

（2）货运专线运输。

货运专线运输是现阶段我国货运和物流市场上最为普遍的一种运输组织形式，是指货运和物流企业选定两个货物交流地，配备货运车辆进行两地间的点到点直达式运输，企业可在两地中的某地设立本部，在另一地点设立分公司或揽货点，以方便货源组织和集配货作业。开通专线的出发点是以尽可能少的成本、尽可能低的风险开展运输服务，建立在货运量相对充足、货物交流相对均衡的条件下，但是专线运输的发车时间和频率一般难以确定，“货满车才走”，在降低客户的运输成本的同时，也降低了运输的时效性。

由于专线运输的普遍化，专线运输成为当前我国企业开展甩挂运输的一个主要领域。以某货运企业为例，该企业充分发挥专线运输资源比较丰富的优势，实施专线上的甩挂运输作业。该企业认为，甩挂运输发展的成败，重点在线路的选择上，由于该企业所在城市货源相对分散，整车货源较少，甩挂车辆必须运用零整方式，才能减少运转周期，达到安全、环保、节能、高效的效果。该企业通过对相关的运输资源开展调研分析，对比运输成本和效益后优选运输线路，运作开通了由公司本部所在地至天津、无锡、上海等的甩挂运输专线线路，通过与其他物流公司对接组织货源。天津方面依托一家天津本地的物流公司的天津、上海专线，签订运输协议，承担对点单位的货物收存及装箱、信息交流等工作。上海、无锡方面利用另一家物流公司的上海、无锡货源网络的资源优势，基本满足该公司甩挂车辆的双向货源需求。目前以零担专线为基础的“一线两点”式的甩挂运输模式已成为该公司主要形式，该公司同时加强了专线运输两头场站的扩建和功能改造，某专线一端点处的甩挂运输仓库从原来的500多平方米增加到1000平方米，使以零担专线为基础的“一线两点”式甩挂运输模式成为企业开展甩挂运输业务的主要支撑载体。专线运输产生的经营效果是明显的：以某运输专线为例，该公司在该专线上投入牵引车10余台，挂车20余台，日货物周转量300吨，节省了可观的人工成本和牵引车购置费用，运输效率大大提高。

(3) 多式联运（载驳运输）。

由两种及其以上的运输工具相互衔接、转运而共同完成的运输过程统称为复合运输，我国习惯上称为多式联运。对于与甩挂运输的结合的运输方式又被称为载驳运输，是在多式联运各运输工具的衔接点，由牵引车直接拖带载有集装箱的底盘车或挂车到铁路平车或船舶上，牵引车离去，集装箱底盘车或挂车由铁路平车或船舶载运至下一个换装点，再由牵引车拖带集装箱底盘车或挂车运往最终目的地。对于甩挂运输而言，公铁联运和陆海联运是常见的两种多式运输形式。现阶段我国最适合的基于甩挂运输的多式联运形式是陆海联运，而国外基于甩挂运输的公铁多式联运在货运市场上所占份额要明显高于陆海联运。

以某甩挂运输试点企业开展的A、B两市之间的陆海甩挂运输为例。A市至B市航线为90余海里，货运车辆滚装运输时间在整个运输时间中占有60%以上的比重。由于此项业务刚刚开始，处于探索阶段，该企业依托其驻A市的办事处，以A市某港口作为甩挂运输中转站，采取封闭厢式半挂车或集装箱半挂车开展运输业务，每天完成1~2辆次，平均每日完成货运量50吨。货种为轮胎、医疗器械、五金百货、装饰材料等。此外，该企业还积极推进专用货滚船的上线运营，新增添了适应客货分离、用于滚装甩挂及化学品运输的专用船舶，这有助于改变传统客滚运输方式，打破客滚船舶抗风等级受限的制约瓶颈。

(4) 特种货物运输。

特种货物是指在收运、储存、保管、运输及交付过程中，因货物本身的性质、价值或重量等条件，需要进行特殊处理以满足特殊运输条件的货物。采用甩挂运输开展特种货物运输的一个典型例子是重油运输。如：某控股公司投资50亿元开展重油运输项目，该公司将订购的重油自铁路线运至某石化仓库，重油稠度较大时，加温时间约为10～13个小时，装车时间为3～4小时。面对这种情况，公司决定为每辆牵引车配置一个原油罐挂车和一个成品油罐车，在等待装车的时间将要外运的成品油运输至铁路专用线，由于专用线距离该石化公司距离较短，一辆牵引车在等待原油罐装车过程中可多次运输成品油至铁路专用线，极大地提高了牵引车的利用效率，既节约了时间又降低了公司的装车成本，取得了显著效果。

6.1.3 甩挂运输货源组织

规模较大且相对稳定的货源是实现甩挂运输效益的主要保障因素之一。在甩挂运输货源组织方面，典型企业中出现的以下几方面现象值得关注。

1. 货流不对等问题

稳定的货源是甩挂运输业务开展的基础，货源的种类决定其各种特点，包括运量充足程度、供需稳定程度、运输与包装条件等。适合使用甩挂运输的货物可以是日常需求相对稳定且运量较大的日用品、五金家电等类产品。从绝对意义上讲，货物在不同经济区域之间的交流量是不均衡的，但在理论上我们仍可以寻找到环路以作为甩挂运输线路（一般认为，环路形式的甩挂运输线路可有效保障牵引车和挂车的及时返回）。理由如下：第一，尽管特定经济区域间的货物流向是不对称的，但若将若干经济区域的货物交流情况一并考察，则仍可能找到货物交流线路上的有双向交流的潜在运输需求。第二，根据产业分工原理，经济区域间商品交流线路必然存在回路。这样，我们可以利用有关方法寻找每两个城市间合适长度的回路，看所有回路所涉及的那些城市，以作为主要的甩挂运输线路途径节点。在实践中，依据这样的理论

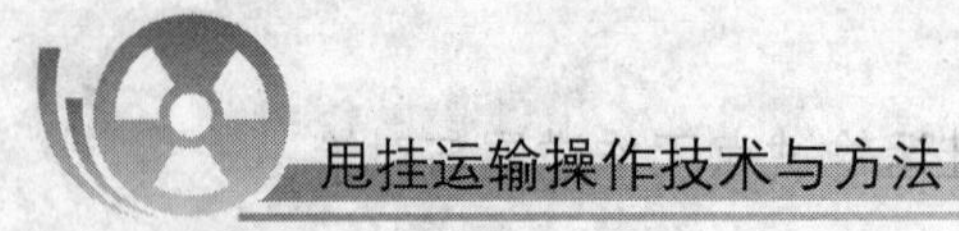

分析方式所获得的货物交流线路并不一定具备可操作性。一个最直观的道理是，若运输线路过长，则会导致甩挂运输车辆的实时调度难度加大、一次作业周期跨天甚至跨若干天，不利于运输企业的运营管理。

从试点企业的发展状况看，绝大多数企业选定的甩挂运输线路是分段的，且大多为一线两点，这样，货流不对等的现象就非常明显。如果往返货源极不对等，那么甩挂运输业务的赢利空间就被大大压缩了，况且目前很多开展甩挂运输的货运企业的集约化程度并不高并且难成规模。如某企业在货物发送量的高峰期，每天可以有 8 ~ 9 个挂车的货物待运，而在货物发送量的低谷期仅能够受理 3 ~ 4 个挂车的货物，货源不稳定且起伏波动明显。其主要原因是没有以大规模的生产企业和货物集散地为代表的大客户群体。

以某甩挂运输试点企业的一条省内甩挂运输线路为例：尽管在该公司的甩挂运输项目运作方案中对货流不对等问题有所预见且提前制定了应对办法，但是在具体的运作过程中，明显的货流不对等问题还是难以被该公司及时缓解。该公司在该线路投入干线运输车辆（1 台牵引车和若干挂车）额定载质量为 35 吨，最大承载体积为 85 立方米；但在运营实践中，去程的货物发送量大、车辆基本是满负荷运转，而返程的货物发送量小、车辆基本是以不足 60% 的实载率运转。而从车辆的直接运营成本看，满载与负荷 60% 基本没有太大的差别。由此，返程车辆的载质量或最大承载体积，尚存在 40% 的待利用空间。

这种现象不仅存在于个别运输企业内的个别线路上，在多家货运公司中普遍存在这种由货流不对等导致的运力资源利用率下降的问题，尤其对于跨省的甩挂运输业务而言，由于不同地区在观念、管理、技术等方面的差距或不同，货流不对等导致的问题体现得更加突出。以 A、B 两省沿海城市之间开展的陆海联运汽车甩挂运输为例：A 省甩挂运输试点工作开展的较早，通过试点的示范和推动效应，甩挂运输业务所能够吸引的货源、各种客户资源初步得到整合，生产企业、物流企业推行甩挂运输组织方式的积极性较高，从A省到B省方向货源较为充足和稳定。而B省生产企业、物流企业对陆海联运汽车甩挂运输认识不足，导致其到A省方向货源相对缺乏、双向货源不平衡的问题很突出。一方面制约了甩挂运输的规模化开展，另一方面又间接提高了甩挂运输的运行成本，影响了甩挂运输效益优势的充分发挥。

为应对货流不对等的现象，货运或物流企业可以逐步营造网络化的甩挂运输作业平台。一方面，通过增设揽货节点来延伸甩挂运输的服务辐射范围，解决货源规模及货类结构问题，达到货流相对均衡的运营状态。这是一种自我的、内涵式的发展途径；另一方面，通过加盟经营、联盟经营等方式，在合理的利益分配框架内企业间互通有无、实现甩挂运输运力资源和货运需求资源的共享，以辅助区域性货运和物流行业的资源整合进程。这是一种协同的、外延式的发展途径。

2. 甩挂运输各参与方之间的合作

在甩挂运输货源组织过程中，甩挂运输试点企业为应对竞争激烈的货运和物流市场，一般都会在同行间积极寻求合作。这种现象有其内在的原因，由于多数中等以上规模的货运或物流企业都有自己的运输设备和场站等资源，这些资源的专用性和企业的赢利期望要求企业必须保障一定的货运量，而货运市场上充斥的大量中小企业在很大程度上分散了货运需求。所以，如果拥有自备运力资源的企业之间不以合作的方式开发和保有客户资源，就难以保证其运力资源的利用率；如果合作开发货运需求，则基于货运需求资源的整合过程也就刺激了运力资源的协同运用，这可以有效地避免资源重复和浪费。从远期效果看，当甩挂运输业务发展形成网络化、规模化之后，其良好的经济社会效益可大大促进货运和物流市场的结构调整和产业升级，示范效应也会吸引大量的中小企业的参与和加盟。

甩挂运输各参与方在货源组织和市场开发方面开展积极合作的形式主要

体现为以下方面：

第一，甩挂运输试点企业积极向客户宣传甩挂运输模式。由于甩挂运输所用汽车与以往的单体卡车相比在技术性能、作业形式、场地占用、经济优势等方面均有所差异，一般的货运客户并没有太多可深入了解甩挂运输模式的时间和机会，所以，甩挂运输试点企业应及时向客户宣传、协商，特别是在客户的仓储设施等需加以调整甚至改造等情形下，甩挂运输试点企业更应与客户做好深入的协商、寻求客户的理解和支持，以确保传统单体卡车运输模式向甩挂运输业务模式的顺利过渡。必要时，双方可通过协商谈判后的合理的收益分配机制加以保障。此外，在目前的市场状况下，货运企业仅靠组织散货和配货往往难以满足甩挂运输车辆的运量要求，企业需进一步加大对甩挂运输的推介力度，与大客户和稳定的货源企业进行对接。

第二，甩挂运输试点企业之间积极寻求业务合作。甩挂运输之所以提高效率，是牵引车能够相对连续地开展路上行驶作业，这就需要充足的货源保证。虽然我国货运总量多年来一直处于上升态势，但是公路货运企业经营分散、业务开发相对较乱的情况一直存在，公路货运领域缺乏骨干型大型运输企业集团。要想实现甩挂运输的规模效益往往需要多家企业之间开展密切的协作，但是企业之间通常难以达成广泛共识。但实践表明，如果甩挂运输试点企业能与其同行积极展开合作，其经济效益和发展效果是非常明显的。以总部位于A市的某物流企业××与同行展开的积极合作为例，该公司在A、B两地之间开展甩挂运输。A市是长江以北主要的物流集散中心之一，商贸物流极为发达。目前，××公司已经与B市的一家物流公司开展货源组织方面的合作，共同开展甩挂运输业务。从A市发往B市的货种主要为A市中小企业的轮胎、医疗器械等类型的零担货物，从B市回程的货种主要为橡胶、五金、百货、装饰材料等。目前开通A市至B市的甩挂运输专线上的发车频率为3班次/日，货运量为100吨/日，运距为500余千米，能够实现的货物周转量是很可观的。此外，××公司还积极拓展国际合作领域，组织商务考察活动，洽谈并签订国际合作意向书。目前××公司已与韩国的两个物流园区展开互动，创造出良好的业务需求。在货物种类和来源上，来自国内广州、义乌等地的服装、百货和小商品，通过××公司的港口国际物流园区到达韩国的年货运量在6000标准箱以上，而韩国三星、LG每天发往国内的电子元器件年货运量在4000标准箱以上，这些货物均可由××公司物流园区通过道路甩挂运输方式结合中韩陆海联运实现顺畅的运输。

第三，多个参与方之间的积极合作。比如，山东省某企业依托其显著的区位优势，组建了包括运输物流企业、工业企业客户等在内的陆海甩挂运输联盟，以深入推进甩挂运输结合滚装运输的运输组织模式。在运作初期，该联盟注册的骨干会员企业已近20家，稳定运行在滚装运输航线上的甩挂车辆达500辆，周均发送挂车60余辆次。后来，该甩挂运输联盟先后与国内多家知名的大型生产制造企业签署合同，将甩挂运输延伸到了其他省份，进一步扩大了甩挂运输服务网络的辐射范围，联盟企业甩挂车辆每周可达300余辆次。

3. 甩挂运输货代企业的作用

货代（货运代理）历来被称为“货物运输的设计师”、“门到门”运输的组织者和协调者。其凭借掌握的各种资源，能够确切地掌握货源信息、运力资源信息，并能够合理调配运力组织运输活动，设计运输路线、选择运输方式和承运人。货代企业的市场竞争优势主要体现在：通过协调货主、承运人及运输场站等有关市场主题之间的关系，将货主的运输需求和商务要求同各种运输资源进行满意的匹配，通过节约货运活动参与方的整体运行成本而获得一定的利润。基于对各种资源的掌握和合理利用，货代企业可便利地实现跨区域的网络化和规模化运营，而这正好迎合了甩挂运输组织模式的发展条件。

目前，我国道路货运市场资源的分散分布特点很明显，由于规模和实力的限制，单个企业对分散的货运市场需求信息掌握得有限，从而导致市场需求信息不对称现象加剧，也导致了整个货运市场运行的低效率。对于分散的甩挂运输市场，首先要考虑的是如何利用组织管理方法、各种技术手段实现信息传递的顺畅，缓解市场需求信息不对称的矛盾。从这一点看，培育具有一定规模、实力、信誉的货代企业是一种可选用的途径。规模化的货代企业通过掌握绝大部分的货源信息和运力信息，可将分散的信息实现有效集中，并实施各种资源的有效配置。所以，培育大型货代企业对甩挂运输货源组织环节具有重要的意义。

6.1.4　甩挂运输运能资源配备

甩挂运输运能资源主要包括车辆装备（牵引车、挂车）、场站、辅助装备（如装卸机械）、管理平台（如车辆调度系统、货运信息平台）等。从现阶段的发展状况看，我国甩挂运输试点企业在车辆装备购置方面有一定的选择余地，但车辆的运用方式方面尚有很大的发展空间，而在场站建设和运用方面的进展亟待加快。

1. 车辆装备

目前，我国道路货运市场所配备的甩挂运输车辆数量过少，且牵引车和挂车的配比并不能满足甩挂运输的开展。自20世纪80年代中期我国道路货物运输市场化改革以来，20多年的快速发展使我国道路货物运输能力和水平都有了很大提升，车型结构不断优化，公路运输装备水平明显提高。然而由于发展的起点低，我国道路运输车辆的结构不甚合理，高档次、专用化车辆比例偏低。我国现行的交通运输统计惯例一般不对公路挂车进行单独统计，这从一个侧面说明我国甩挂运输车辆过少的问题。通过对甩挂运输试点省份的实际调研，我国每台牵引车所配挂车的平均数量不超过两辆。开展甩挂运输的一个重要前提就是牵引车和挂车的自由分离和结合，由于我国可实现甩下、挂上作业的挂车数量少、比重低，车辆装备远不能满足甩挂运输普及发展的需求。此外，车辆装备的购置投入也是一个不容忽视的问题。相对而言，作为是甩挂运输基本装备的牵引车和挂车的购置费用一般较高，且进口车辆比国产车辆的价格要高数倍（但进口车比国产车的性能指标要好）。以开展甩挂运输试点项目的某公司为例，该公司为配合甩挂运输发展购置了30辆牵引车、30辆挂车，投资在1000万元以上；而且根据下一步业务发展的需要，该公司还需再购置20辆牵引车及60辆挂车，投资也在1000万元以上；车辆购置的资金投入过大，已成为该公司深入开展甩挂运输业务面临的一大挑战。值得注意的是，我国现行有关规章制度对于挂车运用过程造成的制约，也为甩挂运输试点企业增加了额外的经营管理工作负担和成本支出，如挂车仍需缴纳保险的问题、挂车的检测问题、挂车的报废问题、挂车的海关监管问题等。

甩挂运输试点企业也在积极尝试开展车辆装备共享使用方面的探索，但效果并没有达到预期。首先，虽然有关政策鼓励企业购置甩挂运输车辆，有不少企业确实想购置新车辆从事甩挂运输，但由于整车制造企业、挂车制造企业、车辆改装企业等所使用的技术工艺不同，不同品牌的牵引车和挂车在连接方面存在障碍，不同参数牵引车的鞍座规格不一致，导致牵引车和挂车的互换性和匹配性问题突出。不同的货运企业有其偏好的车型，也有不同使用年限的车辆，要实现车辆之间的互换和匹配难度较大。其次，管理制度方面的一些“瓶颈”并不利于甩挂运输试点企业之间共享车辆装备，隶属于不同企业、不同行政区域的牵引车和挂车能否自由组合，各地并没有统一明确的规定，在执行中差异大。虽然国家鼓励发展甩挂运输，但有的省份要求牵引车和挂车必须隶属同一家企业，否则就不允许其上路行驶。最后，甩挂运输试点企业间在开展车辆装备共享使用时，对对方车辆的使用效益、维护支

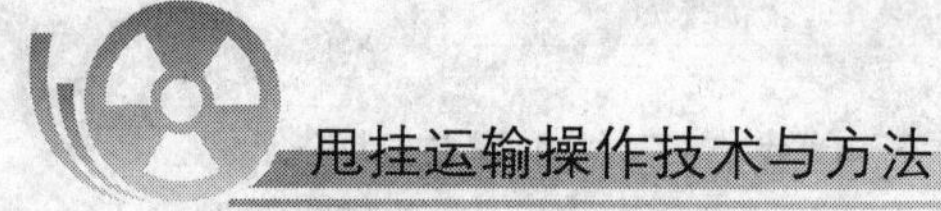

出、安全运行要求等环节的责、权、利分配也是一个需要大量谈判协商成本才能予以解决的关键问题。

虽然面临种种困难和制约，甩挂运输试点企业仍然在积极寻求途径，更新升级车辆装备以确保甩挂运输业务的逐步开展。

第一，购置新型车辆。如：某甩挂运输试点企业与中海油、陕汽开展合作，引进 LNG 车辆实施甩挂运输。该企业首批购买了 100 多辆 LNG 车辆，实施以铁矿粉运输为主的甩挂运输。该企业调研发现，由东部沿海某港口每天到内陆某地区的铁矿粉、铝矾土运输量不低于 5 万吨，既有的运输业务是由众多个体车主在该线路上进行往返运输，平均 3 天/趟，且每天的运量波动较大。为提高此类业务的日运量稳定性，保障货主实现有计划的采购工作，降低生产企业的安全库存水平，并整合线路上的运输资源，该公司计划投资购置 LNG 车辆满足线路上 70% 的运力需求。该业务实施过程中需要合理地整合货源，使用 100 余辆牵引车并按照 1∶3 的比例配置挂车，在合适的位置设置甩挂运输场站，将每部牵引车干线运输效率提升至每天往返 1.5～2 班次（LNG：在常压下，当温度降至零下 163℃时，天然气由气体转化为液体，即 LNG。LNG 是一种无毒、无色、无味的液体，在零下 163℃时的密度约为 425 千克/立方米。LNG 最主要的优点是体积缩小到标准状态下气态体积的 1/600）。

第二，科学选取合适的车型。以某公司为例，在该公司投入的甩挂运输车辆中，牵引车以 330 马力的解放牵引车为主，挂车以厢式车和罐车为主，在甩挂运输业务开展初期已经投入牵引车 24 辆，挂车 40 余辆，且几乎全部为新购车辆。另外，该公司经过摸底调查发现，其既有保有的车辆中有 220 多辆厢式车和 60 多辆罐车。这些车辆经过简单改造后，可以直接应用于甩挂运输。

为提高甩挂运输效率，选择合适型号的牵引车和挂车也是十分重要的。

以某公司为例，该公司通过对多个生产企业的重卡车型的比对分析，为其甩挂运输线路选择了动力更强、油耗更低的一汽奥威G5系列牵引车，以进一步凸显甩挂运输“节能环保”的优势。在挂车改装方面，该公司确立的标准是：既要保证承运货物的安全，又要方便货物装卸，经对比分析选择了单面翼展式厢式挂车，以突出甩挂运输“高效、经济”的优势。另外，根据各甩挂运输线路的运作要求，该公司又在公司总部及各承担甩挂运输试点工作的异地分公司分别配置了叉车、油压拖车、专用托盘等专用设备，以提高货物装卸效率，降低破损率。

2. 甩挂运输场站

由于甩挂运输车辆行驶要求、停放特点等因素，甩挂场站规划、建设和运营较传统货运场站有很大的不同，而场站也是甩挂运输得以发展的基础要素之一，是甩挂运输业务开展的基本平台。对于开展甩挂运输的货运或物流企业而言，场站相关的工作主要包括改造升级和新建。

虽然场站设施的主要使用者是各类货运企业，但作为甩挂运输规模化社会化发展依托的场站设施，也带有一定的社会性和公益性。传统货运场站改造是基于既有的场站，而这些场站在其建设初期往往就包含了来自政府等部门的投资资金，所以，应通过政策引导放大投资效应，加大对传统货运场站改造建设的力度，按照甩挂运输作业的技术特点，通过升级改造，逐步构建起层次清晰、功能完善、衔接顺畅的场站节点体系，以支撑甩挂运输的发展。以某公司为例，该公司对其甩挂运输业务依托的中心场站实施改扩建工程，建设内容包括仓储设施、甩挂运输车辆作业区、停车场、场站信息系统等。以某运输公司为例，该运输公司与其总部所在地的地方政府签订了500亩地的项目用地协议，该项目主要建成六大中心三大场站，一期工程200亩地为零担甩挂运输专用场站，主要建设仓储中心、分拣配货中心、信息中心、办公中心、停车管理中心五大中心，这将有效地解决公司场站用地不足的矛盾。

某物流公司整合现有货运场站，逐步将现有货运枢纽场站建设成为适应现代物流发展要求的物流基础设施。在前期开发利用某铁路联运站的基础上，抓紧抓好公铁联运业务服务质量，基础设施改造，扩大项目，提高公铁联运、甩挂运输的档次，以此带动物流业提高层次、提升水平。

与甩挂运输车辆配置环节类似，甩挂运输场站建设投入很大，这也是开展甩挂运输所面临的资金方面的一个挑战，如何科学利用现有场站和相关资源、尽量减少不必要的投入是战略问题。就此问题而言，甩挂运输点企业可以考虑以下途径：

（1）依托既有的物流园区，将甩挂运输场站作为物流园区的一个功能区。如，某公司依托某地的国际物流园区建立甩挂分拨中心，项目总投资 8 亿元，项目总建筑面积近 5 万平方米，其中仓库 3 万平方米，工业品超市 1 万平方米，配套加油加气站、维修厂、公寓楼及办公楼等 1 万平方米，甩挂运营中心占地 50 亩、集装箱堆场 50 亩、露天堆场 60 亩、停车场 80 亩，配合甩挂运输试点的加油站、具有一级维修资质的汽修厂、甩挂运营中心、集装箱堆场、露天堆场、能同时容纳 500 辆大型车辆的停车场等已经建设完成并投入使用。再如，某公司开展基于甩挂运输车辆的滚装运输业务，依托某港口城市的临港物流园区，建设甩挂运输场站及其配套设施以支撑陆海联运汽车甩挂运输的发展。从 2008 年开始，该公司投资 3000 多万元建设了 1.5 万平方米的甩挂运输场站，改扩建仓储区 2 万平方米；投资 1500 万元购置了 2000 余平方米的货运信息发布大厅。该项目经该公司所在地级市有关行政主管部门的批复立项，被列为物流重点建设项目，并获得了基本建设资金的支持。

（2）依托高速公路资源开发建设甩挂运输场站。随着甩挂运输试点工作的开展，部分企业有实力取得高速公路沿线的闲置资源，进而可在条件成熟的区域，利用高速公路休息区中的闲置土地、高速公路出入口周边土地等资源，设立甩挂运输业务中转站，将附近地区的货源集中到中转站，并派人现场负责货源和车辆的调配。这有助于将物流或货运企业的甩挂运输业务逐步与发达的高速公路网络资源对接，使干线运输和短途集货/配送高效结合。以某物流公司为例，该公司在某高速公路出口与某国道交会处建设了甩挂运输场站，该项目总投资 3000 余万元，总占地面积 4 万平方米，其中甩挂运输作业区建设面积 0.5 万平方米、停车场建设面积 0.6 万平方米。

场站设施是发展甩挂运输的重要基础条件，试点企业可紧紧抓住国家鼓励和扶持甩挂运输发展的有利机遇，根据甩挂运输作业范围和技术特点，做好甩挂运输场站的选址、立项，逐步建设定位清晰、功能完善、衔接顺畅、便于货物组织和集散的专业化甩挂运输场站体系。

3. 甩挂运输组织方面的协调合作

我国货运和物流市场上存在着大量的企业之间的业务合作活动，合作战略在甩挂运输试点企业中具有与市场竞争战略同等重要的地位。根据经济学原理，企业合作的优势在于在市场竞争中，当行业内存在较多的竞争者时，势均力敌的各个企业只能保持较低的利润水平，若企业能够实现密切合作，一方面，可扩大经营规模、降低单位产出的成本、提高生产效率、发掘规模经济效益；另一方面，企业之间的合作活动促进了集中、集群的态势，可增加市场竞争力，有效地减少竞争压力，增加创造垄断利润的可能性。

目前部分甩挂运输试点企业期望能够实现的合作模式是牵引车与挂车的互换使用，这种模式能帮助合作各方企业通过对资源的互补和共享利用而有效地降低经营成本。但这种合作模式是建立在经营策略基础上的，是为解决企业运力资源配置问题而采用的办法。因此，这种合作模式一般要以合作各方达成广泛共识和强有力的合同约束为前提，否则合作起来企业之间的联系松散，不利于操作层面的业务开展。

有些部门和甩挂运输试点企业认为，发展甩挂运输企业联盟是提升目前我国甩挂运输行业整体竞争力行之有效的手段。通过组建甩挂运输企业联盟，联盟企业对市场变化的反应能力可大大提高，以实现更加有效的运力资源配置，各联盟企业可致力于开发其核心的极具竞争优势的货运线路，联盟企业之间的线路布局形成互补局面，在市场布局方面有收有放，从而获得在整体上、区域层面的货运和物流服务辐射范围和服务水平的显著增强。甩挂运输企业联盟的形成需要有力的组织协调，如果行业主管部门能够出面，则可从政策方面加强激励，从运作层面以某种组织协调机构的形式予以保障。

值得注意的是，甩挂运输企业联盟的稳定性问题不容忽视。影响企业联盟稳定性的因素有很多，如联盟各方的收益分配问题。联盟各方的收益中有一部分应该是共享的，有的部分则不能共享。共享部分可实现联盟收益的最大化，此时，联盟便出现由有关联盟企业牺牲个体利益而让整体利润最大化的需要，从而造成个别企业经营压力增加的状况。如各合作企业为追求联盟内不必共享的那部分收益，在货源组织过程中为追求自己的利润最大化而压价竞争，则必然会损害合作各方的利益。

以某货运企业为例。该企业为了更好地利用和整合资源，提高运输效率，在经营过程中需要将不同企业的车辆进行组合，其中部分车辆属外地车辆。在试点初期所用车辆全部为该企业自有车辆，随着试点进程加快，该企业需要将不同企业、不同地域的牵引车和挂车进行自由组合，而车型的不统一导致“甩得下”、“挂不上”等问题；而且一旦车辆出现故障或事故等异常情况时，保险、责任划分、成本分担等方面的协商成本很高。能否有一种比较统一的大范围的制度予以车辆共用过程的规范，或者针对甩挂运输各个试点企业实行一种特殊的车辆互换管理政策，成为该企业期待的用于解决问题的途径。

再以开展陆海联运汽车甩挂运输项目的某企业为例。海运航线存在以下问题：滚装船公司之间竞争激烈，恶意压价，造成挂车过海运价不稳定。在过海车辆旺季时，船公司不愿拉挂车，使得甩挂挂车过海存有难度；过海车辆车型纷繁复杂，不同地区、不同企业的甩挂挂车车型各不相同，使得牵引车与挂车不能组合匹配，降低了甩挂运输的作业效率；道路车辆与船舶的尺寸标准不一，影响装卸作业效率，达不到快速便捷的作业要求；牵引车与挂车的经营主体不分离，影响了挂车的流动活性；大大降低了甩挂运输的周转效率，限制了甩挂的组织优势。总体看，导致这些问题出现的一个关键因素就是道路货运企业之间、道路货运企业与海运企业之间缺乏有效的组织协调工作环节，不同运输方式运力、货源的信息沟通速度和质量差，随机运输现象普遍，资源整合力度欠缺。

6.1.5 甩挂运输信息管理

从其技术组织的角度看，甩挂运输的技术重点在于对甩挂运输车辆（包括牵引车、挂车、汽车列车等）和司乘人员的调度和管理。要实现科学、优化的调度指挥，必然要以大量的运输、物流信息为基础。在大量信息的基础上，甩挂运输组织管理主体（运输企业、物流企业、交通主管部门等）可依托信息管理系统发挥主观能动性，实现预期的经济效益和社会效益。可见，要满足甩挂运输对于信息管理的要求，一方面应加大物流与运输基础信息的采集、传输和认知能力，另一方面应构建合适的信息管理系统作为辅助手段。

1. 机遇

充分利用信息技术，实现货运场站、货运公司、货主之间的信息共享，将大大提高运输效率，有效降低物流成本。从其涵盖范围看，甩挂运输信息包含于物流信息范畴内。在我国，对于甩挂运输信息进行管理和利用时，必然应以既有的物流信息管理技术为基础。实际上，我国政府对物流信息化和物流信息系统的建设采取了多种优惠政策、多种资金扶持措施。仅从交通运输主管部门看，“十五”以来发布的若干行业性指导文件中多次、分不同场景地提出交通运输信息化方面的发展意见。如：2001 年 2 月，交通部在《关于促进运输企业发展综合物流服务的若干意见》提出，“交通运输企业发展物流，要根据需要采用先进适用的计算机网络和 EDI 技术，实现对物流各环节的全程控制和有效管理。各级政府交通主管部门要对企业开发物流服务的电子商务系统给予支持”。2001 年 8 月，交通部发布的《公路、水路交通信息化“十五”发展规划》提出公路、水路交通信息化“十五”总目标包括：引导和鼓励公路、水路运输企业利用先进的信息技术，改变企业的管理、生产、营销方式，运用现代经营方式和服务技术，改造交通运输传统服务业，构筑交通信息服务产业化的框架。2004 年 2 月，交通部制定的《交通（公路水路）信息化建设指南》要求，以现代物流、电子商务与企业内部信息化为切入点，重点解决信息交换标准、供需链管理、客户关系管理、现代物流系统规划与设计等应用关键技术，为我国电子商务与现代物流的普及应用及产业化奠定基础。《公路水路交通“十一五”发展规划》指出，“十一五”发展的重点之一是加快推进交通信息化建设，“在交通运输动态信息的采集和监控、交通信息资源的整合开发与利用、交通运行综合分析辅助决策和交通信息服务四个方面实现重点突破。实现全行业跨区域、跨业务部门的综合管理，全方位提升政府科学决策水平，增强市场监管、应急处理和公共服务的能力，全面提高交通行业的整体运转效率，推动交通管理体制改革、机制创新和政府职能转变”。2007 年 12 月交通部发布的《关于加快发展现代交通业的若干意见》指出，“加强物流技术研发应用，重视物流标准规范制定。强化现代物流技术的研发和应用，推动物流信息公用平台、物流在线服务平台等的建设，促进物流资源的整合。注重现代物流标准的研究与制定，加强基础性标准的制修订，注重与各种相关技术标准的协调一致，促进现代物流标准体系的建设”。2011 年 4 月交通部发布的《交通运输“十二五”发展规划》指出，“择优推荐具有较大资产规模、管理规范、社会信誉好、有稳定的甩挂运输业务需求，有一定的甩挂设施装备条件的企业作为试点对象，重点对试点企业（项目）的甩挂作业场站设施和信息管理系统改造、甩挂运输车辆购置更新给予资金补助和政策扶持"；"试点开展道路货物甩挂运输信息平台建设，实现甩挂运输智能运营调度管理、运行监测与综合分析"。2011 年 4 月交通部发布的《公路水路交通运输信息化"十二五"发展规划》指出，要"试点开展道路货物甩挂运输信息平台建设，推进甩挂运输车辆智能车载终端的研发和应用，实现甩挂运输智能运营调度管理、运行监测与综合分析等功能，提高运输效率，降低能源消耗"。2011 年 9 月交通部发布的《道路运输业"十二五"发展规划纲要》指出，"从市场进入、车辆更新、技术改造、信息化建设等方面加大政策扶持力度，加快培育一批规模化、网络化、品牌化运作的现代道路货运企业"；"引导道路货运企业转变经营理念，积极拓展服务领域，利用信息技术和现代组织管理手段，为用户提供集运输、仓储、包装、加工、配送等于一体的综合物流服务"；"引导货运企业建立车辆指挥调度、货物跟踪查询、订单处理及甩挂作业信息管理系统，推广无线射频识别（RFID）、智能标签、智能化分拣、条码技术等，提高运输生产的智能化程度"；等等。

我国相关行政主管部门发布的关于物流信息化、交通运输信息化的有关政策，说明相关行政主管部门对信息化工作的高度重视。在相关行政主管部门高度重视和积极工作下，物流信息化、交通运输信息化从"十五"以来取得突破性进展。经过多年实践与探索，我国交通运输行业已基本形成符合交通运输发展需求、符合交通信息化发展规律、符合信息技术发展趋势的发展模式。在道路运输方面，或者是由企业自己开展物流及物流信息化；或者是依托政府建设物流信息平台为中小企业服务，开展物流信息化服务。

2. 挑战

尽管我国交通运输信息化和物流信息平台建设受到高度重视，但由于信

息技术进步和利用水平、道路货运产业发展水平等因素的影响，我国道路货运和物流领域的信息技术利用状况并不乐观。不同建设主体开发并运营的各种物流信息系统之间缺乏联网和信息共享，导致货运和物流信息沟通不畅，信息使用效率低。

要充分发挥甩挂运输的效益，就必须走集约化、规模化和网络化经营的道路，从市场、货源、场站、车辆和信息管理等方面创造必要的条件。甩挂运输组织工作较为复杂，尤其是循环甩挂和多式联运等形式对货源组织、装卸时效、作业条件等要求较高。总的来看，甩挂运输是建立在高度组织化前提下的先进运输组织形式，必须具有完善的信息网络体系为之提供有力的支撑。甩挂运输组织过程中涉及的对象类型多、产生的各类信息的用途大不相同，除了需要集成全球定位系统（GPS）、地理信息系统（GIS）和无线射频识别（RFID）等现代化信息采集和传输技术外，还需要建立开放式信息共享平台，以便甩挂运输各参与方及时沟通和掌握货源、甩挂运输车辆、甩挂运输场站等方面的各种信息，为甩挂运输组织的科学调度和协同运作提供必要的支持。

对于甩挂运输信息管理，有三个关键问题需要给予明确，即：甩挂运输信息管理系统的整体架构设计问题，这需要确定甩挂运输信息管理基本需求；甩挂运输信息管理系统的运作机制问题，这需要科学界定甩挂运输信息管理系统的赢利能力和循环投资体制；甩挂运输信息管理系统与已有的物流信息系统间的协调问题，这需要处理好既有资源整合和新资源开发利用之间的关系。而实际上，这些关键问题的解决尚需时日。以甩挂运输车辆相关的信息管理和利用为例，从车辆作业流程和信息管理功能需求看，牵引车和挂车经营者将车载信息采集终端安装在车辆上，并与甩挂运输信息管理平台建立联络；牵引车拖带挂车出发时，信息管理平台通过车载终端记录发车情况、拖挂情况、货物等信息，并可实行实时监控；车辆到达目的地后，信息管理平台能记录到达时间、停放位置等信息；运输企业可利用该信息管理平台实时查看车辆的位置和状态以及是否可用等信息；信息管理平台可实现甩挂运输车辆的智能化调度，可与滚装船舶、铁路等实现多式联运过程；等等。在实践中，绝大多数企业可实现车辆信息的采集和实时传输等，但很少有真正能够从车辆的完整运行周期角度提供全面的甩挂运输信息管理功能的企业。

3. 试点经验

以山东省某甩挂运输试点企业的甩挂运输信息管理工作为例。该企业业务定位于依托甩挂运输车辆开展滚装运输，实现陆海多式联运。因此，信息管理在该企业的业务开展过程中的意义和作用不同于寻常的货运企业。自试点之初该企业就注意引导企业内部各部门着力完善组织、网络、运营三大系统建设。该企业与其所在城市的某行政事业单位签订合作协议框架，共同搭建信息平台，有效汇集道路货运、海运运力等信息，形成具有增值服务功能的区域性物流公共信息平台，向交易各方提供系统全面、优质高效的综合物流服务。同时，该企业依托物流公共信息平台，加强各类货运企业诚信认证系统建设，保证了参与企业的信誉度。目前该企业已经成功吸纳若干生产制造企业、物流企业加盟，并逐步与长三角、珠三角等区域性物流信息平台进行对接，实现信息共享，扩大辐射范围，拓展发展空间。

该企业还推进信息联网，实现信息平台突破，尝试解决物流信息不畅等问题。推进信息联网就是充分利用政府授信的某物流信息平台，在滚装船舶与过海车辆、过海货主与车主之间搭建起交易平台，开发信息发布、网上交易、网上售票、在线订票、电子结算等功能，解决车源、货源信息缺乏、滚装船期无法确定、上船排队时间长以及船票预订难、驾驶员吃饭休息难、配载配货难等一系列困难，吸引车辆过海运输，为该企业的滚装运输市场提供强大的信息资源支撑。同时，吸引银行、保险、移动通信等金融、通信服务商加入，有效融合信息流、资金流、货源流等。同时，该企业还搭建了自己专用的甩挂运输信息平台，通过完善的信息平台建设实现甩挂运输车辆的科学、合理调配，充分发挥甩挂运输的技术经济优势。

6.1.6 甩挂运输试点企业的期望

虽然诸多试点企业通过甩挂运输试运营，初步实现了甩挂运输的一些效益，但这些企业仍然面临着很多制约其甩挂运输业务发展的因素，如甩挂运输作业场站数量少、专业化程度低，甩挂运输专业技能人才队伍不足，能够支持甩挂运输场场站景再现和甩挂运输车辆调度的信息管理系统功能不到位，等等。实际上，多数试点企业能够意识到自身发展积累方面的优势和不足，但真正破解这些制约因素的策略措施却并非单纯的货运企业能够设计和实现的。

1. 多数试点企业能够意识到其不足

甩挂运输试点企业首先能够满足交通部和地方交通部门制定的在经营规模、企业素质等方面的基本要求，这些企业在经营管理、技术储备、甩挂运输车辆配备和场站建设使用等方面较其他货运企业有些优势，但是，这些企业相对于甩挂运输模式的发展要求而言，尚存在一定的改进空间。最为关键的，也是多数试点企业已经意识到的，就是货运企业的规模化、集约化发展问题。

由于我国道路货运市场的改革进程相对快了些、保障改革进程的政策框架制定相对慢了些，我国道路货运市场的经营主体，即各类货运企业呈现出多而小的状态。货运企业数量众多，经营方式灵活，以价格为竞争手段、以抢夺其他企业成熟客户为市场营销手段的生存方式极大地影响了道路货运行业的产业水平和生产效率。有限的道路货运市场充斥了过多的货运企业，导致了企业规模小的问题，而小规模的货运企业又以专线运输的业务形式表现出较为明显的市场生存能力和竞争力。因此，我国道路货运市场呈现出一个明显的特点：整个货运市场的无序、低效率的较为混沌的状态中存在着可观数量的高度组织化的各种规模的货运企业。由于缺少全国性、区域性的大型运输企业，难以出现较大规模的运输经营网络，企业的运输生产经营组织水平较低，运输行业的生产效率不高，所以在较大地域范围内开展甩挂运输的难度很大。尽管我国道路货运市场容量基本具备了大规模发展甩挂运输的需求条件，但由于道路货运市场需求的空间分布不均衡，只有东南沿海部分经济相对发达的省份在一定区域内存在这种运输组织方式，且其运距一般局限百千米以内。如山东省烟台市某企业自 2007 年开始依托渤海湾烟台至大连航线开展甩挂运输，在烟台方面，甩挂运输服务覆盖的范围基本上局限在烟台市，远不能涵盖货源丰富、交通条件良好的山东半岛制造业基地；而在大连方面，甩挂运输服务覆盖的范围也往往限于大连市。从甩挂运输业务发展较早的深圳、厦门等南方沿海城市的情况看，甩挂运输的覆盖范围一般也限于较小的区域，且作业方式多以两点间甩挂为主。货运企业能够意识到这样的发展方式并不能有效地实现甩挂运输的经济效益和社会效益，但货运企业往往很无奈。目前我国能够实现网络化经营的道路货运企业非常少，单车业主的比例非常高，单车或者小型运输企业的货物运输模式往往是点到点的专线运输，而甩挂运输要求网络化的面上作业，这种矛盾并非一朝一夕即可解决的。所以，鼓励货运企业实现集约化经营、规模化发展，是甩挂运输得以普及和发展的一个重要的前提条件。

另一个较为关键的问题是试点企业发展甩挂运输的政策环境问题。众所周知，行业政策的制定和实施需要一个过程，且政策往往要滞后于行业发展形势。由于要承受利润空间一再被压缩的发展压力，甩挂运输试点企业期望我国能够在那些束缚甩挂运输发展的老旧政策措施方面有明显的改进，特别是在挂车相关的保险、检测审验等方面。道路货运企业的经营实践表明，不合理的交强险、烦琐的年检、不合理的报废年限规定等都是影响挂车普及运用的的主要因素。目前每辆挂车都要投保交强险，费率高、保额低，这直接影响了货运企业配备大量挂车的积极性。我国对挂车的年检次数多，如果 1 辆牵引车配 4 辆挂车，每年车辆检测大约需要占用牵引车 1 个多月的时间，而挂车的排队年检也大大占用了挂车的灵活使用时间，明显增加了企业的各种负担，不利于甩挂运输车辆的配比和数量扩充发展。

2. 企业期望

（1）对政府扶持措施的期望。

应尽快调整理顺甩挂车辆管理体制。主要包括：合理调整交强险投保方式。建议甩挂车辆交强险以牵引车为投保单位，挂车不单独投保，以减轻企业的负担；合理调整挂车年审年检制度。建议减少挂车年检维护次数，简化挂车证件；合理调整路检路查制度，实行通行费减免优惠。建议交通部门优化路检路查环境，提高车辆通行效率。对甩挂运输车辆在固定线路或通行区域给予通行费相应优惠，如实行减免或月票优惠等。

应加大政策制定和实施力度，如：融资支持车辆和船舶购置、营业税优惠政策、车辆通行费优惠政策，推动挂车和牵引车分离经营管理的政策，推进信息联网政策解决物流信息不畅问题，陆海联运对接标准制定和推广，组建联盟、货源或挂车和牵引车分离管理和运营的保障政策。

应扶持和培育大型货运企业的发展。由于我国在大范围内开展甩挂运输需要实施载体，而大中型道路货运或物流企业最有发展基础，货运和物流行业应重点培育具有一定规模、具有经营网络的专业化货运和物流企业，实施给予返还部分税费的资金扶持政策，让企业有资金改善车辆装备，有资金开发和运用先进的信息系统平台作进行运输生产和运输商务活动；应采取有效措施对专线、单户企业进行整顿和资源整合，促进专线货运班车化、组织管理现代化。

（2）企业对自身发展的期望。

提高对甩挂运输业务波动的应对能力。以陆海联运汽车甩挂运输项目为例，陆海联运由于其自身的运输特点，受气候因素影响较大。应根据海上运输的气候特点和货源情况，采取积极的应对措施。在一年之中海上风浪大和道路积雪的时间段，甩挂运输可能会经常中断，车辆滞港时间长。根据这一实际问题，企业应该采取灵活机动的应对措施：一是对运输时效要求急的货物改为走陆路，考虑绕道及时把货物送到目的地；二是适当减少车辆；气候的影响是不可改变的，这就需要在比较适合甩挂运输的季节，即气候正常、货源充足的月份开足马力大干、快干，弥补运输淡季的利润损失；三是为提高经济效益，合理调配货源，轻重配合，以整车货源为主、零担为辅的原则提高经济效益。设立零担站点，积极寻找货源扩大甩挂运输的影响力。以烟台和大连两市之间的滚装运输航线为例：每年 11 月至次年 2 月是该航线甩挂运输量的低谷期，海上大风大浪和道路积雪影响大。或者改陆海联运为道路运输或者调配运力，陆海联运较之陆运，除了成本节约优势外，避免绕行多处收费站导致的运输时间延长也是一个优势。

加强甩挂运输管理人员、驾驶员、押运员等的业务培训，提高其综合素质。甩挂运输的发展需要专业化人力资源的支撑。在中基层人才方面，车辆调度作业人员和场站作业人员大多沿用传统作业方式，其知识和技能积累少，企业希望这种人员能够学到甩挂运输方面新的技能，但一方面能够提供“知识充电”服务的机构少，另一方面整个行业并没有形成激励这种活动的机制。所以，为有效、尽快提升甩挂运输企业人力资源质量，应推广提升专业水平好的相关培训机构的作用，尽可能地实施针对中基层人才的、在职的、短期的甩挂运输技能培训活动。

6.2 甩挂运输试点中暴露出的主要问题

虽然在我国甩挂运输试点过程中有关方面（如交通运输行政管理部门、

货运和物流企业、有关科研机构、有关社会团体等）给予密切关注和较为有力的推动，而企业的试点工作也取得一定的成效，但总体上看，我国甩挂运输试点进程出现了一些值得重视和亟待解决的问题。在整个货运行业层面，主要表现为宣传普及工作不强、认识不足、政策措施制定和实施进展滞后等。

6.2.1 缺乏对甩挂运输基本规律的深入了解

1. 试点企业并不能准确理解和把握甩挂运输基本规律

目前多数试点企业对于甩挂运输专门知识的认识、理解和获取途径不外乎以下几种：一是通过到同行企业参观、学习和交流，从实践中认识甩挂运输组织模式；二是通过参与有关机构举办的各类业务交流会议和培训班等，直接地接触和认识甩挂运输专门知识；三是通过交通运输行政主管部门的政策制定和落实过程，间接地认识甩挂运输。其中，交通运输行政主管部门的推动是促进各个货运或物流企业了解甩挂运输专门知识的关键驱动力。交通运输行政主管部门制定鼓励政策和执行这些政策的力度不断加大，配合国务院五部委发布的《关于促进甩挂运输发展的通知》（以下简称《通知》）的落实工作，省一级交通运输主管部门发布的各种推动政策（如山东省交通运输厅早在五部委《通知》发布的之前的两年多就发布了《推行道路货物甩挂运输的意见》；广东省交通运输厅联合发改、公安等部门，在转发五部委《通知》时，就推动本省甩挂运输发展提出更具体的要求和措施；上海市交通港口局、市建设交通委、市公安局联合印发《关于促进本市甩挂运输发展有关事项的通知》，就落实五部委《通知》作出具体部署）为我国甩挂运输的普及进程提供了良好的宣传。此外，试点省份的交通运输主管部门积极组织开展面向中基层行政工作人员和各企业中高层管理者的各种培训班，深入宣传甩挂运输专门知识。如山东省交通运输厅仅在 2010 年的交通运输局长培训班、运管科长培训班、理论研讨班等多个培训场合就开设了不下 10 次的甩挂运输专题讲座。

尽管各级交通运输行政管理人员对于甩挂运输的认知和理解加快，也有利于其在日常管理中有力地宣传、指导和推动甩挂运输在试点企业中的发展，但对于甩挂运输的实施载体的各试点企业而言，政府的推动只是一种外力，甩挂运输模式的成熟运用更需要企业内部专业管理技能水平的改进和提升，这是一种内力。从实践状况看，虽然试点企业能够通过各种途径认识和了解甩挂运输组织模式，但真正能够准确理解和把握甩挂运输基本规律的试点企业仍很少。以开展甩挂运输试点时所选定的货物品类为例：有些试点企业选取适合厢式车运输的零担货物为甩挂运输服务对象，并尽力解决货运稳定性问题；有些试点企业则选取煤炭、铁矿石的干线运输为甩挂运输服务对象。从研究积累和实践经验看，我们并不赞同试点企业以甩挂运输模式承担大宗散货的运输业务。再以甩挂运输试点工作核心为例：有些试点企业将工作重心放在场站建设方面，而其规划建设的场站主要以停车场为主，且基本不能考虑到对于停车场用地的优化运用；有些试点企业将工作重心放在甩挂运输车辆跟踪技术的运用方面，而车辆配备跟踪设备所获取的各种信息并不能为企业有效地用于车辆的科学调度工作；从研究积累看，我们更倾向于推荐试点企业将甩挂运输业务网络的构建和甩挂运输车辆的优化调度运用作为工作重点。究其原因，试点企业要站在相对微观的层次、在激烈的市场竞争环境中逐步调整和准备甩挂运输模式所需的各种条件，其工作重点出现偏移有情可原，但出现这种现象的本质是由于试点企业并没有把握好甩挂运输的基本规律（特别是对于甩挂运输车辆的高效运用形式），导致试点企业尚没有对甩挂运输业务网络管理和车辆调度管理方面高技能人力资源展开准备工作。

2. 理论界没有系统提供甩挂运输组织技术方法

甩挂运输组织过程涉及多种类型的汽车列车，且需同时解决牵引车与挂车配备比例、牵引车数量及其路径、挂车数量及其运行路径和存放场站等一系列紧密相关的问题。目前理论界已经做出的相关研究工作主要包含以下方面：第一，针对汽车列车等道路甩挂运输所涉及车辆装备的研究。第二，针对甩挂运输发展策略的研究。虽然有少数研究已开始针对牵引车加挂半挂车的车辆调度问题的研究，但这些研究尚有很大的运用局限性。从学术研究的趋向看，虽然我国学者在甩挂运输研究方面取得了若干成果，但由于甩挂运输在我国缺乏行业实践基础（特别是长期以来我国不允许汽车的甩挂作业），国内学术界尚缺乏将甩挂运输组织问题独立出来开展深入研究的力度，学术界也尚未将甩挂运输组织问题梳理出系统化研究框架，也没有深入研究出完备的甩挂运输组织方法体系，对于相关的技术方法研究也并不深入。

发展甩挂运输已上升为我国国家层面节能减排的重点战略任务。我国甩挂运输相关问题无论在科学研究领域还是在实践过程都有所积累，但仍有很大的扩展与深化空间。在我国交通运输应对气候变化和节能减排压力日趋加大的形势下，加快我国甩挂运输发展已成为国家层面的重要而紧迫的战略任务（特别是“十一五”后期以来），其中涉及若干基本的科学问题亟待研究解决（特别是在发挥甩挂运输关键优势的过程中，如何采用科学方法实现甩挂运输车辆运行组织的优化，以切实达到提升生产效率和节能减排的目的）。甩挂运输理论研究正在也必将成为我国交通运输领域学术研究热点之一。

我们相信，随着甩挂运输在理论研究方面的加快，会有更多的科技成果可以转换为现实生产力，从而支持甩挂运输为企业带来更多的利润。

3. 甩挂运输基本规律亟待深入考察

我国甩挂运输相关问题无论在科学研究领域还是在实践过程都有所积累，但仍有很大的扩展与深化空间。以下仅列举亟待解决的几方面：

第一，对于甩挂运输车辆调度的研究。甩挂运输组织问题较 VRP 要复杂很多，由于牵引车和挂车可自由分离与结合，甩挂运输组织方法要同时解决牵引车与挂车配备比例、牵引车数量及其行驶路径、挂车数量及其运行路径和存放场站等一系列紧密相关的问题。若干优秀的VRP研究成果能够为甩挂运输调度组织研究工作提供求解方法参考、优化结果比较基准，但无法直接解决甩挂运输及其所用汽车列车调度组织问题。随着我国甩挂运输试点工作的持续推进，行业实践必然为学术研究提供充足的素材，也必将向学术研究提出新的需求。在交通运输业应对气候变化的主题背景下，以系统深入的理论模型及其运算结论来确立甩挂运输车辆调度组织方法，可以切实达到提升道路货运生产效率和减排碳的目的。这样的理论研究工作日趋成为交通运输领域学术研究热点，具有重要的科学意义和良好的应用前景。

第二，对于甩挂运输网络和场站的研究。由于甩挂运输车辆运行过程与传统的道路运输车辆运行过程不同，甩挂运输网络方案的设计方式也有所差异。道路甩挂运输网络上的关键组成元素有牵引车运行路线、牵引车技术作业停靠点、挂车交流路线、挂车集散点。其中，牵引车运行路线主要受到牵引车及其乘务组有效工作时间的影响，其主要表现形式是牵引交路的形式和最佳运输距离；牵引车技术作业停靠点往往不是专门的场站，需要结合高速公路服务区设置、干线公路交叉点布局等因素综合选择最佳地点以及配备有关设施设备；挂车交流路线应与主要空间运输联系方向相一致，它是不同区域之间货物交流方向和交流量的最直接的表现；挂车集散点应能够直接服务于货物的集散。可见，设计甩挂运输网络方案时，应区别不同的网络元素，分别采取合理的设计方式。各类场站是支撑甩挂运输网络的重要要素，我国在场站的布局规划方法、场站标准等方面的研究工作亟待加强和突破。

第三，基于甩挂运输的多式联运研究。由于其技术特点，甩挂运输的普遍使用可以促进道路运输与铁路运输、水路运输的多式联运，实现以道路甩挂运输为基础的驮背运输、滚装运输，充分发挥各种运输方式的技术经济优势，并提高装卸效率和载运工具的容积利用率。基于道路甩挂运输的多式联运组织形式可减少汽车动力部分对其他运输工具（铁路货车、船舶等）载货能力的耗用，提高铁路货车和船舶等的运能利用率，并且以甩挂运输为基础的驮背运输、滚装运输可以提高长途干线运输过程的运行速度。尽管如此，开展多式联运所涉及的多式联运场站专用设施设备的配置、不同运输方式运力差异导致的运能资源匹配等问题仍需大量的科学研究和论证工作支持。

第四，甩挂运输相关标准的研究。在车辆技术标准方面，美国、欧盟等国家和地区已形成较为完善的甩挂运输标准体系，其对牵引车、挂车技术规格以及牵引车和挂车组合的方式，甚至连接部件都有统一的规范。在我国，甩挂运输标准体系相关研究工作仍然欠缺。如：在车辆的通用性问题上，甩挂运输过程中需要牵引车与挂车频繁摘挂组合，这对车辆标准化的要求很高。而目前我国牵引车、挂车的车型和品牌纷繁多样，虽然有牵引车、挂车的生产标准，但对牵引车与挂车之间的连接方式、连接部件没有统一的规范。牵引车与挂车之间的匹配缺乏有力的技术标准规范，从客观上大大制约着大范围甩挂运输的推广。可见，我国有关部门应尽快制定与国际接轨的牵引车与挂车相关的标准体系。这个标准体系应保证牵引车、挂车的匹配性和互换性。甩挂运输相关标准的研究工作旨在遵循引导和推动甩挂运输发展的前提下，以标准制定和推行为一种实施手段，通过甩挂运输的深入开展促进交通现代物流服务水平的提升，甩挂运输标准体系应能够为相关决策者提供明确的决策参考依据，甩挂运输关键标准应能够为道路运输市场主体发挥重要的引导作用。

6.2.2　缺乏对甩挂运输战略意义的足够重视

转变交通运输发展方式、调整优化交通运输结构、加快发展现代交通运输业，是交通部门深入落实科学发展观的重大举措，也是落实国家经济发展战略的正确方向。面临新的形势和任务，我们必须加快推进交通运输的现代化、信息化、智能化，积极推广应用技术先进、经济安全、环保节能的运输装备和运输组织方式，促进各种交通运输方式有机衔接，充分发挥综合交通运输体系的整体效能，推进交通运输的快速发展、高效发展、安全发展、绿色发展，建设畅通高效、安全绿色的交通运输体系，为经济社会发展提供强有力的交通运输保障。改革开放以来，特别是进入21世纪以来，我国交通运输得到迅猛发展。交通运输在快速发展的同时，也面临节能减排和降低物流成本的巨大压力。如何更好地适应建设资源节约型、环境友好型社会的需要，发展先进的运输方式，提高运输合理化和物流组织化水平，降低运输和物流成本，提高运输效率，成为交通部门共同面临的一个重大课题。发展甩挂运输是落实《国家物流业调整和振兴规划》、促进节能减排工作的重要手段。发展甩挂运输，对降低物流成本、推动现代物流和综合运输发展、促进节能减排和环境保护、提升经济运行整体质量具有重要意义。甩挂运输已成为转变交通运输发展方式、加快运输结构调整的重要抓手和切入点。

1. 中基层行政主管部门重视不够

虽然我国甩挂运输发展较晚、政策体系并不完善，而各类企业也面临技术、资金、管理等方面的困难和挑战，但有力的鼓励政策已形成一种推动力量。不但各类企业在积极探索发展甩挂运输，行政主管部门也在推进落实各种政策。从操作过程看，落实甩挂运输相关的扶持和优惠政策要依靠中基层行政主管部门及其工作人员。尽管国家层面上对甩挂运输试点工作给予了足够重视，但是中基层行政主管部门和行政管理人员的重视程度仍不够。中基层行政主管部门应加强对甩挂运输试点工作的宣传、业务指导和支持、政策执行力度。应积极争取地方各级政府的支持，逐步形成促进甩挂运输发展的长效机制和适合甩挂运输发展的微观政策环境。中基层交通运输主管部门要加强与当地发展改革、公安等有关部门的沟通协调，形成工作合力。要按照国家有关文件精神，落实甩挂运输车辆通行费优惠政策，落实资金扶持政策，定期统计汇总上报试点工作进展情况。

中基层交通运输行政主管部门应努力做到以下几点：一是加强组织领导。中基层交通运输行政主管部门要充分认识甩挂运输对于我国交通运输行业升级发展进程的战略意义，对甩挂运输试点工作予以高度重视与大力支持；要主动与发展改革部门协调、沟通，认真细化并制定出具备操作性的试点工作推进措施；要带头协调并建立甩挂运输试点工作协调机制，健全相关工作制度，加强对本地区试点工作的统一部署、组织协调和监督指导；要加强宣传引导和实践经验交流，积极协调解决试点过程中遇到的各种问题。二是将各个鼓励政策落到实处。《甩挂运输试点工作实施方案》已经明确从车购税和国家预算内资金对场站设施改造、信息系统建设、甩挂运输车辆购置等方面对试点项目给予投资补助，试点方案还明确提出对甩挂运输车辆实行通行费优惠。各中基层交通运输行政主管部门要加强对政府补助资金的监管，确保及时到位，确保专款专用。三是中基层交通运输行政主管部门还要继续加大对货运市场环境的治理，加强对超限、超载和假牌、套牌等非法经营行为的执法力度，为甩挂运输的发展创造良好的市场环境。

2. 各类企业开始重视

试点企业一般以项目的形式开展甩挂运输业务，而其他的非试点企业也开始关注甩挂运输模式。尽管甩挂运输的发展过程中会有一些困难和挑战，但一个大趋势是，货运和物流企业发展甩挂运输的积极性在不断提高。特别是随着我国货运和物流市场的集约化发展和产业升级进程，货运和物流企业以改善市场竞争手段为依托的企业运行质量和整体效益不断提升，企业规模在逐渐发展壮大，货运和物流企业在认识到甩挂运输技术经济优势的前提下开始具备采用甩挂运输模式的条件，促进甩挂运输发展的良好氛围正在形成。

首先是货运和物流企业运营模式出现创新。不仅整个行业对甩挂运输有很高的期望，货运企业对甩挂运输的期盼也很高，不少企业已经将甩挂运输作为其新的利润增长点，并进行积极的探索实践，形成了一些运作甩挂运输的新模式和新思路。如某物流集团在多年开展两点一线式甩挂运输实践的基础上，开始试行多点循环式甩挂运输模式；某物流公司探索总结出“四点三段一线”式甩挂运输组织模式和“多段多车、一拖多挂”的运力优化模式；某物流公司、某货运集团公司等积极探索干线运输甩挂作业模式；某省交通部门和道路、水路运输企业围绕滚装运输结合道路甩挂运输，大力整合和优化资源，促成企业加强合作。其次是甩挂运输的社会效益逐步显现。一些先行发展甩挂运输的企业已经取得了明显的经济效益和社会效益。如某物流公司2008年通过滚装运输结合甩挂运输的方式直接节省陆路绕行、整车滚装成本600余万元，带动货主的综合物流成本降低10%左右；某运输集团在数条货运专线上试行甩挂运输，运输效率较以前提高了近50%，运输成本下降近35%，油耗减少近256%；某物流集团根据实际运行数据测算，一组甩挂运输汽车列车与一辆普通的长途货运汽车相比，每年可节省燃油约11吨。这些典型企业的成功经验都激励和带动了其他企业开展甩挂运输的热情和积极性。

6.2.3 甩挂运输效益难以合理体现

理论上讲，甩挂运输有着良好的技术优势和经济优势，但在实践中随时出现的各种因素都可能导致甩挂运输效益难以被合理界定和充分实现。

1. 试点企业的运输组织模式过渡进程使甩挂运输效益模糊化

具备一定规模的货运或物流企业可能基本具备运用甩挂运输组织模式的条件，但由于目前我国道路货运企业数量多、规模普遍较小，即使是入围试点的货运或物流企业并非完全具备发展甩挂运输的能力。另外，甩挂运输组织模式所要求的点多面广的规模化、网络化特点，使这种模式的运输组织工作甚为复杂。所以，试点企业在甩挂运输业务开展初期一般采用局部调整过渡的方式，选择既有业务网络上货源较为稳定、流量较大的运营线路作为甩挂运输车辆的使用范围。这一方面可保障试点企业整体发展的稳定性，另一方面以渐进的形式推行甩挂运输模式可为企业职能部门和员工提供适应时间。但这种渐进式的甩挂运输开展模式易导致甩挂运输效益难以被合理评估，进而影响甩挂运输普及推广的进展速度。

首先，试点企业在其原有的基于单体卡车的运输组织模式向甩挂运输组织模式渐进过渡期间，企业的运输组织模式基本上仍以单体卡车运输为主，甩挂运输车辆一般仅限于在个别线路上运营。甩挂运输模式所承担的业务和所获得的收入在规模上较小，是单体卡车运输的补充，试点企业有关职能部门的工作重心倾向于单体卡车，而对甩挂运输车辆的调度组织工作投入较少，使甩挂运输车辆运行组织方式过于简单化，这很不利于甩挂运输效益的发掘和实现。由于甩挂运输业务量较小，试点企业对甩挂运输业务的整体收入和投入组织管理成本被混入企业整体收入和成本统计中，极易模糊甩挂运输的效益。

其次，试点企业在渐进式地发展甩挂运输模式过程中，甩挂运输车辆的运营范围有很大的局限，所以试点企业能够获得的甩挂运输效益并不能完全反映出甩挂运输的技术经济优势。以牵引车的调度运用为例，在试点企业长期采用相对简单的“一线两点”、循环甩挂等形式时，牵引车的调度方式简单，牵引车所能够辐射服务的网点数量较少，不利于充分发挥牵引车可灵活调度分派的优点，进而影响了甩挂运输效益的挖掘。此外，由于甩挂运输业务辐射范围受试点企业已选取业务路线的限制，为避免挂车有去无回、牵引车过度地独自行驶，试点企业往往并不能让牵引车及其驾驶员小组充分利用好工作时间，这大大影响了甩挂运输的效益。

最后，试点企业已取得的甩挂运输效益估算结论并不能具备可比性。试点企业在逐步地运用甩挂运输车辆替代其原有的单体卡车的渐进过渡期间，试点企业一般针对车辆装备更新前后的收入和成本来估算甩挂运输效益，从而得出甩挂运输较卡车运输在运输效率、燃油节约、利润等方面的比较结论，这种结论一般以二者比较的比率来表示。实际上，由于各试点企业的发展基础、业务开展方式、业务组织管理水平、向甩挂运输模式的过渡方式等不同，不同试点企业所估算的甩挂运输较卡车运输的效益提升比率不能直接相比，即这种类型的甩挂运输效益估算结论不具备可比性。这容易误导货运和物流市场上其他企业对于甩挂运输效益的认识和把握。

2. 市场变化使甩挂运输效益波动不定

由于甩挂运输组织模式的运输生产效率很高，货源往往成为制约和影响甩挂运输效益发挥的瓶颈因素。一般认为，充足而稳定的货源是甩挂运输得以产生和发展的前提条件，这是因为：货物运输生产的主要指标——吨千米，取决于额定载重及实载率、车辆运行的平均速度和运行时间，其中的运行时间与货物装卸停歇时间之间是此消彼长的关系。采用甩挂运输时，一台牵引车被配备以足够数量的挂车，在牵引车运行期间，挂车进行货物装卸作业，这使得牵引车的装卸停歇时间大为减少，从而有效地延长了牵引车的运行时间，这可显著提高车辆的吨千米指标。由于在一个工作周期内牵引车能够实现的吨千米指标大大增加，这就明显增加了对货源组织速度和货源规模的要求。如果没有货源或者货源不足，就会对甩挂运输过程的摘/挂车环节造成浪费。一台带有挂车的汽车列车到达一个目的地后，若因为货源不足而独自回程或者需将空挂车带回，这就大大浪费了牵引车的运行时间或者挂车的载重力，从而影响了甩挂运输的效率。

可见，要保障甩挂运输的效益，必须明确地解决甩挂运输货源问题。目前我国货运企业的货源主要来自以下主体：零散小货主、大型生产企业和物流节点（如物流园区、物流中心）企业。大型生产企业的货源较为集中，适合甩挂运输方式。零散小货主的货源分散且不稳定，且往往汇集到物流节点企业，而物流节点企业就成为将分散的、随机产生的货源集中起来形成大规模的、稳定的货源的一种平台。很多货运和物流企业集中在这样的平台，就形成了规模可观的货物集散地，这有利于甩挂运输车辆运力的充分利用。

实际上，经过多年的发展，我国货运和物流市场上各类试点企业的市场份额已趋于稳定，其客户群体也相对稳定，试点企业为充分利用甩挂运输模式的技术经济特点，或者扩展其客户群，增加市场份额，或者与其他企业合作共享客户资源。采用扩展市场份额的策略时，需要试点企业的有力有效的市场营销能力和整个市场的景气，这其中充满了变数；采用合作共享客户的策略时，如何物色合适的合作对象、如何共享甩挂运输车辆运力、如何协商谈判收益分配方案等问题，将极大地影响合作的进展。所以，对于现阶段的试点企业而言，市场竞争环境导致的货源波动问题将显著影响着其所能够实现的甩挂运输效益。

除了货源问题能够影响甩挂运输效益，其他一些来自试点企业外部的因素也可能对企业能够获得的甩挂运输效益产生影响，如：

（1）地方保护主义的问题。我国的交通运输线路设施一般是分到各个省份管理，这就难免有一些地方保护政策。不同地区为保护当地企业的发展，往往会消极容纳其他地区甩挂运输车辆进入该地区的货运和物流市场，这就容易影响甩挂运输车辆的运行路线、运行时刻、货源组织等的设计方案，从而影响企业对甩挂运输车辆的运用效果。

（2）燃油价格波动的问题。我国已实施成品油价税费改革，燃油成本已成为货运企业变动成本中最主要的组成部分，而我国燃油价格随着国际市场油价变动而变动的机制并没有完全成熟；另外，货运运价的变动机制尚不能及时适应市场的变化，这就出现油价上涨不能与相关环节同步、运输价位不能及时调整的问题，导致试点企业在发展甩挂运输过程中要承受由于燃油价格波动而产生的额外的成本压力。

（3）甩挂运输专用场站的建设和运用问题。传统的货运场站往往不能适应甩挂运输车辆作业模式，这就需要增加资金投入，改造传统货运场站或新建甩挂运输场站。场站设施是发展甩挂运输的基本条件，具有一定的社会化特点。在对传统货运场站进行升级改造，逐步构建层次清晰、功能完善甩挂运输专用场站体系的过程中，不同区域的用地成本、建设投资、政策扶持力度等不同，这就影响了试点企业的投入产出核算。

6.3 甩挂运输试点工作的推进途径——以山东省为例

6.3.1 高度重视甩挂运输的重大发展机遇

在我国发展甩挂运输意义重大。经济社会发展、交通运输产业升级都迫切要求甩挂运输的发展，各级政府及交通运输主管部门日益重视甩挂运输，近几年有关支持甩挂运输发展的政策陆续出台，总体的政策环境日益趋好。甩挂运输和现阶段我国的一系列政策是高度吻合的，各类企业和有关部门应高度重视、抢抓发展机遇。

首先，我国目前高度重视甩挂运输的发展，特别是制定并出台了一系列支持甩挂运输发展的针对性政策。新中国成立以来，虽然有关方面多次呼吁发展甩挂运输，但都没有得到应有的重视。自“十五”以来的发展甩挂运输呼吁才真正引起了国务院、交通部、国家发改委等国家层面的高度重视，得到了各省交通运输厅的大力支持和落实。随着甩挂运输试点探索进程的深入，今后有望出台更多的扶持政策，包括对甩挂运输基础设施建设的引导和支持、对甩挂运输信息化的鼓励和支持、对基于甩挂运输的节能减排项目的立项支持、收费公路通行费的优惠政策支持，甩挂运输装备购置的投资支持等。从目前部分试点企业的财务统计情况看，企业成本支出构成中，燃油费用占50%，公路通行费占25%，交通部已在研究，降低高速公路通行费标准，延长高速公路收费期，取消国道、省道收费；但燃油费用太高，试点企业可考虑推广使用替代燃料牵引车（如 LNG 牵引车），以积极寻求途径降低运输成本。

其次，现阶段我国正处于工业化、信息化、城市化、市场化、国际化的新背景中，这个复杂多元的背景是发达国家未曾经历的。城市化与信息化推动着城市群的发展，并促进了城市群之间的分工协作过程，进而带动城市群间的人员、物资交流；工业化、城市化、市场化推动着区域经济的分工进程，而国际化、市场化、工业化、信息化推动着我国进一步参与全球资源配置活动，正是在资源的全球配置、经济发展的空间分工与布局等因素的作用下，全社会交通运输活动特别是货物运输活动呈现出更加活跃的状态。我国的工业化进程还将持续较长的时期，货运市场需求旺盛，由于油价居高不下和一系列影响物流成本因素的存在，甩挂运输以其高运输效率和低运输成本优势，必将拥有广阔的市场前景。

最后，我国经济转方式、调结构，提升发展层次的要求对交通运输提出新要求和新机遇，我国要在保持交通运输业平稳较快发展中坚持节能减排，必然面临技术创新、管理创新的压力。要把节能减排作为应对经济金融危机、促进交通运输发展的增长点，就需要探寻有效的措施，以寻求发展与节能的平衡点。甩挂运输可以在保证运力满足经济社会运输需要的前提下有效降低运输生产活动的单位能耗和排放，甩挂运输成为我国交通运输业应对气候变化和节能减排的战略选择。发展甩挂运输，对于降低物流成本、推动现代物流和综合运输发展、促进节能减排、提升经济运行整体质量具有重要的战略意义。在我国出台的各种节能减排项目支持政策中，基于甩挂运输的道路货运节能减排工作可争取更多的国务院其他部门的政策和资金支持。

此外，甩挂运输是现阶段我国交通部门治超的根本手段，超载是市场混乱、恶性竞争的结果，若通过甩挂运输进行规范，将对治理超载起到明显的效果。

6.3.2 统筹规划和科学安排

近五年来，山东省高度重视甩挂运输的发展，采取了一系列措施鼓励甩挂运输发展。目前山东省是开展甩挂运输试点工作最早、试点企业最多的省份，试点工作健康发展。山东省采取的措施有一定的示范意义。

1. 编制山东省“十二五”甩挂运输发展专项规划

山东省交通运输厅拟组织专门力量制定山东省“十二五”甩挂运输发展规划。规划中既重视试点项目的选定和部署，更重视甩挂运输的网络化布局。在规划中要把甩挂运输网络设计和甩挂运行图体现出来，区别不同的牵引车运行路线、牵引车技术作业停靠点、挂车交流路线、挂车集散点等不同的网络元素，分别采取合理的设计方式。各地市也要编制其甩挂运输发展规划，同时全面部署试点工作。在甩挂运输试点企业的布局上，区分国家级甩挂运输试点企业和省级甩挂运输试点企业。

2. 制定完善甩挂运输的规范标准

甩挂运输是高度标准化的运输组织形式。山东省交通运输主管部门高度重视甩挂运输有关标准的制定和实施工作。目前，国家交通部门正在制定系统的甩挂运输车辆技术标准，但是甩挂运输作业场站的标准、运行标准和信息化标准等一系列标准都亟待制定。山东省已着手设计甩挂运输作业平台标准，统一甩挂运输场站设计方案，实现枢纽试点场站及设施建设的标准化。同时，对接交通部即将出台的甩挂运输车辆相关的行业标准，进一步完善山东省甩挂运输车辆、托盘、信息化等方面的技术标准。同时，设立专项研究课题，研究甩挂运输基本标准，全面把握甩挂运输标准体系，设计好将甩挂运输标准导入运输业界的途径和方法，加快甩挂运输标准化的步伐。

3. 制定鼓励甩挂运输发展的政策体系

要促使甩挂运输快速发展和普及，必须制定强有力的支持鼓励政策。目前中央及地方政府出台的政策是远远不够的。山东省通过调查研究，发展甩挂运输发展中的障碍，有针对性地提出政策建议，研究制定促进甩挂运输发展的意见，明确相关政策和措施，全面加快甩挂运输发展。争取以省级人民政府的名义，出台涉及交通运输、公安、财政、金融、保险等多个部门共同支持甩挂运输的大政策，以形成一整套的鼓励甩挂运输发展的政策体系。

4. 建立甩挂运输联盟

发展甩挂运输仅依靠点线结构是不行的，必须构筑甩挂运输网络。山东省交通部门准备组织成立甩挂运输联盟，该联盟分为三个层次：一是省内试点企业成立山东省甩挂运输企业运营联盟，构筑省内的甩挂运输网络；二是成立环渤海地区陆海联运甩挂运输企业联盟，构筑环渤海湾陆海联运的甩挂运输网络；三是建立中韩甩挂运输联盟。联盟内实现“五统一”，即统一标准规范、统一装备、统一运行、统一信息、统一政策支持。联盟的章程、组织形式、职责和运行模式等应尽快形成。联盟的目的不是束缚，而是互相支持、互相帮助，权利和义务是对等的。

5. 采取多项措施，做好试点工作

由于我国交通运输实践基础薄弱，缺乏如何发展甩挂运输的经验，因此，抓好本次甩挂运输试点、摸清发展的路数非常重要。国家和省级交通部门分别确定了一部分试点企业，试点成功，可以给全行业、全社会提供发展的范例。

首先要强化组织领导，成立领导小组和工作机构，做到责任到人，精心安排、精心组织。其次是强化对试点工作的指导，各级交通运输主管部门要强化对甩挂运输试点工作的指导，加强调研，及时总结经验，发现问题及时解决。再次是强化对甩挂运输试点工作的政策支持，各级交通主管部门都要和交通部保持一致，在甩挂运输基础设施建设、运输装备的购置、运行成本的降低（包括过路、过桥费）等方面积极争取国家级项目的支持，都要尽力为甩挂运输创造最佳的政策环境。最后是强化协调沟通，定期调度甩挂运输试点情况，经常沟通交流。

此外，要加强甩挂运输知识的推广普及。甩挂运输作为整个行业新的发展极、新的知识和新的工作内容，运输业界普遍缺乏了解，必须加强推广普及。普及的重点是甩挂运输的基本知识、信息化、网络、运行和场站建设等内容。推广普及甩挂运输知识的重点人群是交通运输主管部门的干部职工、货运和物流企业的管理人员。另外，还应加大对甩挂运输的宣传力度，营造有利于甩挂运输发展的良好的社会氛围。

参考文献

[1] 高洪涛，李红启．道路甩挂运输组织理论与实践［M］．北京：人民交通出版社，2010.

[2] 高洪涛，李红启．道路甩挂运输组织技术及其应用实践［M］．北京：中国物资出版社，2011.

[3] 李红启，高洪涛，宋强．货运企业的伪超循环结构及其作用［J］．北京交通大学学报：社会科学版，2011，10（3）：34－39.

[4] 梁波．大型钢铁企业厂内车辆循环甩挂运输模式研究［D］．长沙：中南大学，2009.

[5] CHAO I－M. A tabu search method for the truck and trailer routing problem［J］．Computers and Operations Research，2002，29（1）：33－51.

[6] CHENG Y. R.，LIANG B.，ZHOU M. H. Optimization for vehicle scheduling in iron and steel works based on semi－trailer swap transport［J］．J. Cent. South Univ. Technol，2010，17：873－879.

[7] European Commission，DG Climate Action，European Environment Agency［R］．Annual European Union greenhouse gas inventory 1990－2008 and inventory report 2010［R］．

[8] European Environment Agency. Climate for a transport change—TERM 2007：indicators tracking transport and environment in the European Union［R］．Luxembourg：Office for Official Publications of the European Communities，2008.

[9] European Environment Agency. Transport at a crossroads—TERM 2008: indicators tracking transport and environment in the European Union [R]. Luxembourg: Office for Official Publications of the European Communities, 2009.

[10] Federal Highway Administration. Truck Characteristics Analysis [R]. Washington, D. C, 1999.

[11] GERDESSEN J. C. Vehicle routing problem with trailers [J]. European Journal of Operational Research, 1996, 93 (1): 135 – 147.

[12] LI H. Q., GAO H. T. Founding low – carbon highway freight transportation networks: an example study on Shandong Province [C] // MAO BH, YANG SJ, YANG LL. Future Development of Integrated Transportation in China, Beijing: The Institution of Engineering and Technology, 2010: 132 – 137.

[13] LI H. Q., LU Y. Tractor and semi – trailer transportation's effect on the reduction of CO_2 emission in China [C] //MAO BH, YANG SJ, YANG LL. Systems science and transportation development. Beijing: The Institution of Engineering and Technology, 2011: 232 – 237.

[14] LIN S – W, YU V. F., CHOU S – Y, Solving the truck and trailer routing problem based on a simulated annealing heuristic [J]. Computers and Operations Research, 2009, 36 (5): 1683 – 1692.

[15] NISHIMURA E., IMAI A., PAPADIMITRIOU S. Yard trailer routing at a maritime container terminal [J]. Transportation Research Part E, 2005, 41 (1): 53 – 76.

[16] U. S. Department of Energy. Technology Roadmap for the 21st Century Truck Program [R], 2000.

[17] U. S. Department of Energy. 21st Century Truck Partnership Roadmap/ Technical White Papers [R], 2006.